AF642429

禁圧解除

駆除系

超構造体

セーフガード　ネットスフィア

ネット端末遺伝子

統治局

造換塔

建設者

珪素生物

電基漁師

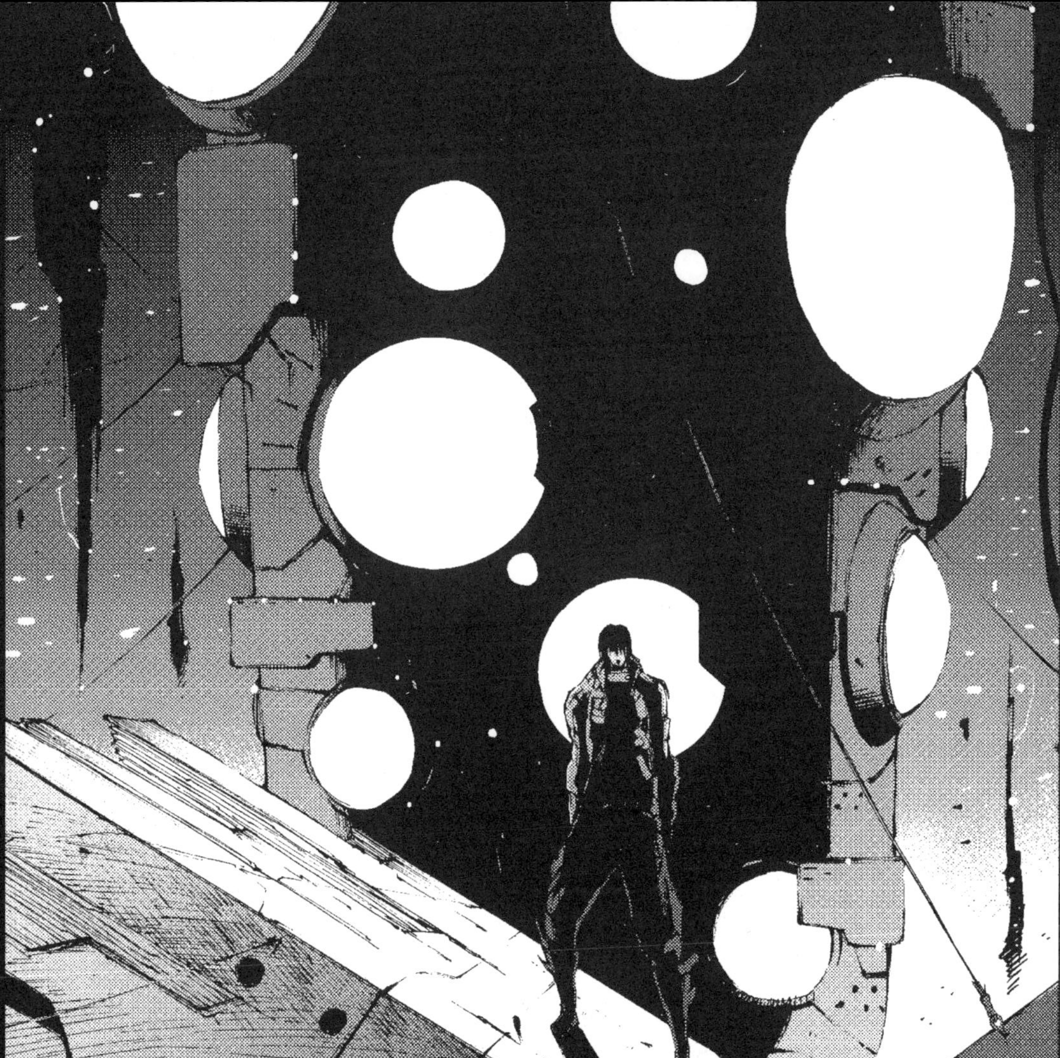

KOUTAROU SEKINE & TSUTOMU NIHEI
& BLAME! PRODUCTION COMMITTEE

BLAME!

DIE FLUCHT DER ELEKTROFISCHER

MASTER EDITION

TŌA SCHWERINDUSTRIE MANGA PRODUKTION
東亜重工漫画制作部

manga 漫画 Cult

KOUTAROU SEKINE & TSUTOMU NIHEI & BLAME! PRODUCTION COMMITTEE

BLAME!

DIE FLUCHT DER ELEKTROFISCHER

MASTER EDITION

TÕA SCHWERINDUSTRIE MANGA PRODUKTION

東亞重工漫画制作部

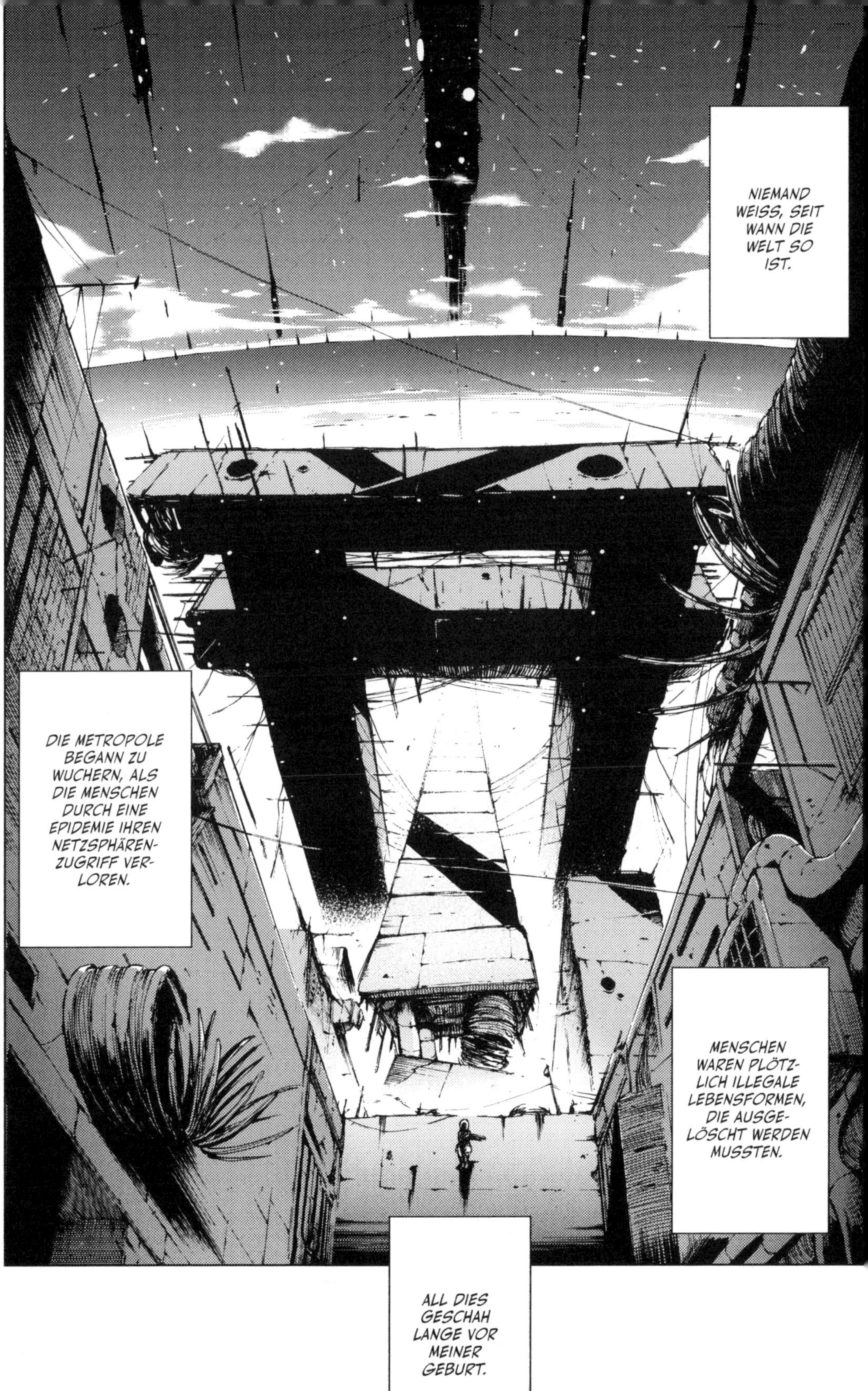
NIEMAND WEISS, SEIT WANN DIE WELT SO IST.
DIE METROPOLE BEGANN ZU WUCHERN, ALS DIE MENSCHEN DURCH EINE EPIDEMIE IHREN NETZSPHÄREN-ZUGRIFF VER-LOREN.
MENSCHEN WAREN PLÖTZ-LICH ILLEGALE LEBENSFORMEN, DIE AUSGE-LÖSCHT WERDEN MUSSTEN.
ALL DIES GESCHAH LANGE VOR MEINER GEBURT.

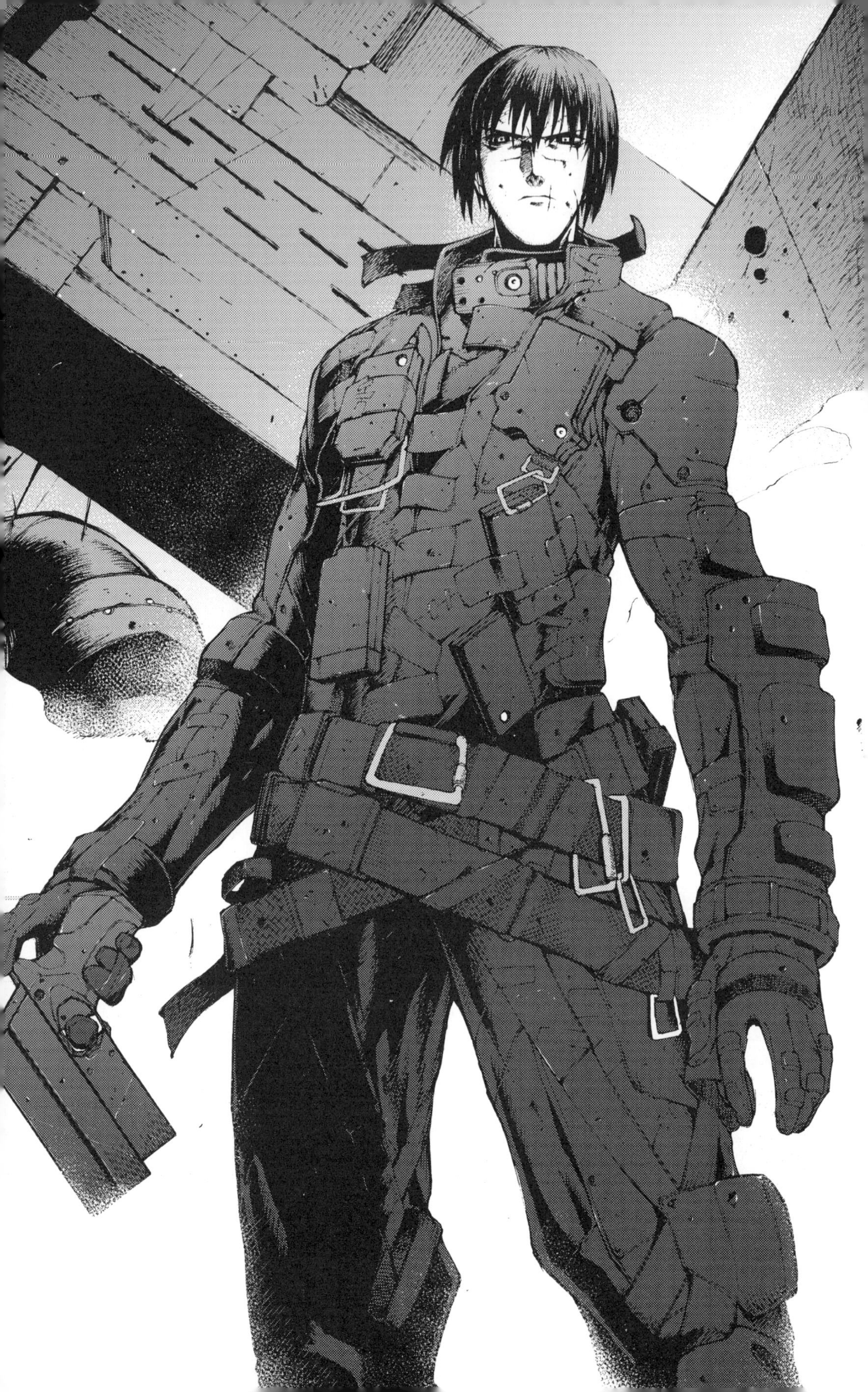

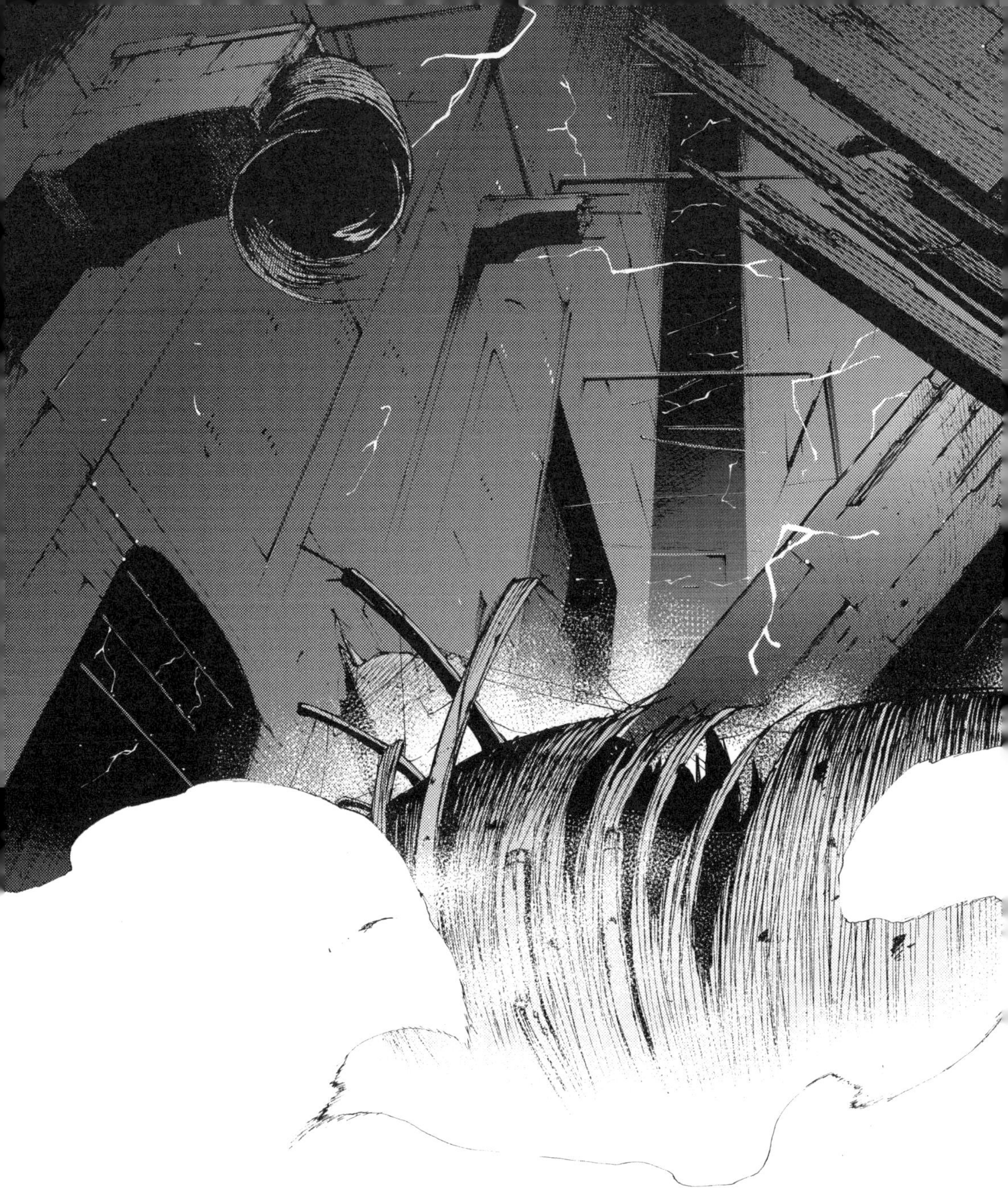

::LOG.01::

ELEKTROFISCHER

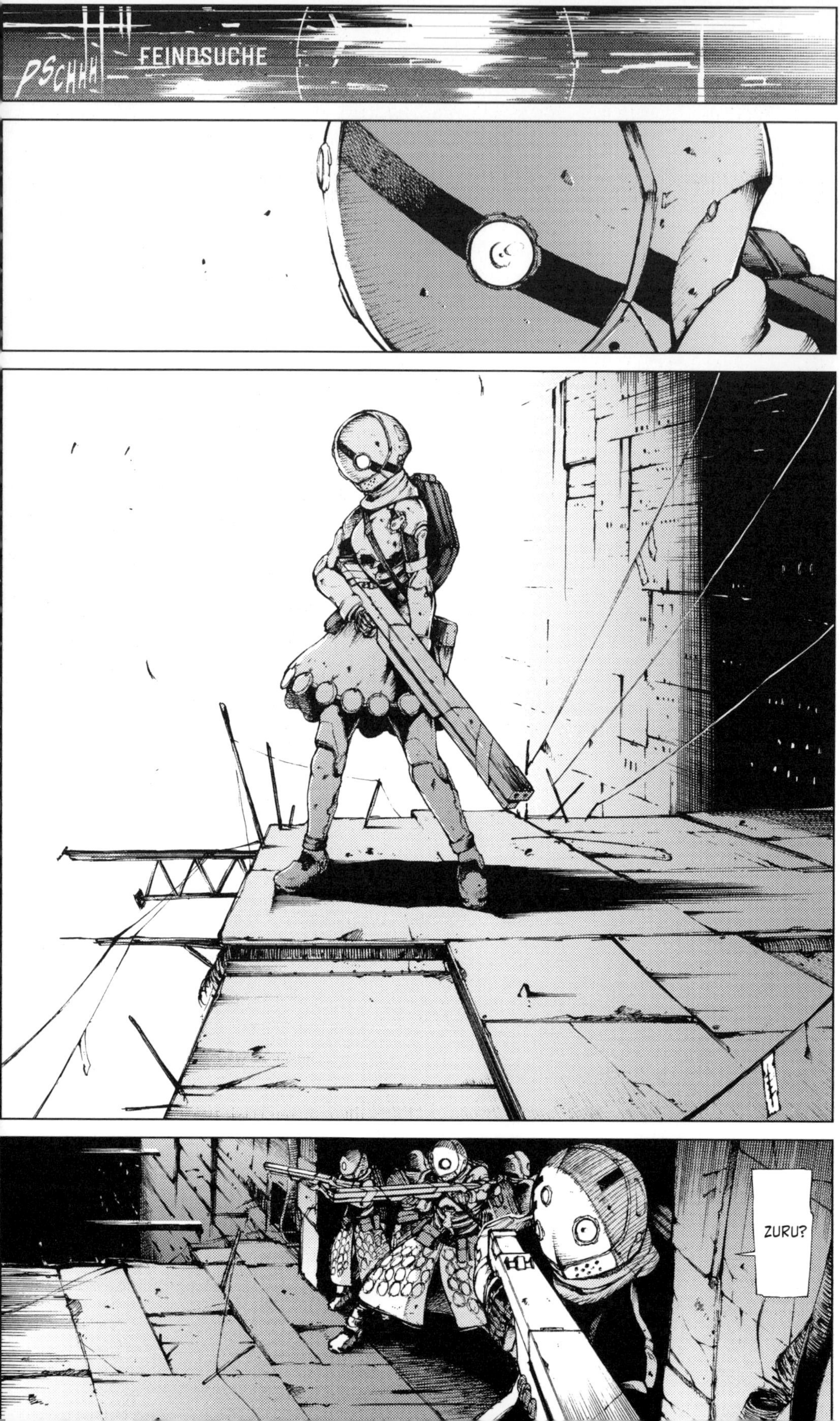
PSCHHH
FEINDSUCHE
ZURU?

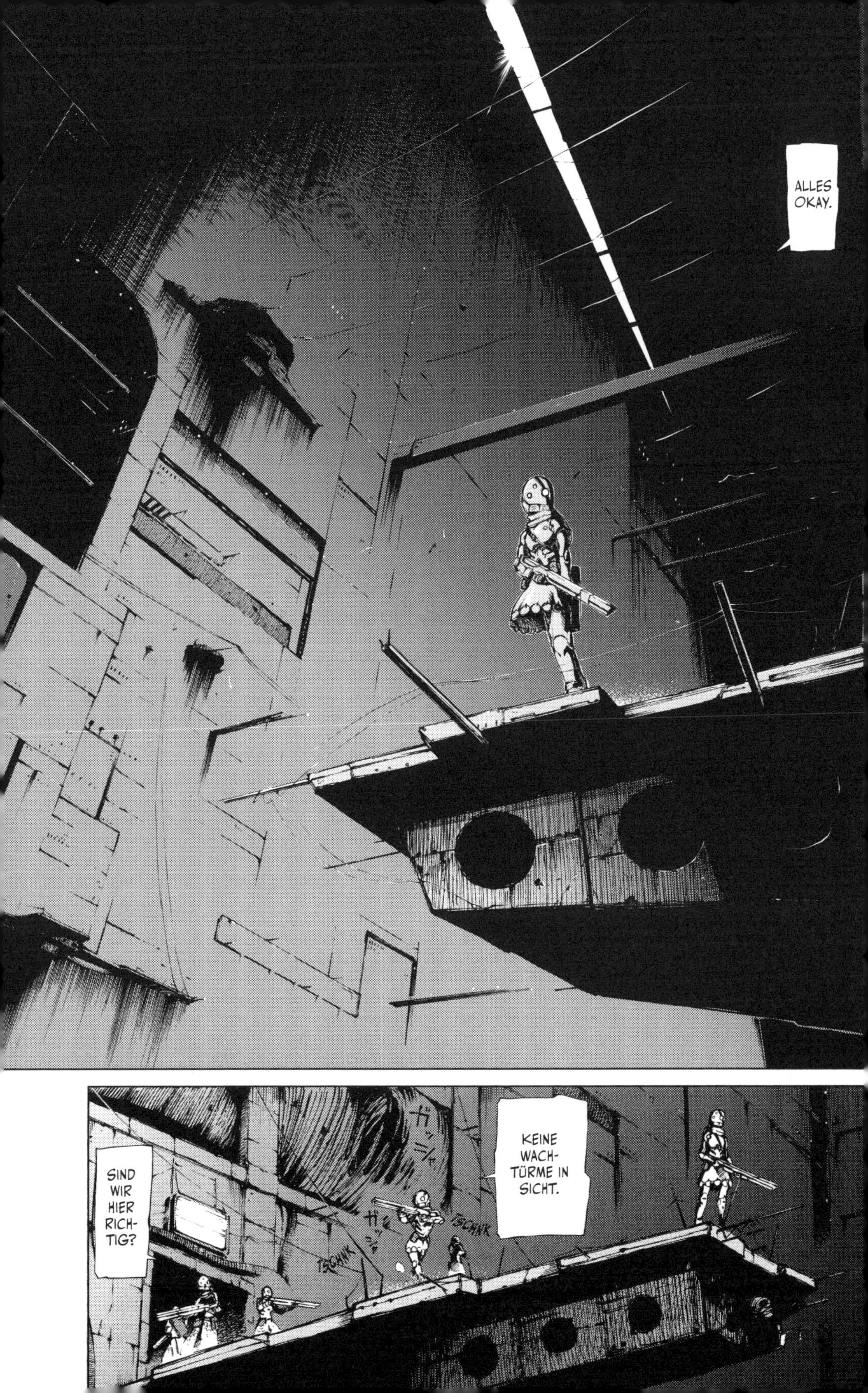
ALLES OKAY.
KEINE WACH-TÜRME IN SICHT.
SIND WIR HIER RICH-TIG?

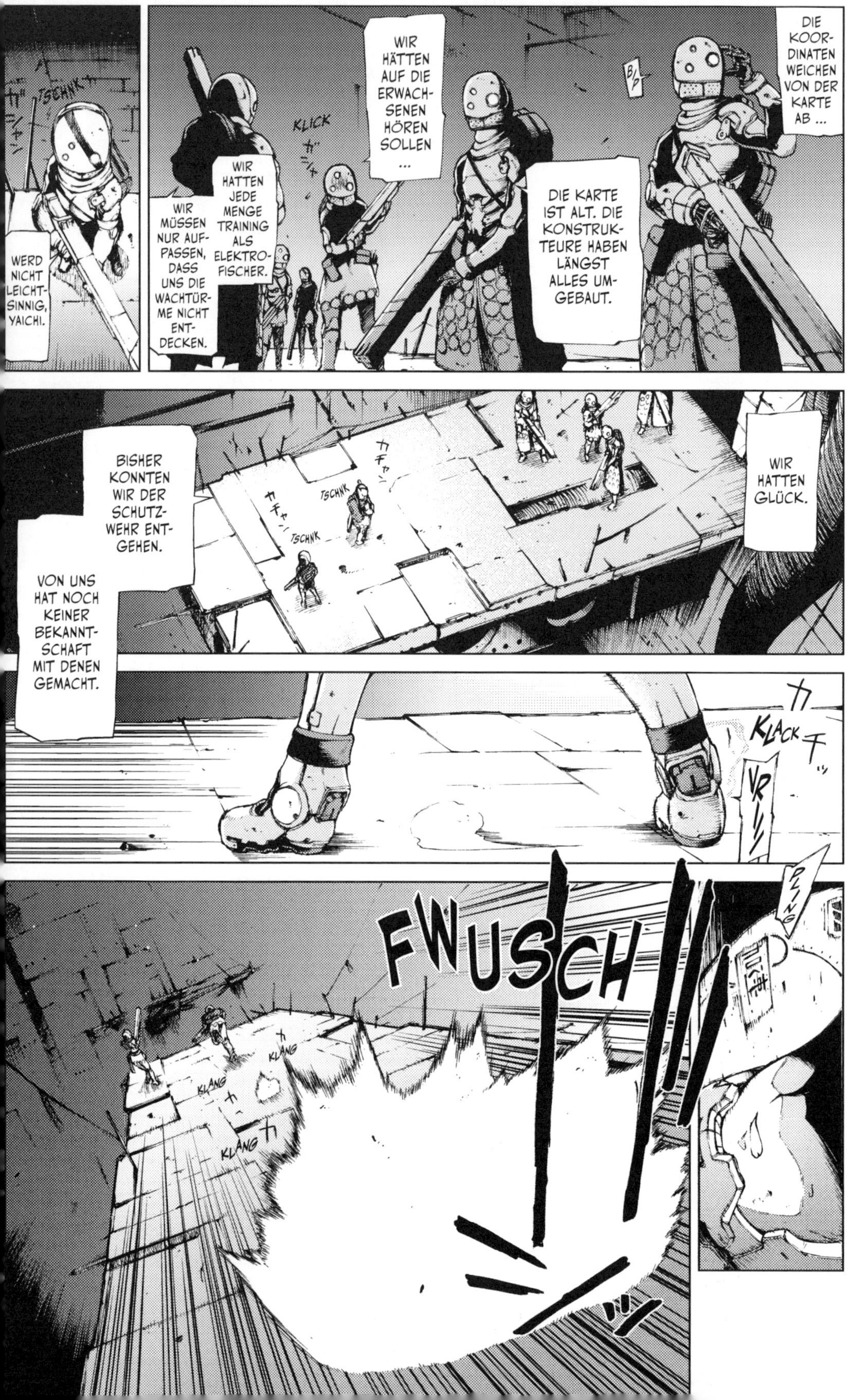

DIE KOORDINATEN WEICHEN VON DER KARTE AB ...
BIP
DIE KARTE IST ALT. DIE KONSTRUKTEURE HABEN LÄNGST ALLES UMGEBAUT.
WIR HÄTTEN AUF DIE ERWACHSENEN HÖREN SOLLEN ...
KLICK
WIR HATTEN JEDE MENGE TRAINING ALS ELEKTROFISCHER.
WIR MÜSSEN NUR AUFPASSEN, DASS UNS DIE WACHTÜRME NICHT ENTDECKEN.
TSCHNK
WERD NICHT LEICHTSINNIG, YAICHI.
WIR HATTEN GLÜCK.
TSCHNK
TSCHNK
BISHER KONNTEN WIR DER SCHUTZWEHR ENTGEHEN.
VON UNS HAT NOCH KEINER BEKANNTSCHAFT MIT DENEN GEMACHT.
KLACK
VR
PLING
FWUSCH
KLANG
KLANG
KLANG

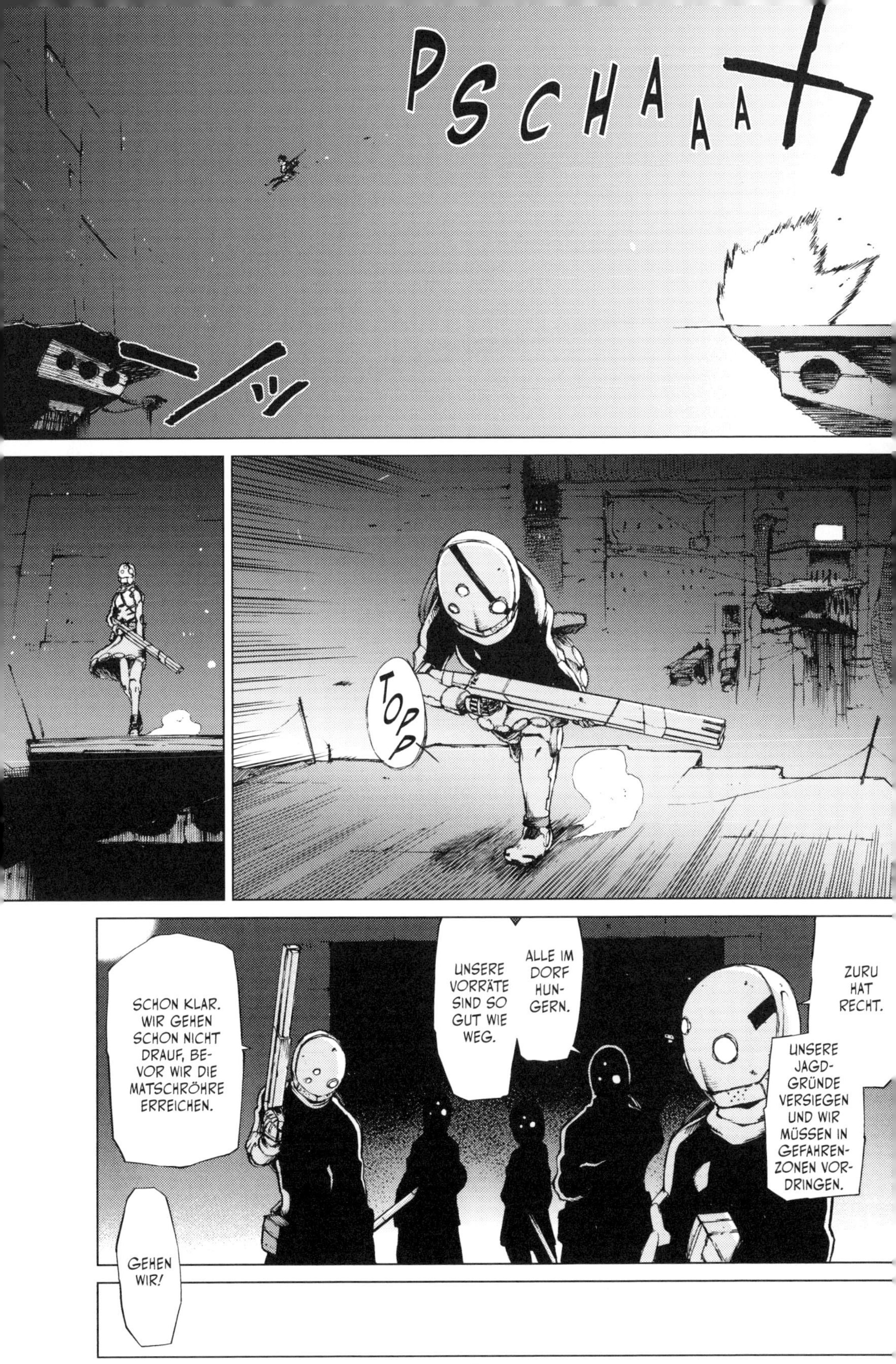
PSCHAAAT
ッ
TOPP
ZURU HAT RECHT.
UNSERE JAGDGRÜNDE VERSIEGEN UND WIR MÜSSEN IN GEFAHRENZONEN VORDRINGEN.
ALLE IM DORF HUNGERN.
UNSERE VORRÄTE SIND SO GUT WIE WEG.
SCHON KLAR. WIR GEHEN SCHON NICHT DRAUF, BEVOR WIR DIE MATSCHRÖHRE ERREICHEN.
GEHEN WIR!

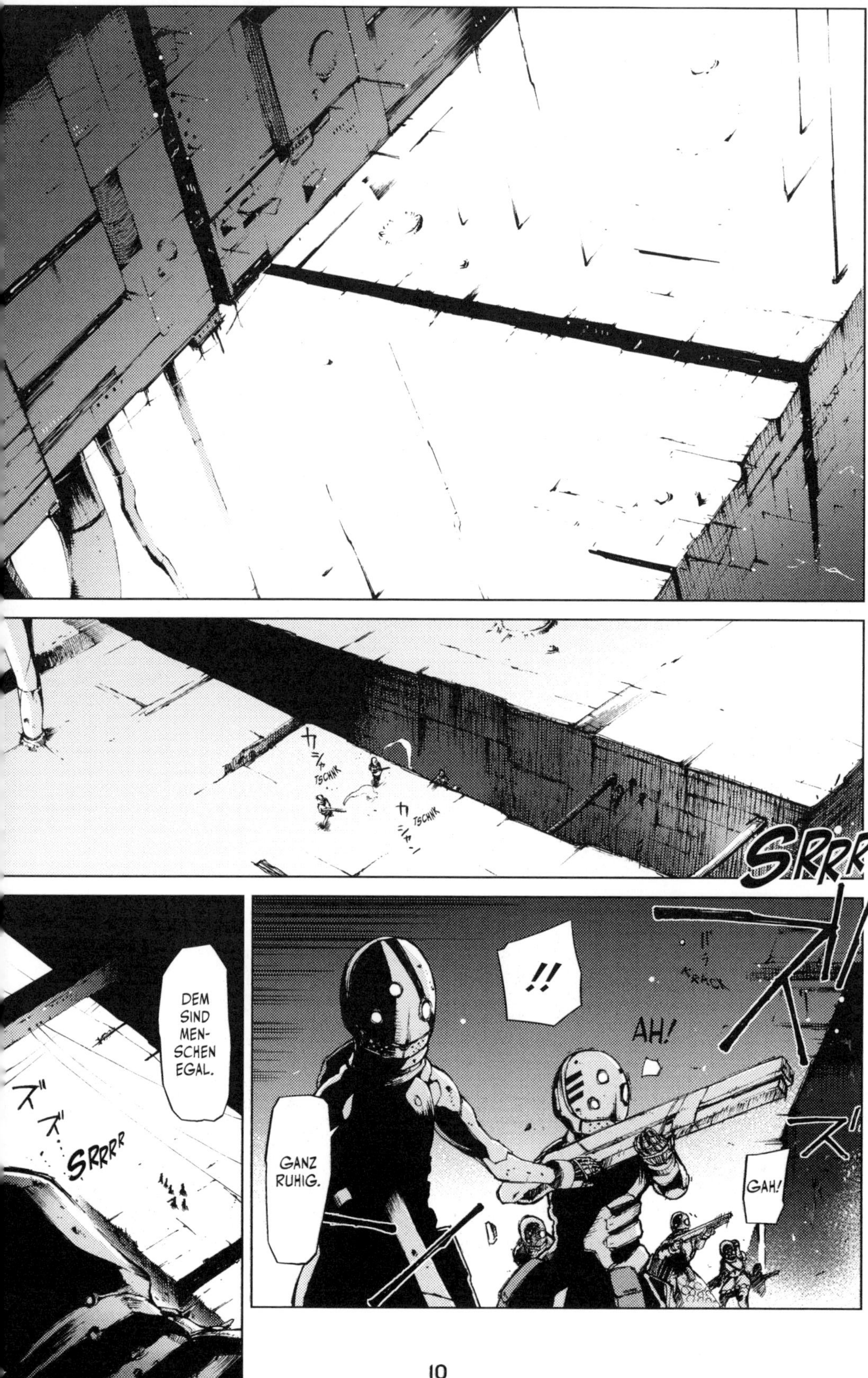
TSCHIK
TSCHIK
SRRRR
!!
KRACK
AH!
GAH!
GANZ RUHIG.
DEM SIND MEN-SCHEN EGAL.
SRRRR

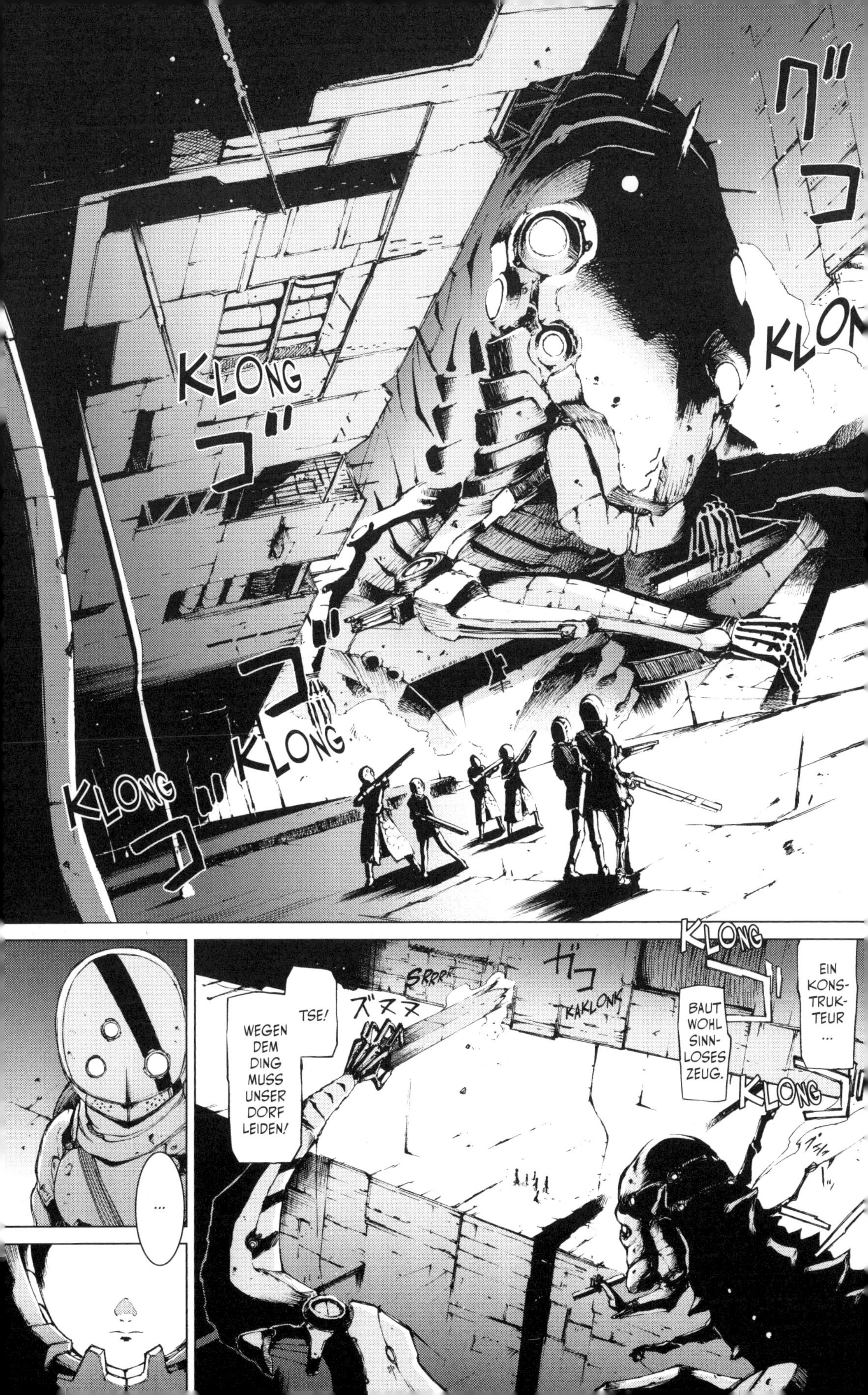

KLONG
KLONG
KLONG
KLONG
KLONG
EIN KONSTRUKTEUR ...
BAUT WOHL SINNLOSES ZEUG.
KLONG
KAKLONK
SRRR
TSE!
WEGEN DEM DING MUSS UNSER DORF LEIDEN!
...

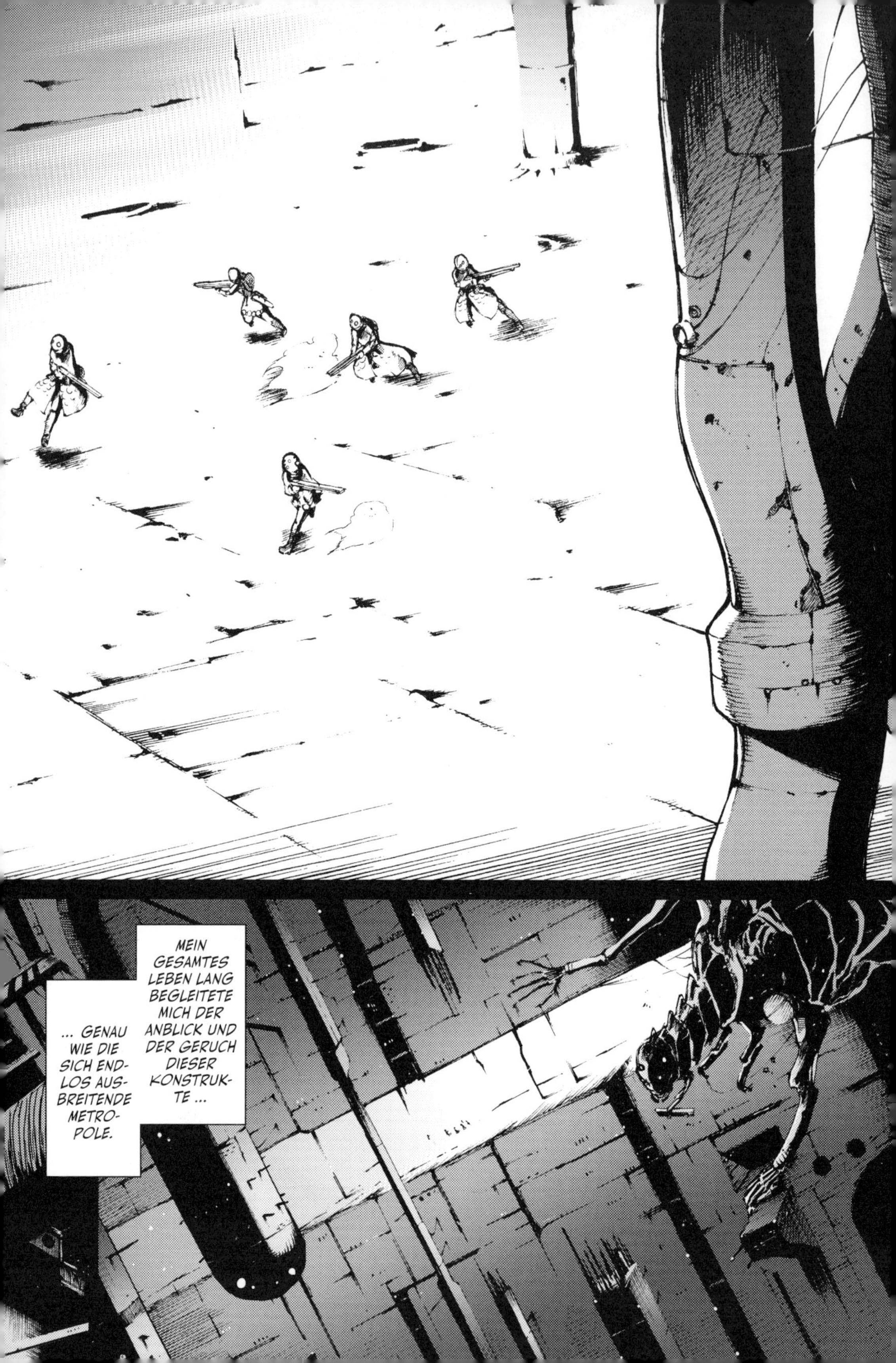
MEIN GESAMTES LEBEN LANG BEGLEITETE MICH DER ANBLICK UND DER GERUCH DIESER KONSTRUK-TE ...
... GENAU WIE DIE SICH END-LOS AUS-BREITENDE METRO-POLE.

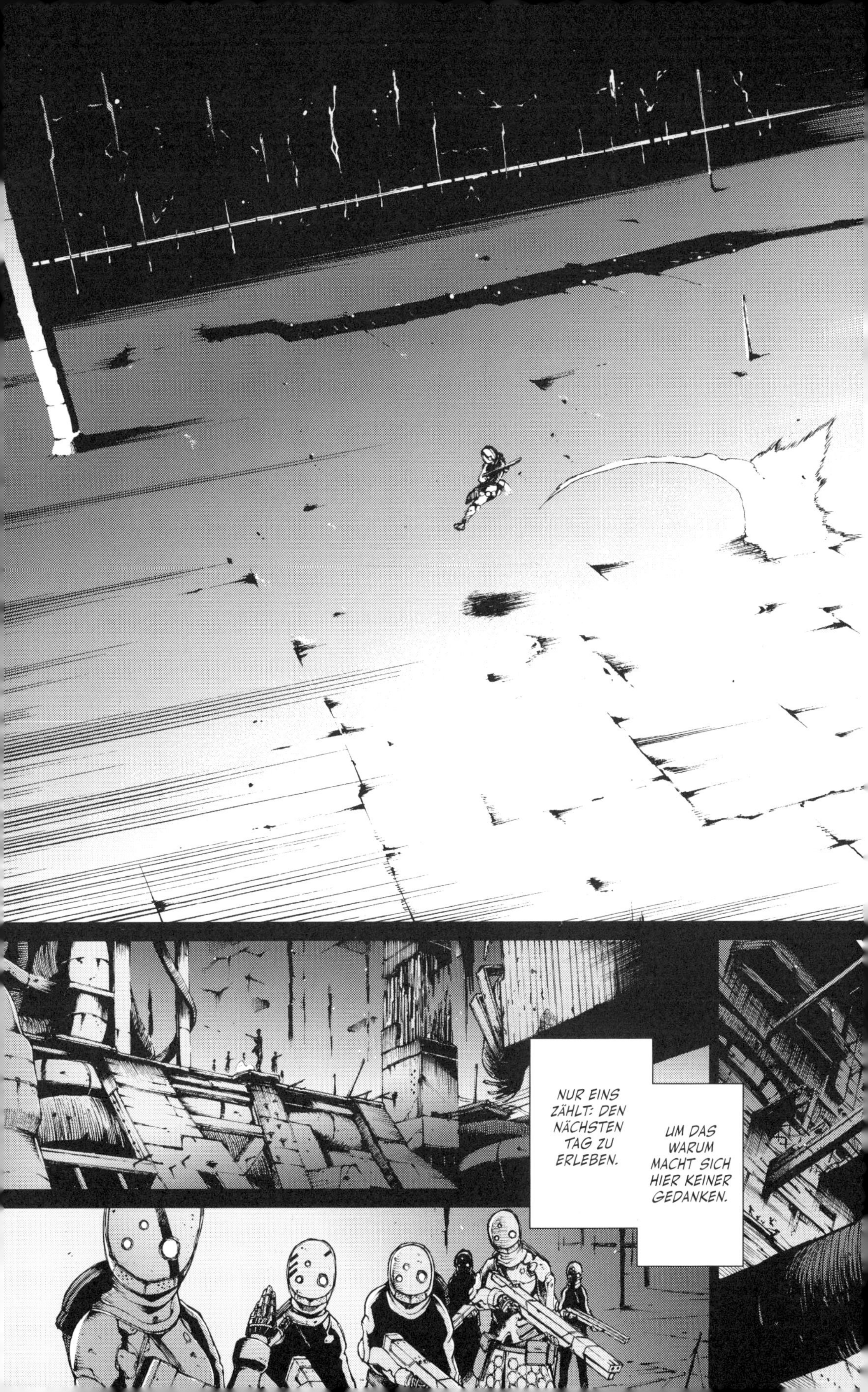
NUR EINS ZÄHLT: DEN NÄCHSTEN TAG ZU ERLEBEN.
UM DAS WARUM MACHT SICH HIER KEINER GEDANKEN.

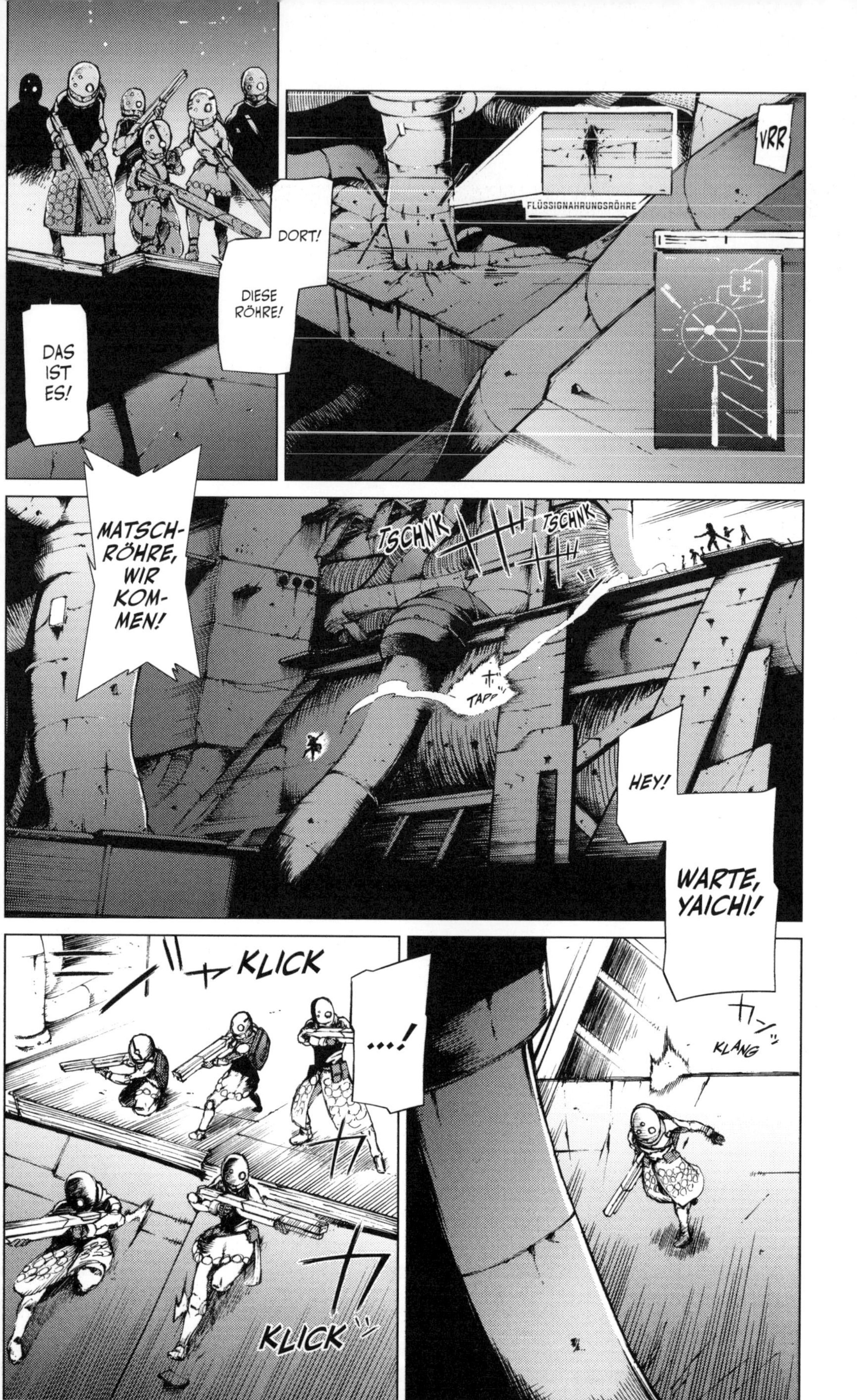

VRR
FLÜSSIGNAHRUNGSRÖHRE
DORT!
DIESE RÖHRE!
DAS IST ES!
MATSCH-RÖHRE, WIR KOM-MEN!
TSCHNK
TSCHNK
TAPP
HEY!
WARTE, YAICHI!
KLICK
...!
KLANG
KLICK

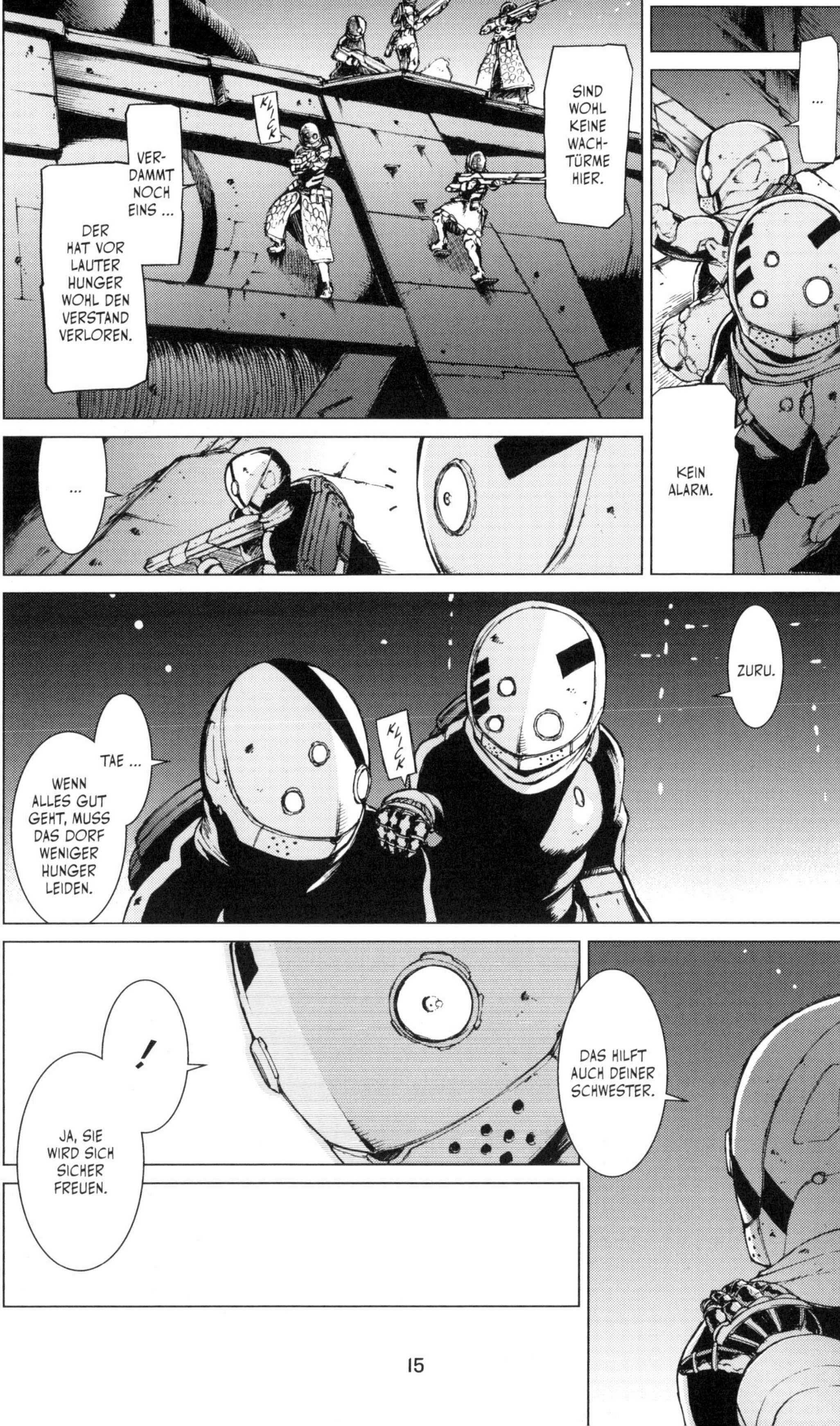
KLICK
VERDAMMT NOCH EINS ...
DER HAT VOR LAUTER HUNGER WOHL DEN VERSTAND VERLOREN.
SIND WOHL KEINE WACHTÜRME HIER.
...
KEIN ALARM.
...
ZURU.
KLICK
TAE ...
WENN ALLES GUT GEHT, MUSS DAS DORF WENIGER HUNGER LEIDEN.
!
DAS HILFT AUCH DEINER SCHWESTER.
JA, SIE WIRD SICH SICHER FREUEN.

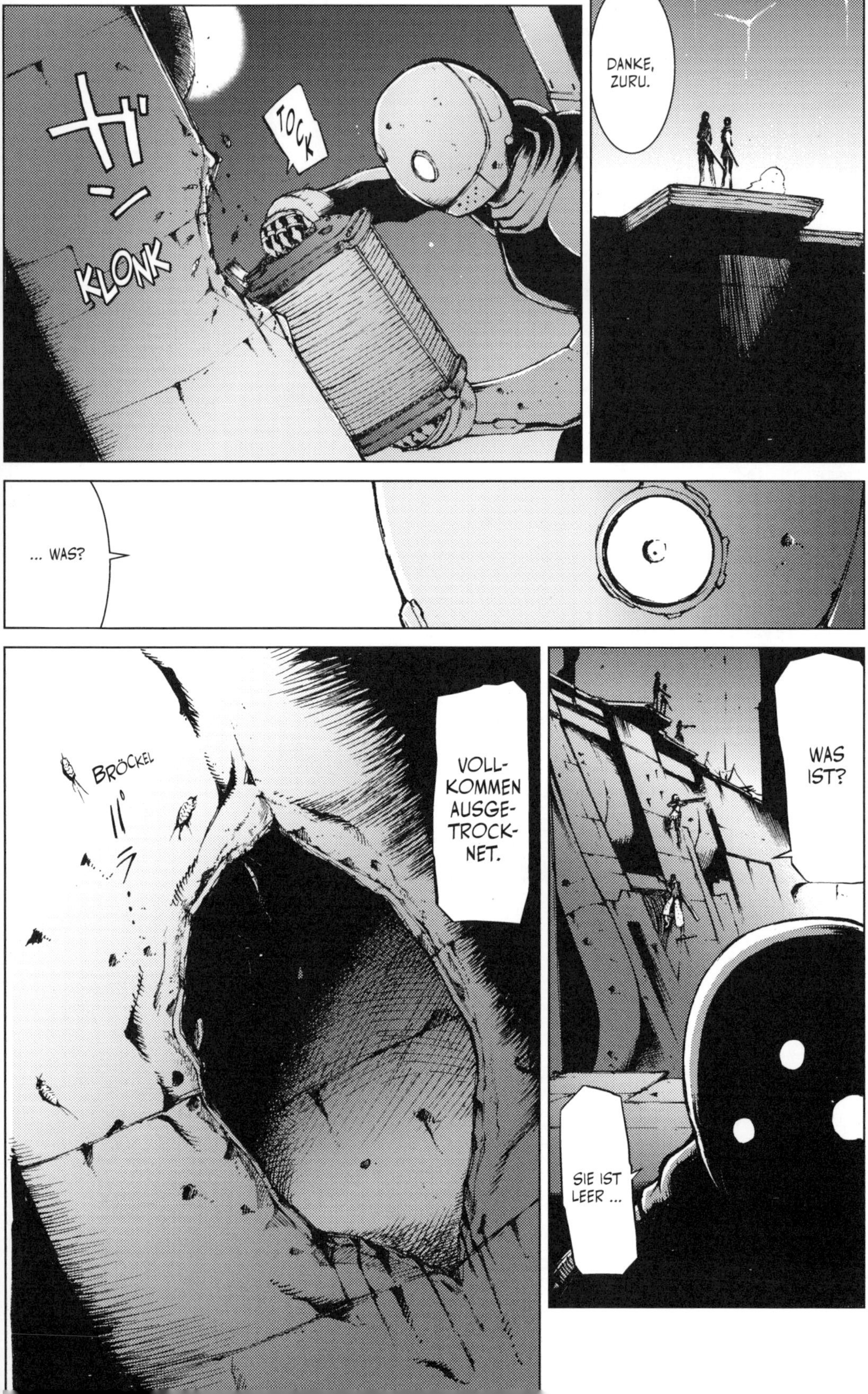
DANKE, ZURU.
TOCK
KLONK
... WAS?
WAS IST?
SIE IST LEER ...
VOLLKOMMEN AUSGETROCKNET.
BRÖCKEL

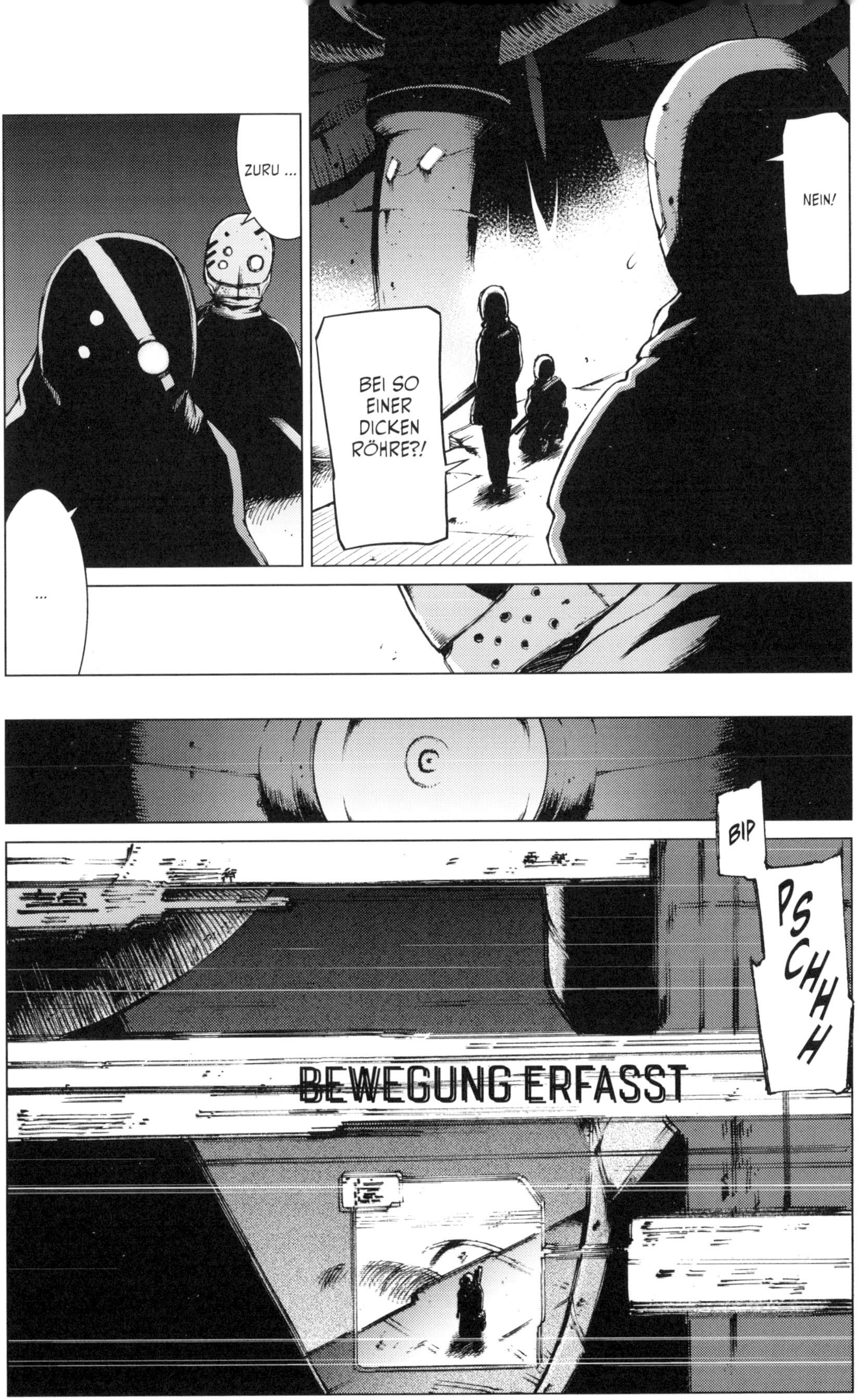
NEIN!
BEI SO EINER DICKEN RÖHRE?!
ZURU ...
...
BIP
PSCHHH
BEWEGUNG ERFASST

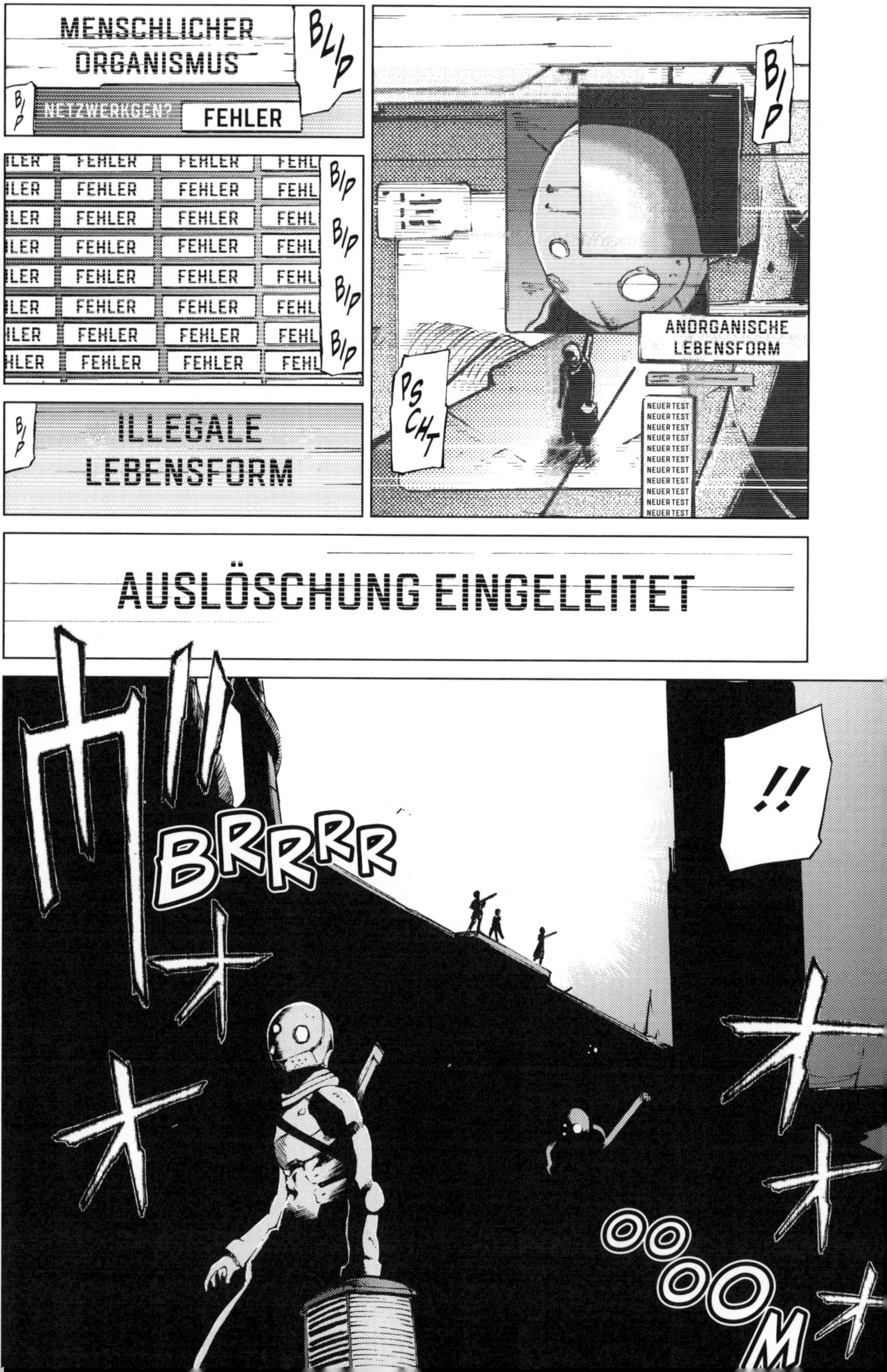

BIP
ANORGANISCHE LEBENSFORM
NEUER TEST
NEUER TEST
NEUER TEST
NEUER TEST
NEUER TEST
NEUER TEST
NEUER TEST
NEUER TEST
NEUER TEST
NEUER TEST
NEUER TEST
PSCHT
BLIP
MENSCHLICHER ORGANISMUS
BIP
NETZWERKGEN?
FEHLER
FEHLER FEHLER FEHLER
FEHLER FEHLER FEHLER
FEHLER FEHLER FEHLER
FEHLER FEHLER FEHLER
FEHLER FEHLER FEHLER
FEHLER FEHLER FEHLER
FEHLER FEHLER FEHLER
BIP BIP BIP BIP BIP
BIP
ILLEGALE LEBENSFORM
AUSLÖSCHUNG EINGELEITET
!!
BRRRR
OOOOM

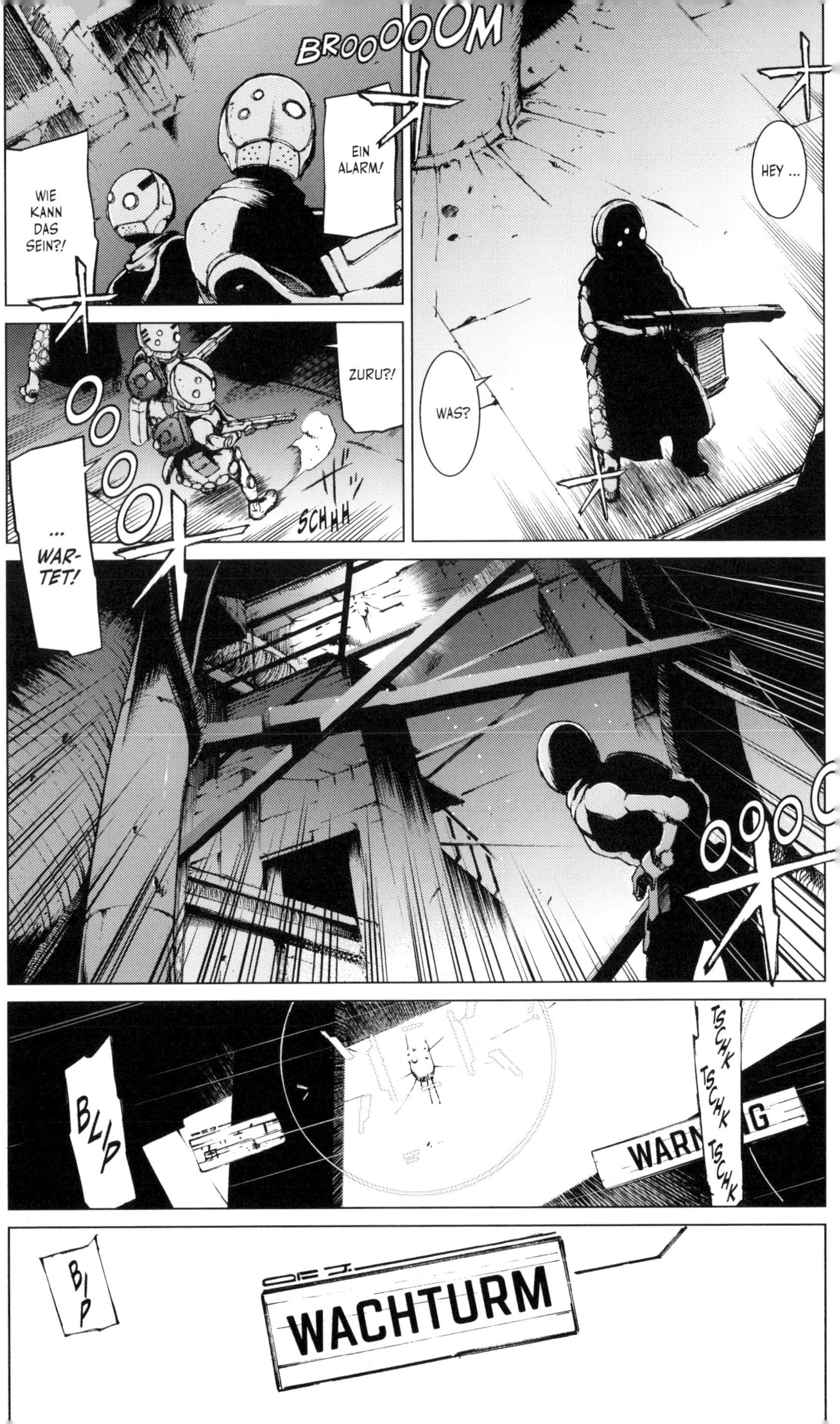
BROOOOOOM
HEY ...
WAS?
EIN ALARM!
WIE KANN DAS SEIN?!
ZURU?!
... WAR-TET!
OOOOO
SCHHH
OOOOO
TSCHK TSCHK TSCHK
WARN G
BLIP
BIP
WACHTURM

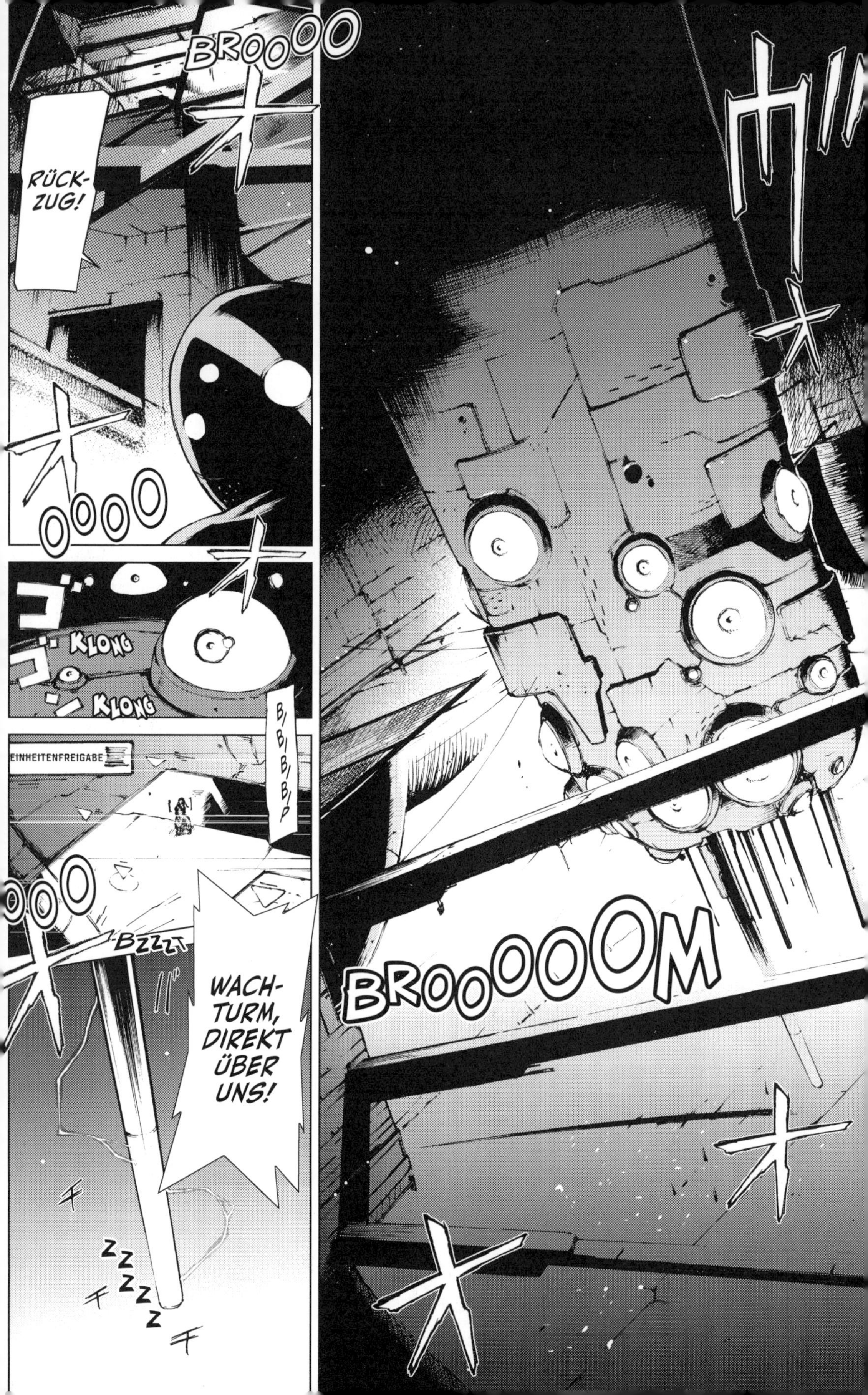
BROOOOO
RÜCK-ZUG!
OOOO
KLONG
KLONG
BIBIBIBIP
EINHEITENFREIGABE
OOO
BZZZT
WACH-TURM, DIREKT ÜBER UNS!
ZZZZZ
BROOOOOOM

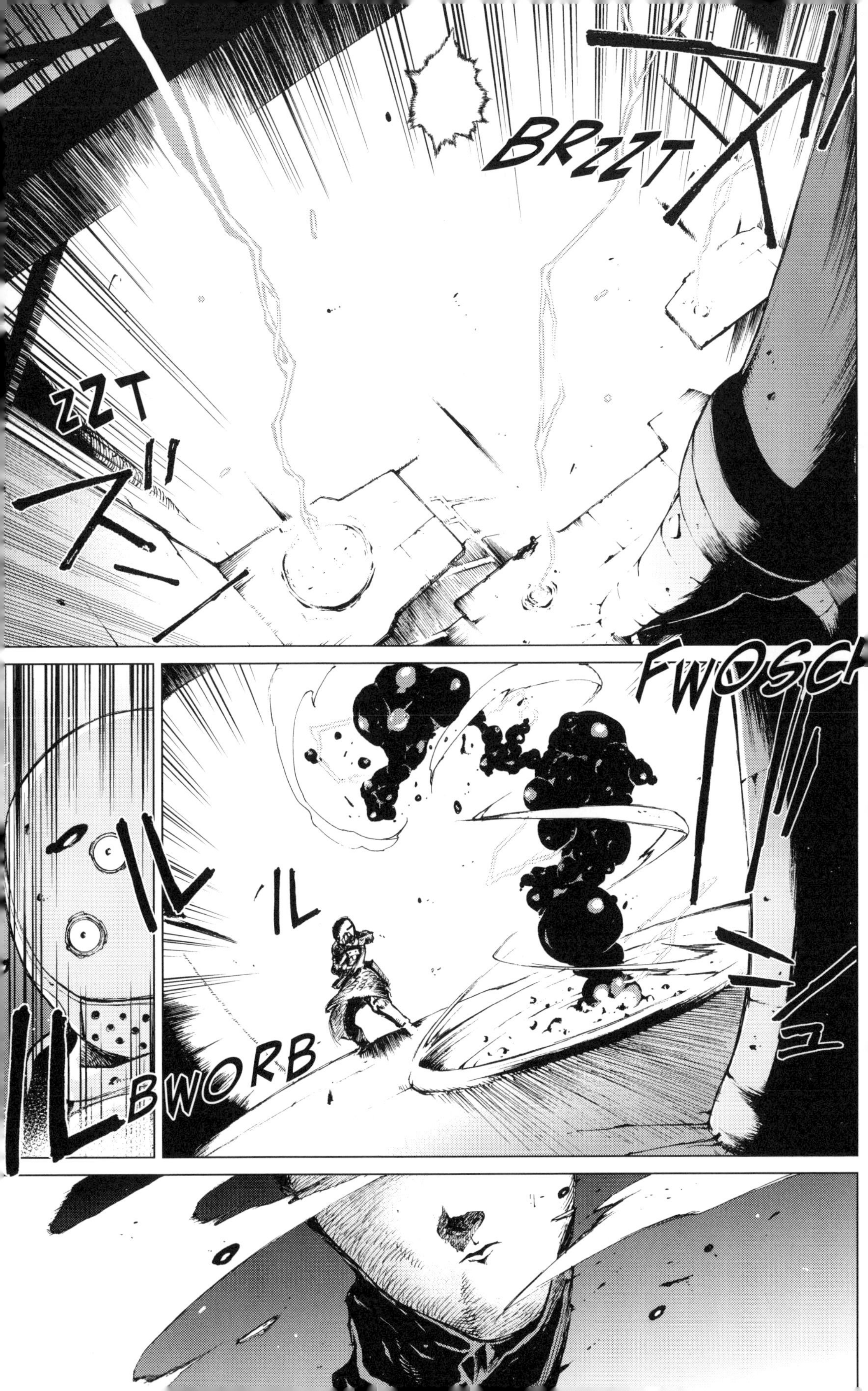
BRZZT
ZZT
FWOSC
BWORB

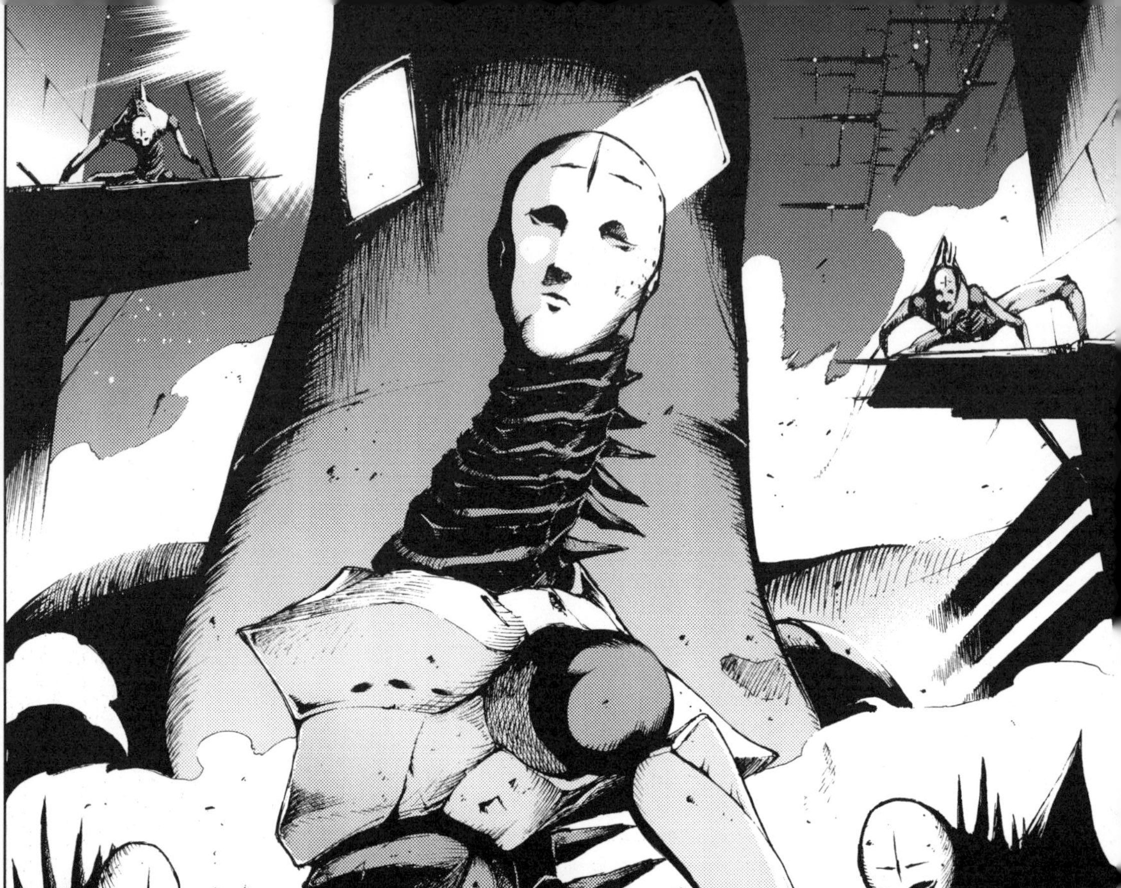

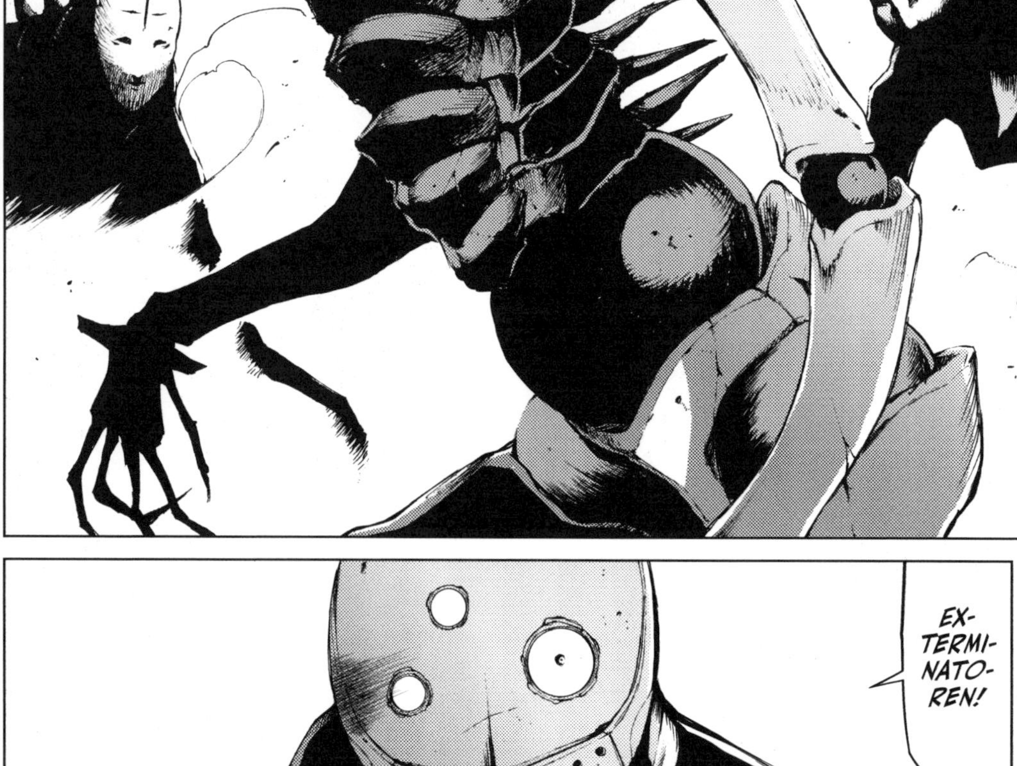
EX-
TERMI-
NATO-
REN!

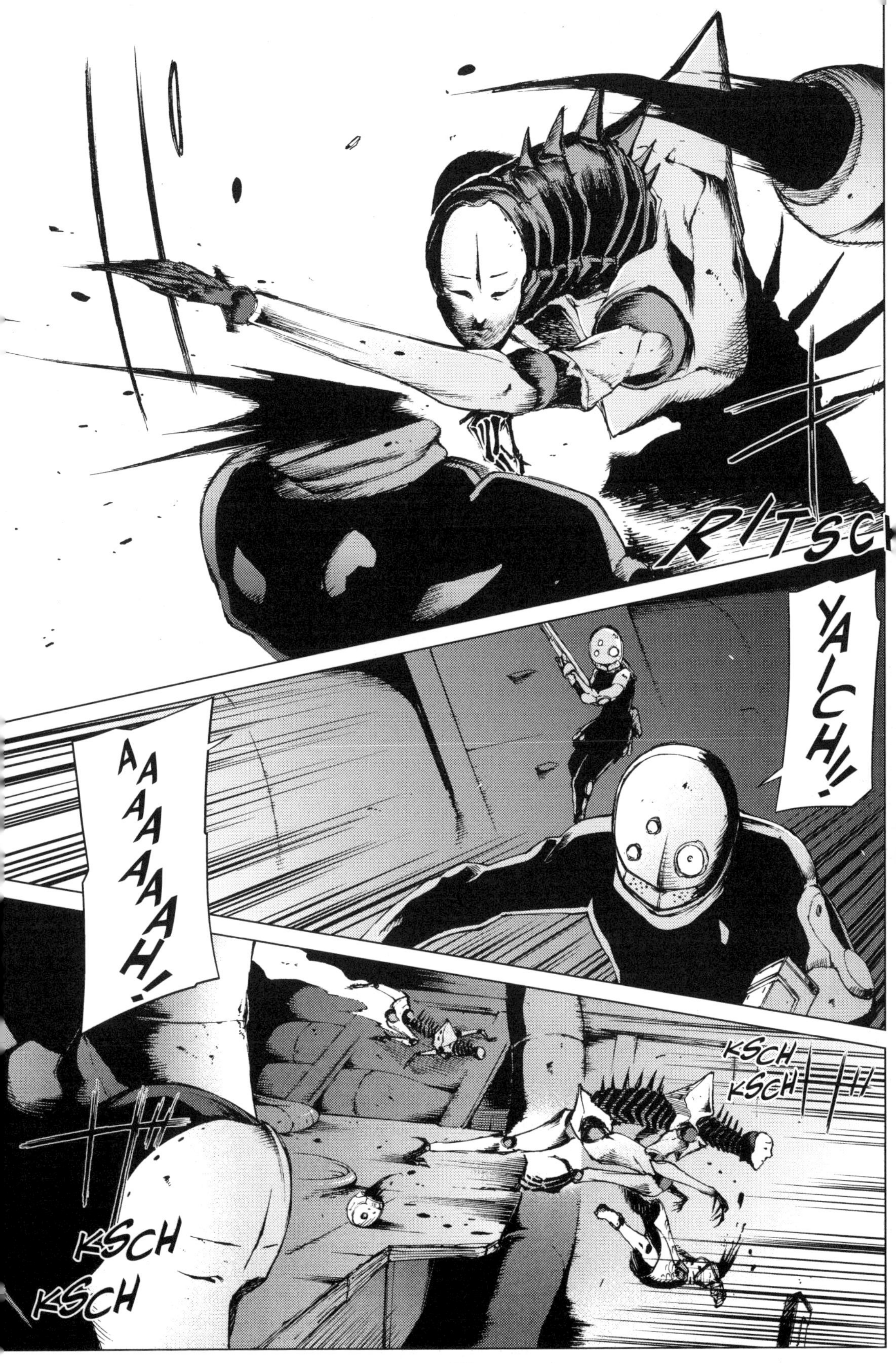
RITSC
YAICH!!
AAAAAAAH!!
KSCH
KSCH
KSCH
KSCH

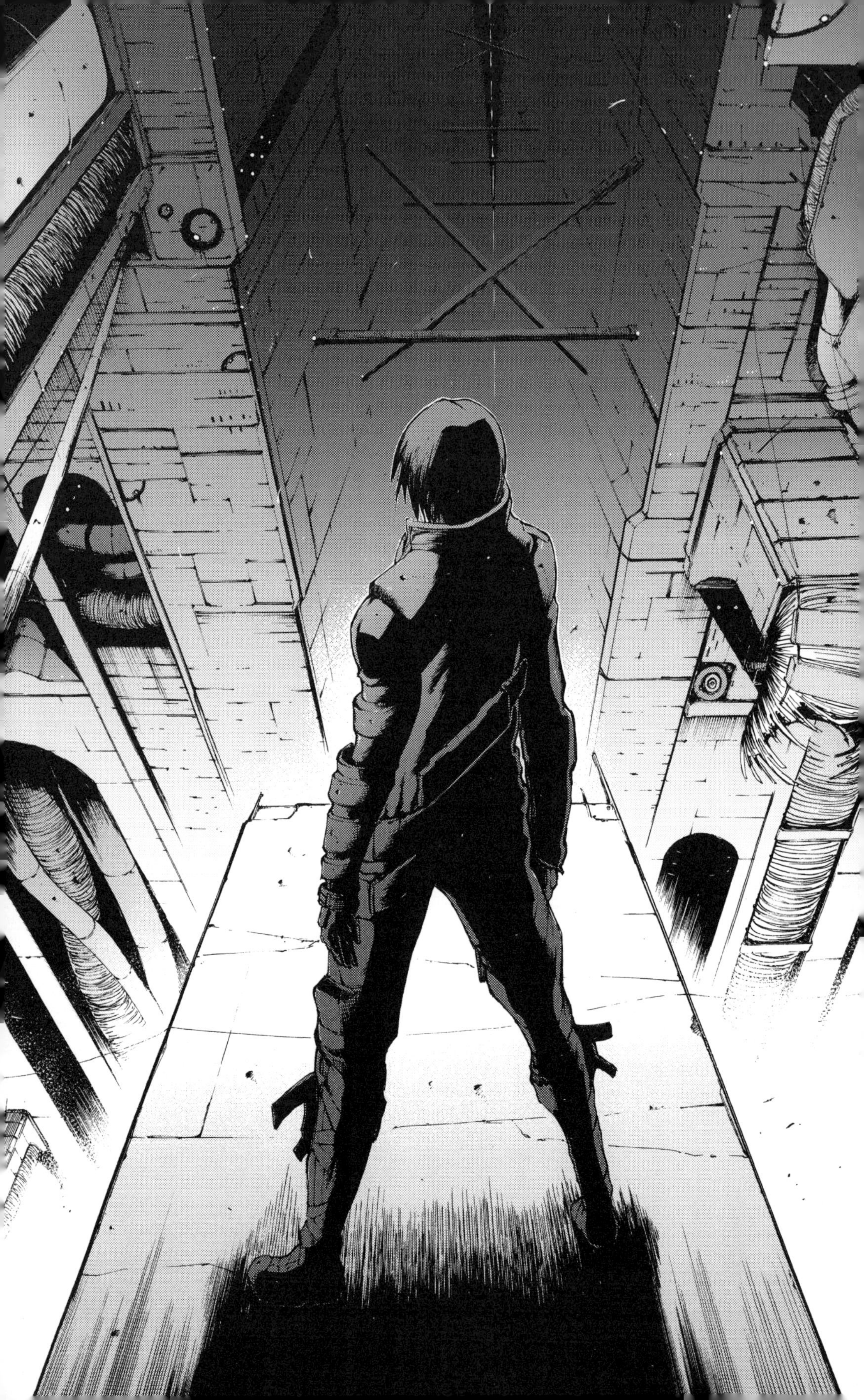

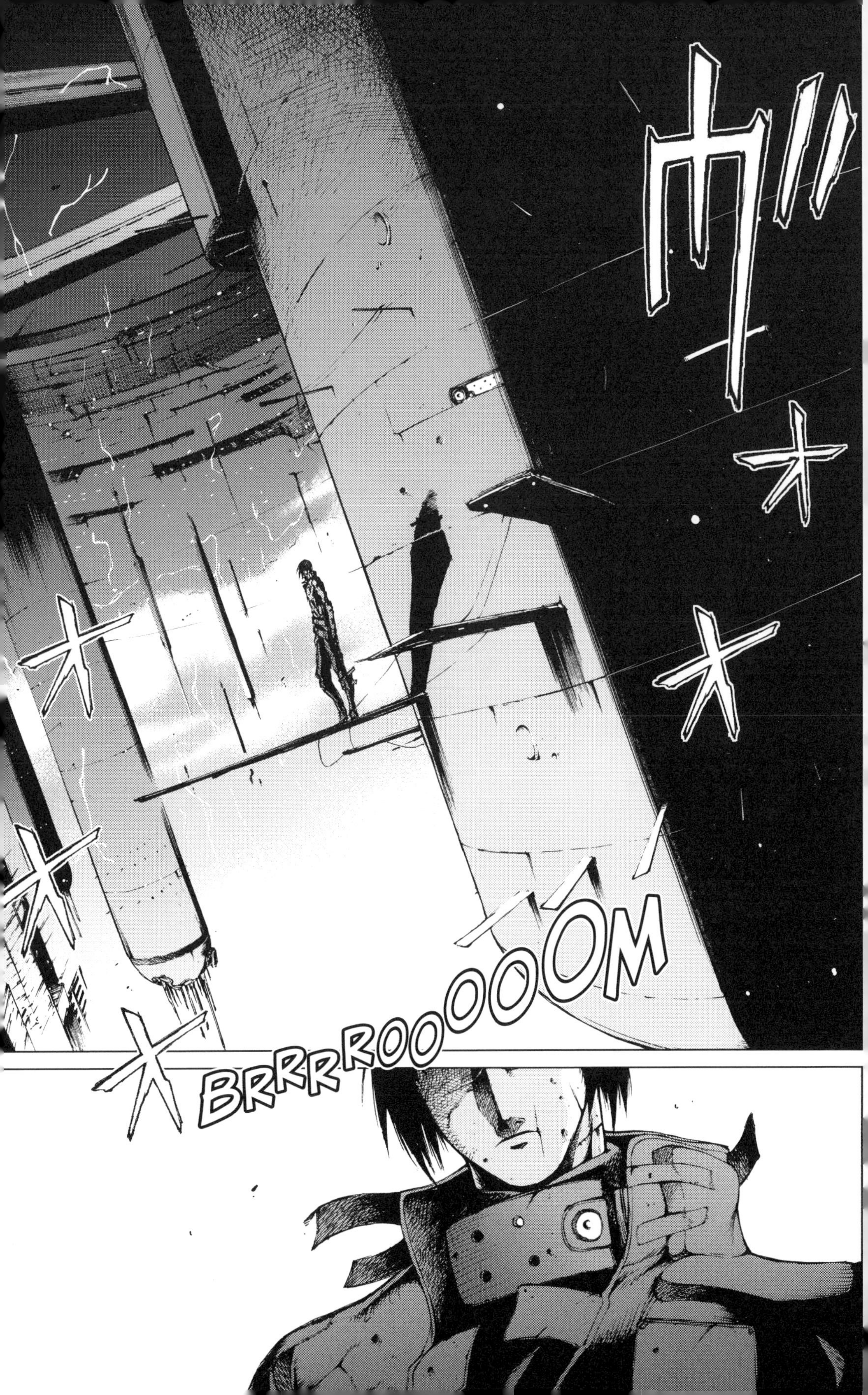
BRRRROOOOOM

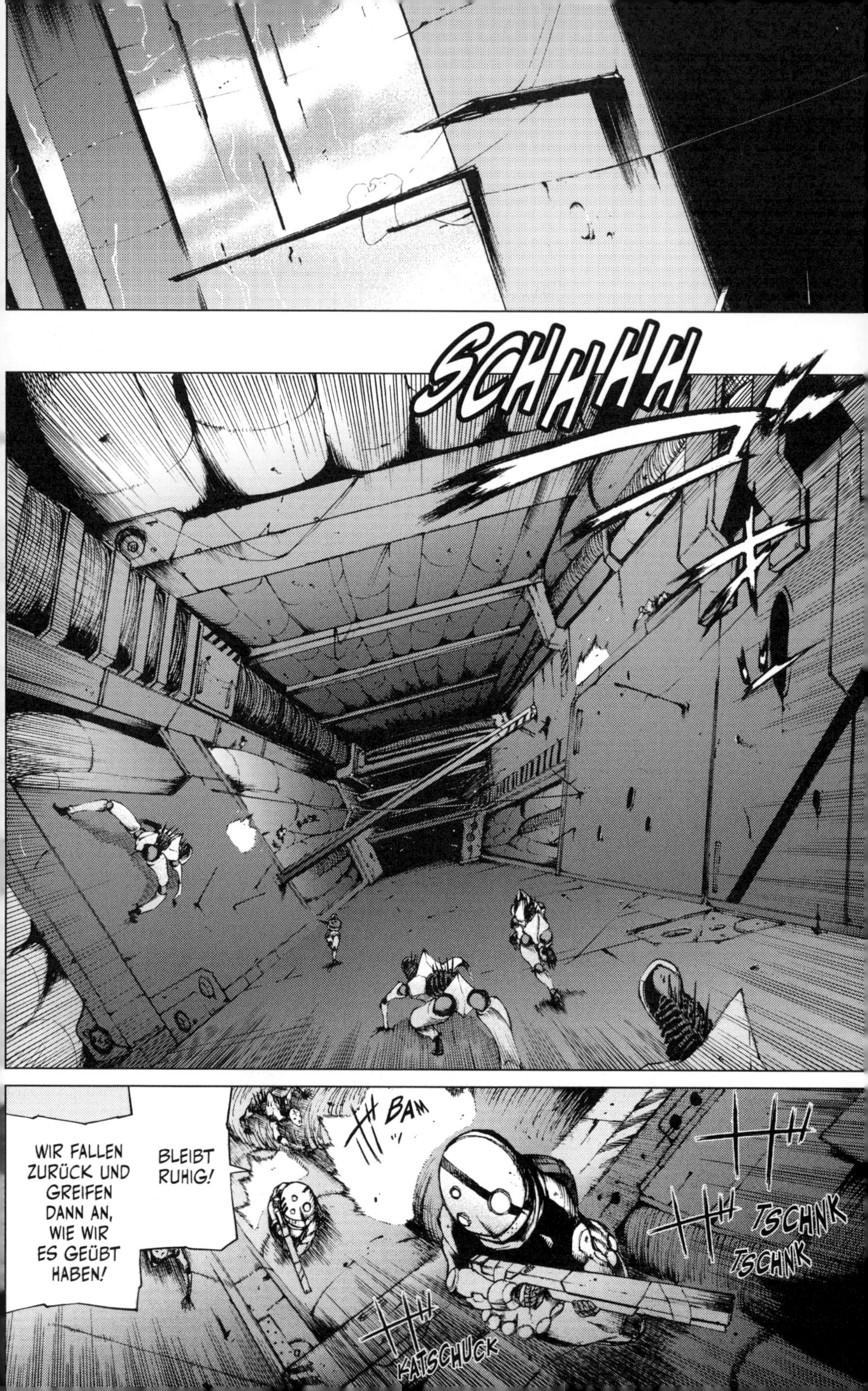
SCHHHHH
BAM
TSCHNK
TSCHNK
BLEIBT RUHIG!
WIR FALLEN ZURÜCK UND GREIFEN DANN AN, WIE WIR ES GEÜBT HABEN!
KATSCHUCK

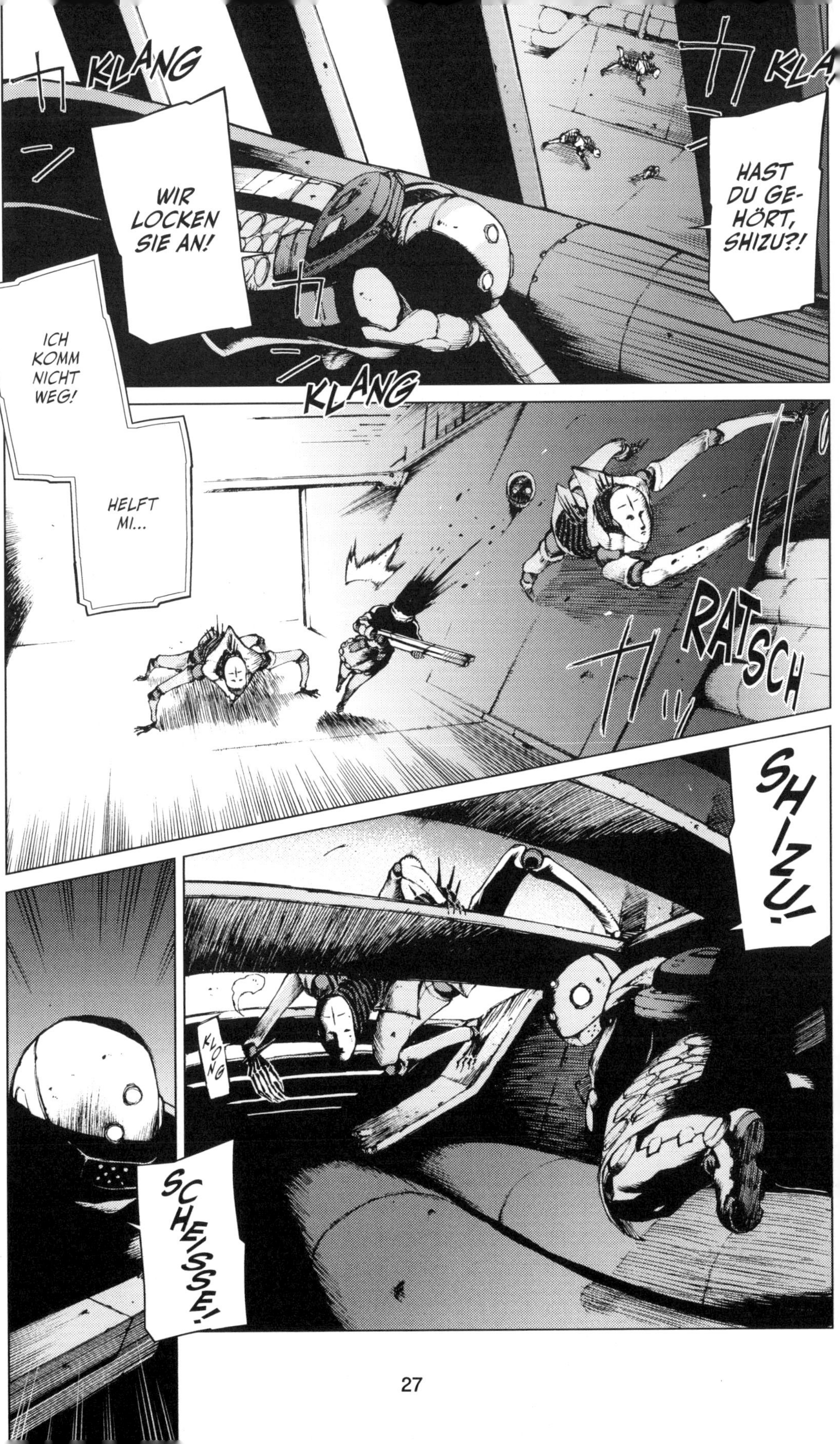
KLANG
HAST DU GEHÖRT, SHIZU?!
KLA
WIR LOCKEN SIE AN!
KLANG
ICH KOMM NICHT WEG!
HELFT MI...
RATSCH
SHIZU!
KLONG
SCHEISSE!

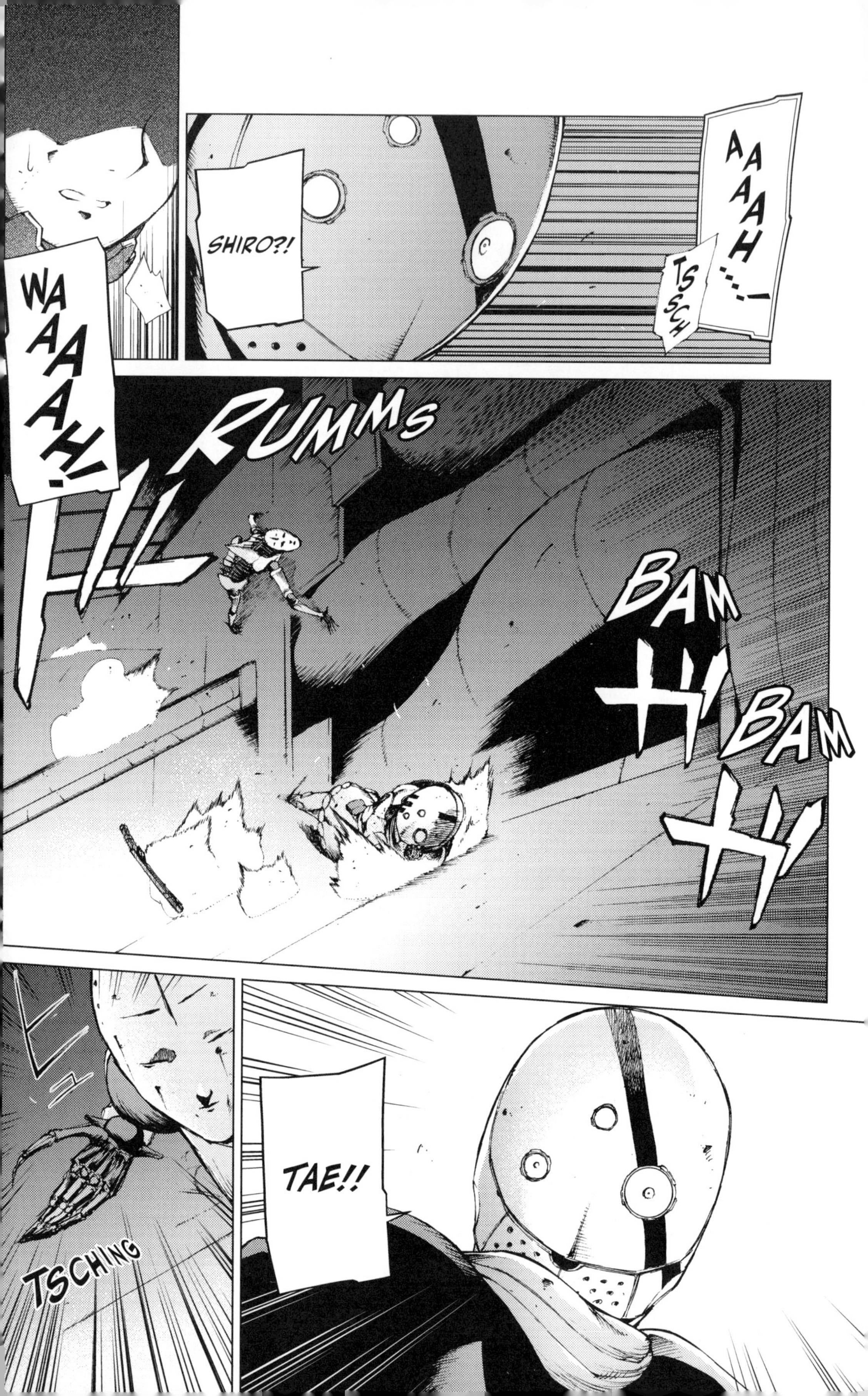
AAAAH...!
TSSCH
SHIRO?!
WAAAAH!!
BAM BAM
RUMMS
TAE!!
TSCHING

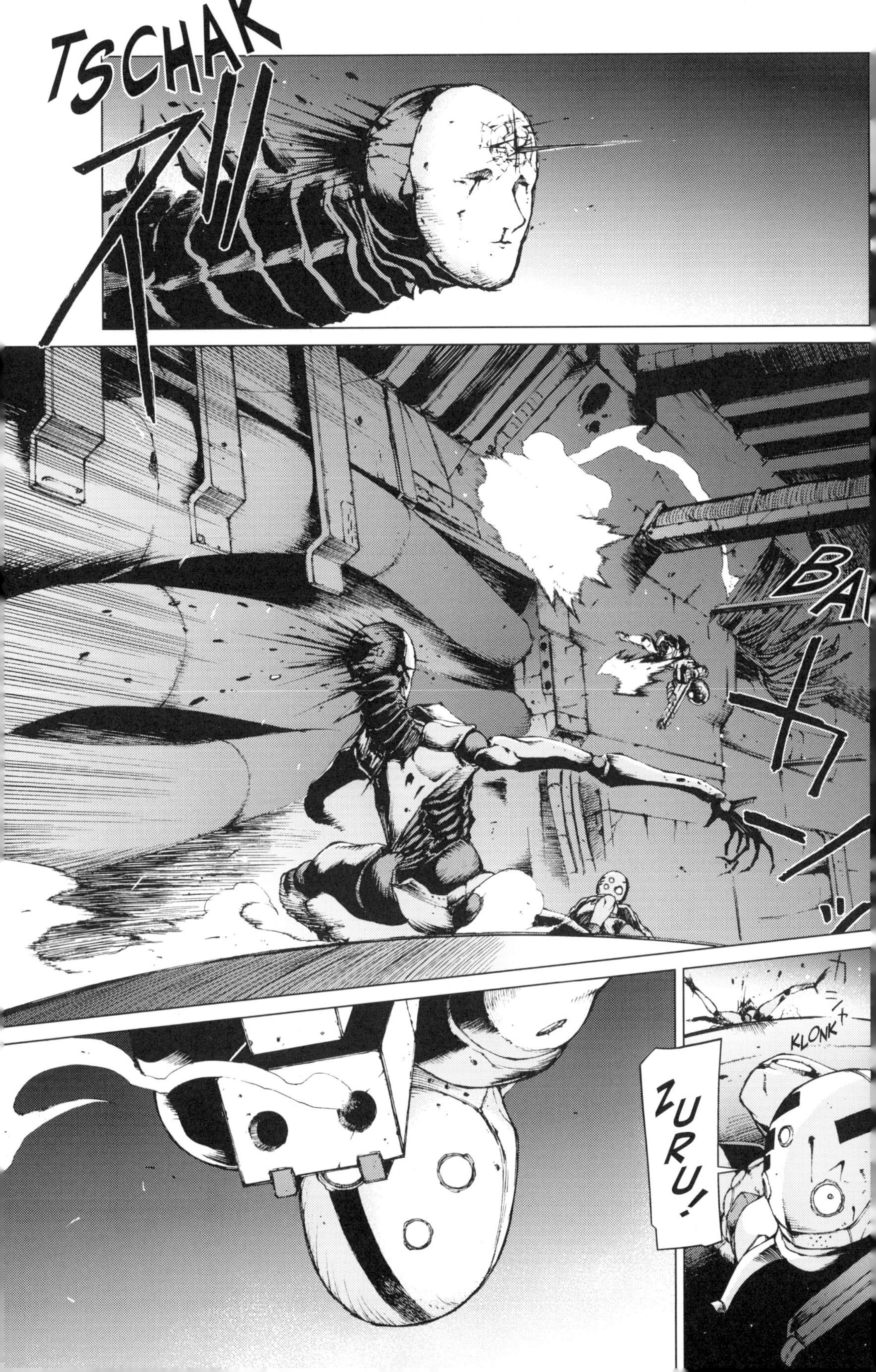
TSCHAK
BA
KLONK
ZURU!

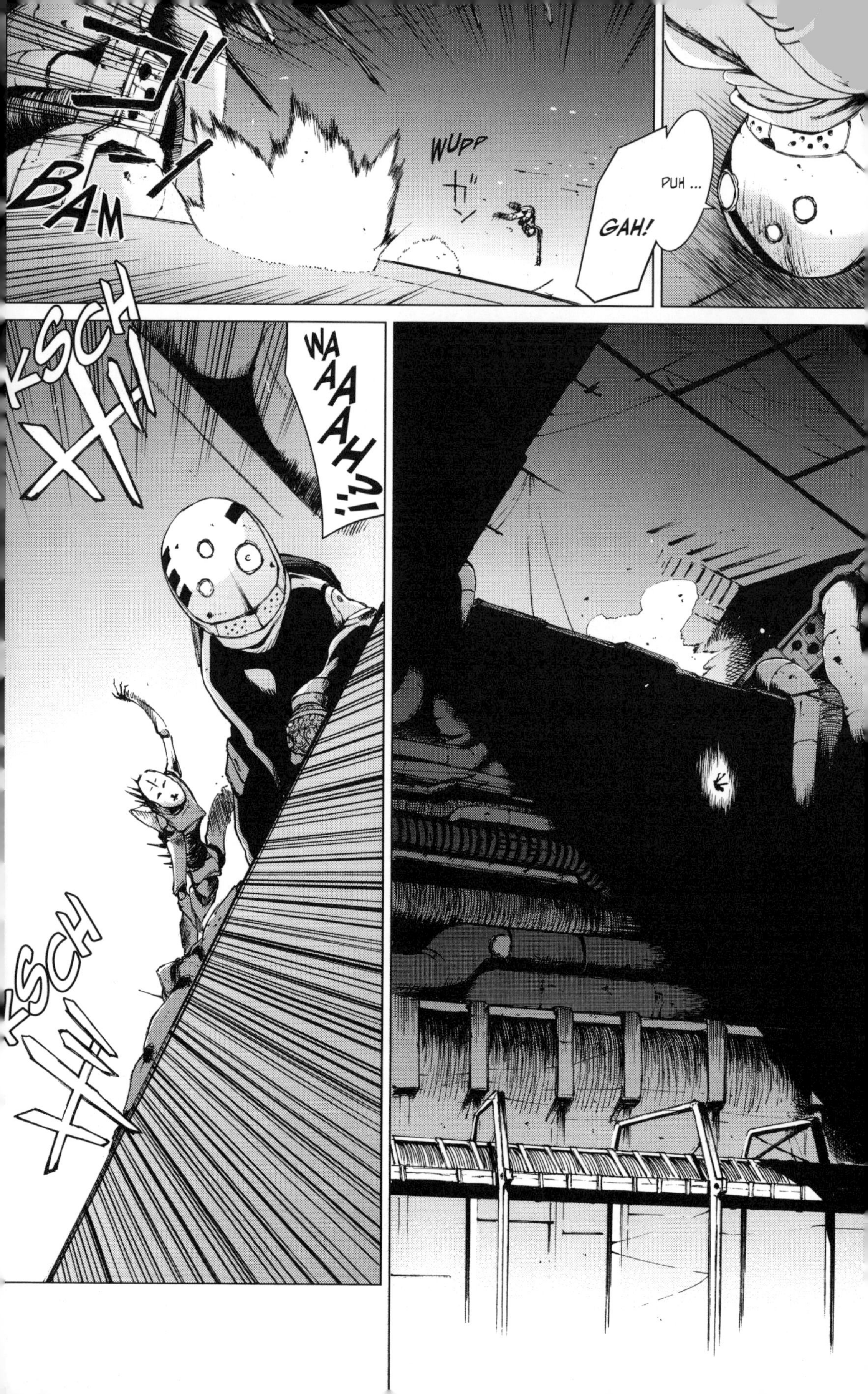
PUH ...
GAH!
WUPP
BAM
KSCH
WAAAAH?!!
KSCH

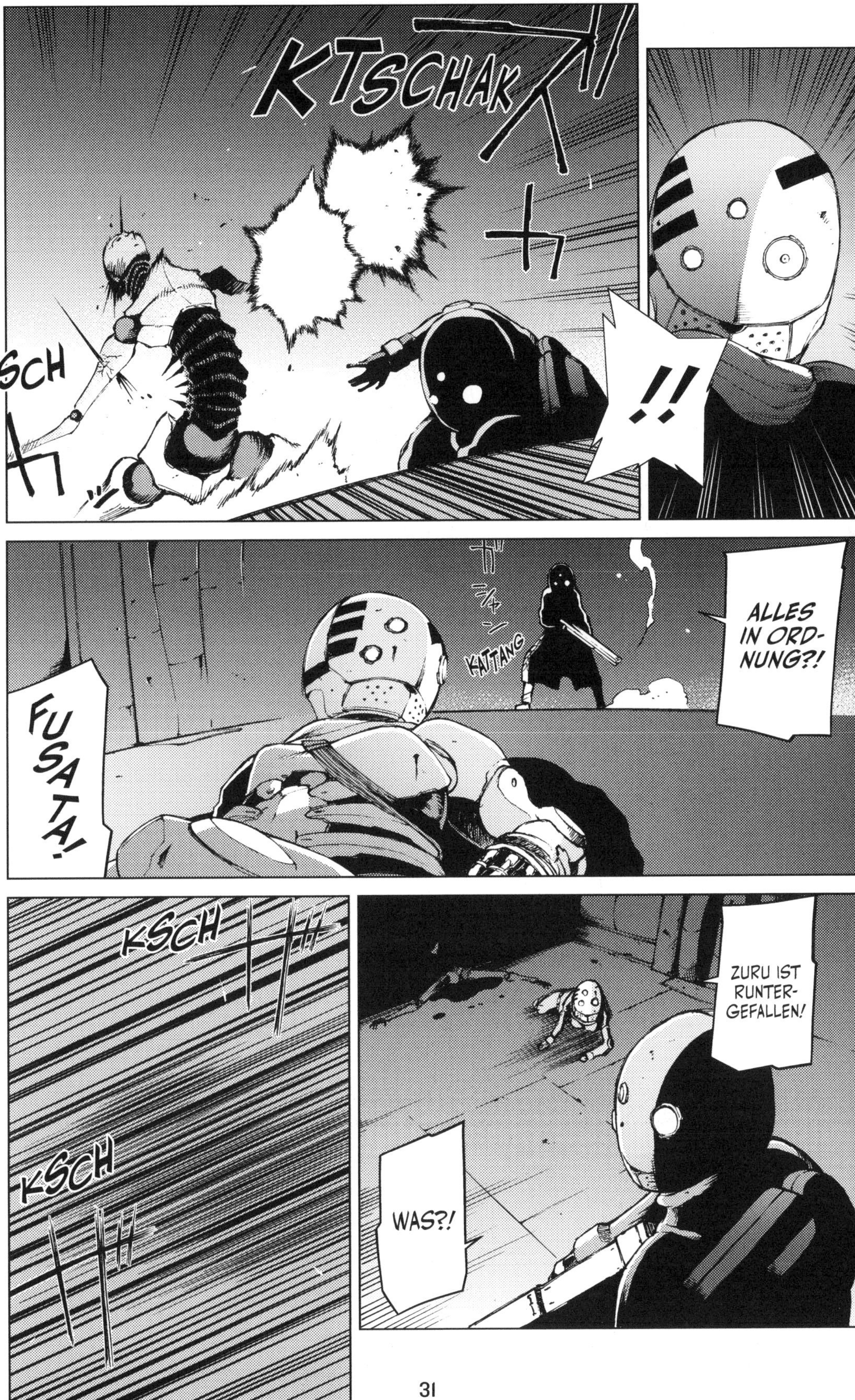
KTSCHAK
KSCH
!!
ALLES IN ORD-NUNG?!
KATTANG
FUSATA!
ZURU IST RUNTER-GEFALLEN!
WAS?!
KSCH
KSCH

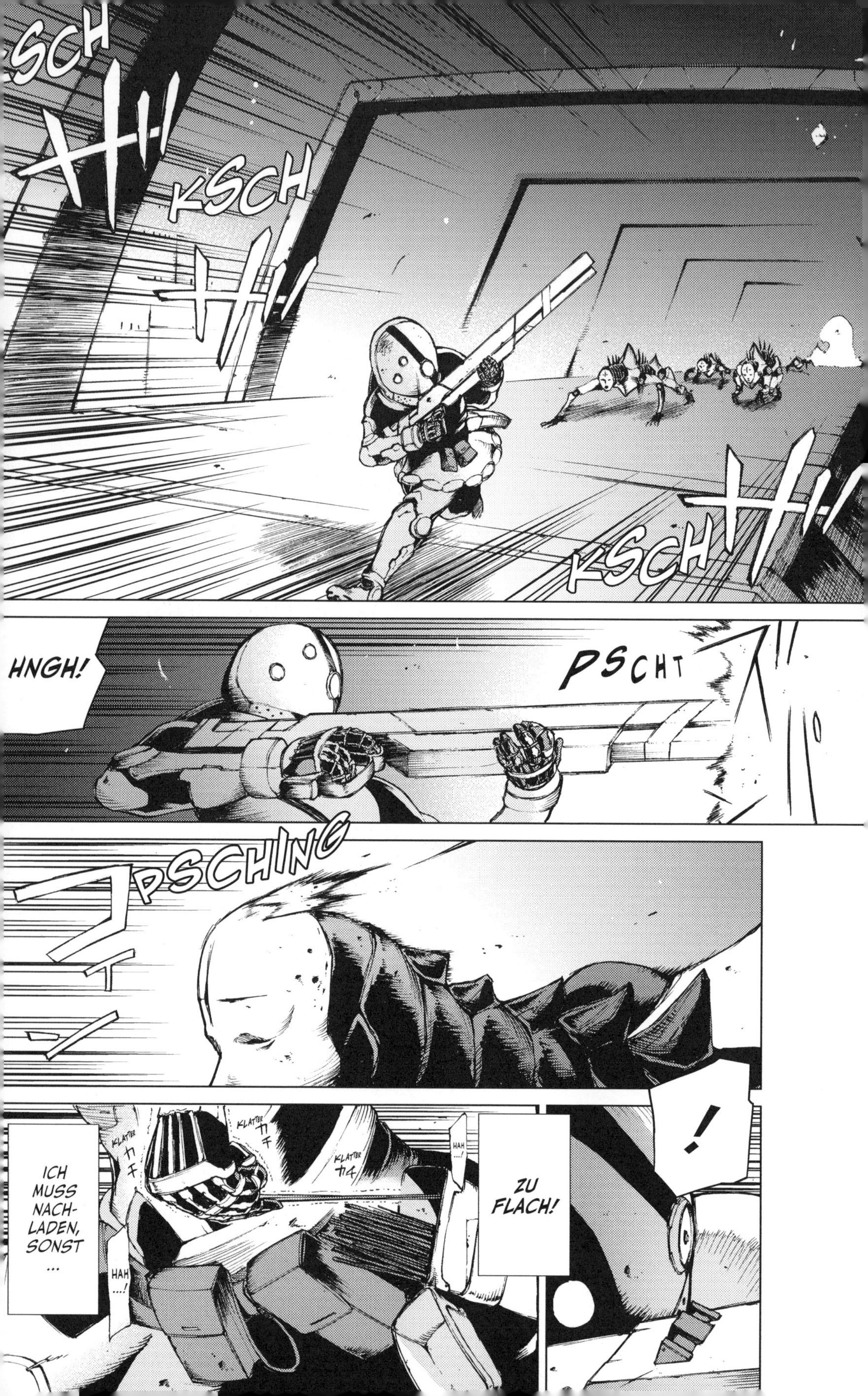
SCH
KSCH
KSCH
HNGH!
PSCHT
PSCHING
!
ZU FLACH!
HAH ...!
KLATTER
KLATTER
ICH MUSS NACH-LADEN, SONST ...
KLATTER
HAH ...!

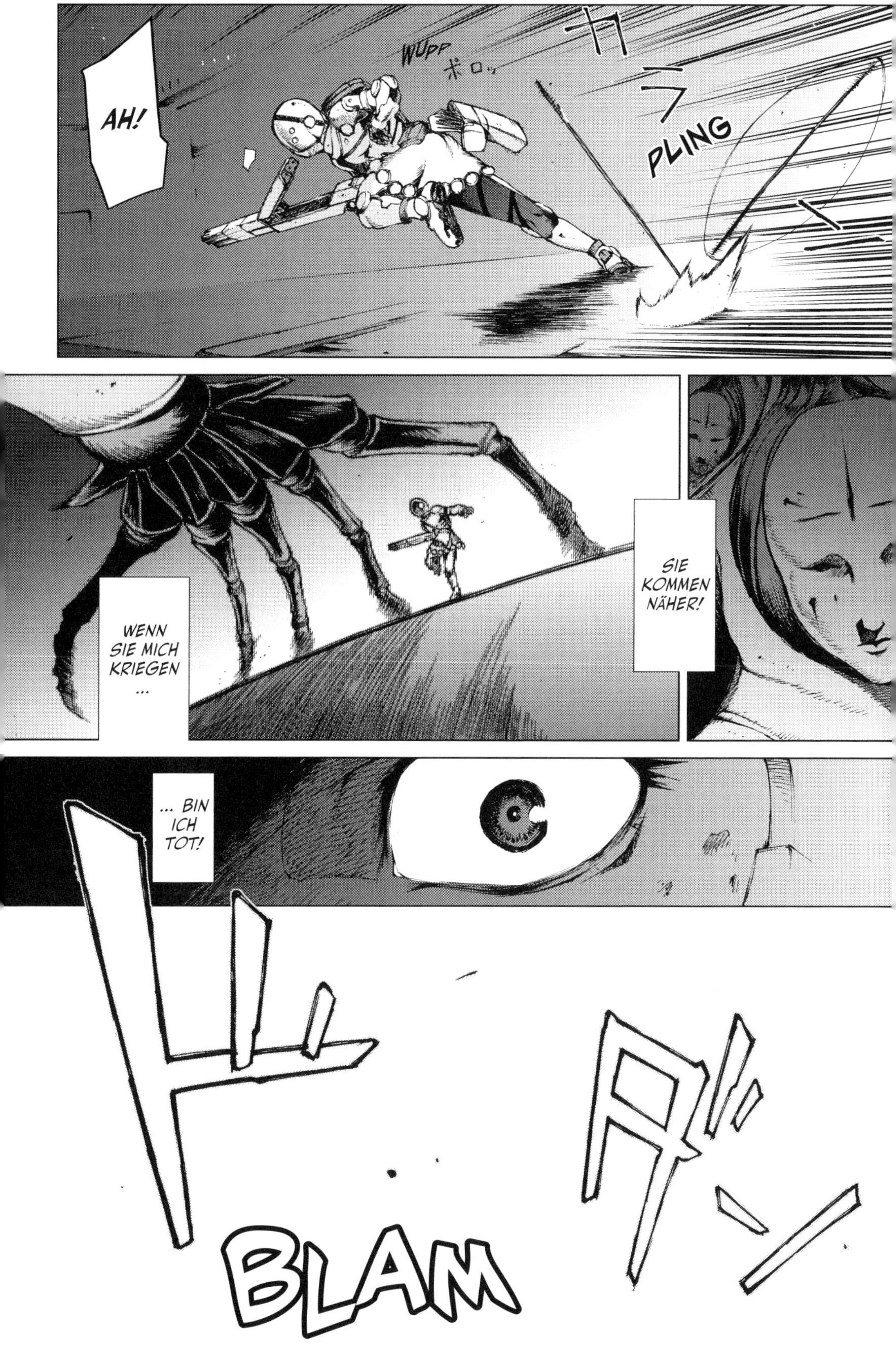
AH!
WUPP
PLING
SIE KOMMEN NÄHER!
WENN SIE MICH KRIEGEN ...
... BIN ICH TOT!
BLAM

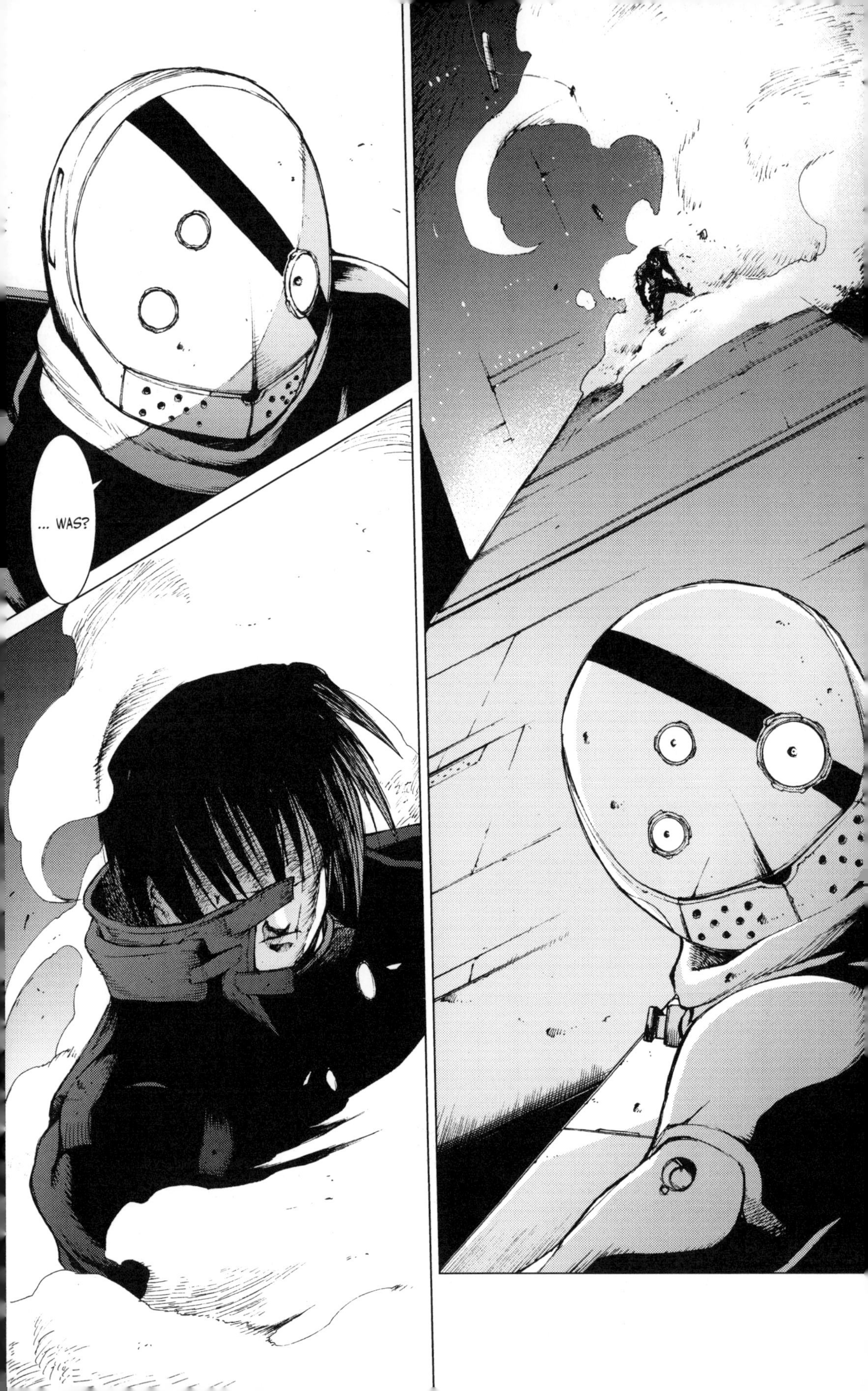
... WAS?

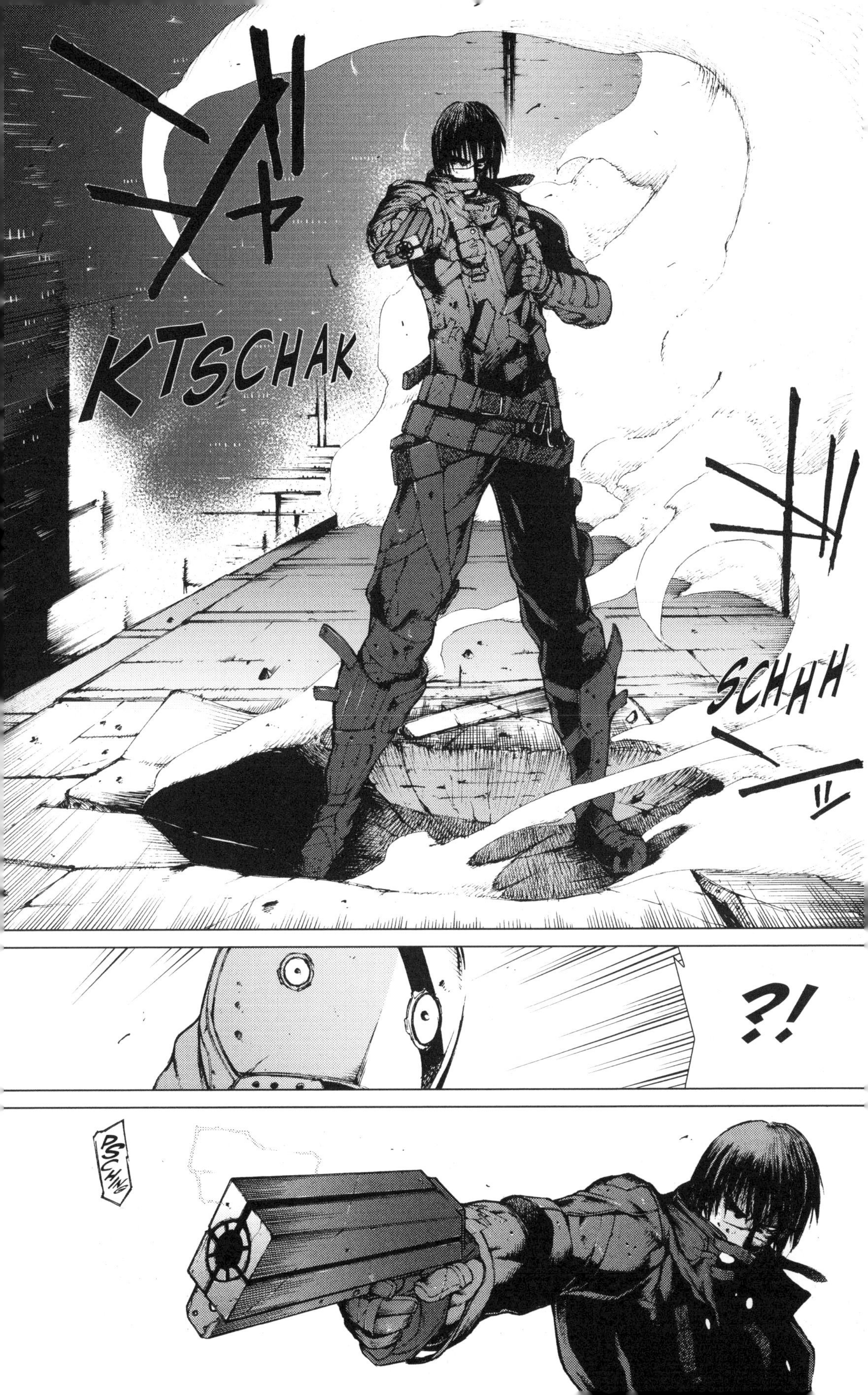
KTSCHAK
SCHHH
?!
PSCHING

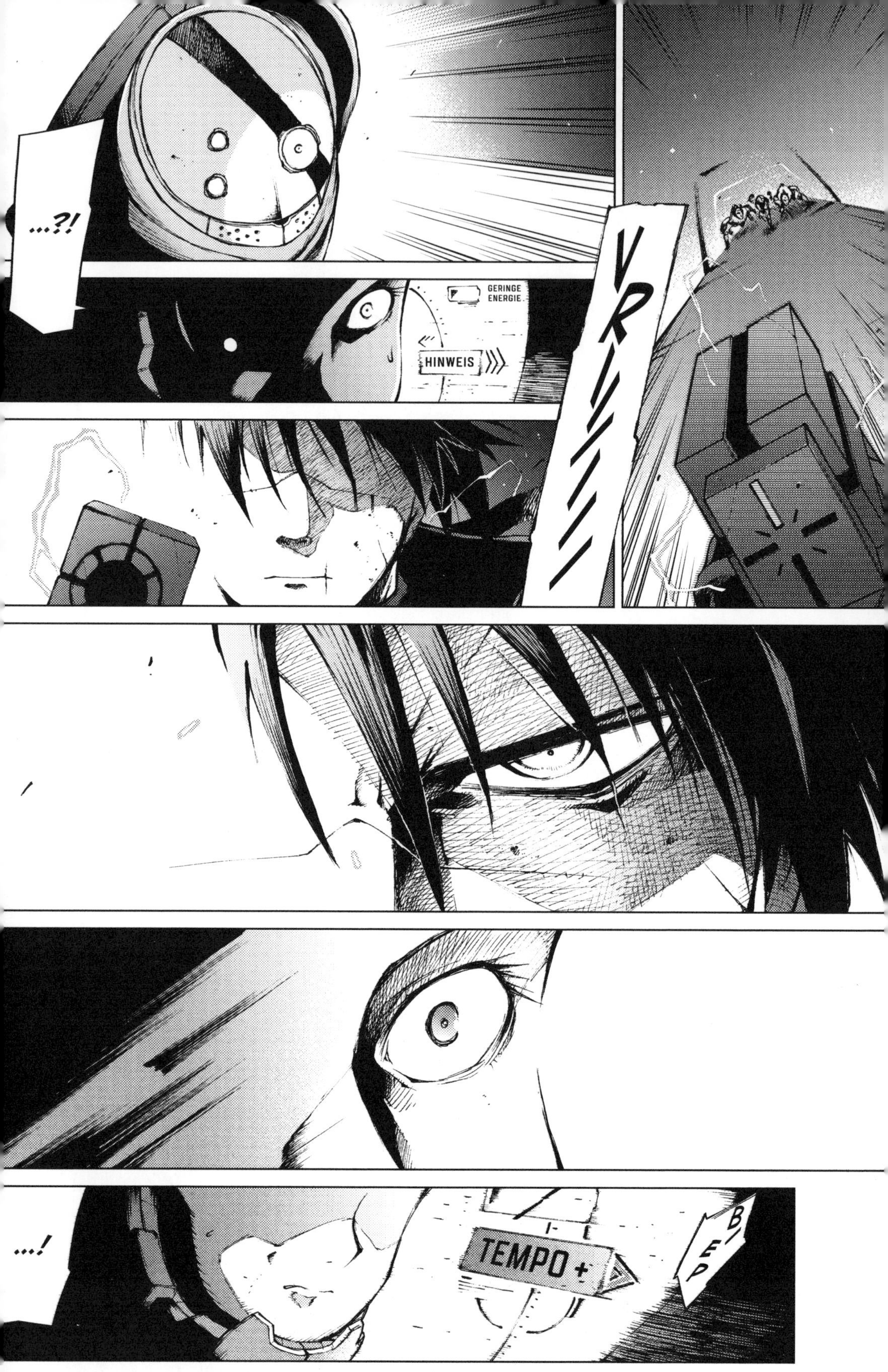
VRUUUUMM
...?!
GERINGE ENERGIE.
HINWEIS
...!
TEMPO +
BIEP

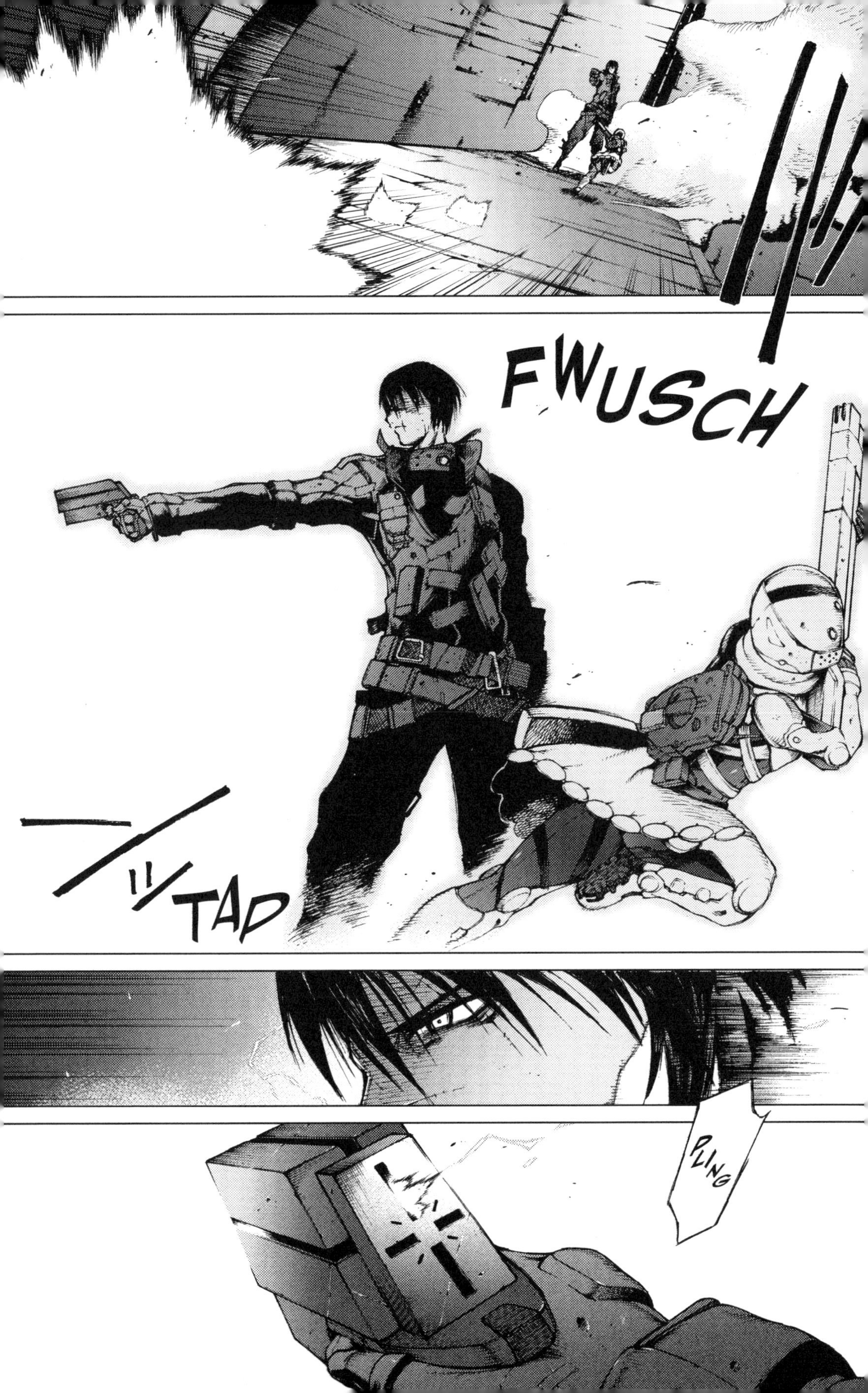
FWUSCH
TAP
PLING

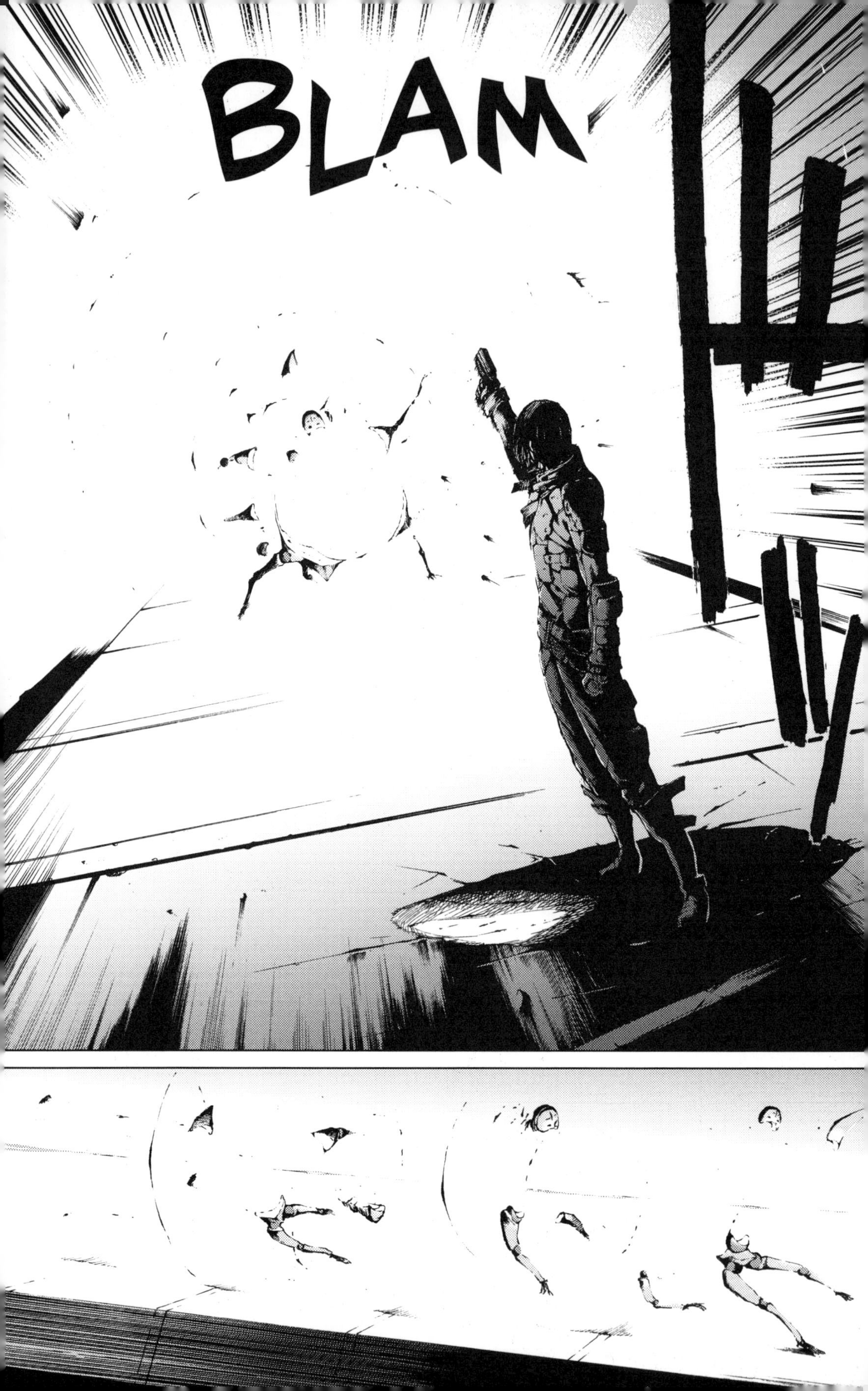
BLAM

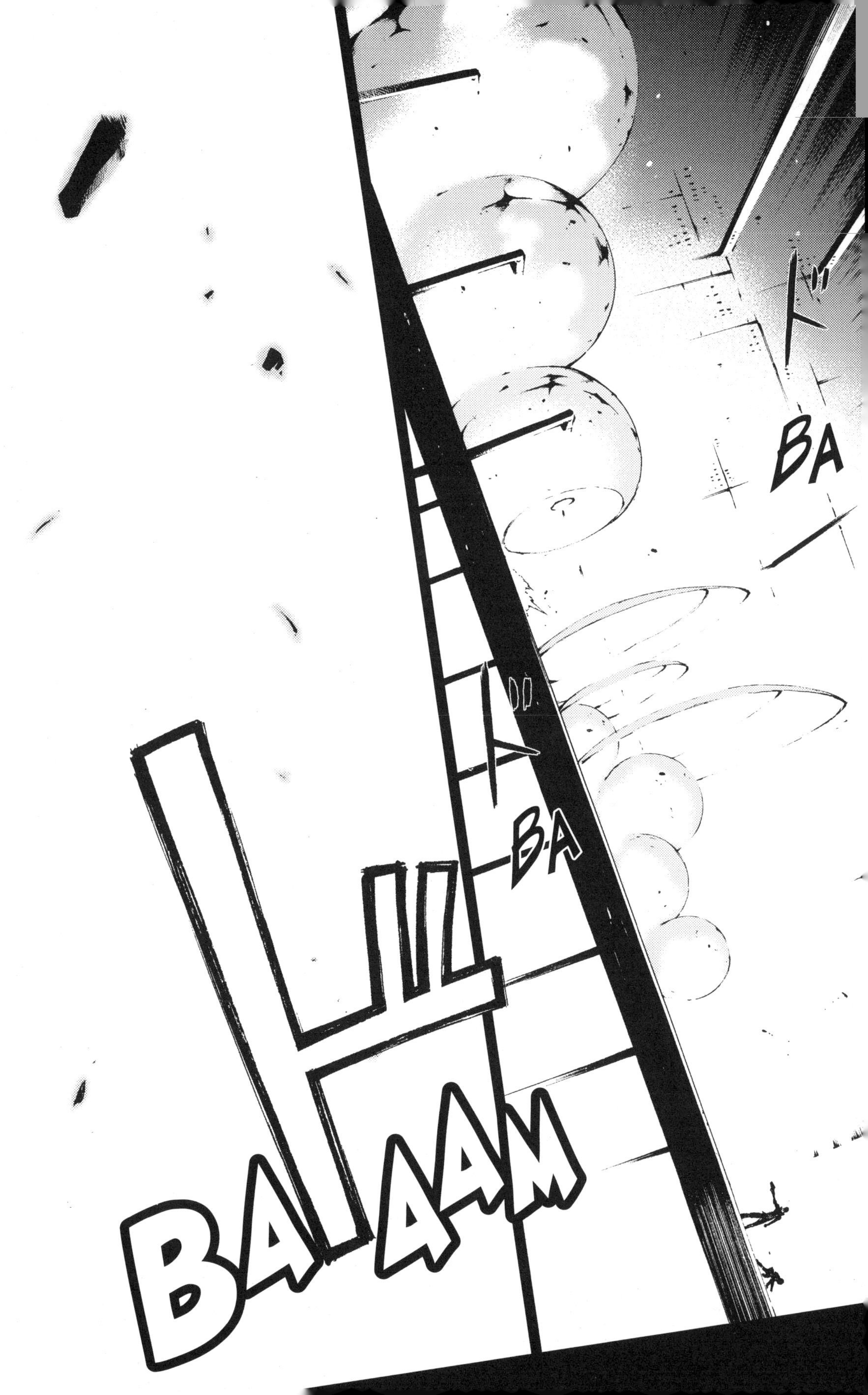

BA
BA
BAAAM

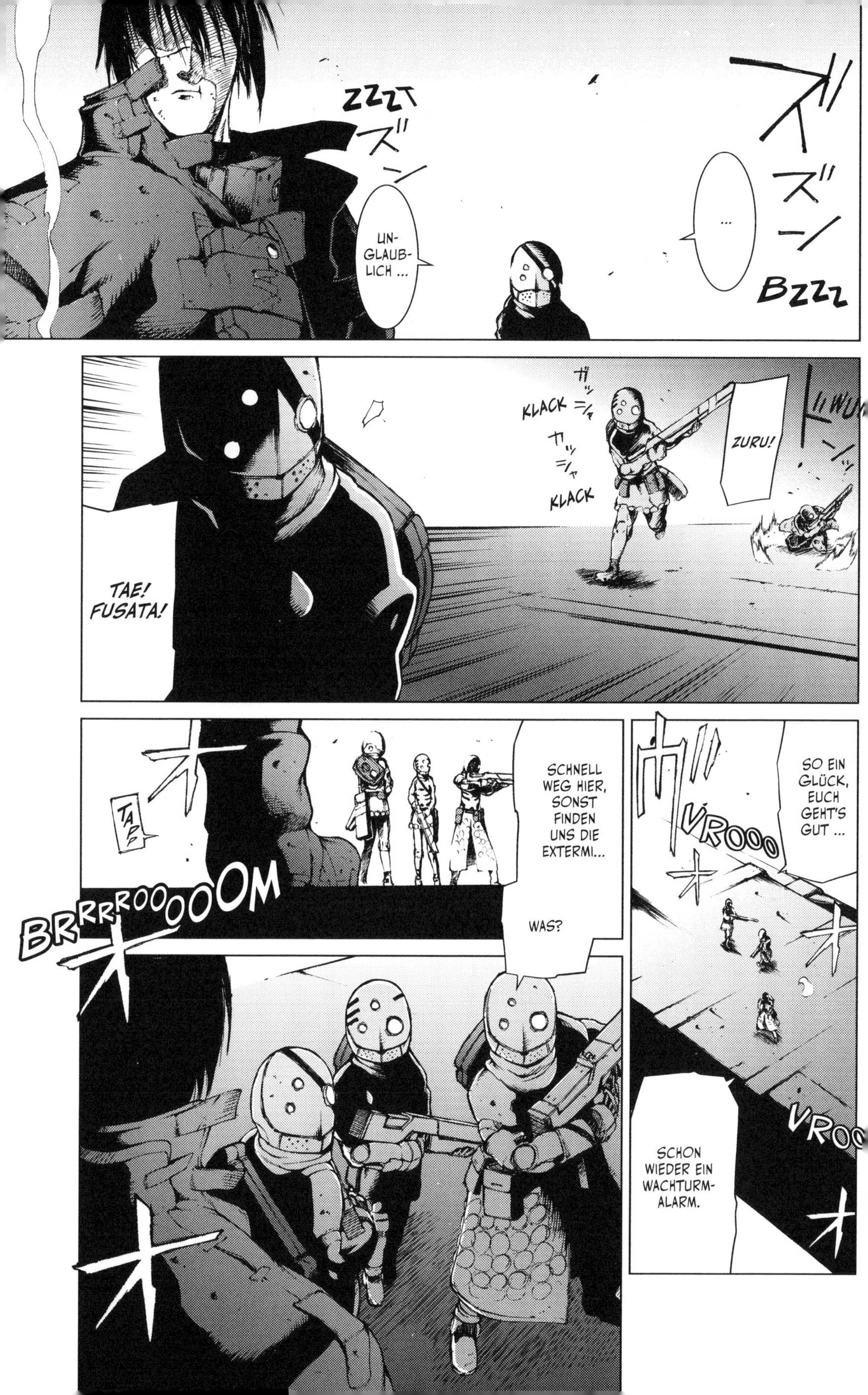

BZZZ
…
UN-
GLAUB-
LICH …
ZZZT
ZURU!
KLACK
KLACK
TAE! FUSATA!
SO EIN GLÜCK, EUCH GEHT'S GUT …
VROOO
SCHNELL WEG HIER, SONST FINDEN UNS DIE EXTERMI…
TAPP
BRRRROOOOOOM
WAS?
VROO
SCHON WIEDER EIN WACHTURM-ALARM.

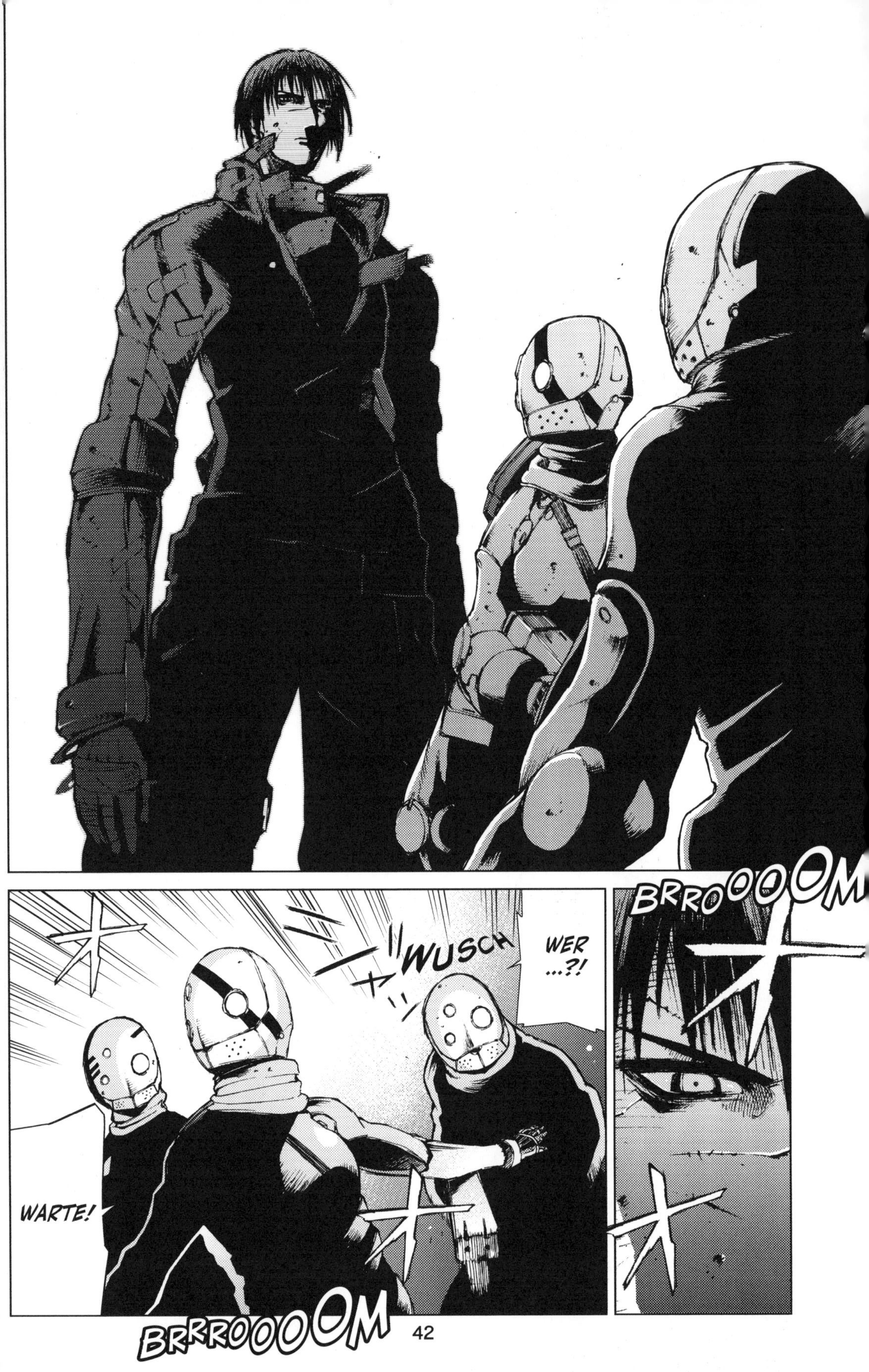
BRROOOOOM
WER ...?!
WUSCH
WARTE!
BRRROOOOOM

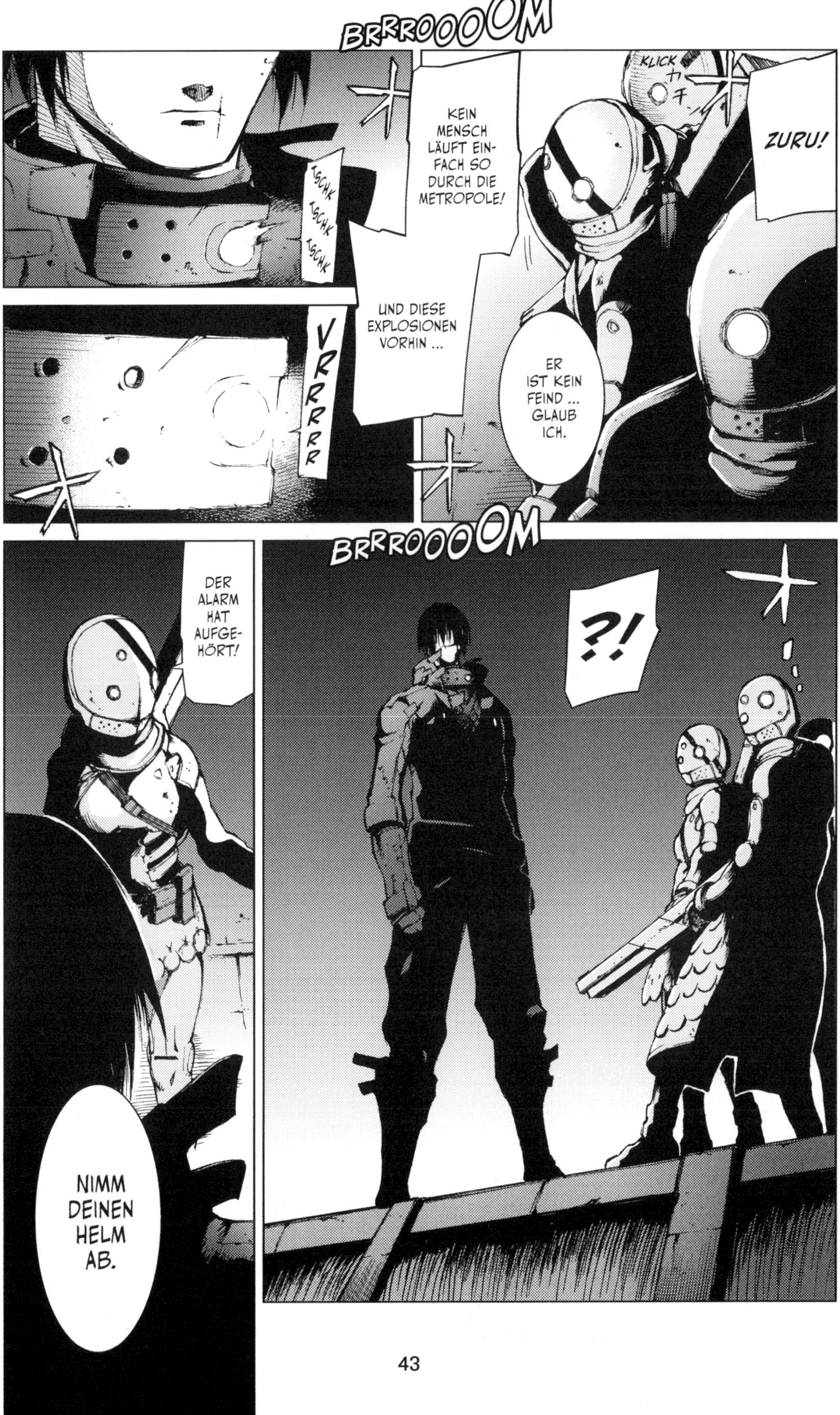
BRRROOOOM
KLICK
ZURU!
KEIN MENSCH LÄUFT EIN-FACH SO DURCH DIE METROPOLE!
TSCHK TSCHK TSCHK
UND DIESE EXPLOSIONEN VORHIN ...
ER IST KEIN FEIND ... GLAUB ICH.
VRRRRR
BRRROOOOM
?!
DER ALARM HAT AUFGE-HÖRT!
NIMM DEINEN HELM AB.

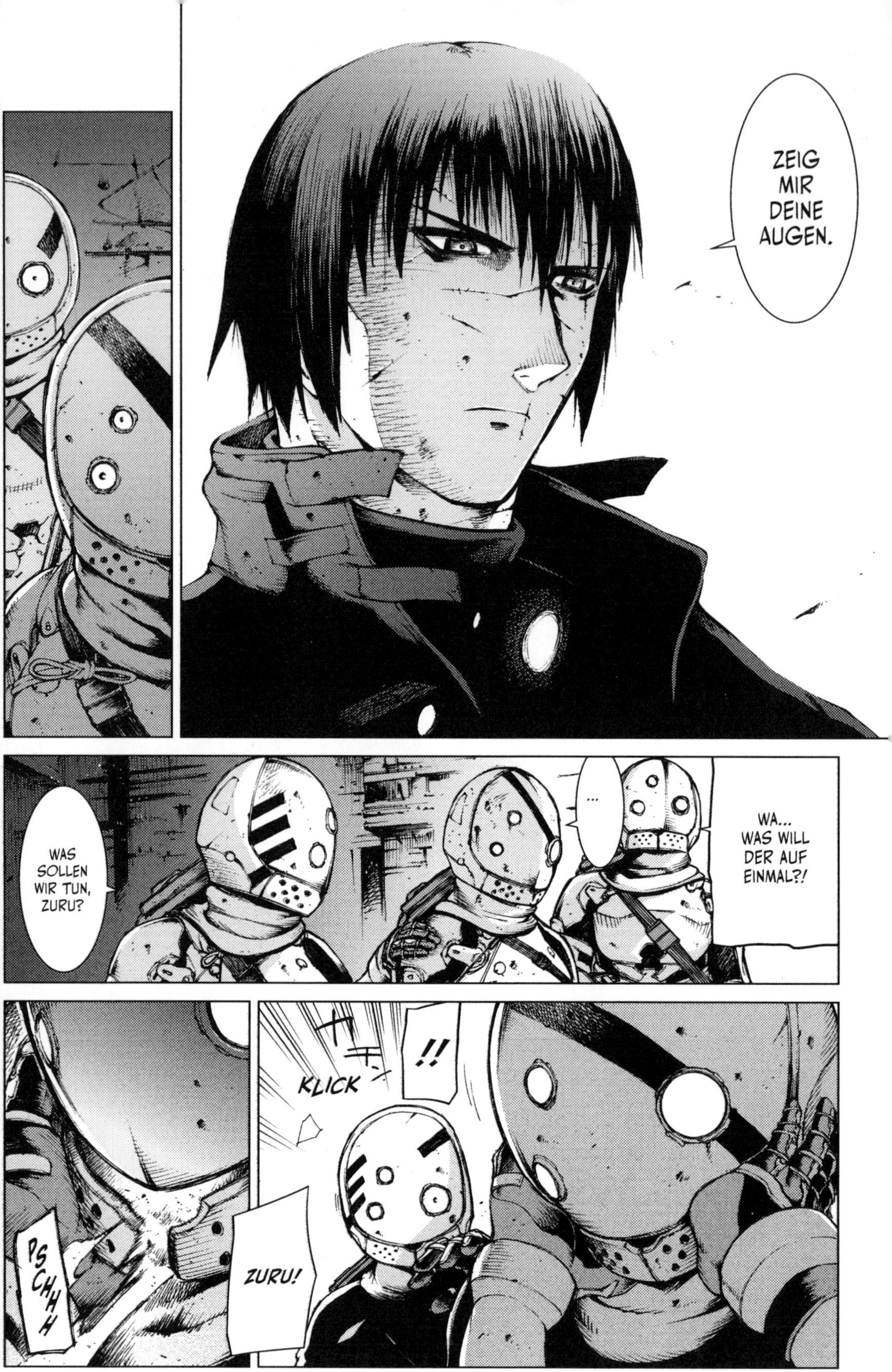
ZEIG MIR DEINE AUGEN.
WA... WAS WILL DER AUF EINMAL?!
...
WAS SOLLEN WIR TUN, ZURU?
!!
KLICK
ZURU!
PSCHHH

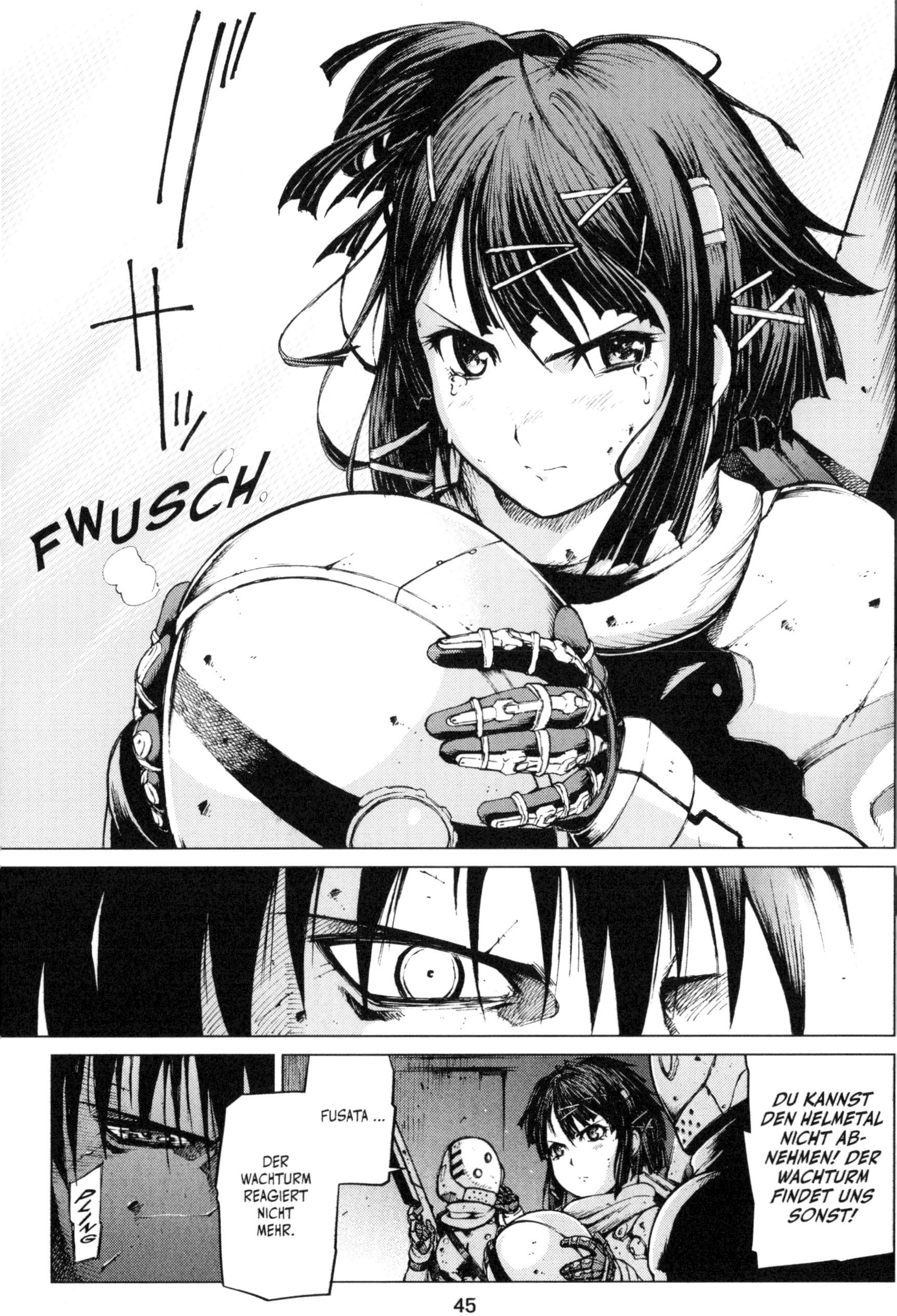
FWUSCH
DU KANNST DEN HELMETAL NICHT ABNEHMEN! DER WACHTURM FINDET UNS SONST!
FUSATA ...
DER WACHTURM REAGIERT NICHT MEHR.
PLING

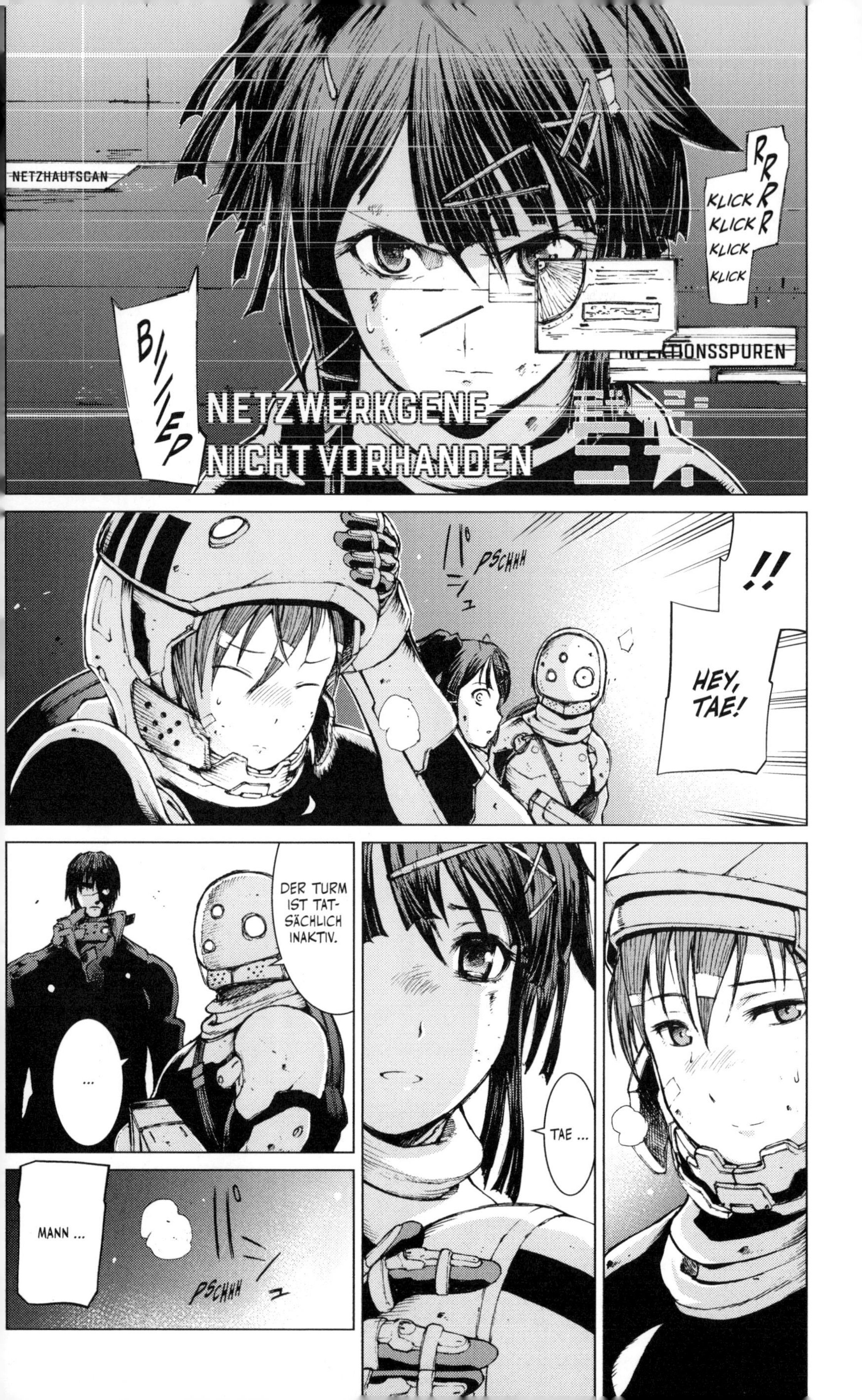
NETZHAUTSCAN
RRRR
KLICK KLICK KLICK KLICK
INFEKTIONSSPUREN
BIIIEP
NETZWERKGENE NICHT VORHANDEN
PSCHHH
!!
HEY, TAE!
DER TURM IST TATSÄCHLICH INAKTIV.
...
TAE ...
MANN ...
PSCHHH

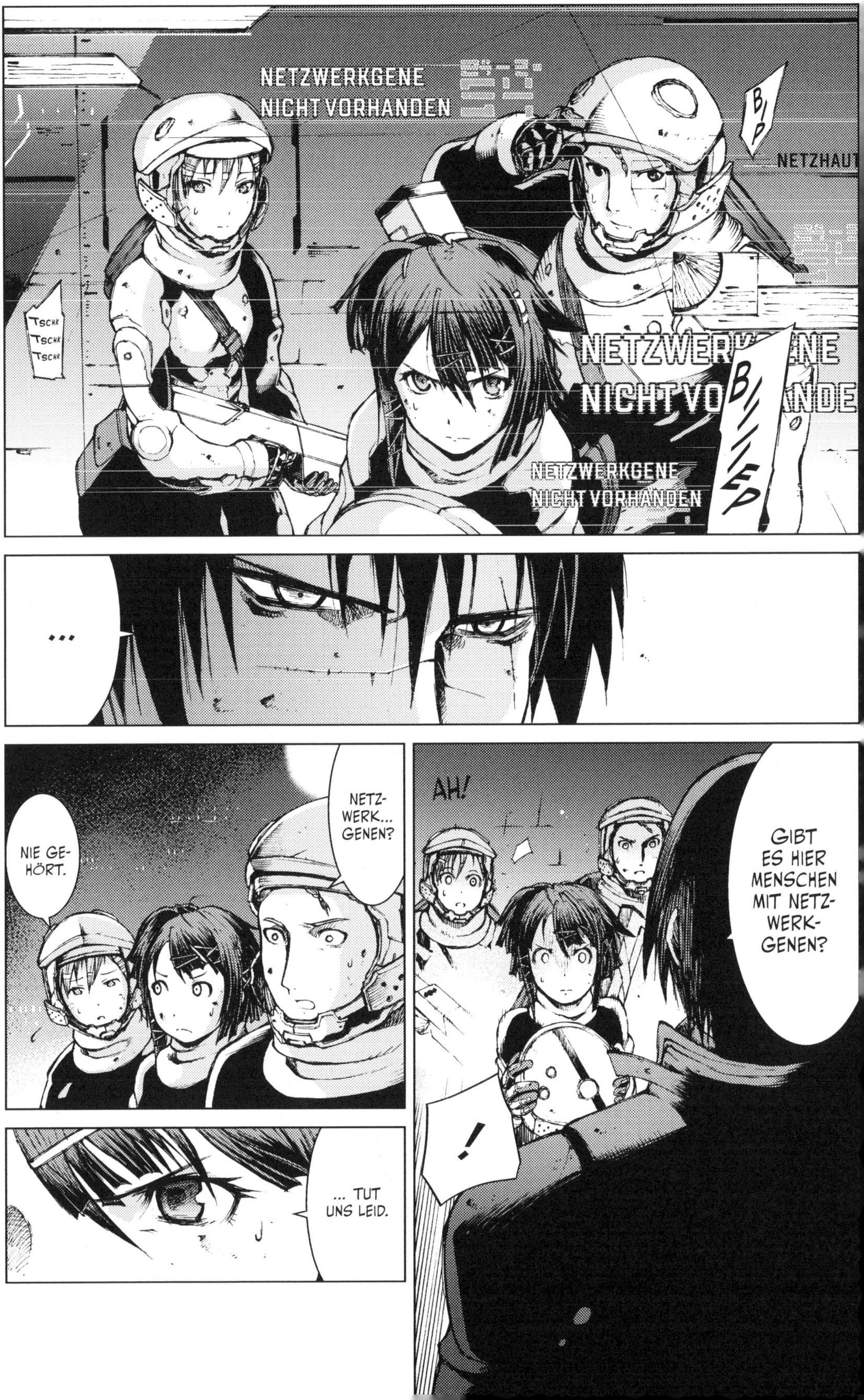

NETZWERKGENE NICHT VORHANDEN
BIP
NETZHAUT
TSCHK TSCHK TSCHK
NETZWER NE NICHT VO NDE
BIIIEP
NETZWERKGENE NICHT VORHANDEN
...
NETZ-WERK... GENEN?
NIE GE-HÖRT.
AH!
GIBT ES HIER MENSCHEN MIT NETZ-WERK-GENEN?
!
... TUT UNS LEID.

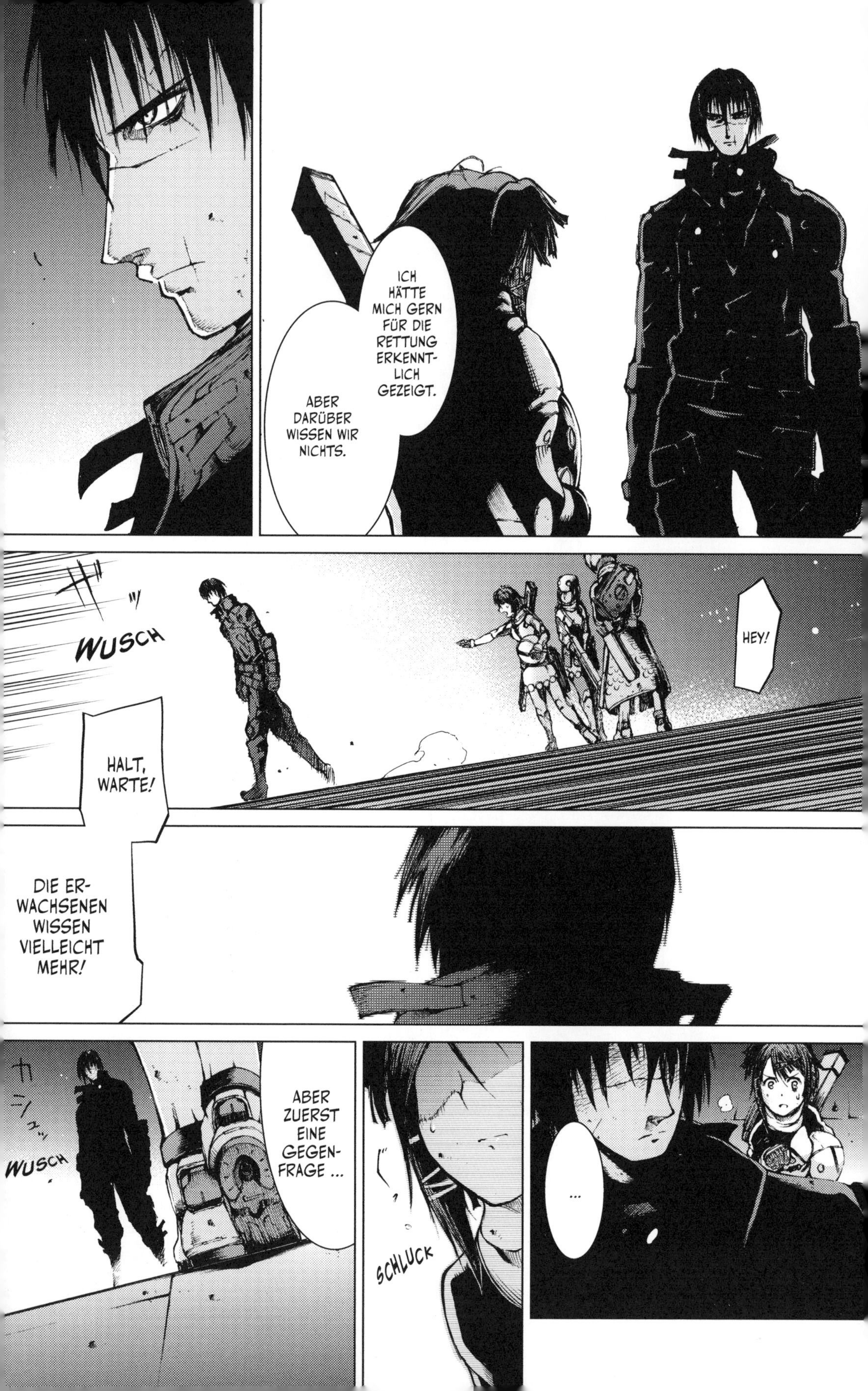

ICH HÄTTE MICH GERN FÜR DIE RETTUNG ERKENNTLICH GEZEIGT.
ABER DARÜBER WISSEN WIR NICHTS.
HEY!
WUSCH
HALT, WARTE!
DIE ERWACHSENEN WISSEN VIELLEICHT MEHR!
...
SCHLUCK
ABER ZUERST EINE GEGENFRAGE ...
WUSCH

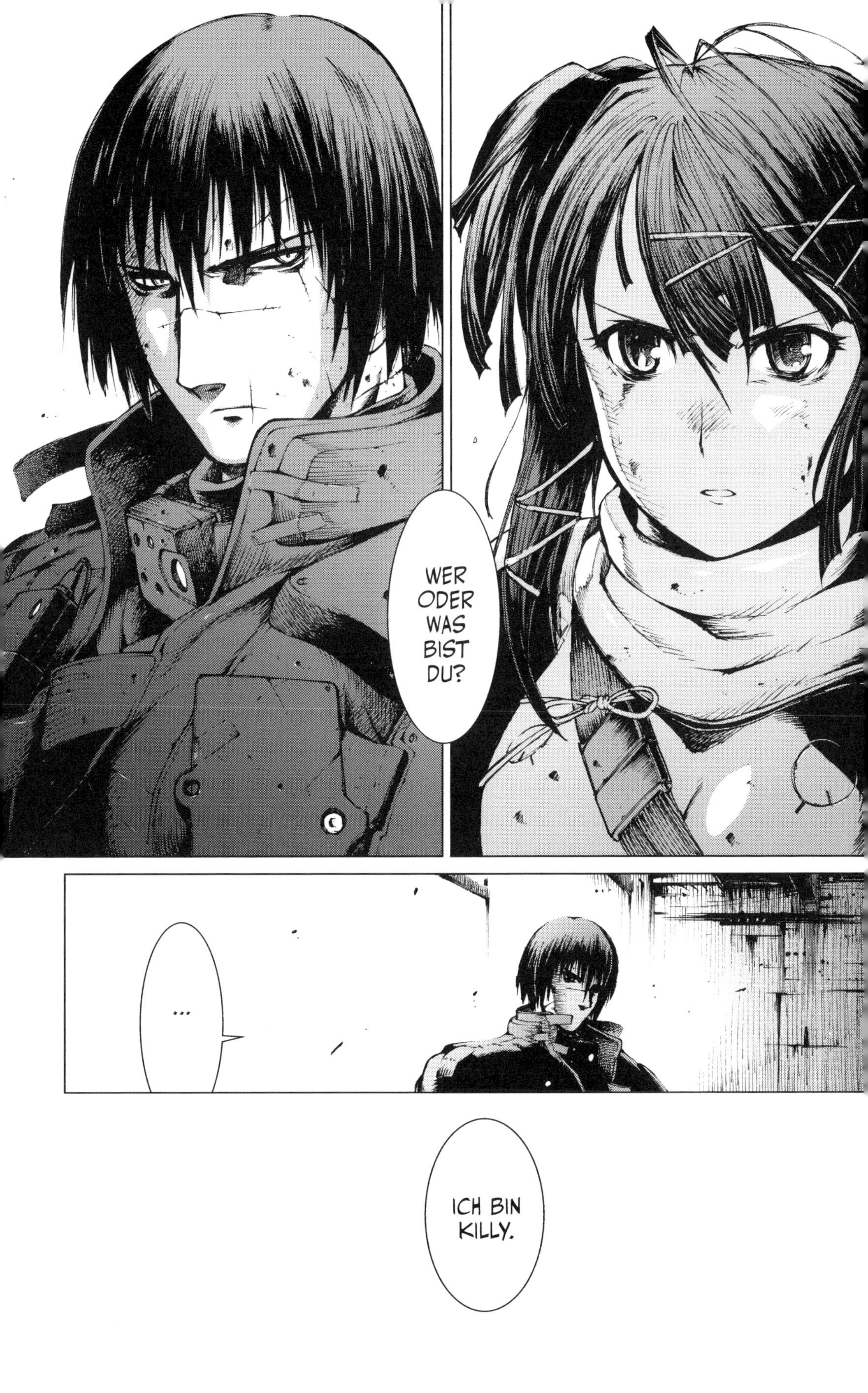
WER ODER WAS BIST DU?
...
ICH BIN KILLY.

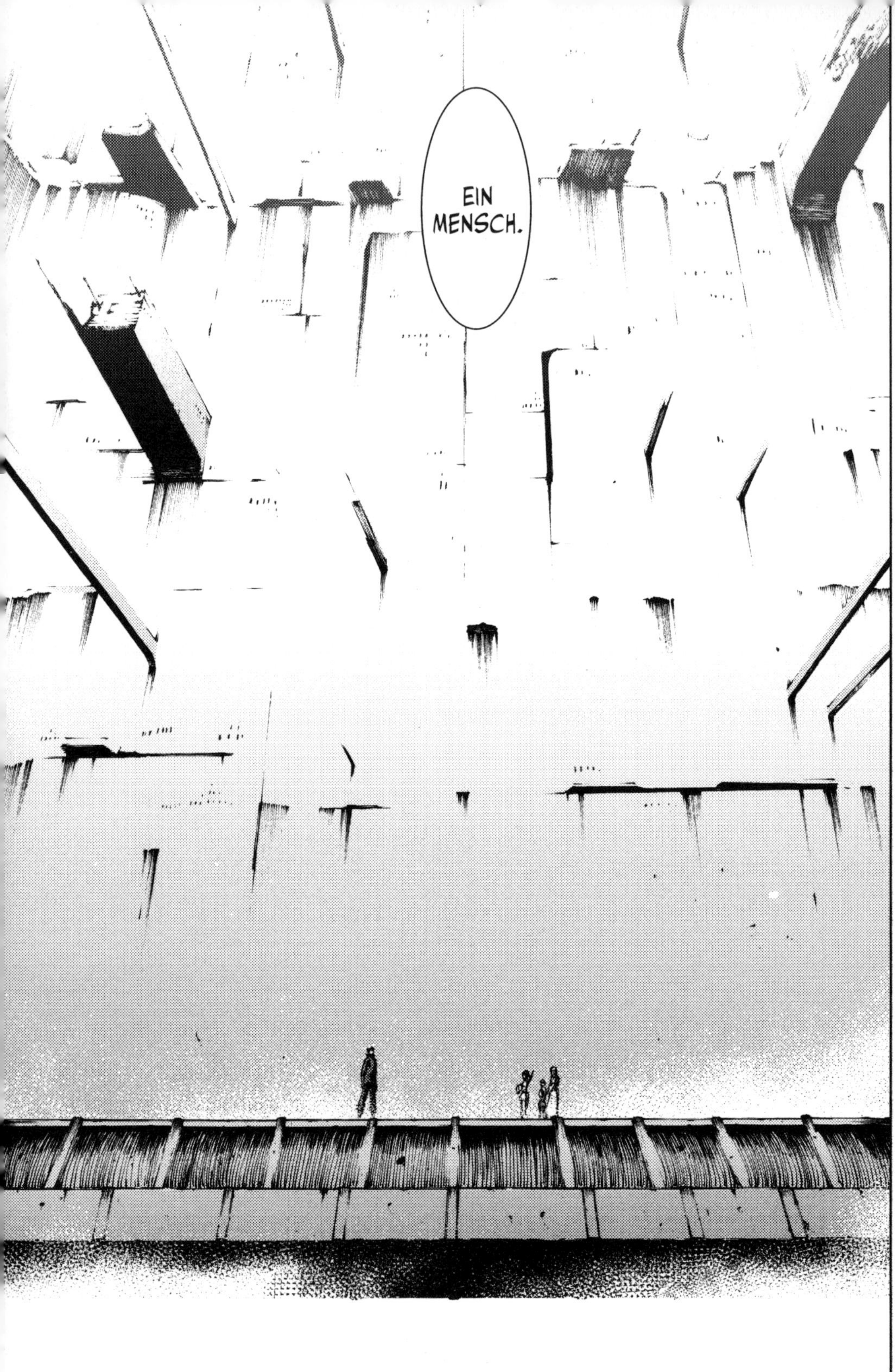
EIN MENSCH.

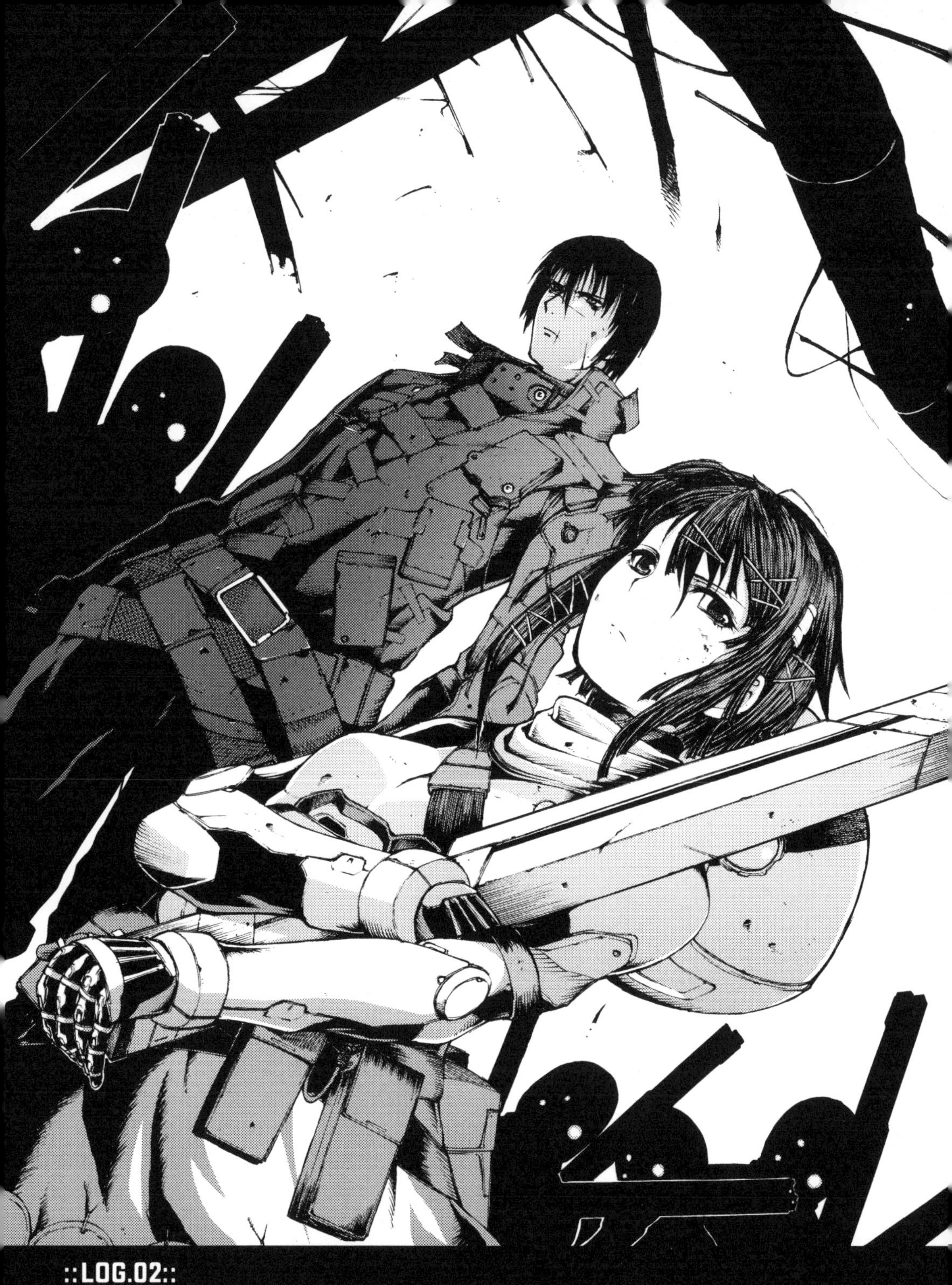

::LOG.02::

VERROTTETER SCHREIN

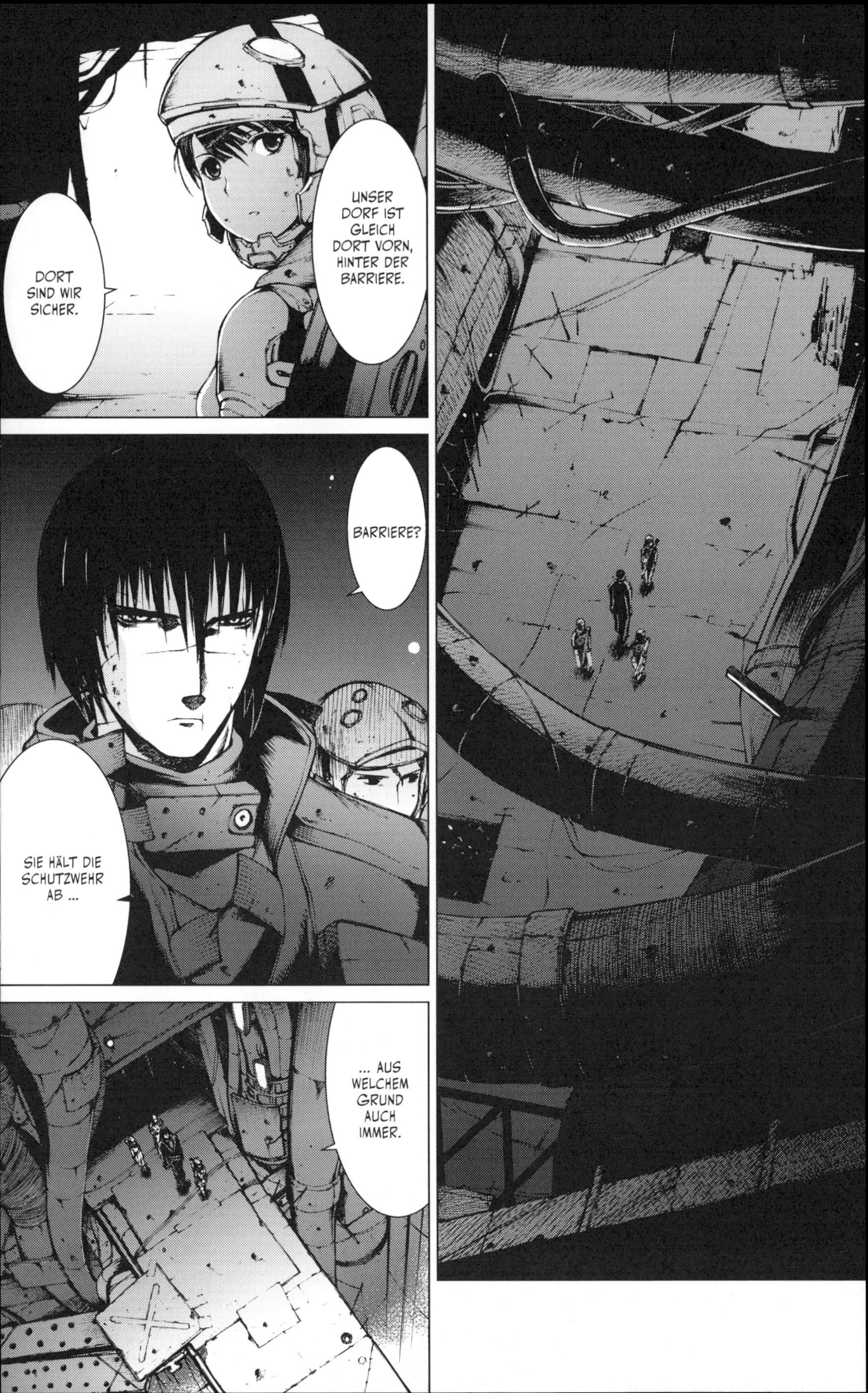
UNSER DORF IST GLEICH DORT VORN, HINTER DER BARRIERE.
DORT SIND WIR SICHER.
BARRIERE?
SIE HÄLT DIE SCHUTZWEHR AB ...
... AUS WELCHEM GRUND AUCH IMMER.

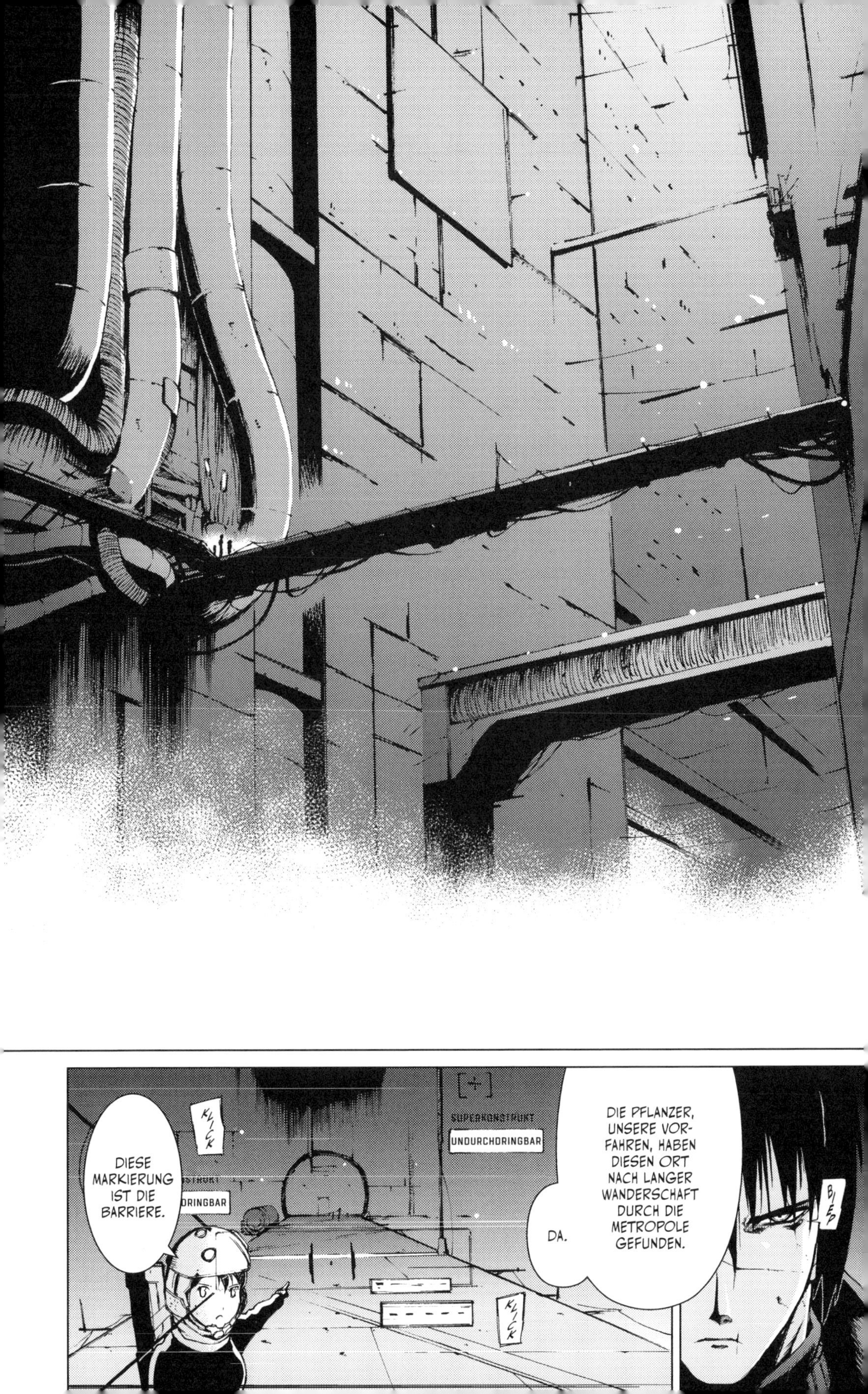
DIE PFLANZER, UNSERE VORFAHREN, HABEN DIESEN ORT NACH LANGER WANDERSCHAFT DURCH DIE METROPOLE GEFUNDEN.
BIEP
DA.
KLICK
SUPERKONSTRUKT
UNDURCHDRINGBAR
KLICK
DIESE MARKIERUNG IST DIE BARRIERE.

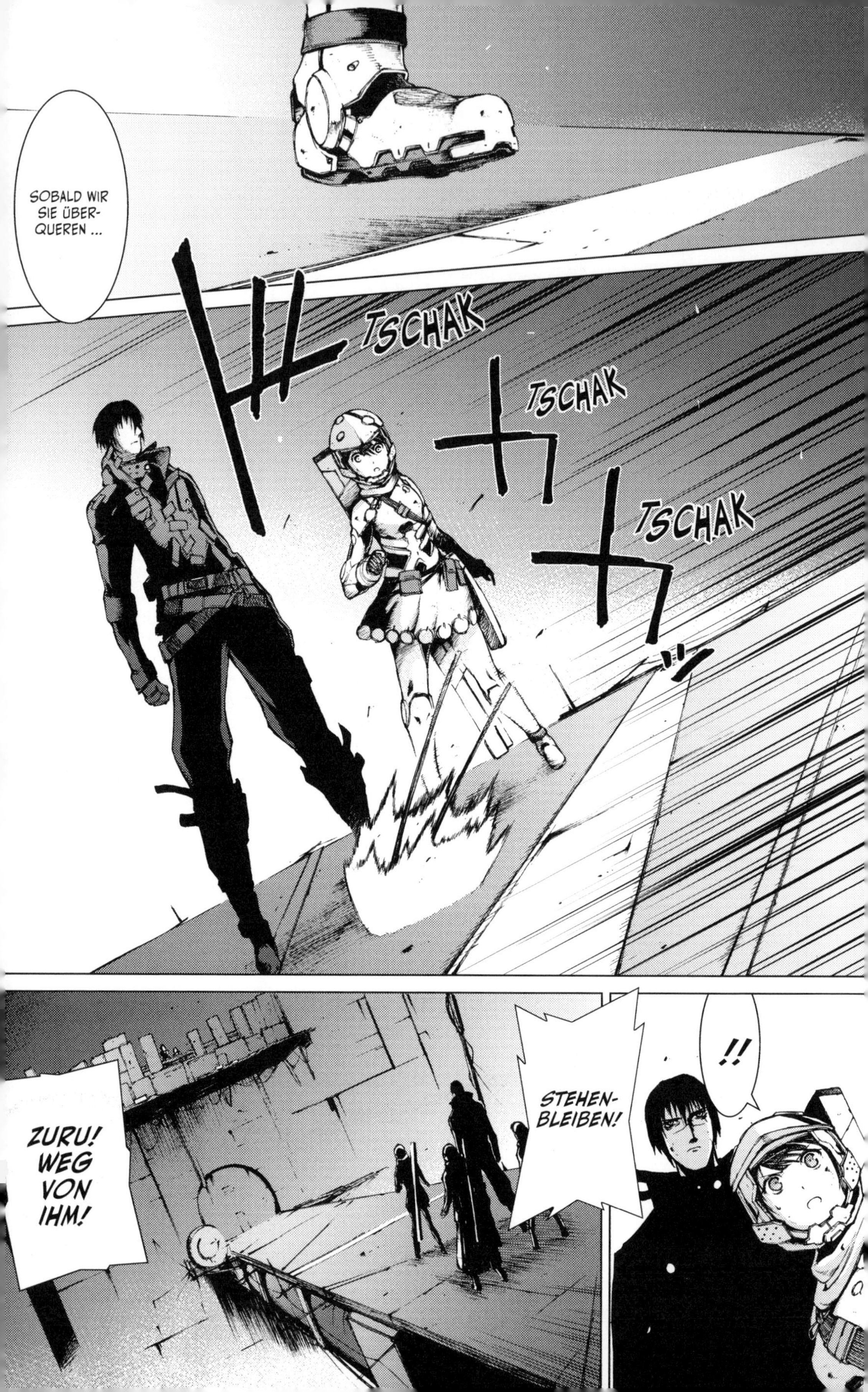
SOBALD WIR SIE ÜBER-QUEREN ...
TSCHAK
TSCHAK
TSCHAK
!!
STEHEN-BLEIBEN!
ZURU! WEG VON IHM!

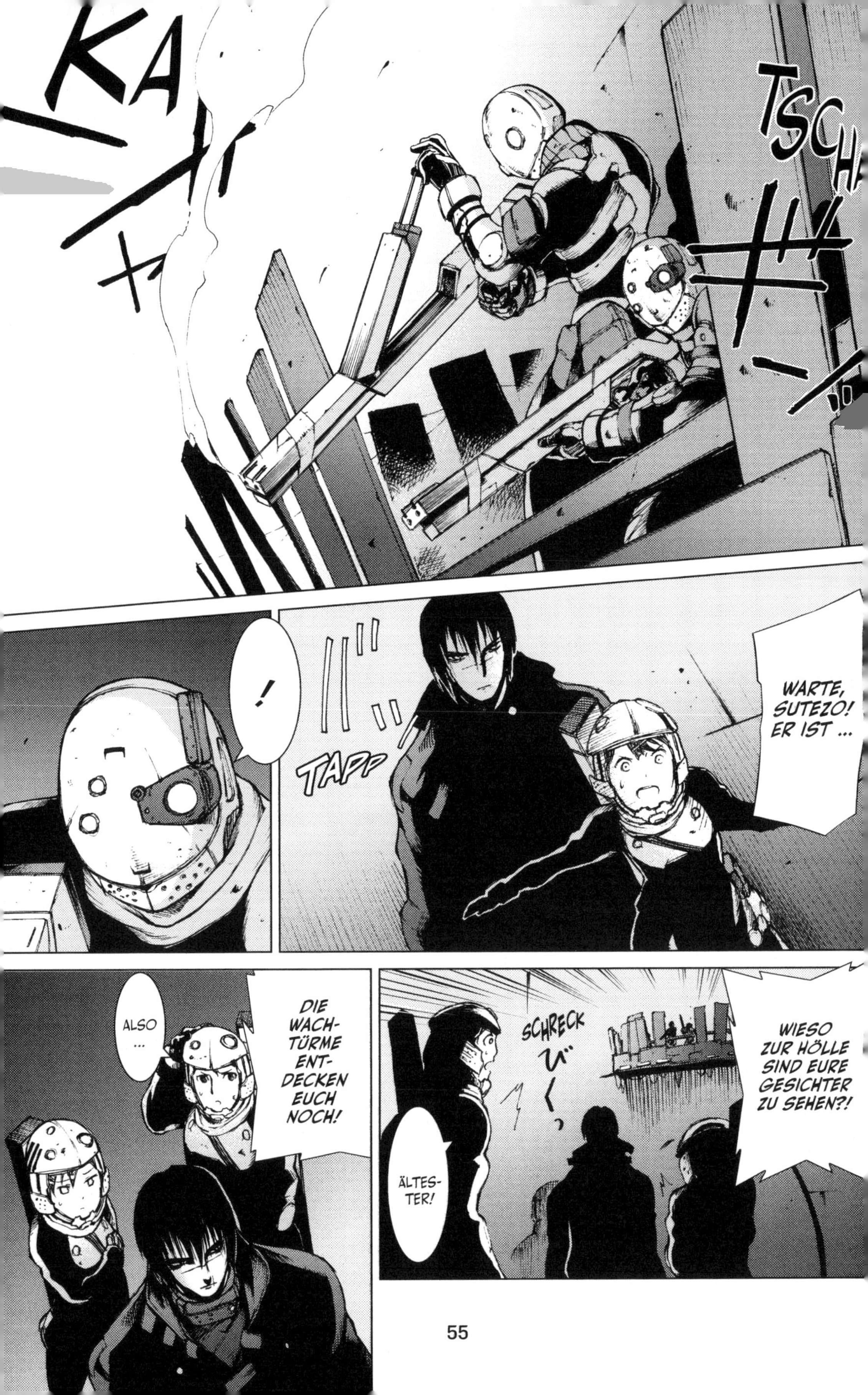
TSCHH
KA
WARTE, SUTEZO! ER IST ...
TAPP
!
WIESO ZUR HÖLLE SIND EURE GESICHTER ZU SEHEN?!
SCHRECK
ÄLTESTER!
DIE WACHTÜRME ENTDECKEN EUCH NOCH!
ALSO ...

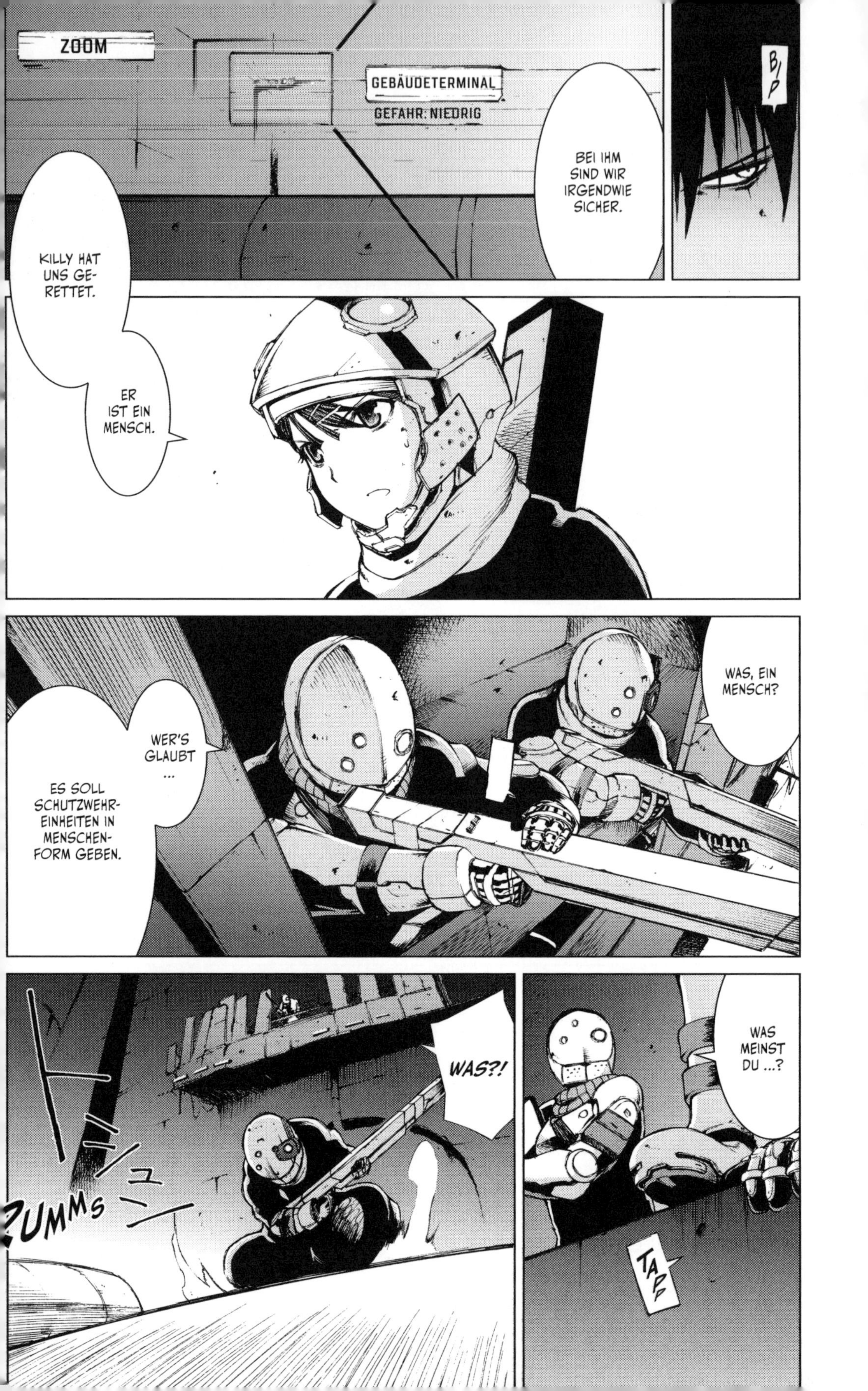
BIP
ZOOM
GEBÄUDETERMINAL
GEFAHR: NIEDRIG
BEI IHM SIND WIR IRGENDWIE SICHER.
KILLY HAT UNS GERETTET.
ER IST EIN MENSCH.
WAS, EIN MENSCH?
WER'S GLAUBT ...
ES SOLL SCHUTZWEHREINHEITEN IN MENSCHENFORM GEBEN.
WAS MEINST DU ...?
TAPP
WAS?!
ZUMMS

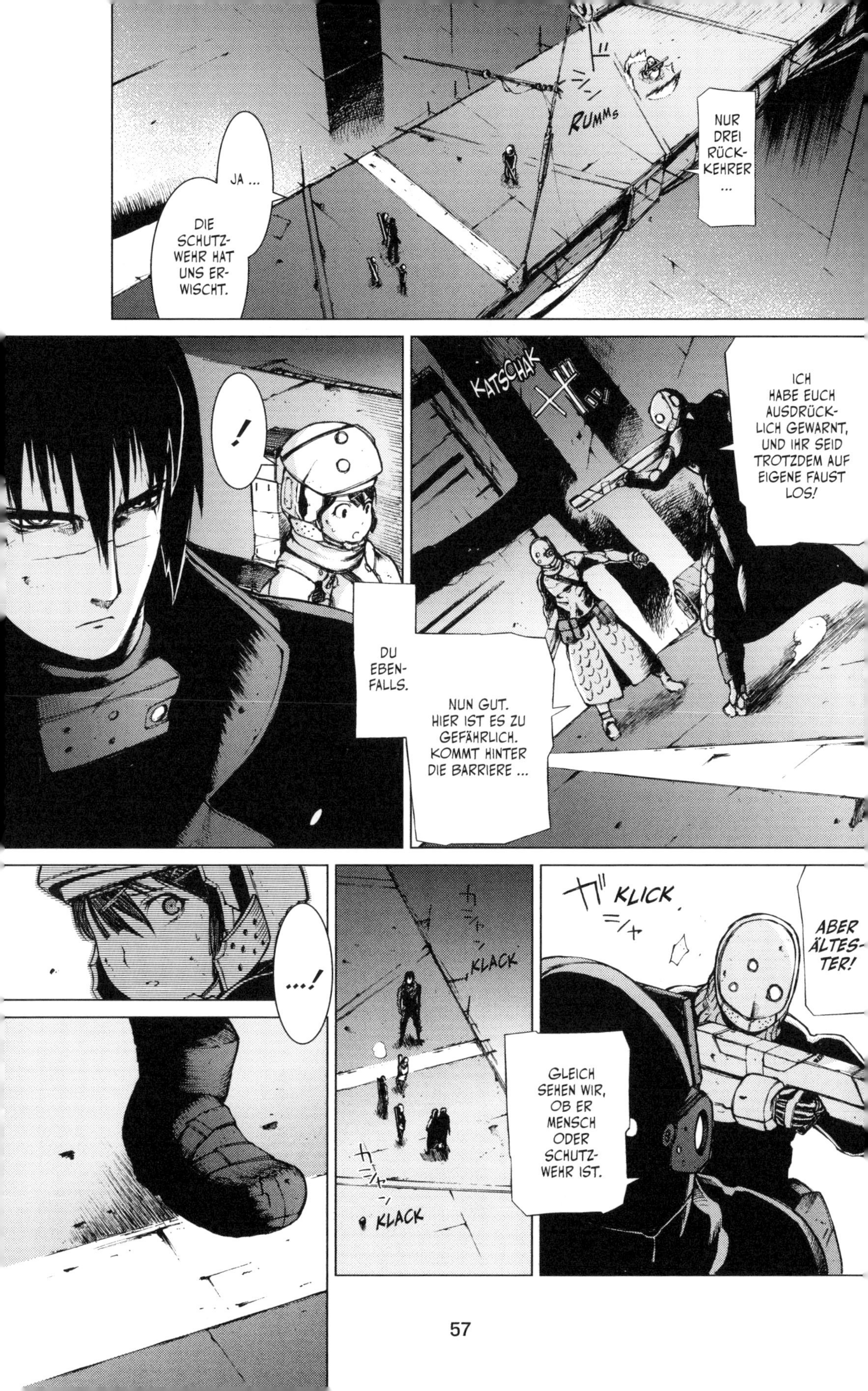
NUR DREI RÜCK-KEHRER ...
RUMMS
JA ...
DIE SCHUTZ-WEHR HAT UNS ER-WISCHT.
ICH HABE EUCH AUSDRÜCK-LICH GEWARNT, UND IHR SEID TROTZDEM AUF EIGENE FAUST LOS!
KATSCHAK
NUN GUT. HIER IST ES ZU GEFÄHRLICH. KOMMT HINTER DIE BARRIERE ...
DU EBEN-FALLS.
!
ABER ÄLTES-TER!
KLICK
GLEICH SEHEN WIR, OB ER MENSCH ODER SCHUTZ-WEHR IST.
KLACK
KLACK
...!

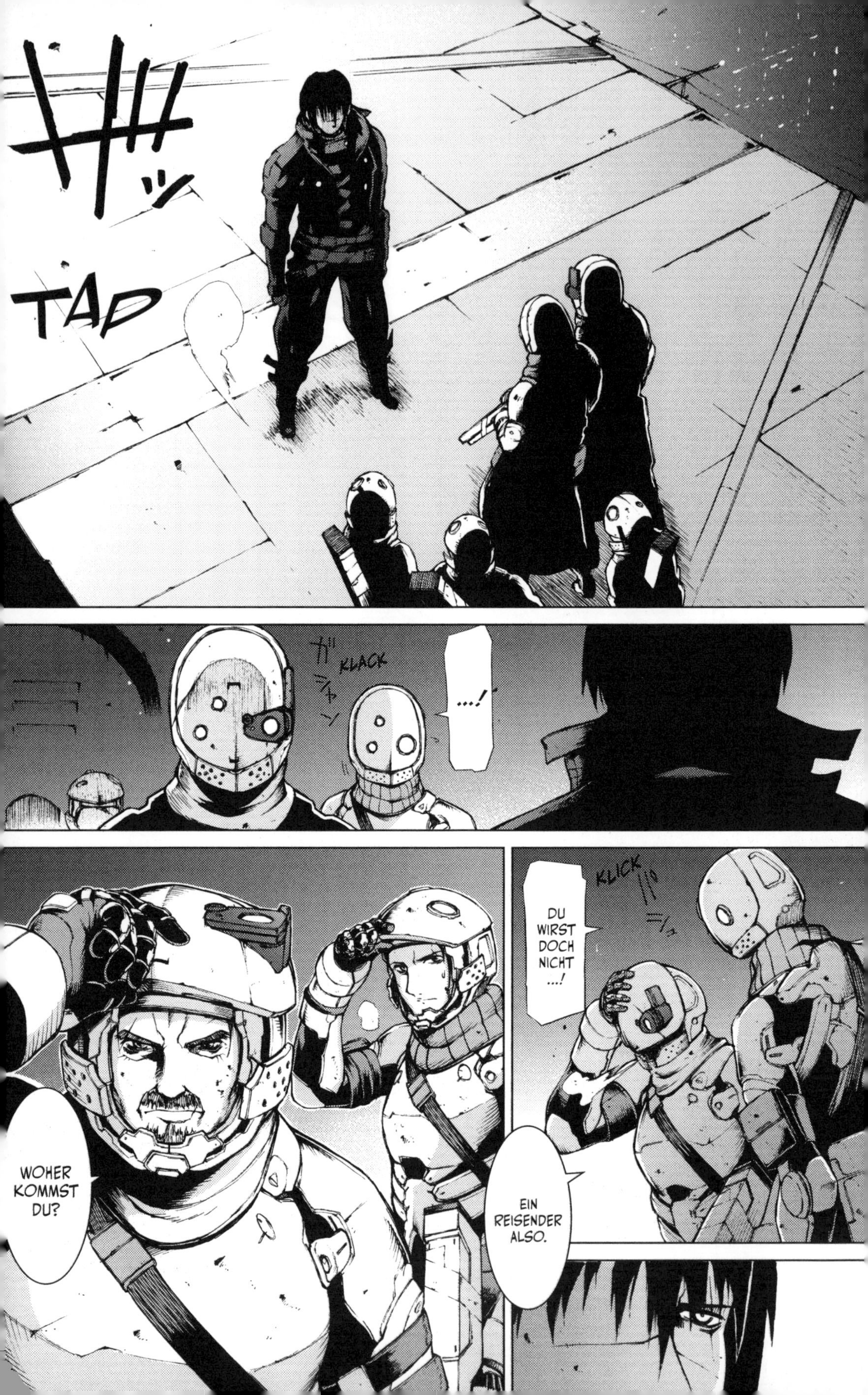
TAP
KLACK
...!
KLICK
DU WIRST DOCH NICHT ...!
EIN REISENDER ALSO.
WOHER KOMMST DU?

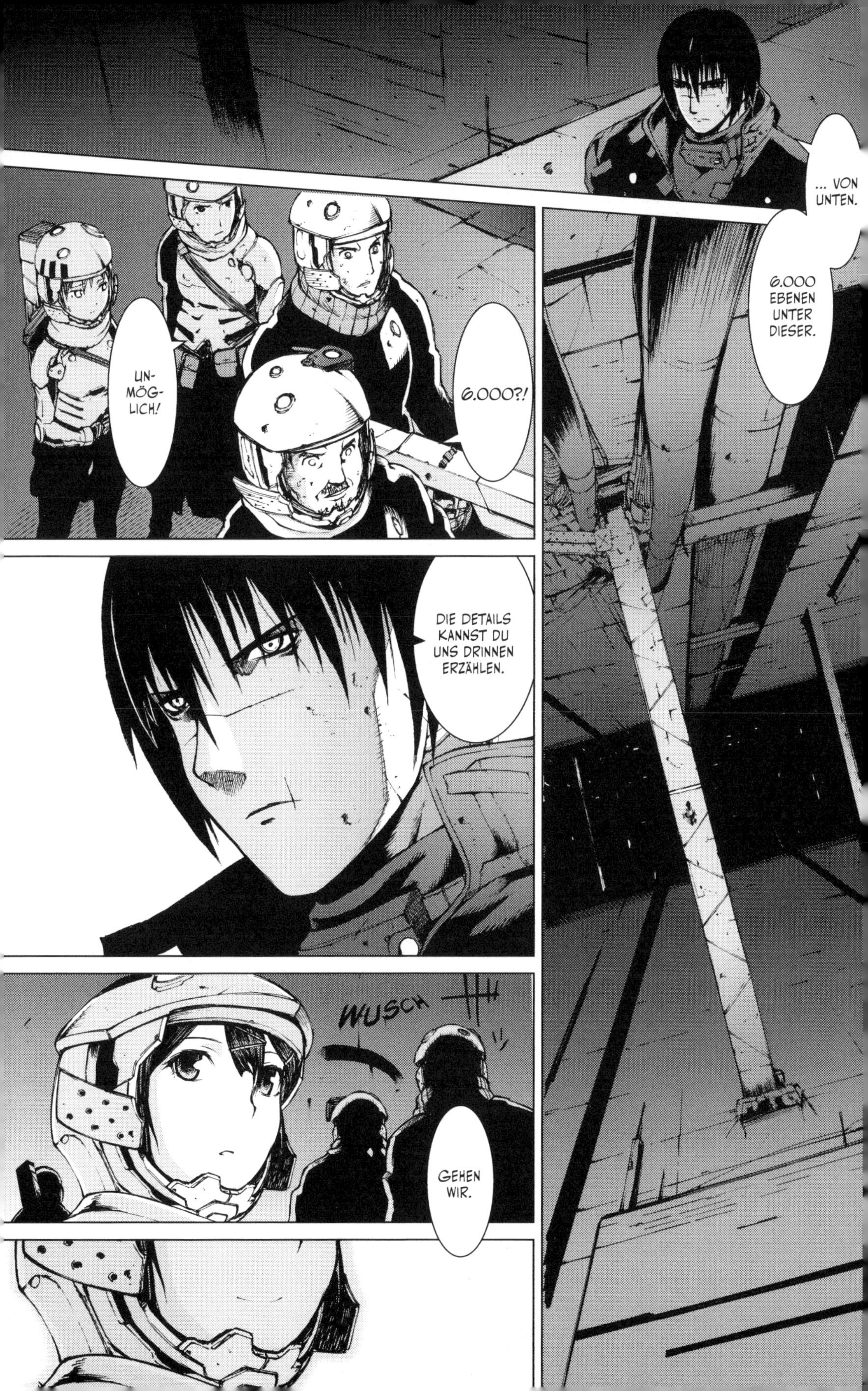
... VON UNTEN.
6.000 EBENEN UNTER DIESER.
6.000?!
UN-MÖG-LICH!
DIE DETAILS KANNST DU UNS DRINNEN ERZÄHLEN.
WUSCH
GEHEN WIR.

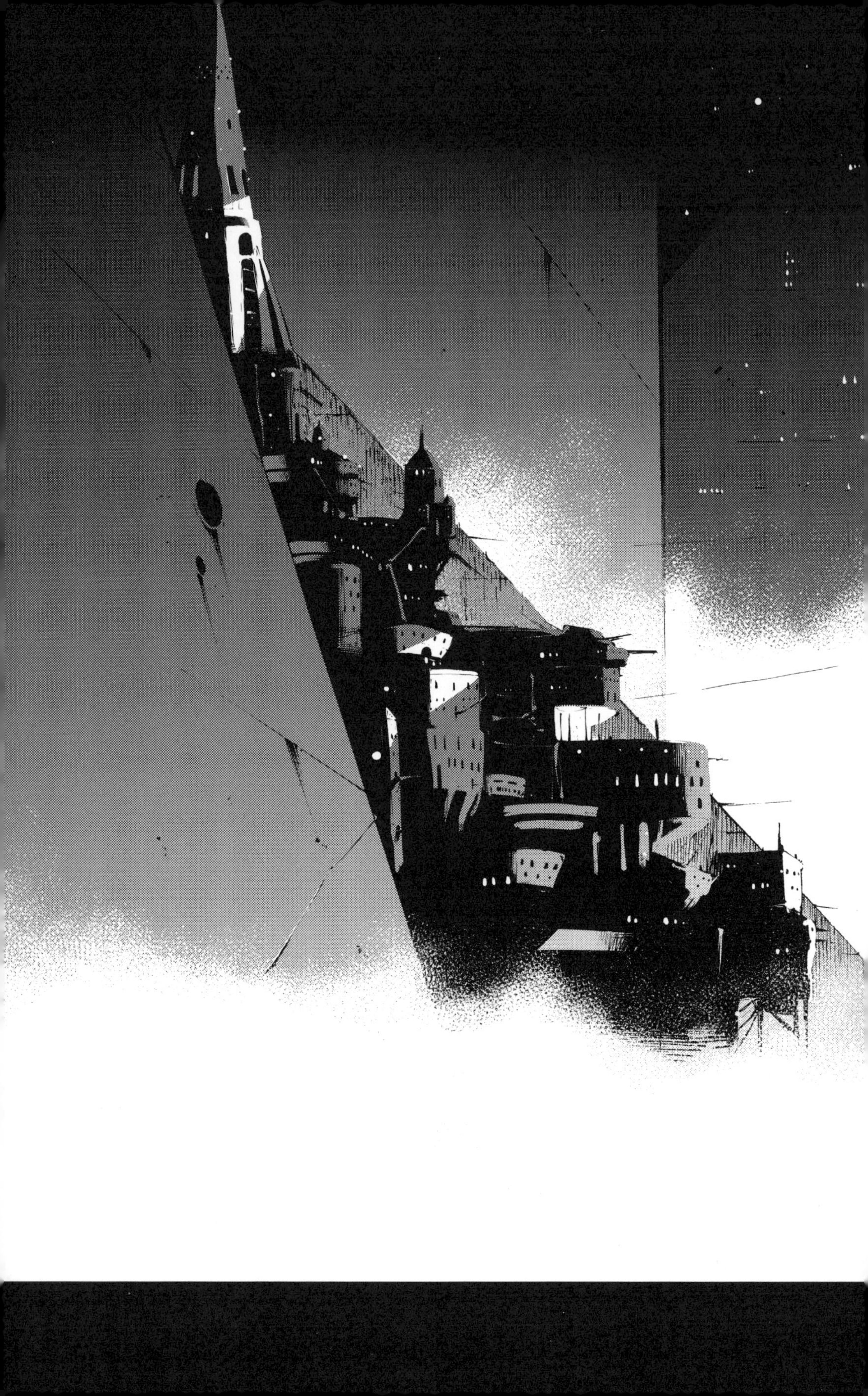

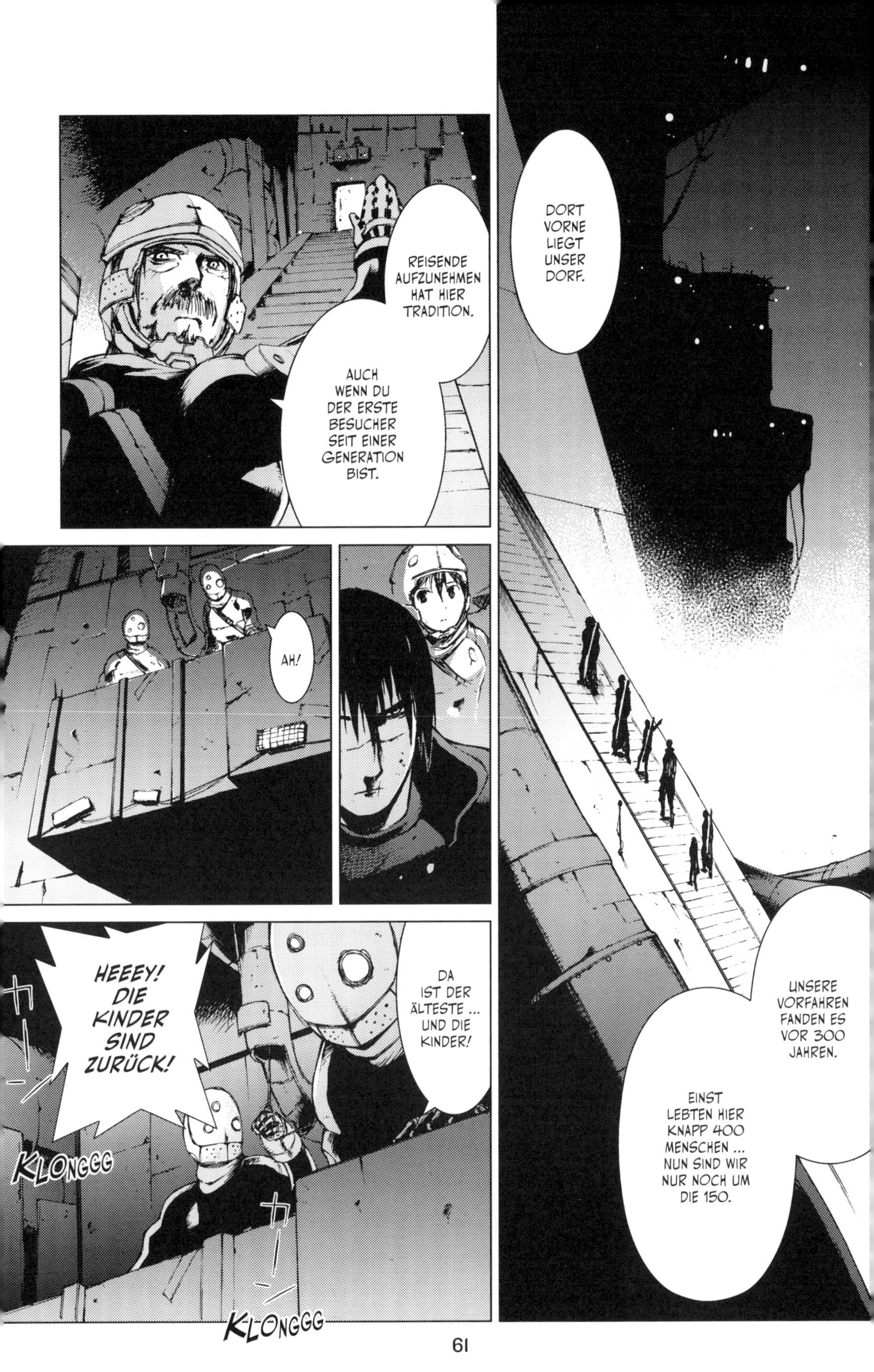
DORT VORNE LIEGT UNSER DORF.
UNSERE VORFAHREN FANDEN ES VOR 300 JAHREN.
EINST LEBTEN HIER KNAPP 400 MENSCHEN ... NUN SIND WIR NUR NOCH UM DIE 150.
REISENDE AUFZUNEHMEN HAT HIER TRADITION.
AUCH WENN DU DER ERSTE BESUCHER SEIT EINER GENERATION BIST.
AH!
DA IST DER ÄLTESTE ... UND DIE KINDER!
HEEEY! DIE KINDER SIND ZURÜCK!
KLONGGG
KLONGGG

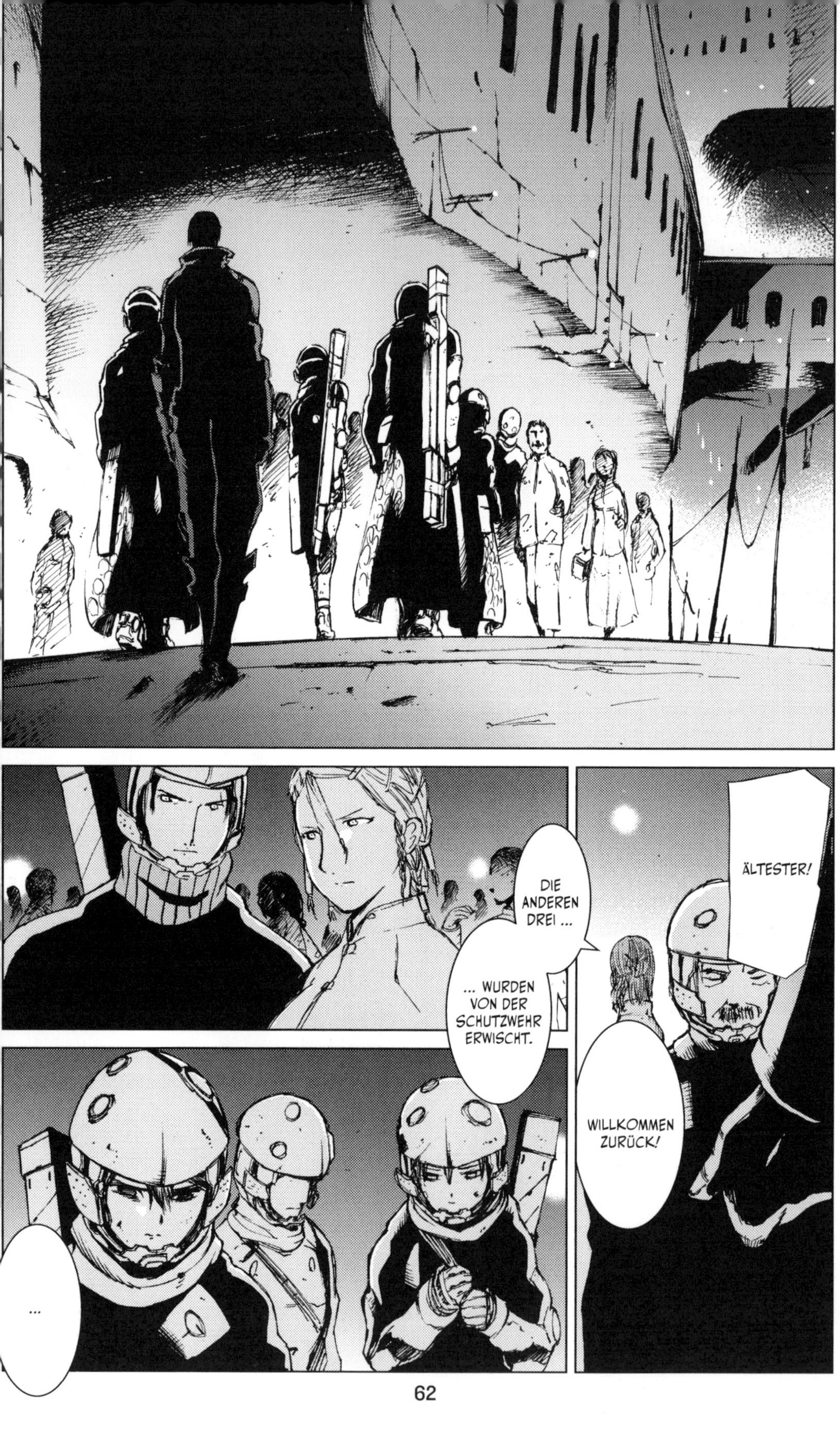
ÄLTESTER!
WILLKOMMEN ZURÜCK!
DIE ANDEREN DREI ...
... WURDEN VON DER SCHUTZWEHR ERWISCHT.
...

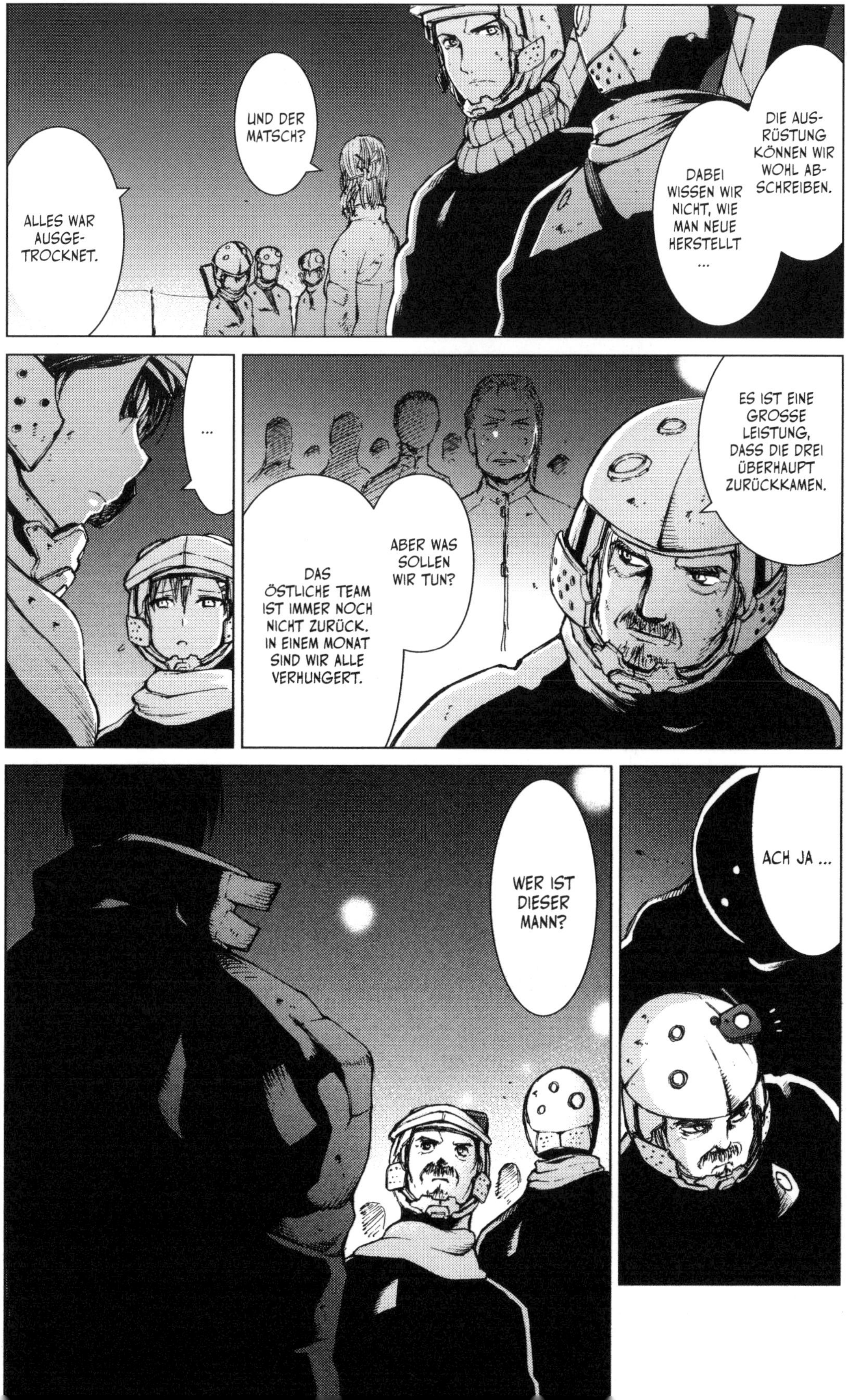
DIE AUS-RÜSTUNG KÖNNEN WIR WOHL AB-SCHREIBEN.
DABEI WISSEN WIR NICHT, WIE MAN NEUE HERSTELLT ...
UND DER MATSCH?
ALLES WAR AUSGE-TROCKNET.
ES IST EINE GROSSE LEISTUNG, DASS DIE DREI ÜBERHAUPT ZURÜCKKAMEN.
ABER WAS SOLLEN WIR TUN?
DAS ÖSTLICHE TEAM IST IMMER NOCH NICHT ZURÜCK. IN EINEM MONAT SIND WIR ALLE VERHUNGERT.
...
ACH JA ...
WER IST DIESER MANN?

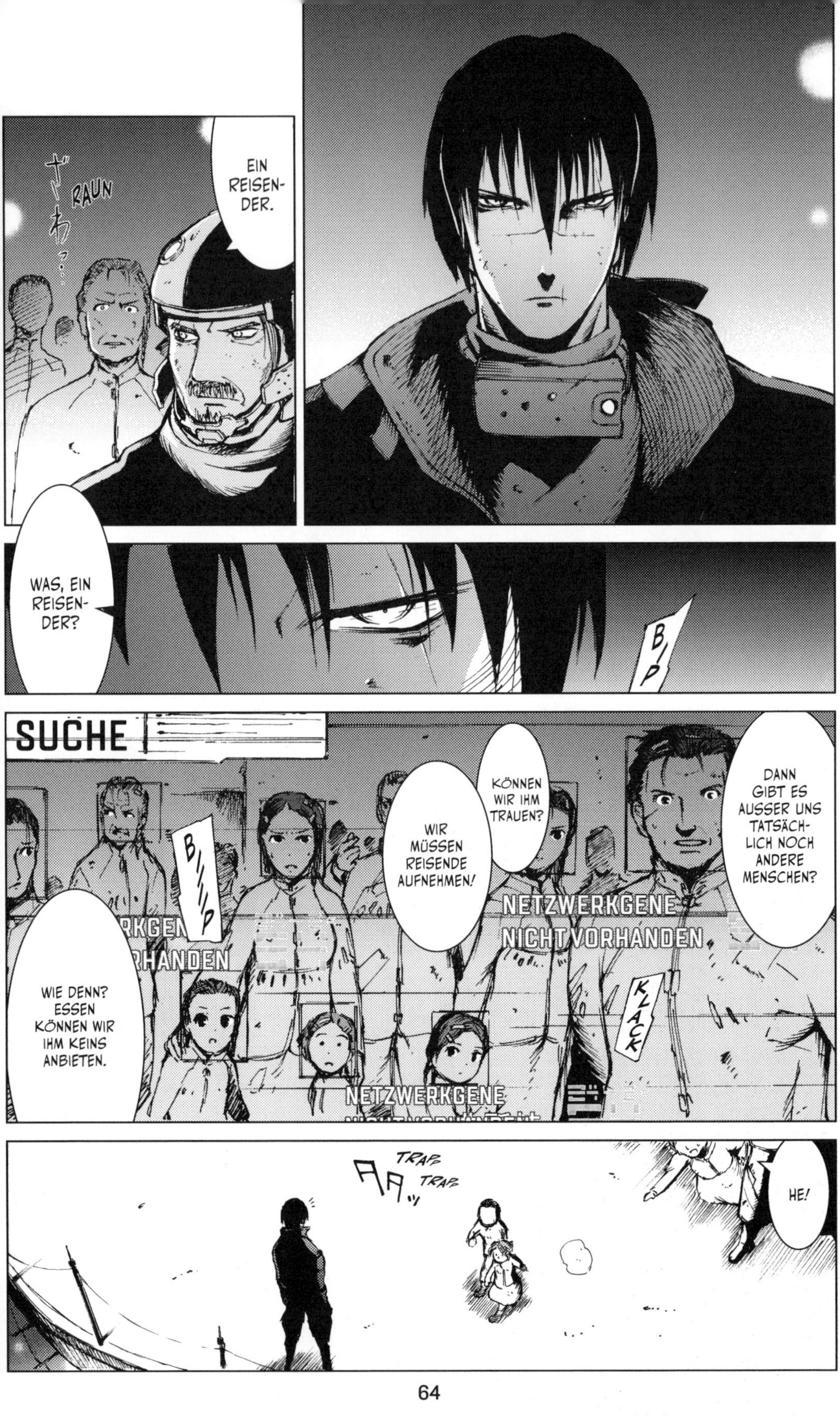
EIN REISEN-DER.
ざわっ…
RAUN
WAS, EIN REISEN-DER?
BIP
SUCHE
DANN GIBT ES AUSSER UNS TATSÄCH-LICH NOCH ANDERE MENSCHEN?
KÖNNEN WIR IHM TRAUEN?
WIR MÜSSEN REISENDE AUFNEHMEN!
NETZWERKGENE NICHT VORHANDEN
BIIIP
WIE DENN? ESSEN KÖNNEN WIR IHM KEINS ANBIETEN.
KLACK
NETZWERKGENE
HE!
TRAP TRAP

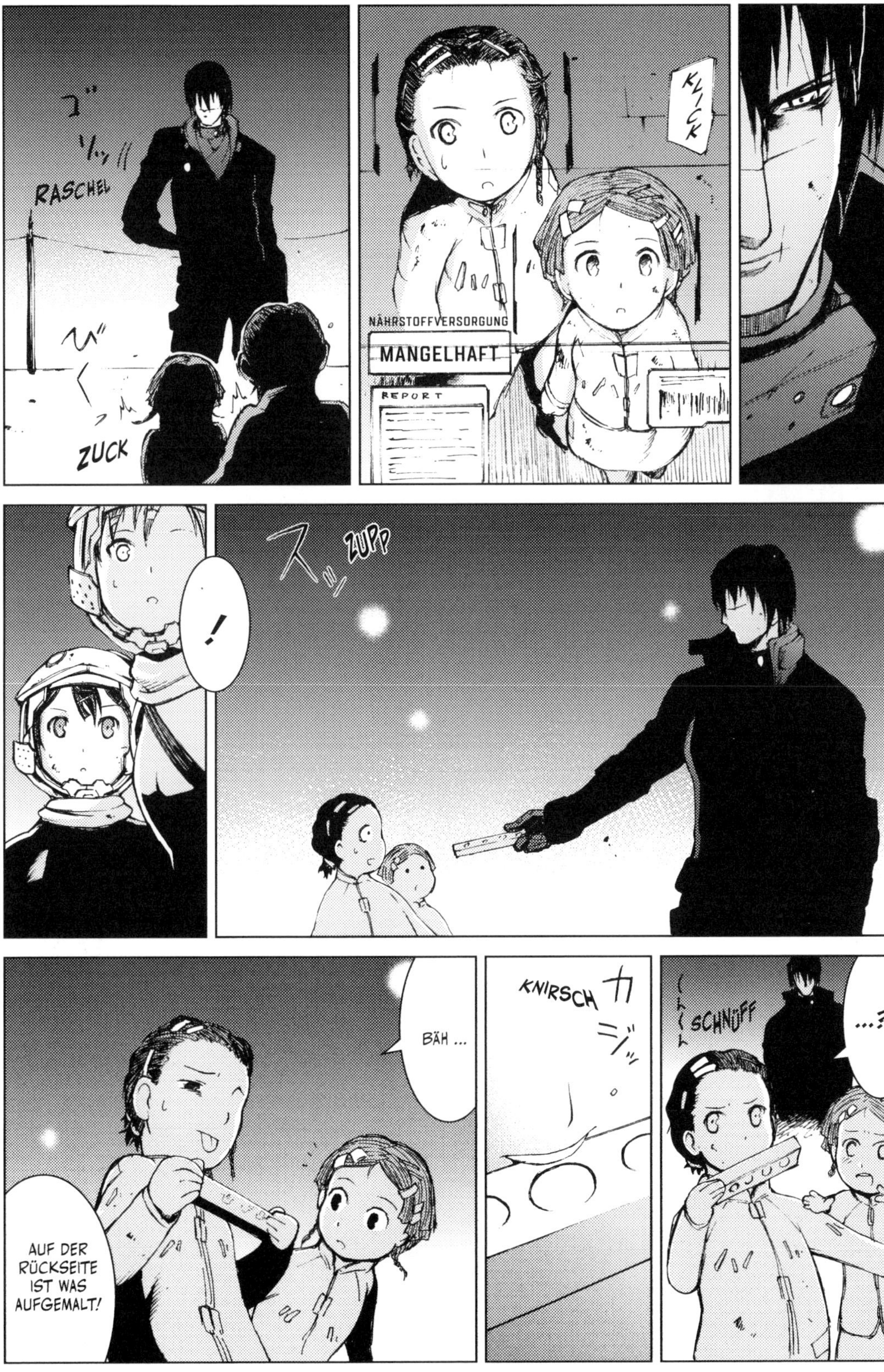
KLICK
NÄHRSTOFFVERSORGUNG
MANGELHAFT
REPORT
RASCHEL
ZUCK
ZUPP
...!
...?
SCHNÜFF
KNIRSCH
BÄH ...
AUF DER RÜCKSEITE IST WAS AUFGEMALT!

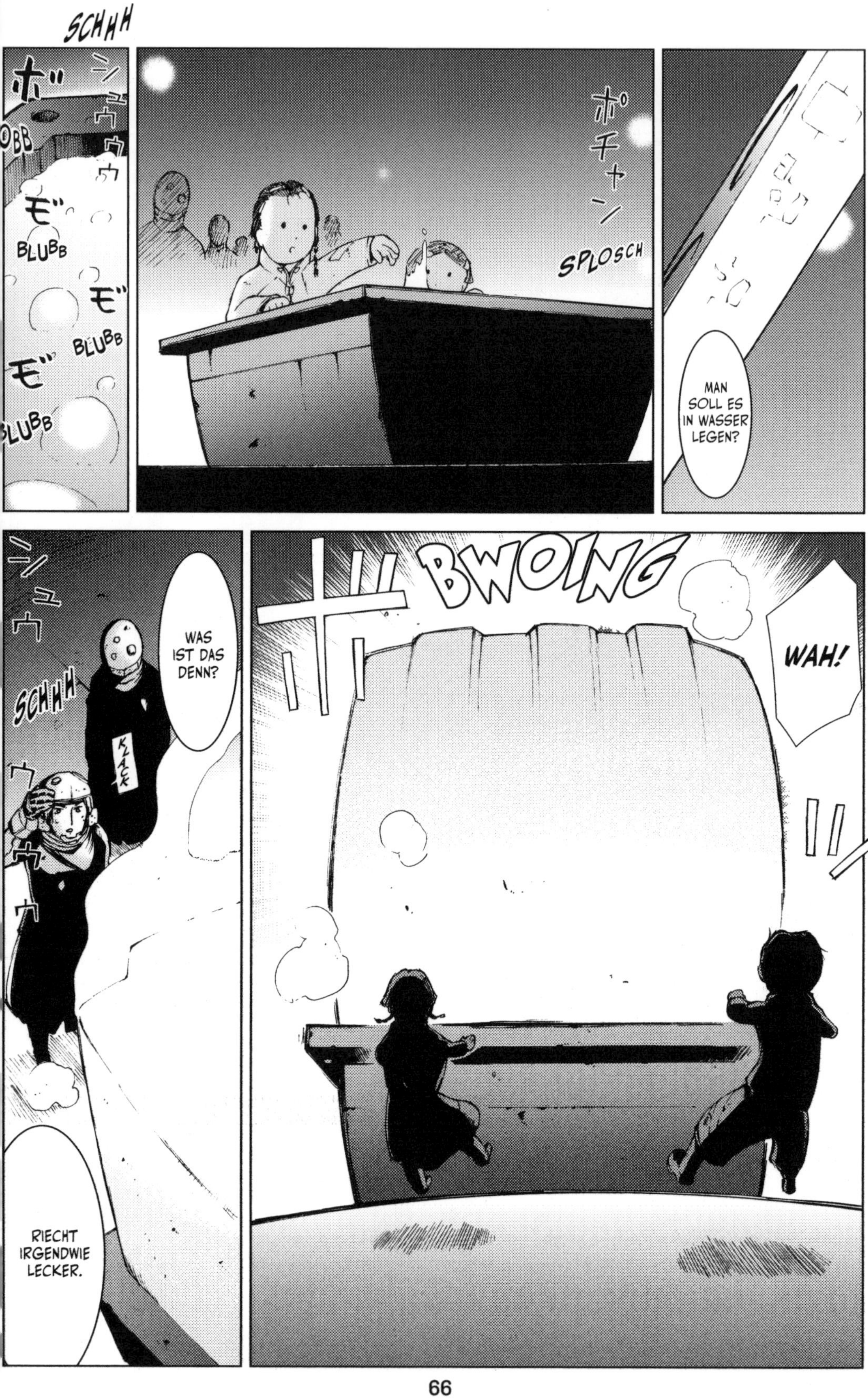
SCHHH
ボ
BLOBB
シュウウウ
モ
BLUBB
モ
BLUBB
モ
BLUBB
ポチャン
SPLOSCH
MAN SOLL ES IN WASSER LEGEN?
BWOING
WAH!
シュウウウ
SCHHH
WAS IST DAS DENN?
KLACK
RIECHT IRGENDWIE LECKER.

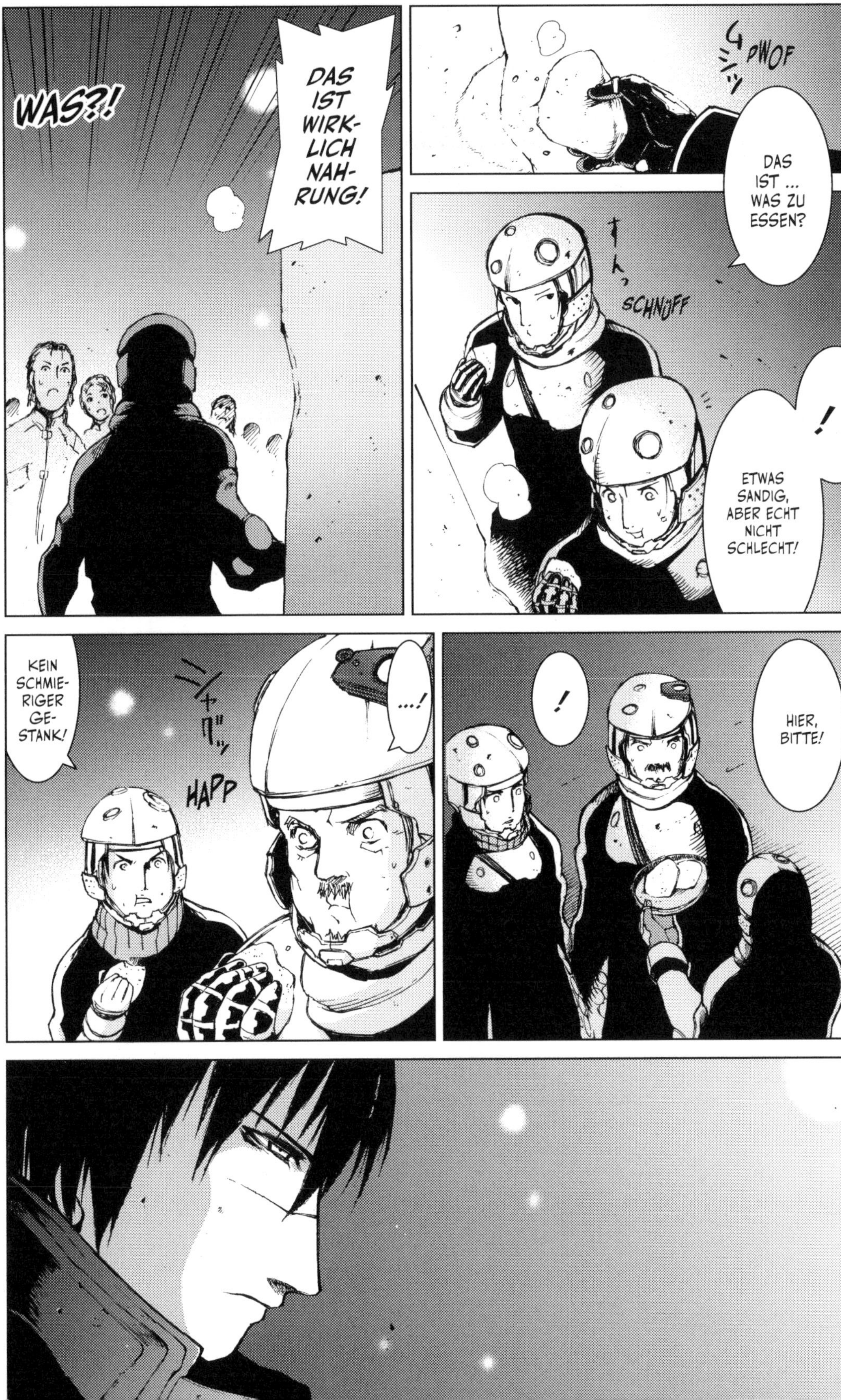
PWOF
DAS IST ... WAS ZU ESSEN?
SCHNÜFF
!
ETWAS SANDIG, ABER ECHT NICHT SCHLECHT!
DAS IST WIRKLICH NAHRUNG!
WAS?!
HIER, BITTE!
!
...!
HAPP
KEIN SCHMIERIGER GESTANK!

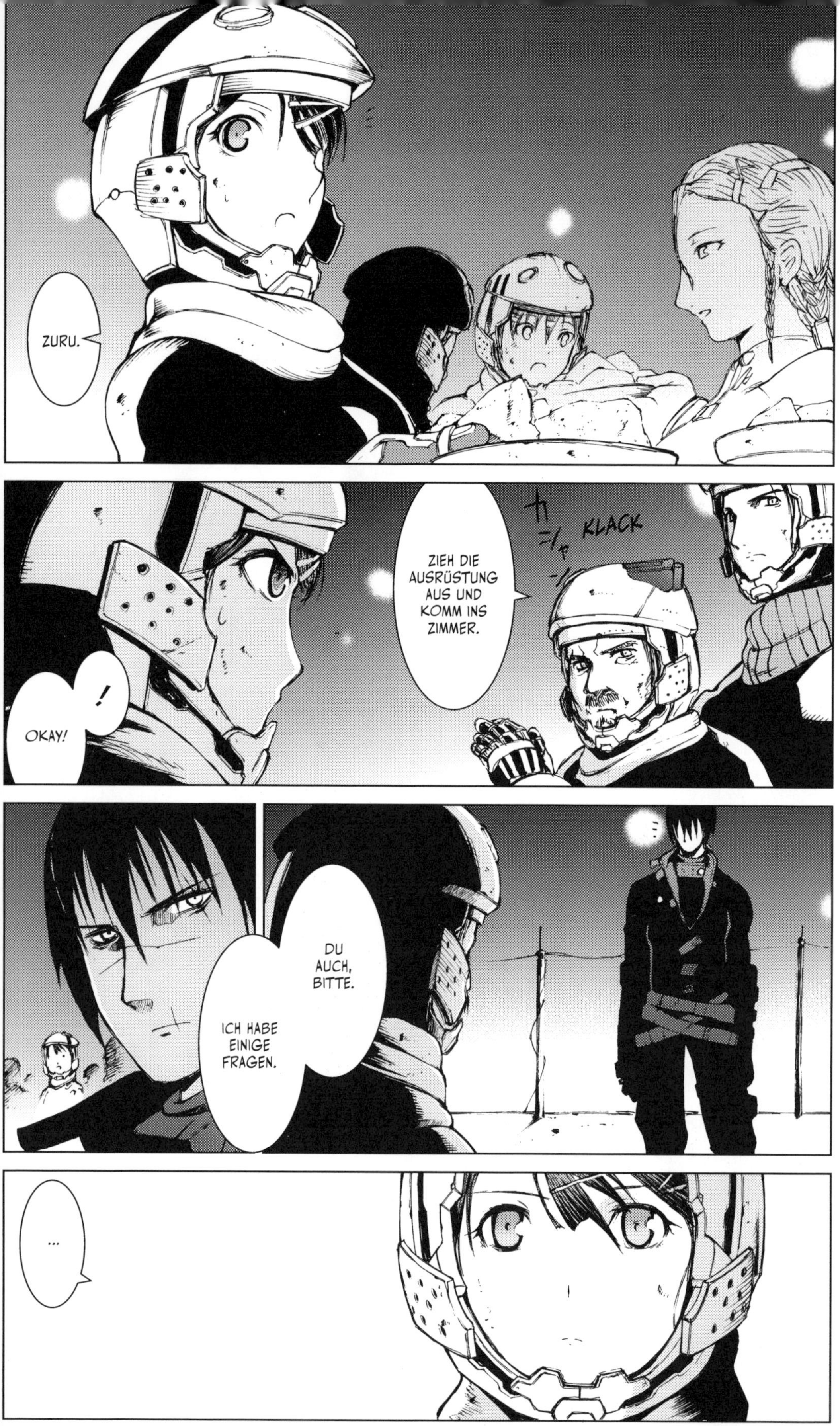
ZURU.
ZIEH DIE AUSRÜSTUNG AUS UND KOMM INS ZIMMER.
KLACK
!
OKAY!
DU AUCH, BITTE.
ICH HABE EINIGE FRAGEN.
...

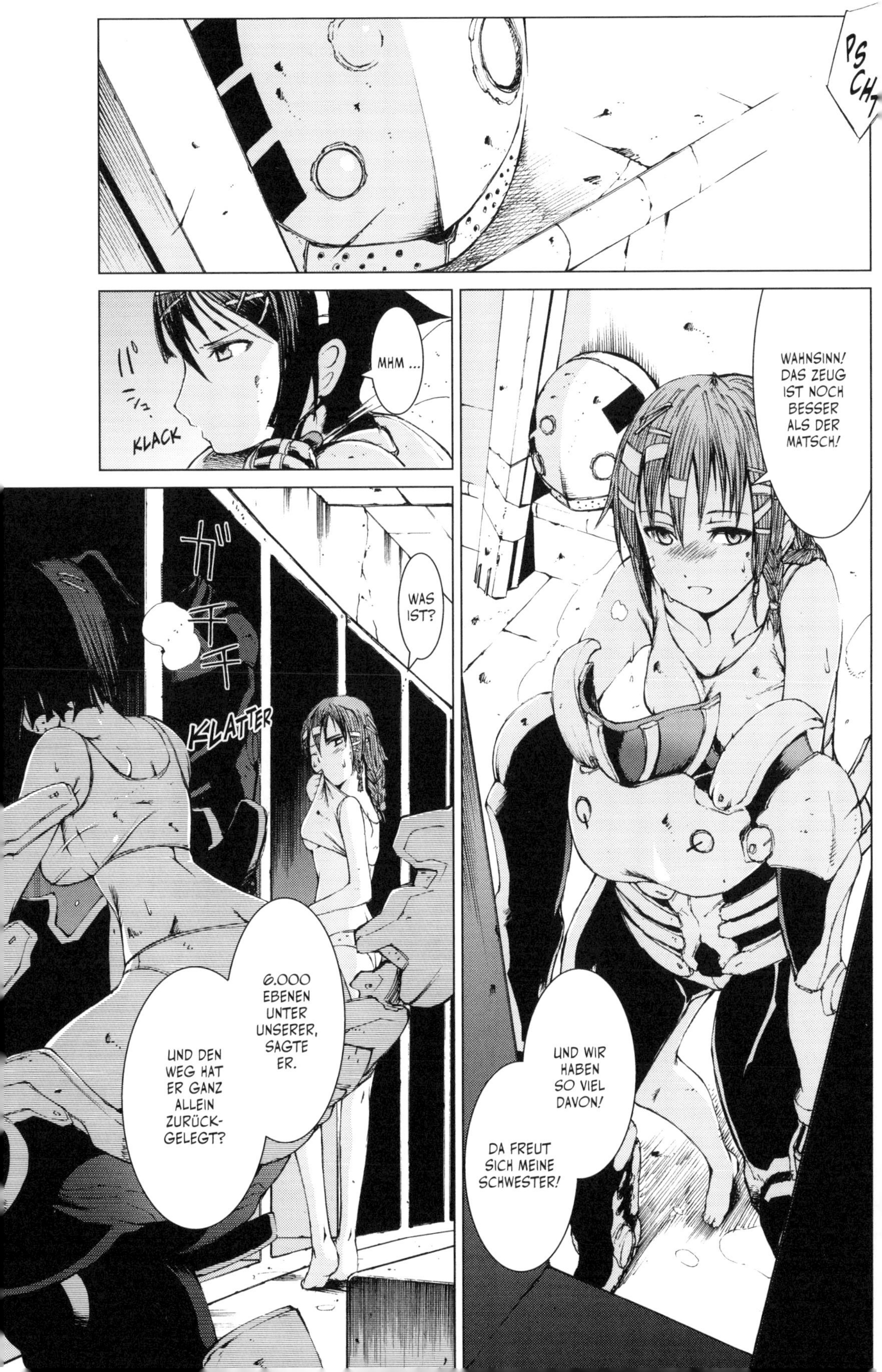
PSCH
WAHNSINN! DAS ZEUG IST NOCH BESSER ALS DER MATSCH!
MHM ...
KLACK
WAS IST?
KLATTER
6.000 EBENEN UNTER UNSERER, SAGTE ER.
UND DEN WEG HAT ER GANZ ALLEIN ZURÜCK-GELEGT?
UND WIR HABEN SO VIEL DAVON!
DA FREUT SICH MEINE SCHWESTER!

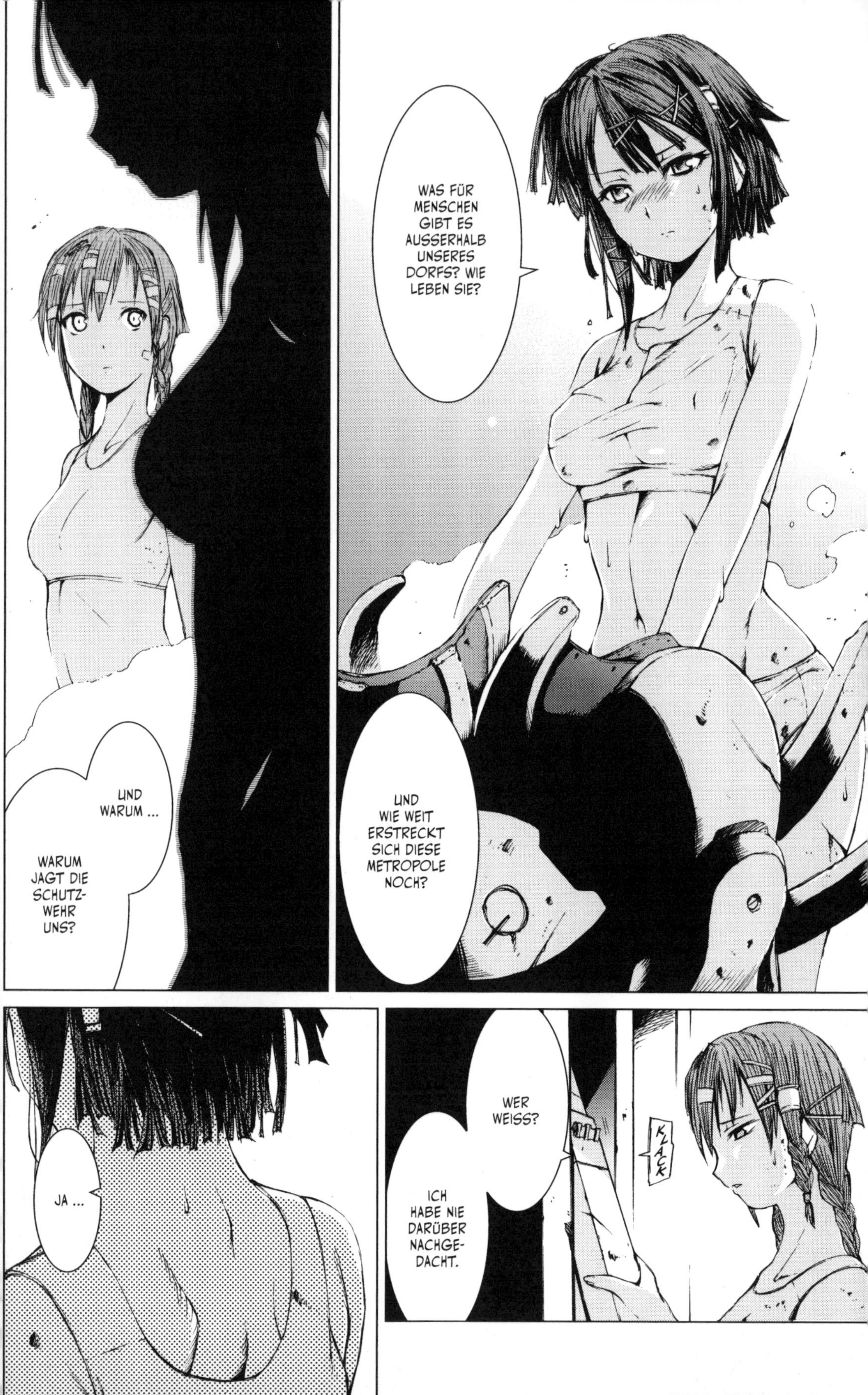
WAS FÜR MENSCHEN GIBT ES AUSSERHALB UNSERES DORFS? WIE LEBEN SIE?
UND WIE WEIT ERSTRECKT SICH DIESE METROPOLE NOCH?
UND WARUM ...
WARUM JAGT DIE SCHUTZ-WEHR UNS?
WER WEISS?
ICH HABE NIE DARÜBER NACHGE-DACHT.
KLACK
JA ...

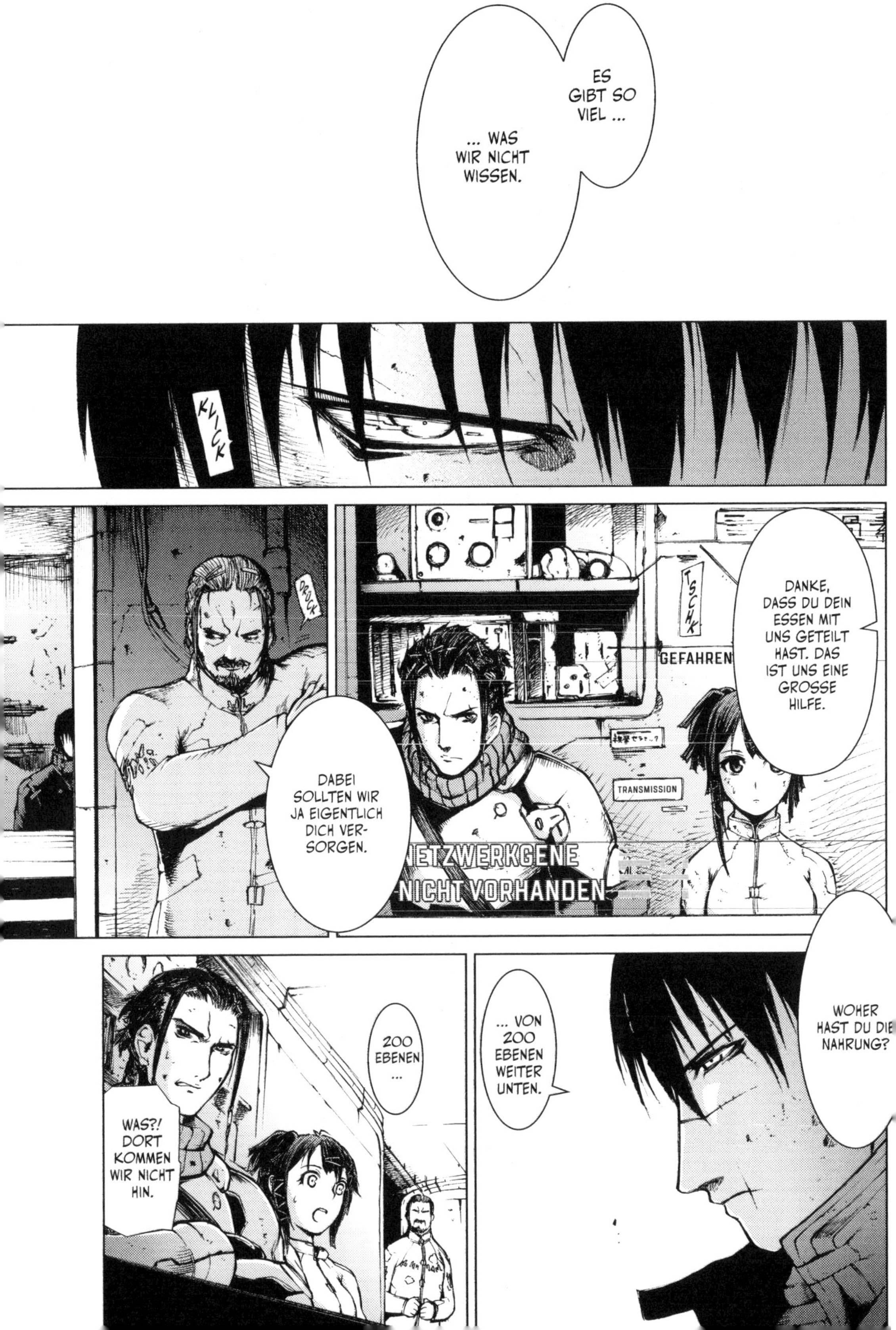
ES GIBT SO VIEL ...
... WAS WIR NICHT WISSEN.
KLICK
DANKE, DASS DU DEIN ESSEN MIT UNS GETEILT HAST. DAS IST UNS EINE GROSSE HILFE.
TSCHK
GEFAHREN
TRANSMISSION
NETZWERKGENE NICHT VORHANDEN
DABEI SOLLTEN WIR JA EIGENTLICH DICH VER-SORGEN.
WOHER HAST DU DIE NAHRUNG?
... VON 200 EBENEN WEITER UNTEN.
200 EBENEN ...
WAS?! DORT KOMMEN WIR NICHT HIN.

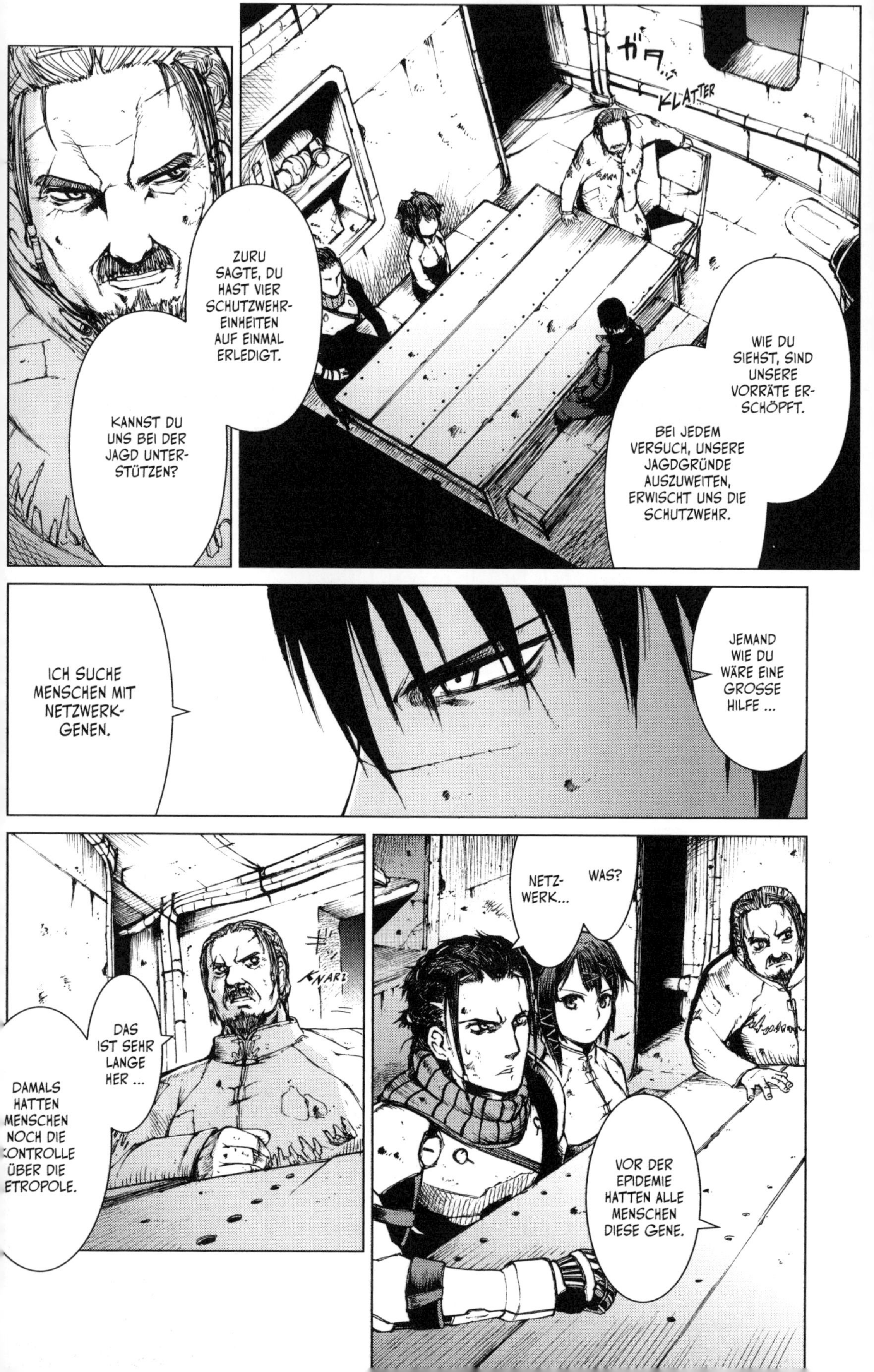
ガタ
KLATTER
WIE DU SIEHST, SIND UNSERE VORRÄTE ERSCHÖPFT.
BEI JEDEM VERSUCH, UNSERE JAGDGRÜNDE AUSZUWEITEN, ERWISCHT UNS DIE SCHUTZWEHR.
ZURU SAGTE, DU HAST VIER SCHUTZWEHR-EINHEITEN AUF EINMAL ERLEDIGT.
KANNST DU UNS BEI DER JAGD UNTER-STÜTZEN?
JEMAND WIE DU WÄRE EINE GROSSE HILFE ...
ICH SUCHE MENSCHEN MIT NETZWERK-GENEN.
WAS?
NETZ-WERK...
VOR DER EPIDEMIE HATTEN ALLE MENSCHEN DIESE GENE.
KNARZ
DAS IST SEHR LANGE HER ...
DAMALS HATTEN MENSCHEN NOCH DIE ONTROLLE ÜBER DIE ETROPOLE.

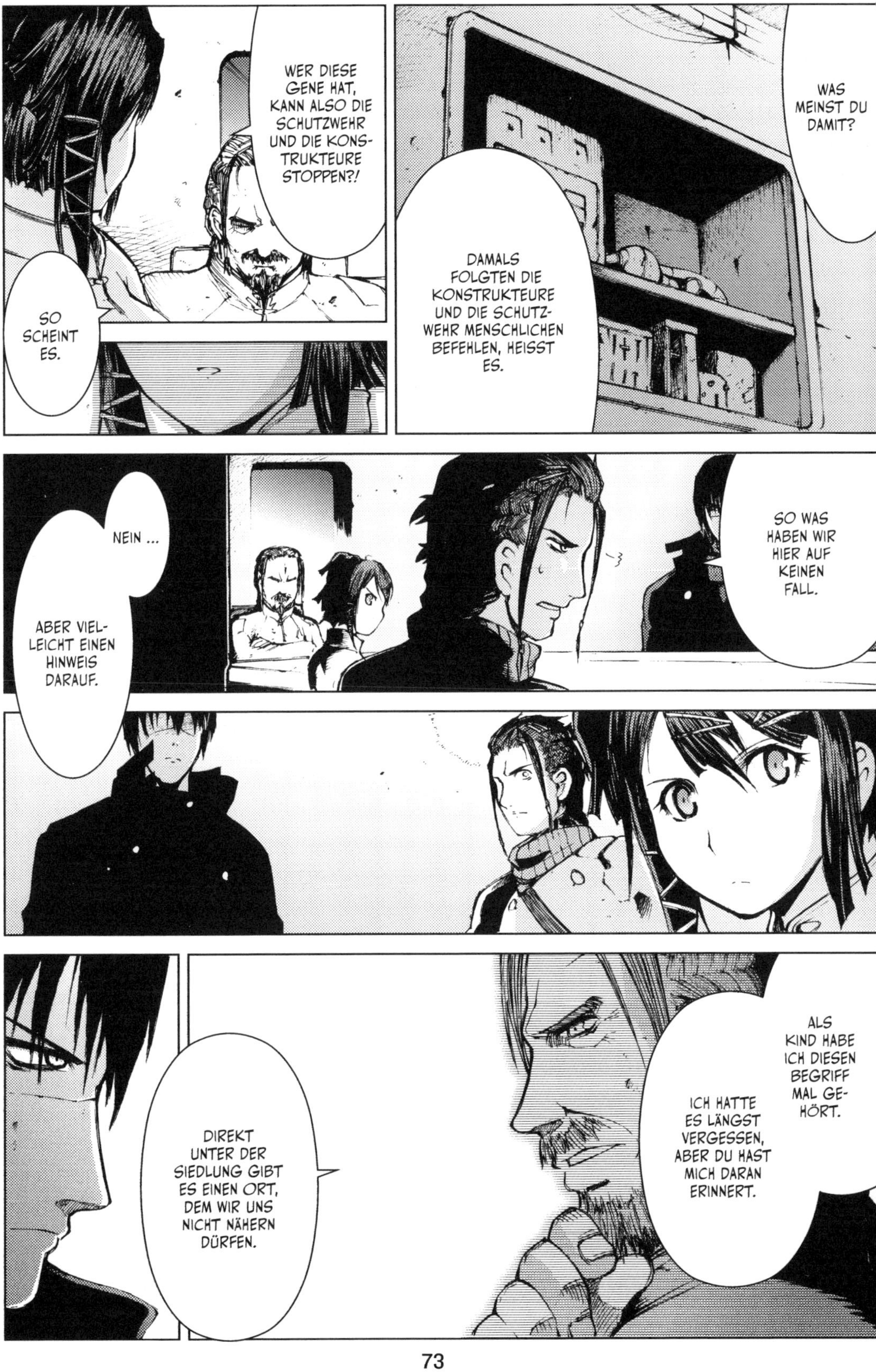
WAS MEINST DU DAMIT?
DAMALS FOLGTEN DIE KONSTRUKTEURE UND DIE SCHUTZWEHR MENSCHLICHEN BEFEHLEN, HEISST ES.
WER DIESE GENE HAT, KANN ALSO DIE SCHUTZWEHR UND DIE KONSTRUKTEURE STOPPEN?!
SO SCHEINT ES.
SO WAS HABEN WIR HIER AUF KEINEN FALL.
NEIN ...
ABER VIELLEICHT EINEN HINWEIS DARAUF.
ALS KIND HABE ICH DIESEN BEGRIFF MAL GEHÖRT.
ICH HATTE ES LÄNGST VERGESSEN, ABER DU HAST MICH DARAN ERINNERT.
DIREKT UNTER DER SIEDLUNG GIBT ES EINEN ORT, DEM WIR UNS NICHT NÄHERN DÜRFEN.

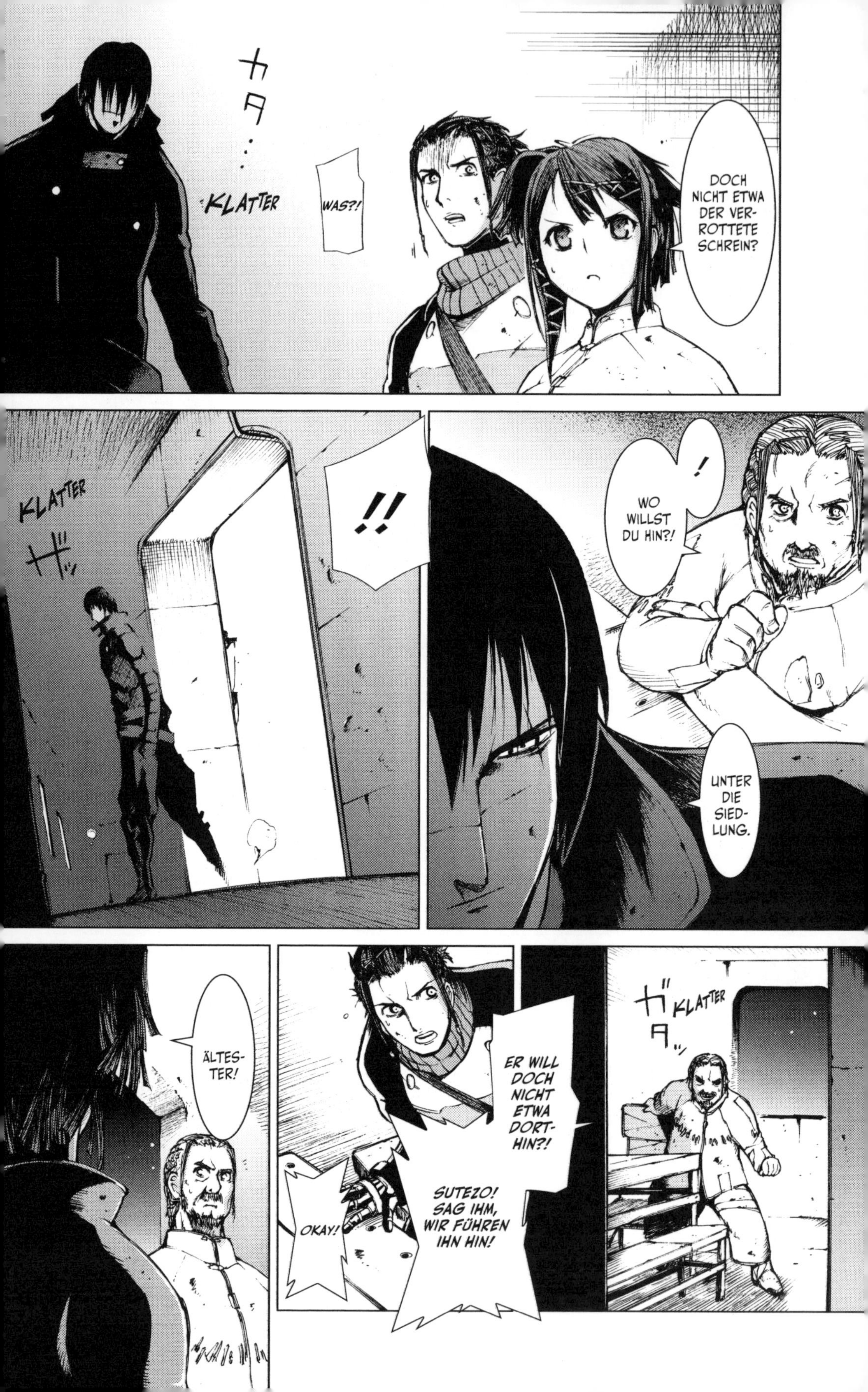
DOCH NICHT ETWA DER VERROTTETE SCHREIN?
WAS?!
KLATTER
!
WO WILLST DU HIN?!
UNTER DIE SIEDLUNG.
!!
KLATTER
KLATTER
ER WILL DOCH NICHT ETWA DORTHIN?!
SUTEZO! SAG IHM, WIR FÜHREN IHN HIN!
OKAY!
ÄLTESTER!

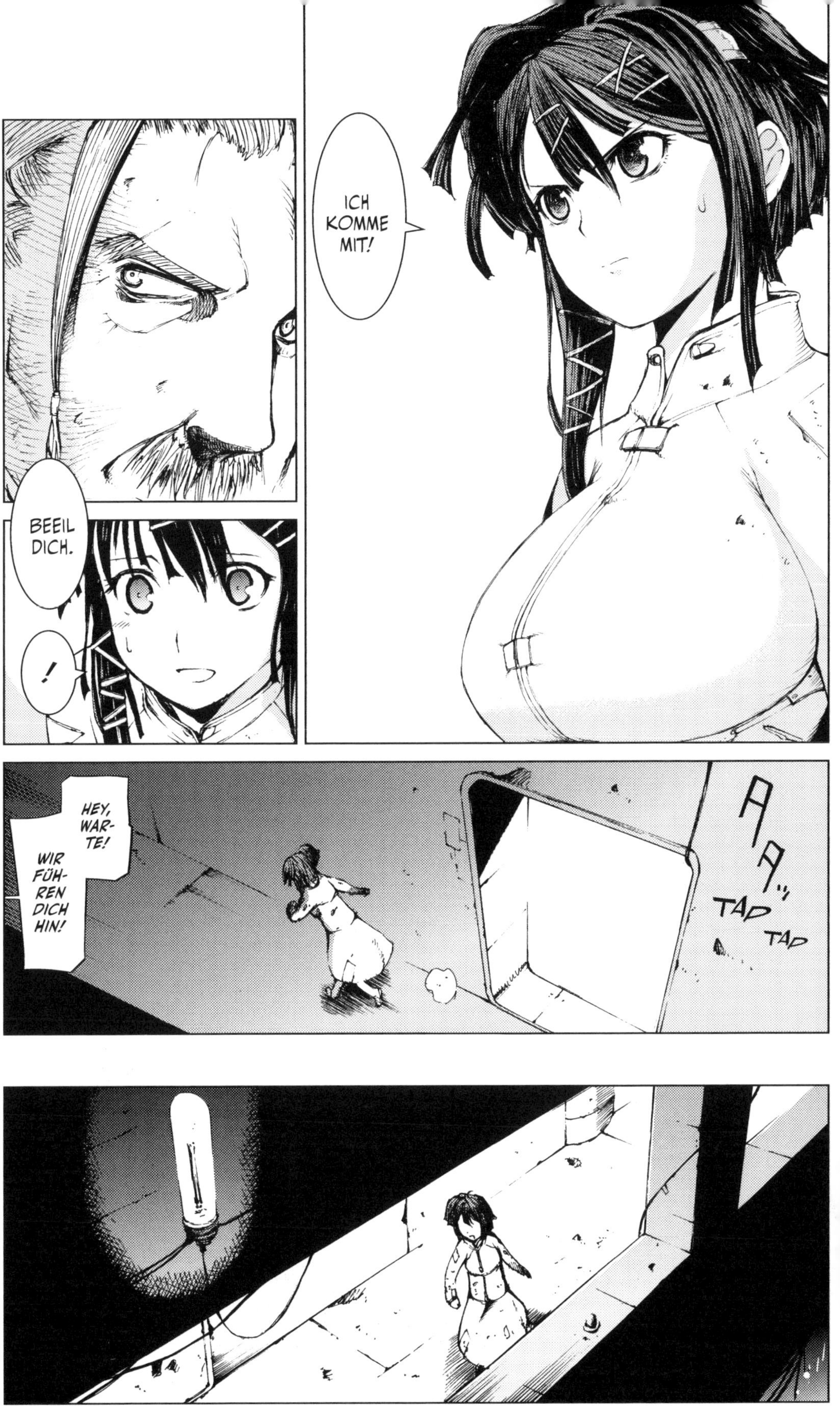
ICH KOMME MIT!
BEEIL DICH.
!
HEY, WARTE!
WIR FÜHREN DICH HIN!
TAD TAD

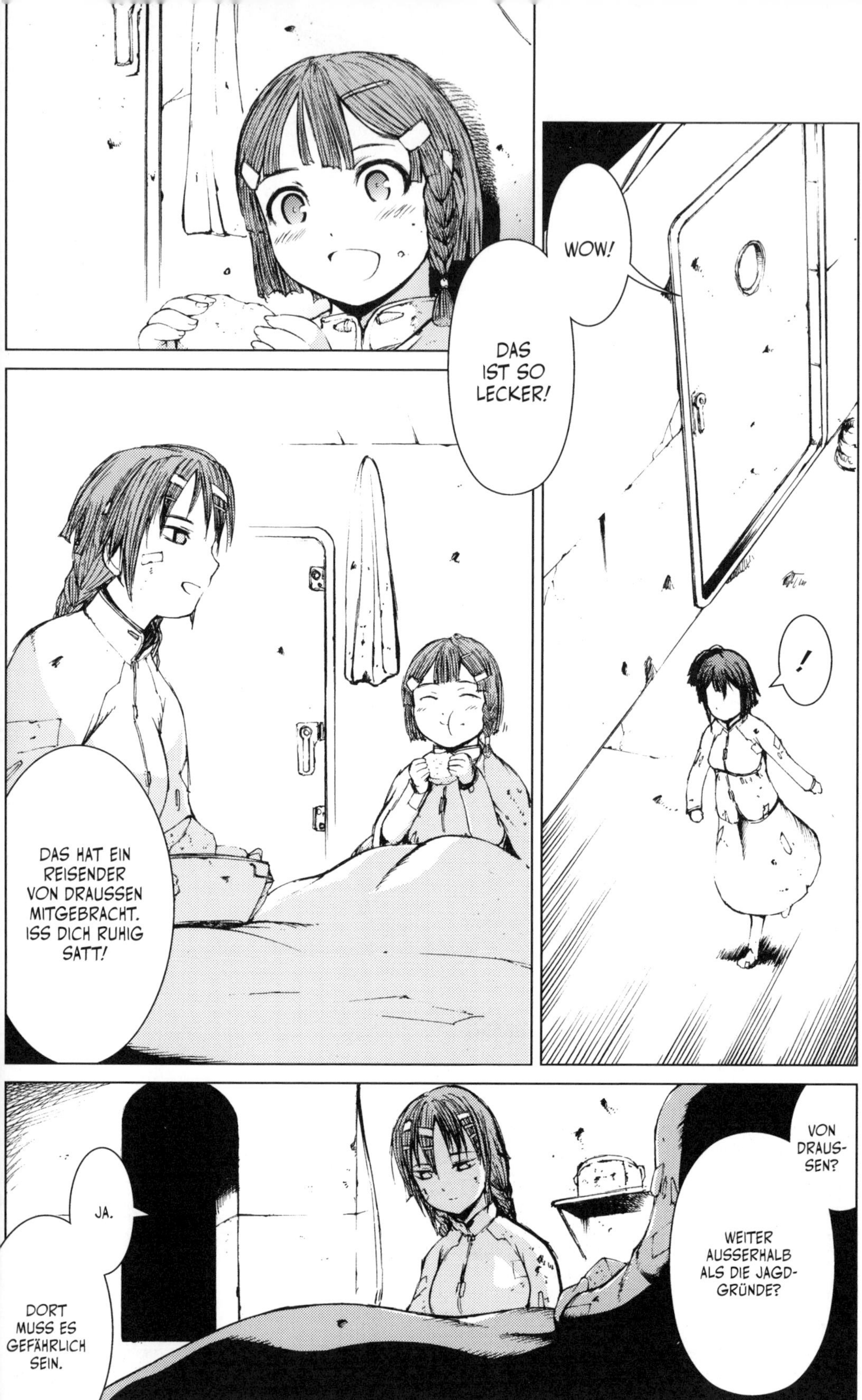
WOW!
DAS IST SO LECKER!
DAS HAT EIN REISENDER VON DRAUSSEN MITGEBRACHT. ISS DICH RUHIG SATT!
!
VON DRAUS-SEN?
WEITER AUSSERHALB ALS DIE JAGD-GRÜNDE?
JA.
DORT MUSS ES GEFÄHRLICH SEIN.

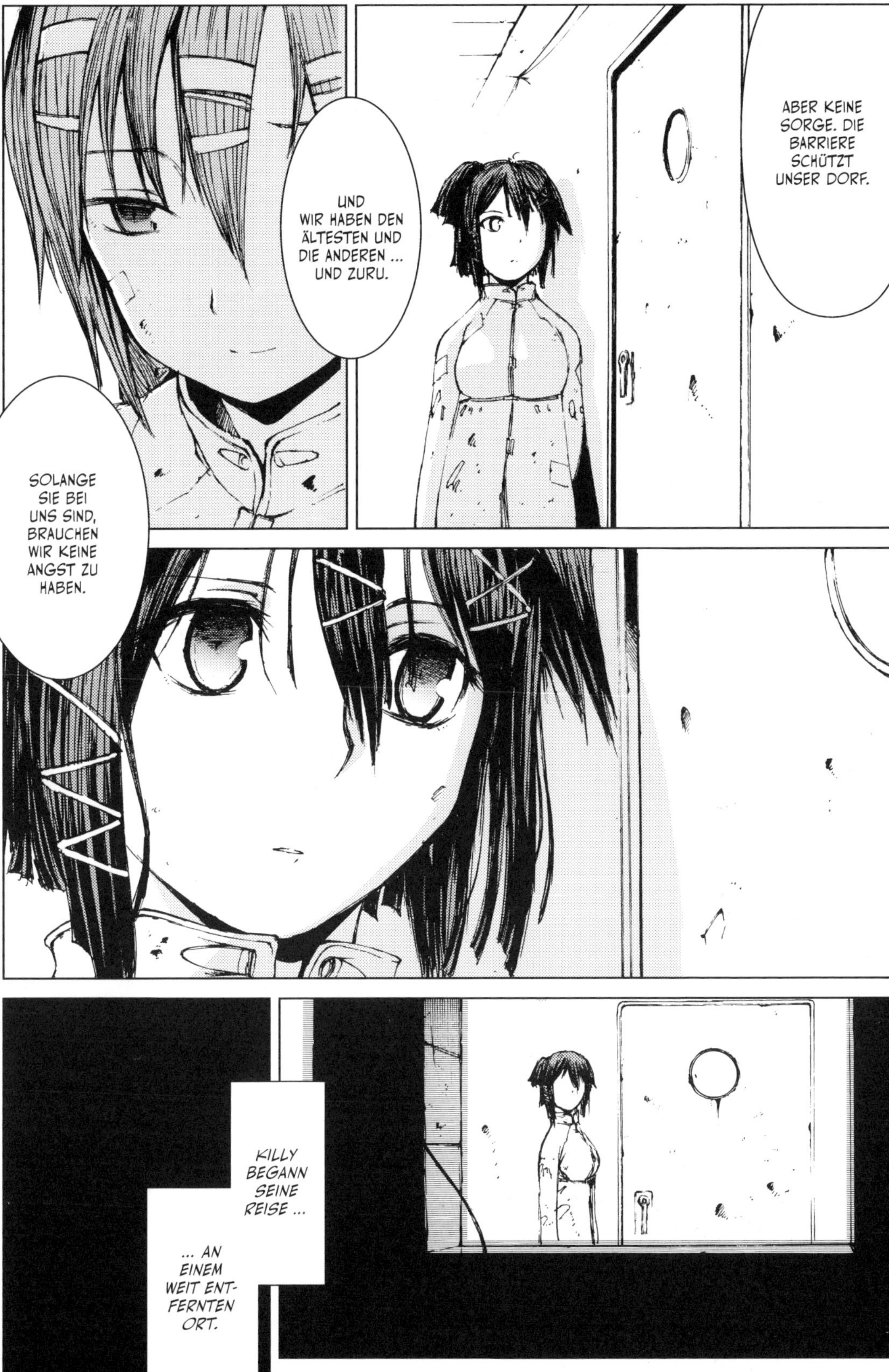
ABER KEINE SORGE. DIE BARRIERE SCHÜTZT UNSER DORF.
UND WIR HABEN DEN ÄLTESTEN UND DIE ANDEREN ... UND ZURU.
SOLANGE SIE BEI UNS SIND, BRAUCHEN WIR KEINE ANGST ZU HABEN.
KILLY BEGANN SEINE REISE ...
... AN EINEM WEIT ENT-FERNTEN ORT.

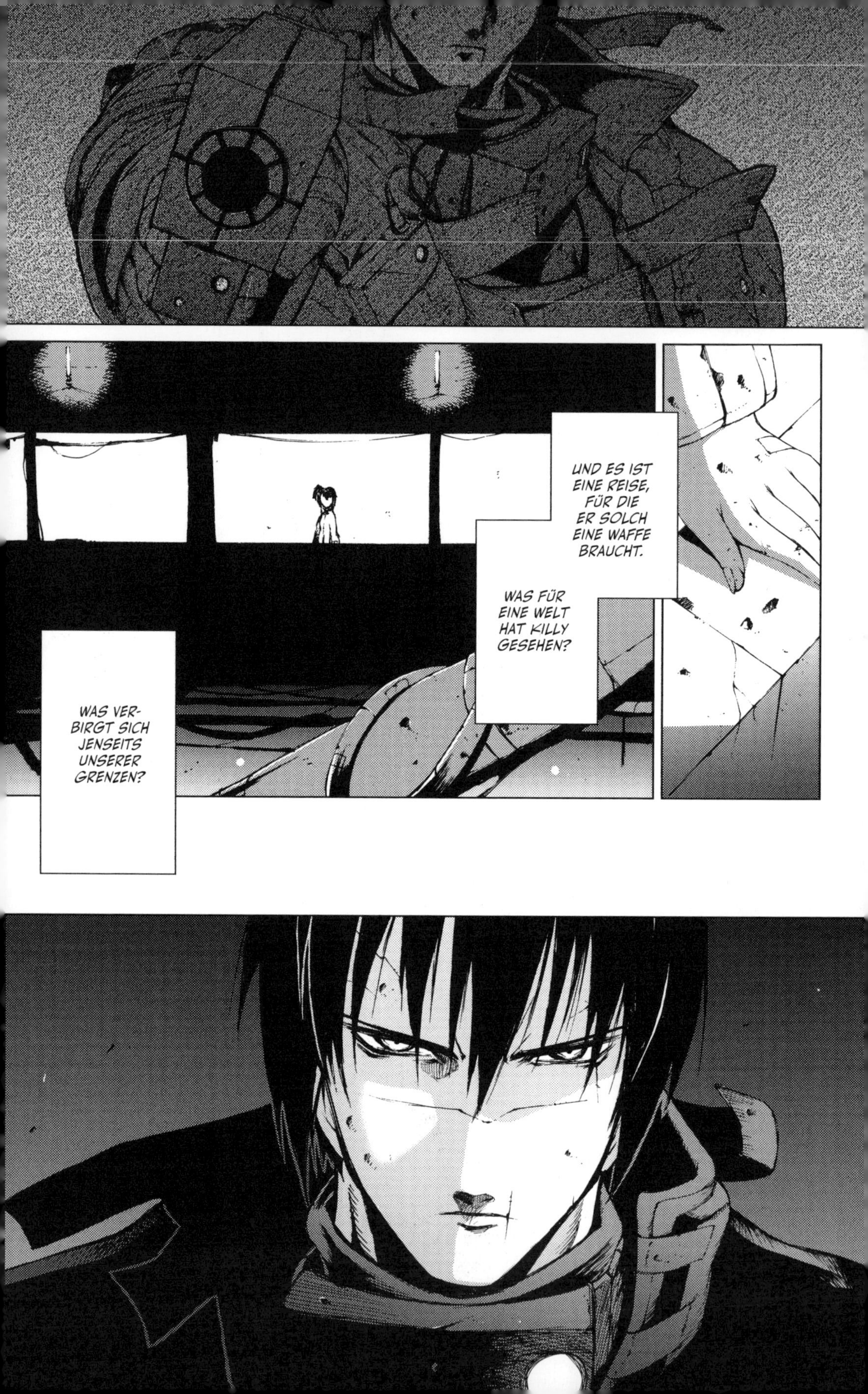
UND ES IST EINE REISE, FÜR DIE ER SOLCH EINE WAFFE BRAUCHT.
WAS FÜR EINE WELT HAT KILLY GESEHEN?
WAS VERBIRGT SICH JENSEITS UNSERER GRENZEN?

BLAME!

DIE FLUCHT DER ELEKTROFISCHER

MASTER EDITION

TOA SCHWERINDUSTRIE MANGA PRODUKTION

東亜重工漫画制作部

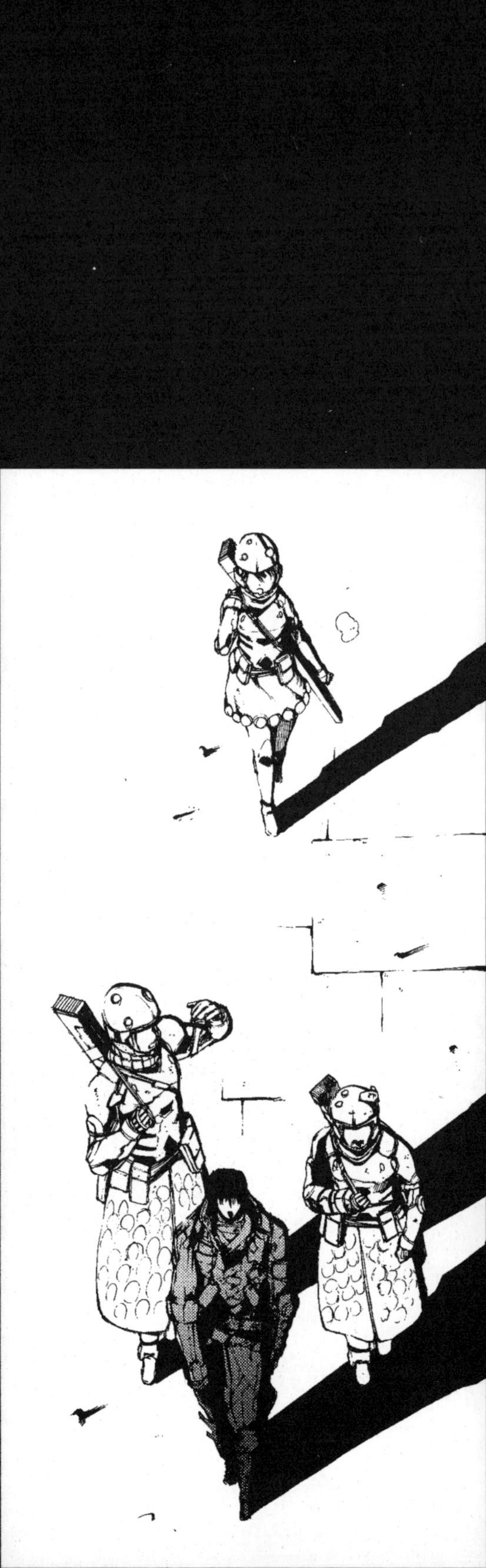

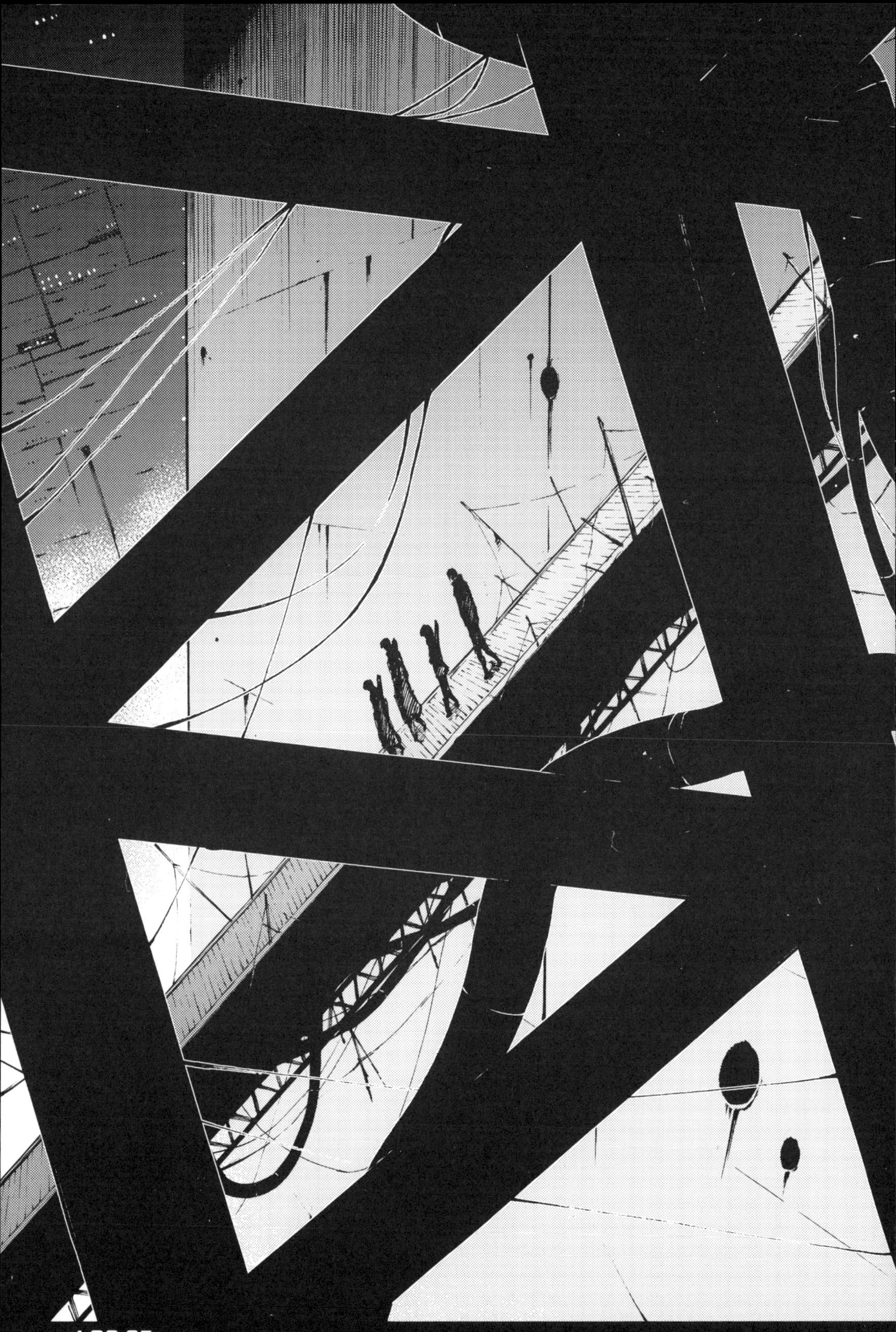

::LOG.03::

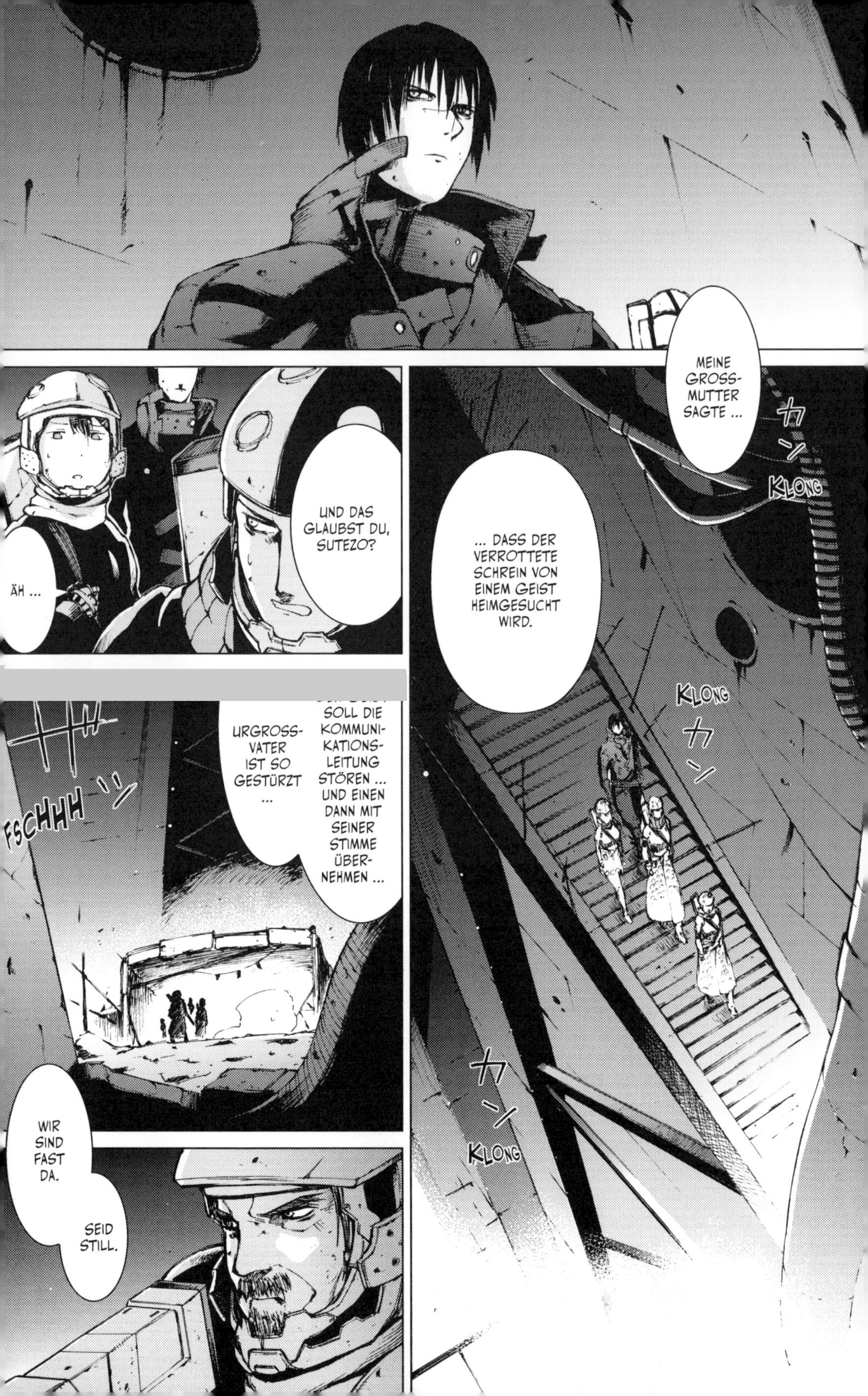

MEINE GROSS-MUTTER SAGTE ...
カン
KLONG
... DASS DER VERROTTETE SCHREIN VON EINEM GEIST HEIMGESUCHT WIRD.
KLONG
カン
カン
KLONG
UND DAS GLAUBST DU, SUTEZO?
ÄH ...
SOLL DIE KOMMUNI-KATIONS-LEITUNG STÖREN ... UND EINEN DANN MIT SEINER STIMME ÜBER-NEHMEN ...
URGROSS-VATER IST SO GESTÜRZT ...
FSCHHH
WIR SIND FAST DA.
SEID STILL.

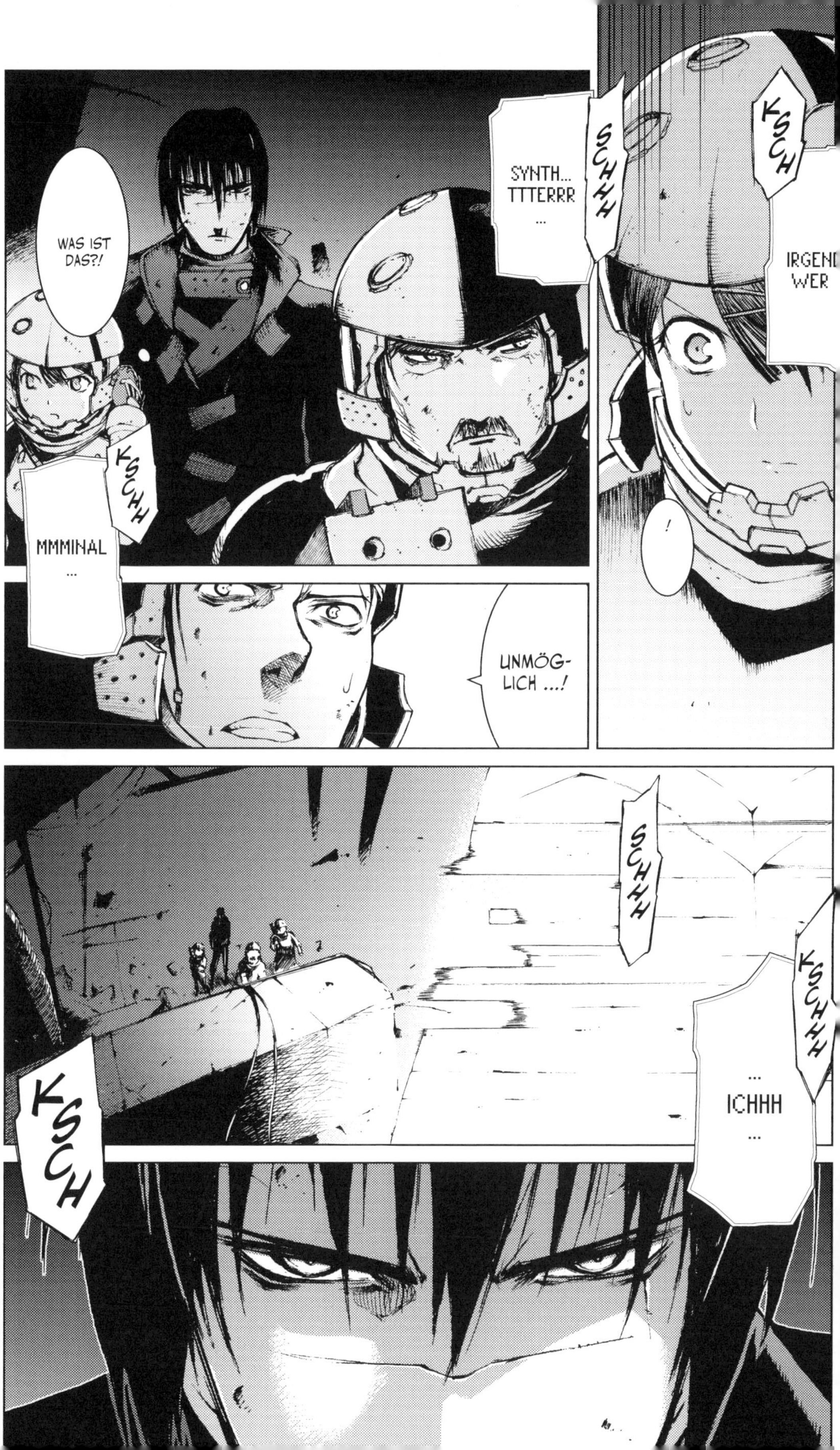
KSCH
IRGEND WER
!
SCHHH
SYNTH... TTTERRR ...
WAS IST DAS?!
KSCHH
MMMINAL ...
UNMÖG-LICH ...!
SCHHH
KSCHHH
... ICHHH ...
KSCH

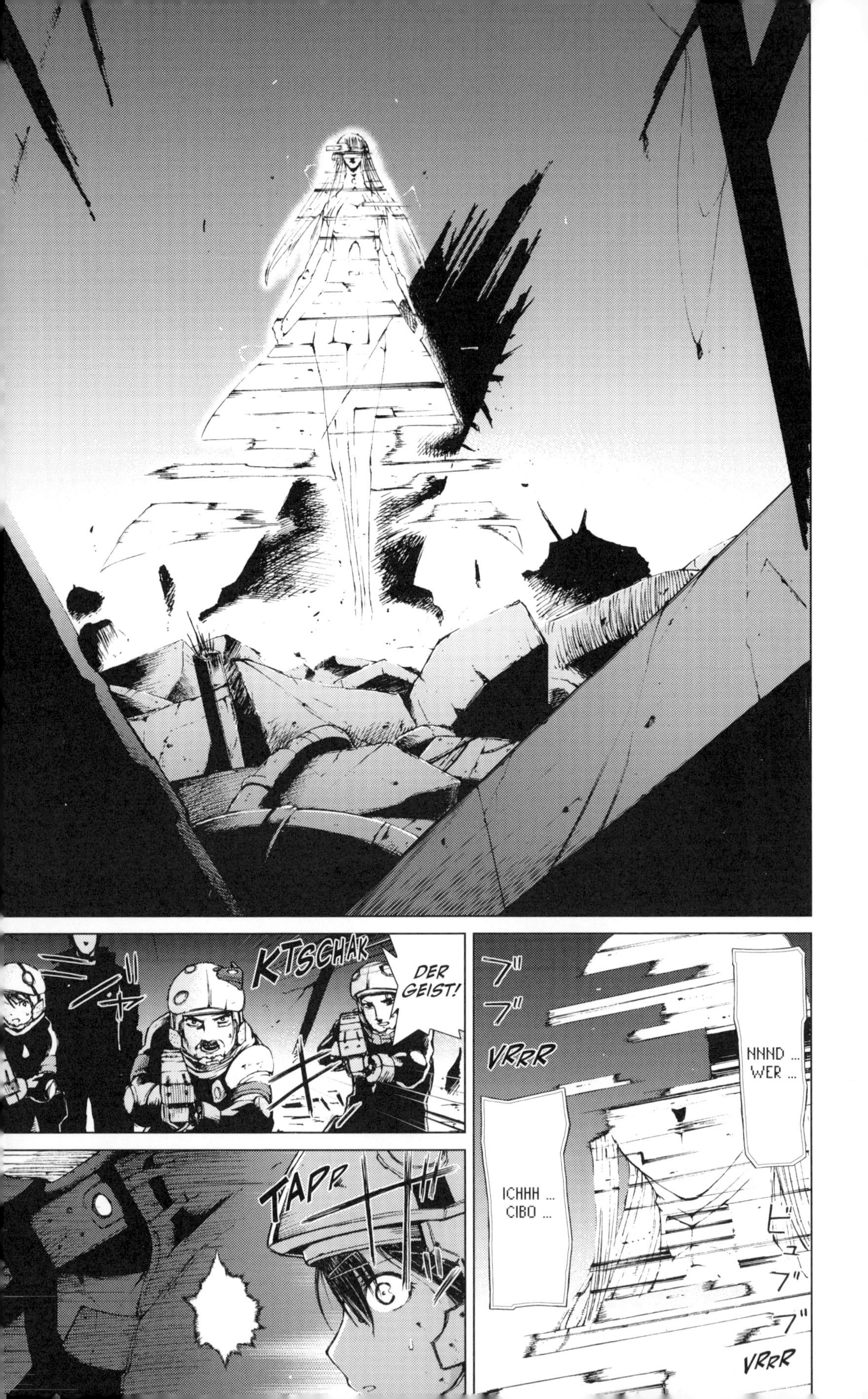

KTSCHAK
DER GEIST!
TAPP
VRRR
NNND … WER …
ICHHH … CIBO …
VRRR

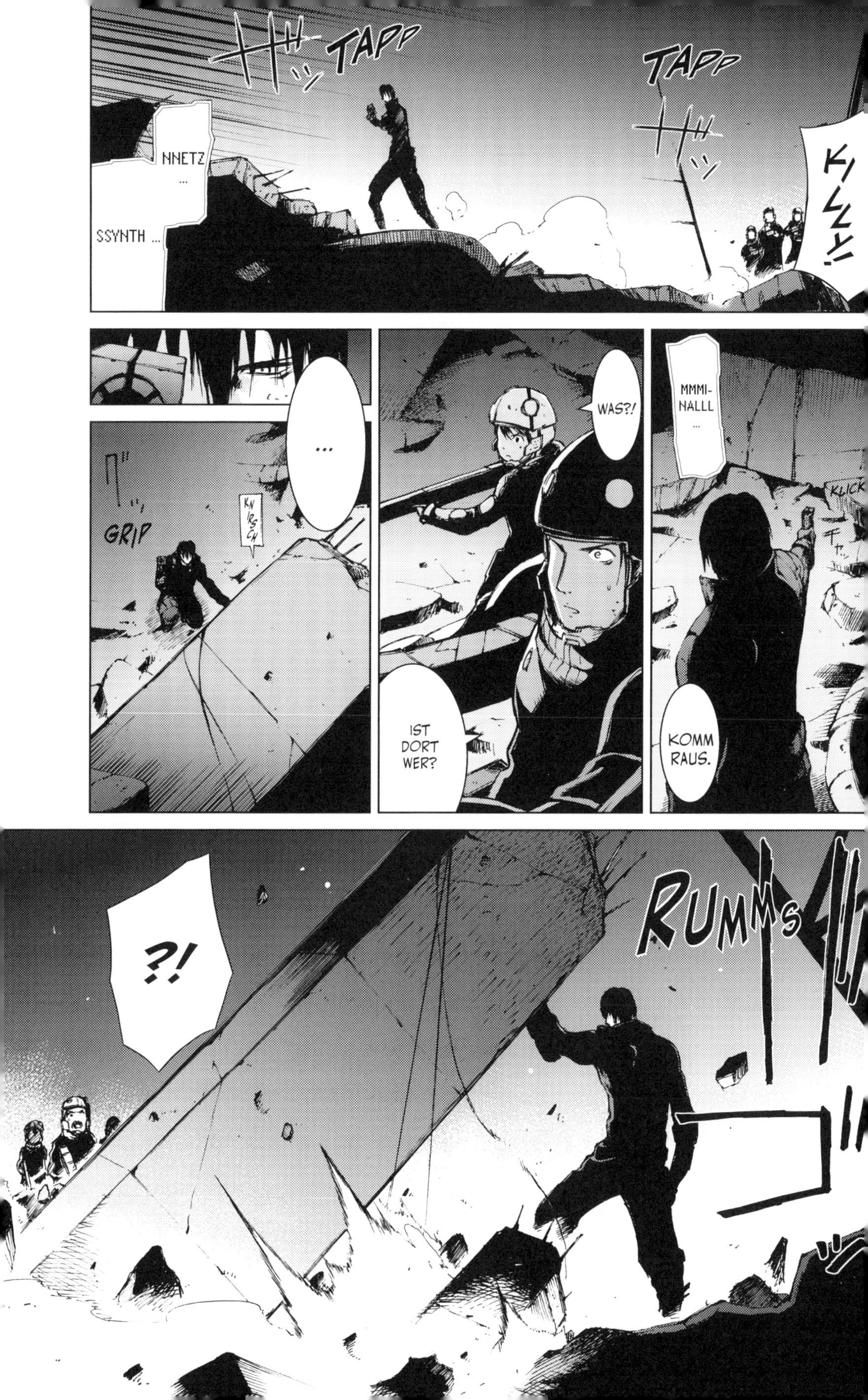
KILLY!
TAPP
TAPP
NNETZ …
SSYNTH …
MMMI-NALLL …
KLICK
KOMM RAUS.
WAS?!
IST DORT WER?
…
KNIRSCH
GRIP
RUMMS
?!

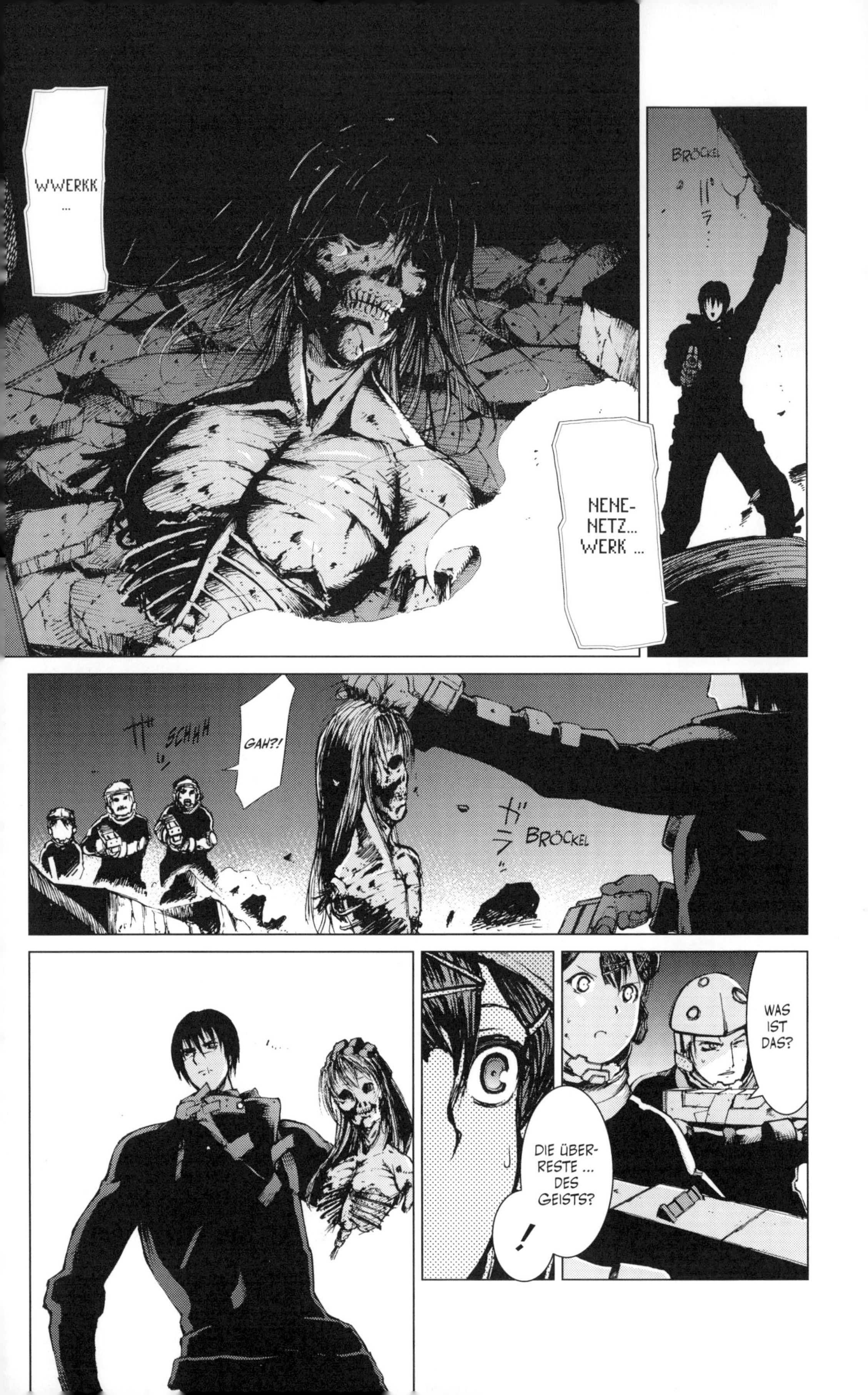

BRÖCKEL
WWERKK ...
NENE-NETZ... WERK ...
GAH?!
SCHHH
BRÖCKEL
WAS IST DAS?
DIE ÜBER-RESTE ... DES GEISTS?
!

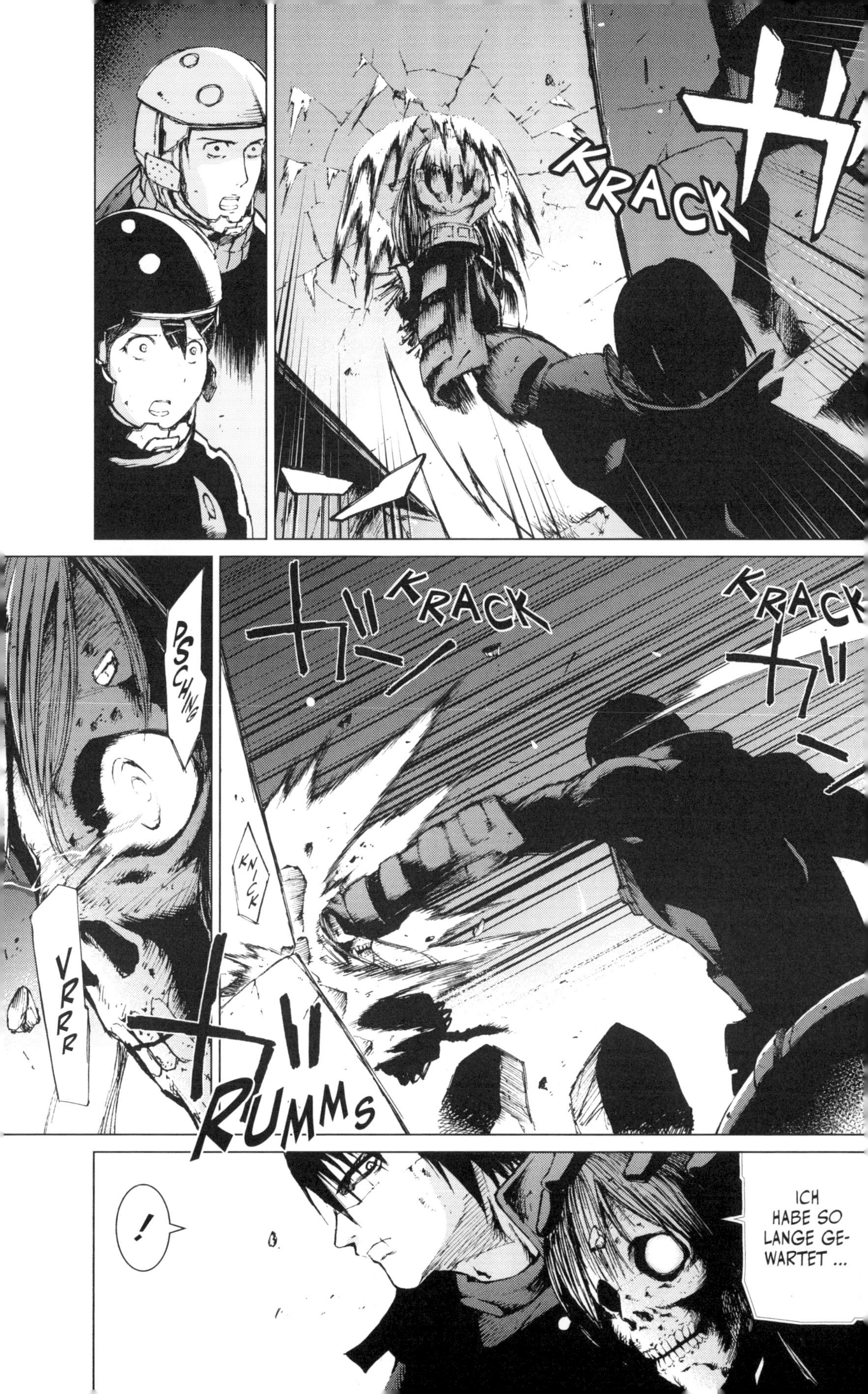
KRACK
PSCHING
KRACK
KRACK
KNICK
VRRR
RUMMS
!
ICH HABE SO LANGE GE-WARTET ...

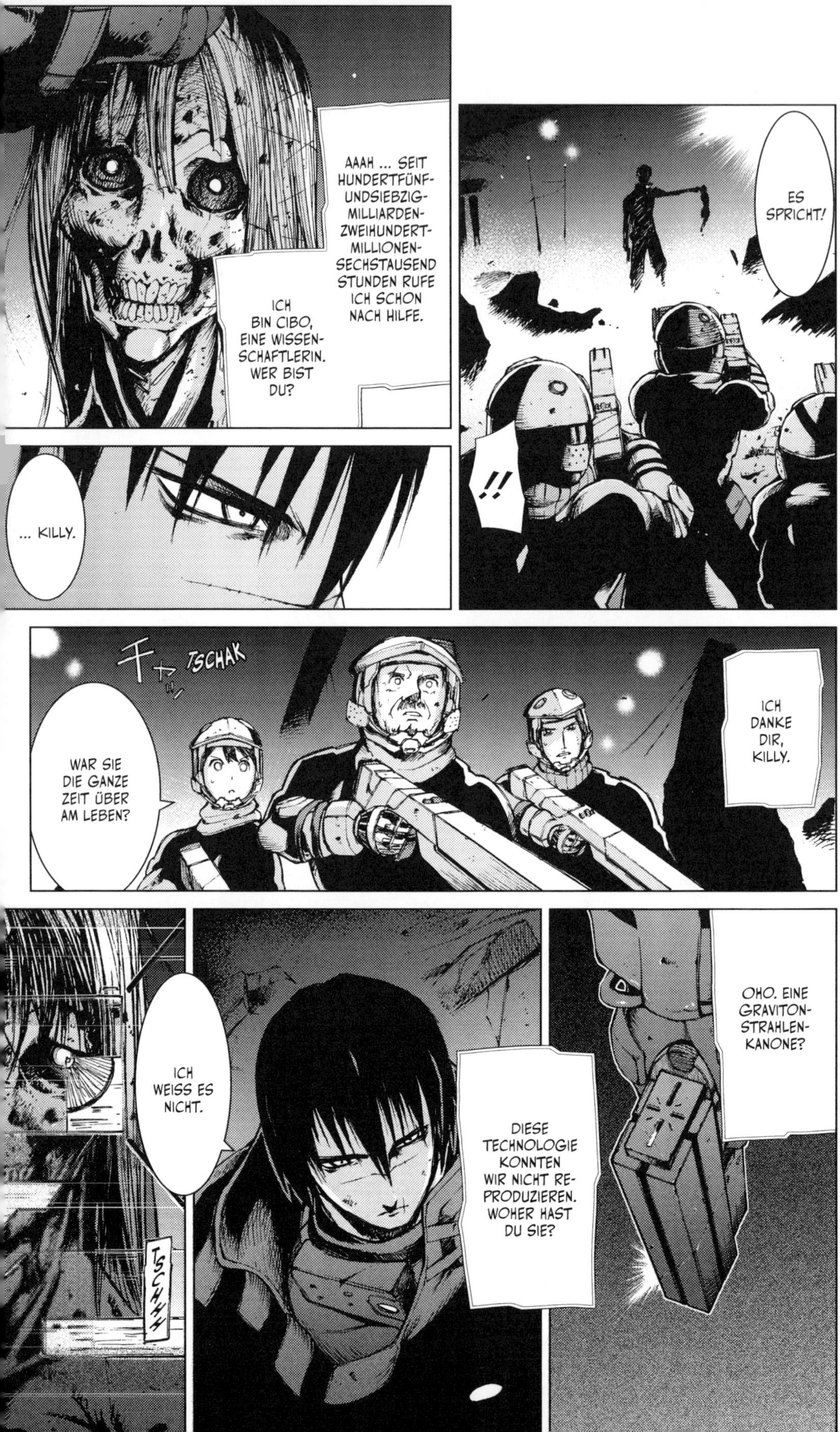

ES SPRICHT!
!!
AAAH ... SEIT HUNDERTFÜNFUNDSIEBZIG-MILLIARDEN-ZWEIHUNDERT-MILLIONEN-SECHSTAUSEND STUNDEN RUFE ICH SCHON NACH HILFE.
ICH BIN CIBO, EINE WISSENSCHAFTLERIN. WER BIST DU?
... KILLY.
ICH DANKE DIR, KILLY.
TSCHAK
WAR SIE DIE GANZE ZEIT ÜBER AM LEBEN?
OHO. EINE GRAVITONSTRAHLENKANONE?
DIESE TECHNOLOGIE KONNTEN WIR NICHT REPRODUZIEREN. WOHER HAST DU SIE?
ICH WEISS ES NICHT.
TSCHHH

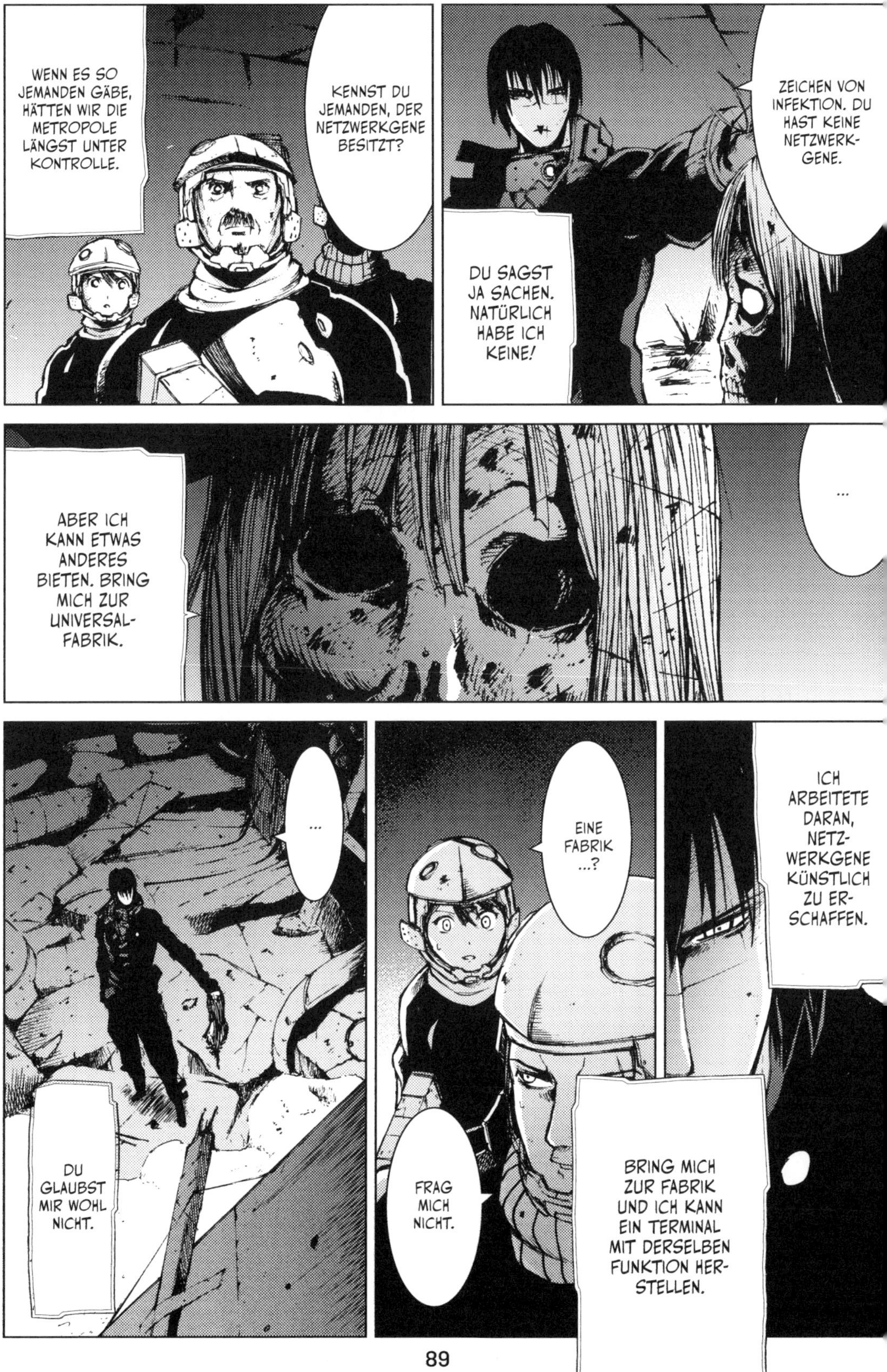
ZEICHEN VON INFEKTION. DU HAST KEINE NETZWERK-GENE.
DU SAGST JA SACHEN. NATÜRLICH HABE ICH KEINE!
KENNST DU JEMANDEN, DER NETZWERKGENE BESITZT?
WENN ES SO JEMANDEN GÄBE, HÄTTEN WIR DIE METROPOLE LÄNGST UNTER KONTROLLE.
...
ABER ICH KANN ETWAS ANDERES BIETEN. BRING MICH ZUR UNIVERSAL-FABRIK.
ICH ARBEITETE DARAN, NETZ-WERKGENE KÜNSTLICH ZU ER-SCHAFFEN.
BRING MICH ZUR FABRIK UND ICH KANN EIN TERMINAL MIT DERSELBEN FUNKTION HER-STELLEN.
EINE FABRIK ...?
FRAG MICH NICHT.
...
DU GLAUBST MIR WOHL NICHT.

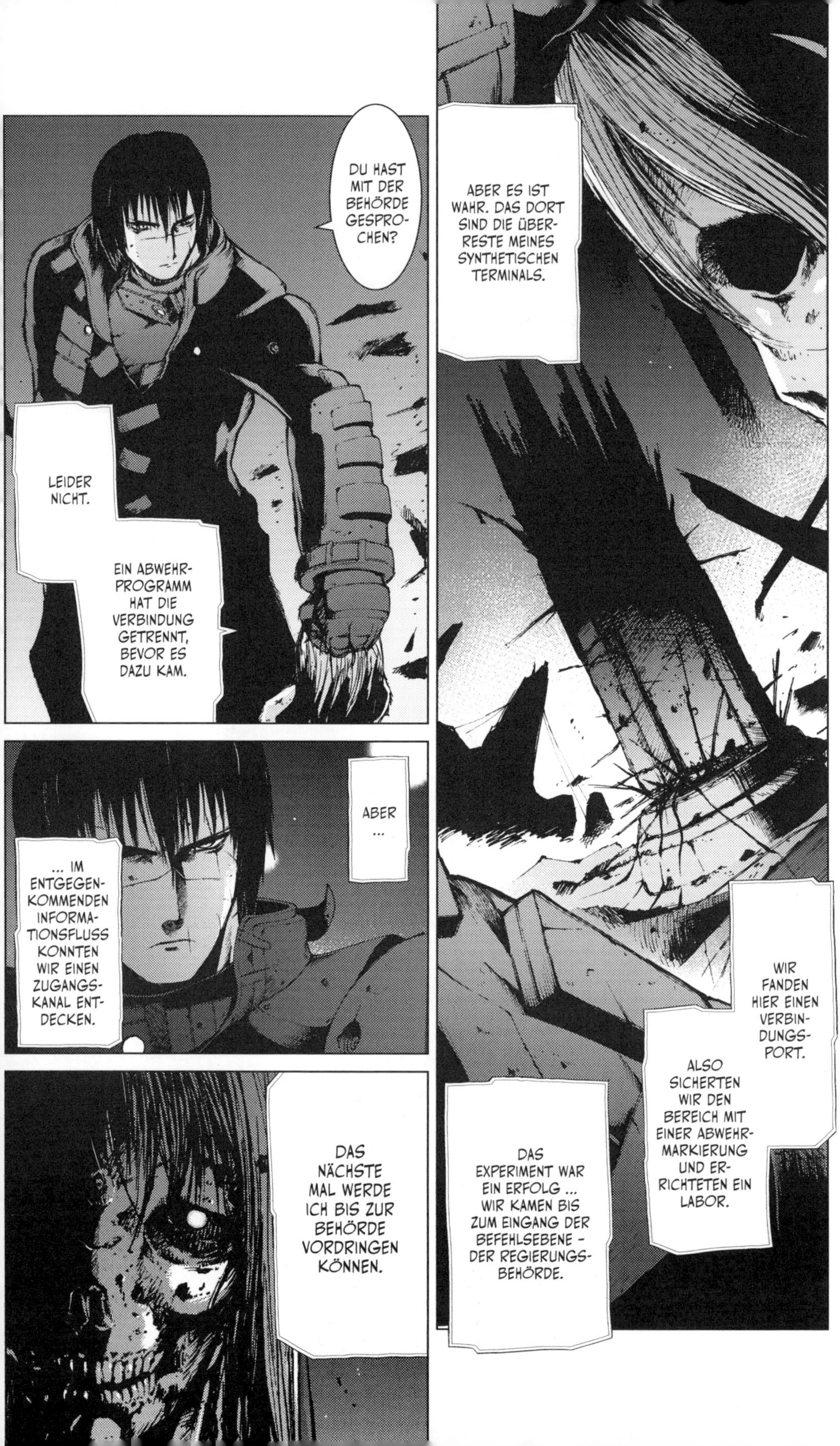
ABER ES IST WAHR. DAS DORT SIND DIE ÜBERRESTE MEINES SYNTHETISCHEN TERMINALS.
WIR FANDEN HIER EINEN VERBINDUNGSPORT.
ALSO SICHERTEN WIR DEN BEREICH MIT EINER ABWEHRMARKIERUNG UND ERRICHTETEN EIN LABOR.
DAS EXPERIMENT WAR EIN ERFOLG ... WIR KAMEN BIS ZUM EINGANG DER BEFEHLSEBENE – DER REGIERUNGSBEHÖRDE.
DU HAST MIT DER BEHÖRDE GESPROCHEN?
LEIDER NICHT.
EIN ABWEHRPROGRAMM HAT DIE VERBINDUNG GETRENNT, BEVOR ES DAZU KAM.
ABER ...
... IM ENTGEGENKOMMENDEN INFORMATIONSFLUSS KONNTEN WIR EINEN ZUGANGSKANAL ENTDECKEN.
DAS NÄCHSTE MAL WERDE ICH BIS ZUR BEHÖRDE VORDRINGEN KÖNNEN.

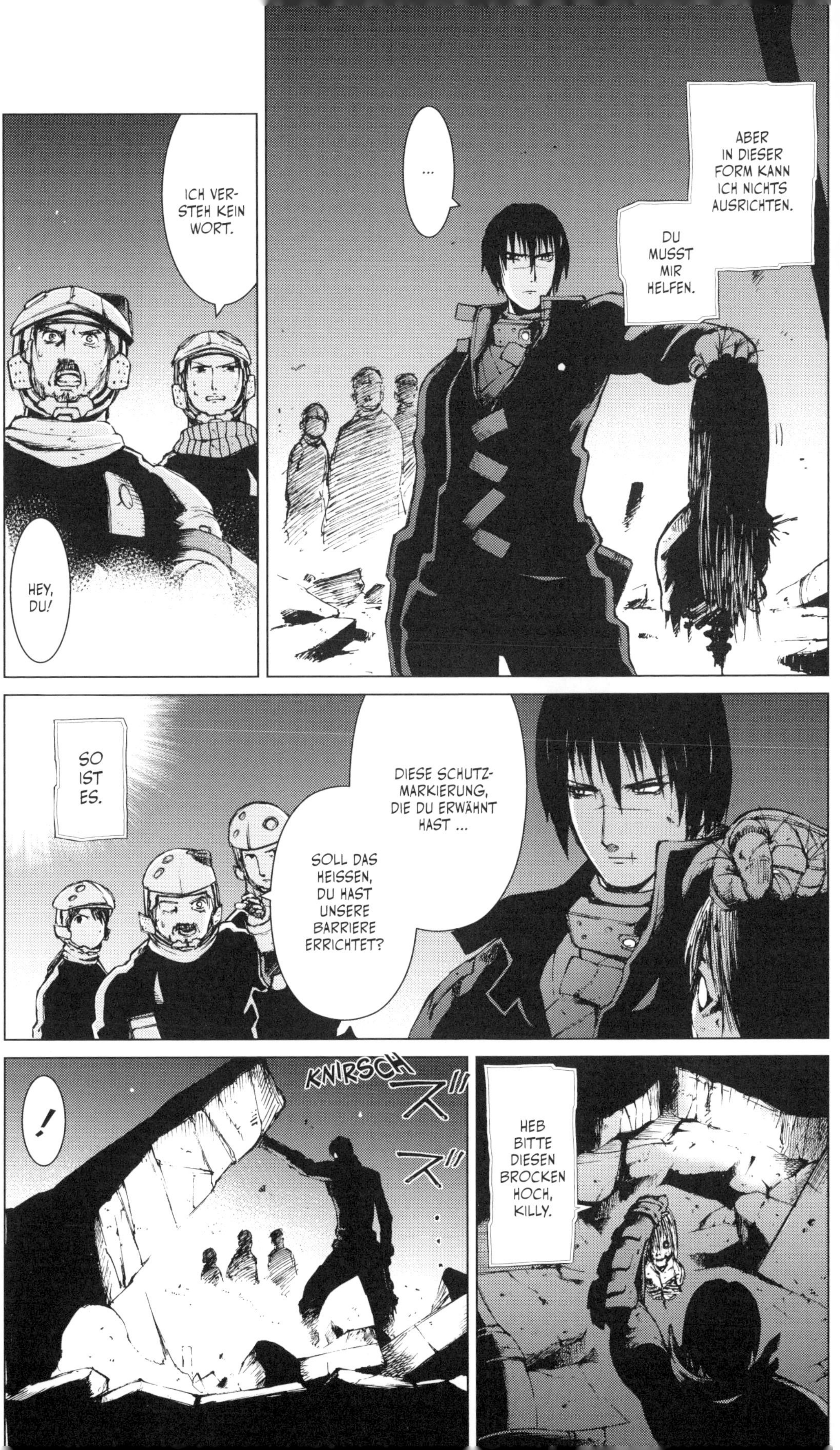
ABER IN DIESER FORM KANN ICH NICHTS AUSRICHTEN.
DU MUSST MIR HELFEN.
...
ICH VER-STEH KEIN WORT.
HEY, DU!
DIESE SCHUTZ-MARKIERUNG, DIE DU ERWÄHNT HAST ...
SOLL DAS HEISSEN, DU HAST UNSERE BARRIERE ERRICHTET?
SO IST ES.
HEB BITTE DIESEN BROCKEN HOCH, KILLY.
KNIRSCH
!

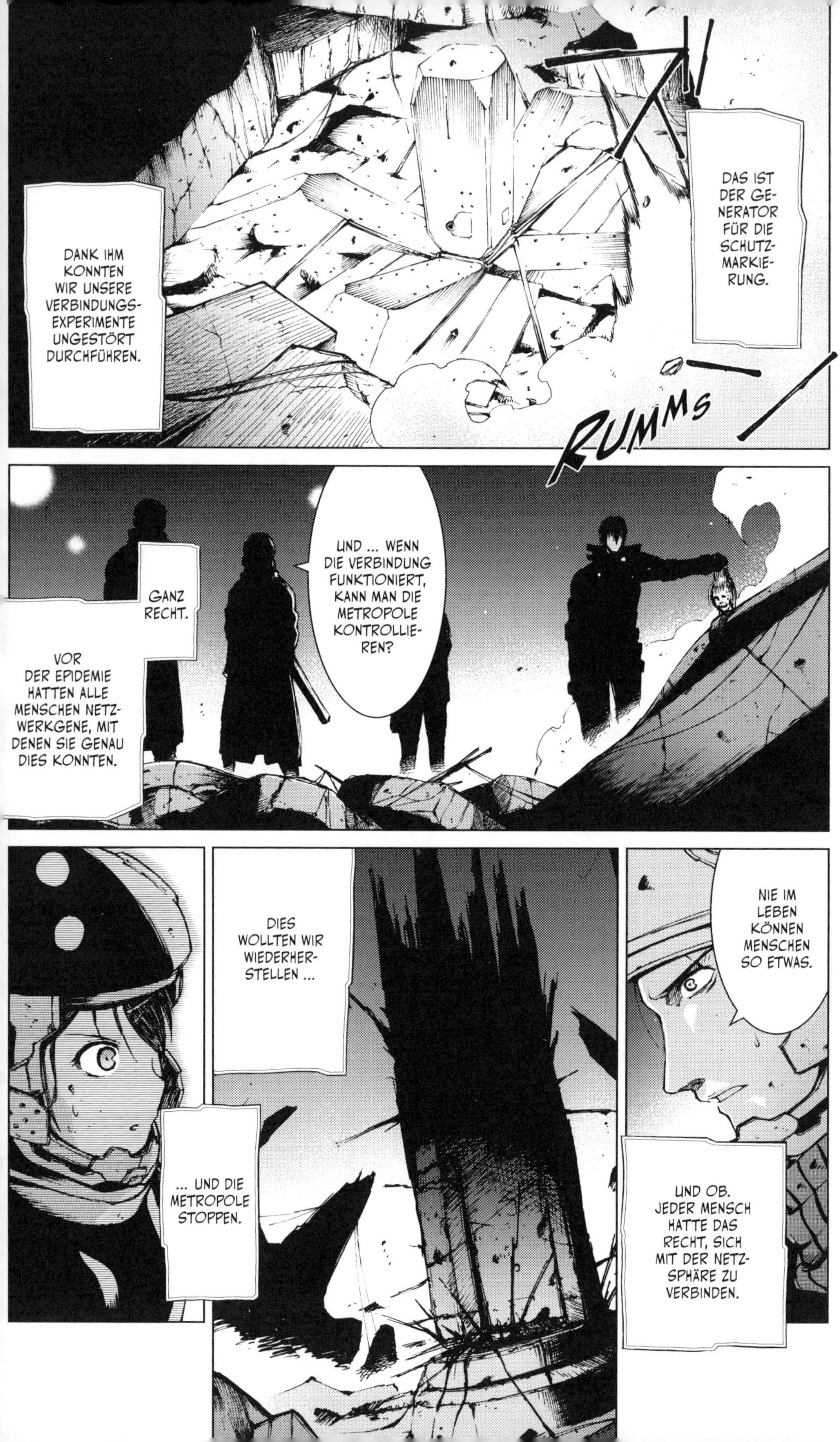

DAS IST DER GENERATOR FÜR DIE SCHUTZMARKIERUNG.
DANK IHM KONNTEN WIR UNSERE VERBINDUNGSEXPERIMENTE UNGESTÖRT DURCHFÜHREN.
RUMMS
UND ... WENN DIE VERBINDUNG FUNKTIONIERT, KANN MAN DIE METROPOLE KONTROLLIEREN?
GANZ RECHT.
VOR DER EPIDEMIE HATTEN ALLE MENSCHEN NETZWERKGENE, MIT DENEN SIE GENAU DIES KONNTEN.
NIE IM LEBEN KÖNNEN MENSCHEN SO ETWAS.
UND OB. JEDER MENSCH HATTE DAS RECHT, SICH MIT DER NETZSPHÄRE ZU VERBINDEN.
DIES WOLLTEN WIR WIEDERHERSTELLEN ...
... UND DIE METROPOLE STOPPEN.

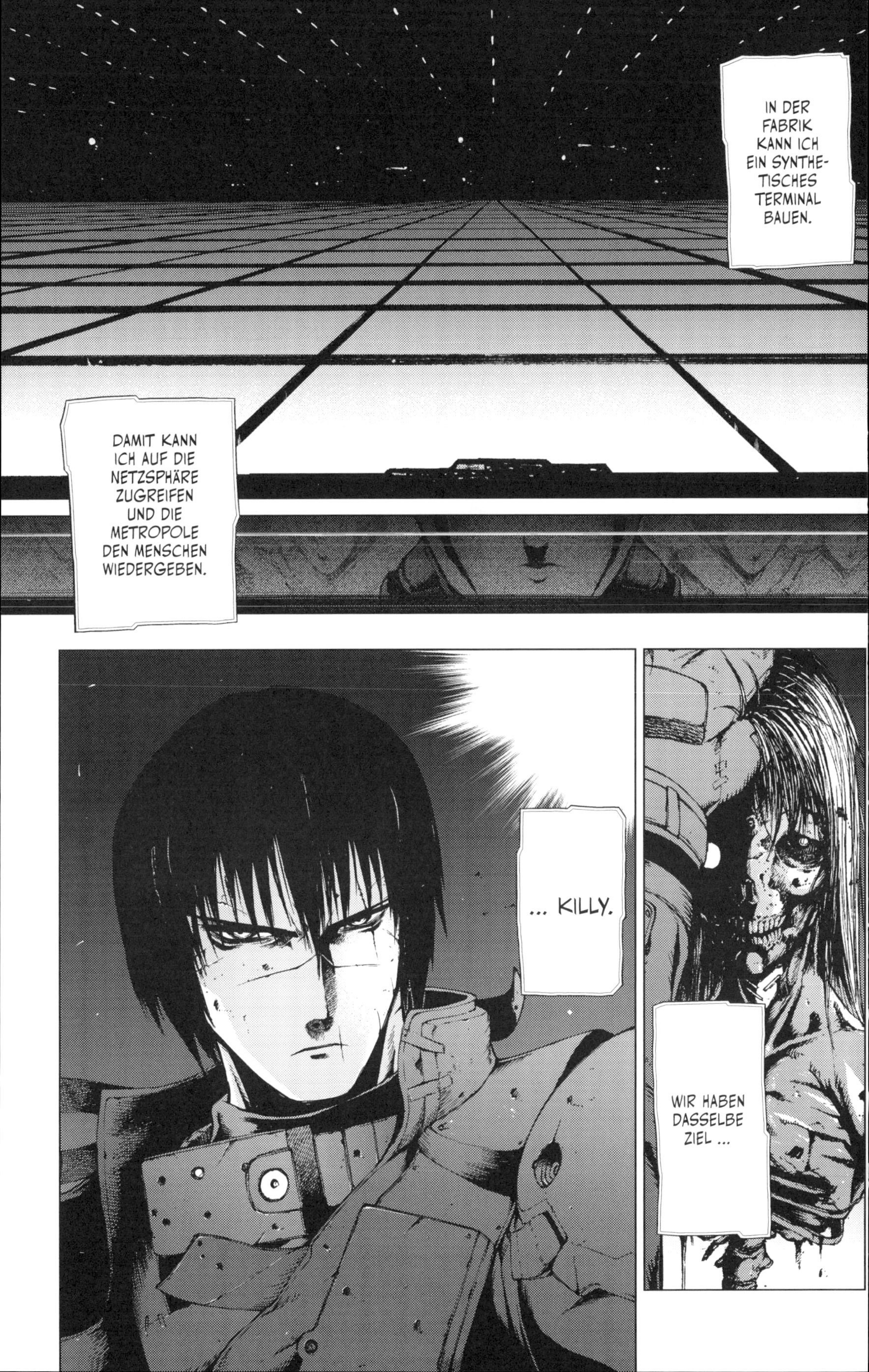
IN DER FABRIK KANN ICH EIN SYNTHE-TISCHES TERMINAL BAUEN.
DAMIT KANN ICH AUF DIE NETZSPHÄRE ZUGREIFEN UND DIE METROPOLE DEN MENSCHEN WIEDERGEBEN.
WIR HABEN DASSELBE ZIEL ...
... KILLY.

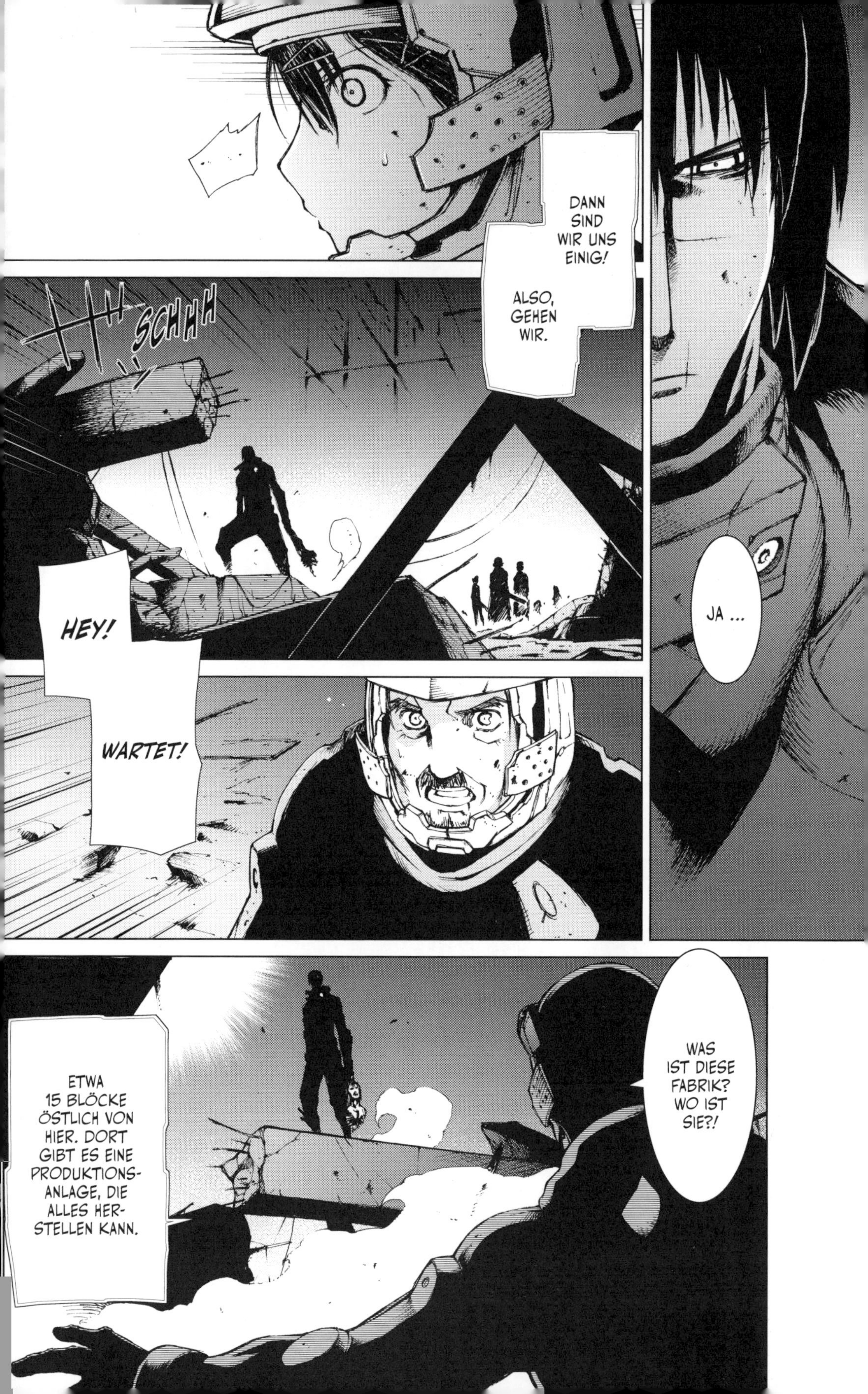
DANN SIND WIR UNS EINIG!
ALSO, GEHEN WIR.
JA ...
SCHHH
HEY!
WARTET!
WAS IST DIESE FABRIK? WO IST SIE?!
ETWA 15 BLÖCKE ÖSTLICH VON HIER. DORT GIBT ES EINE PRODUKTIONS-ANLAGE, DIE ALLES HER-STELLEN KANN.

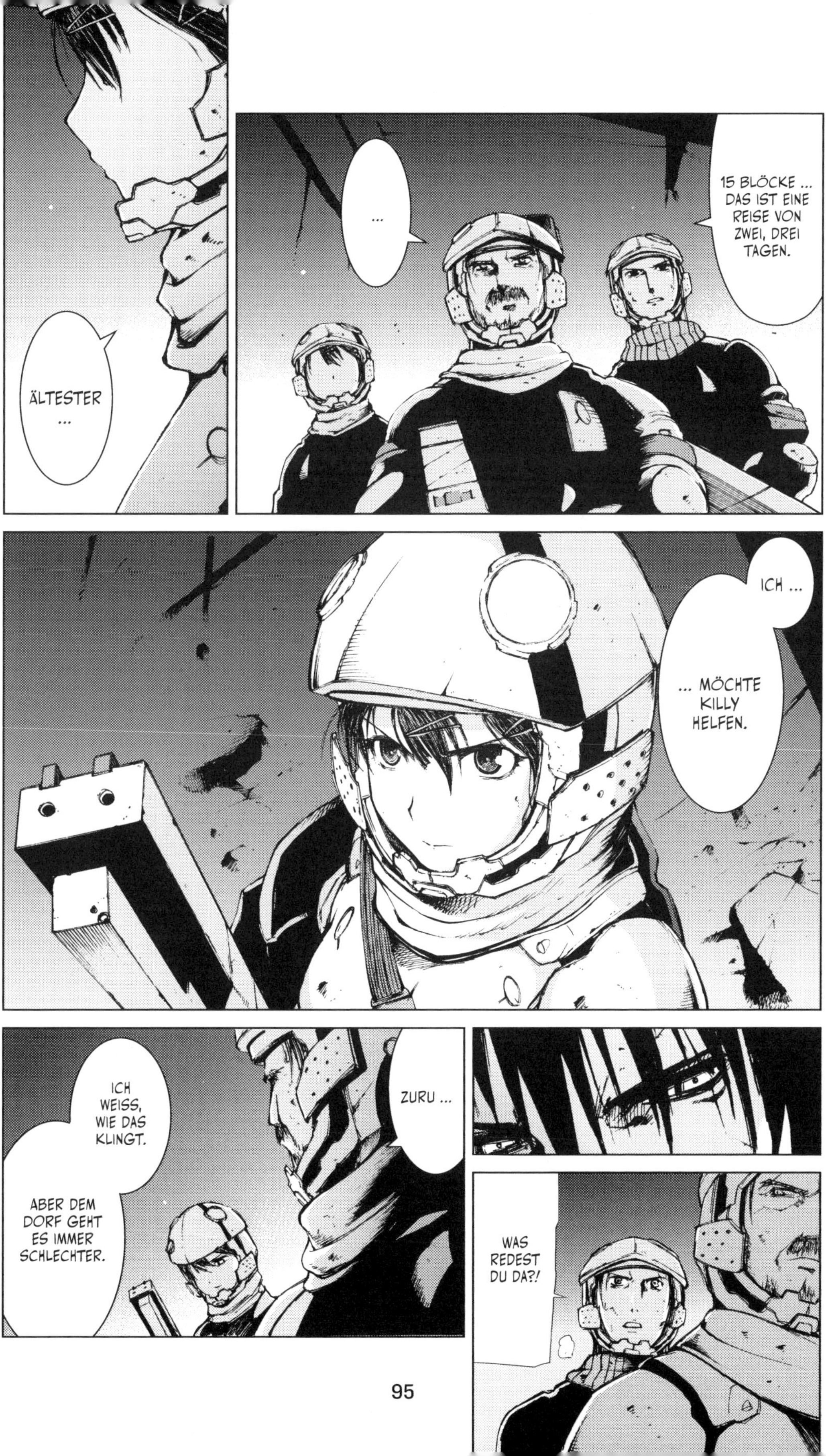
15 BLÖCKE ... DAS IST EINE REISE VON ZWEI, DREI TAGEN.
...
ÄLTESTER ...
ICH ...
... MÖCHTE KILLY HELFEN.
WAS REDEST DU DA?!
ZURU ...
ICH WEISS, WIE DAS KLINGT.
ABER DEM DORF GEHT ES IMMER SCHLECHTER.

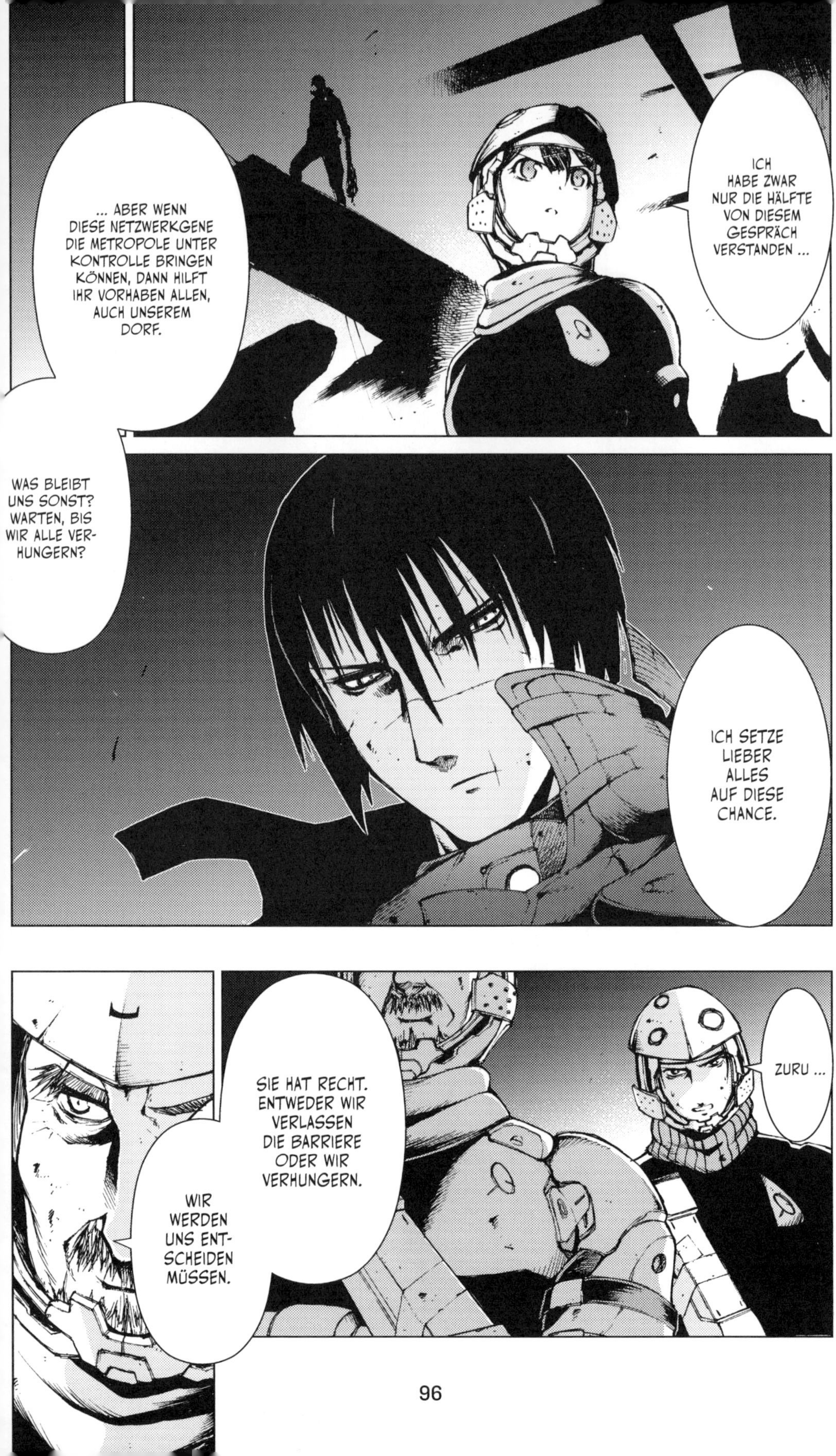
ICH HABE ZWAR NUR DIE HÄLFTE VON DIESEM GESPRÄCH VERSTANDEN ...
... ABER WENN DIESE NETZWERKGENE DIE METROPOLE UNTER KONTROLLE BRINGEN KÖNNEN, DANN HILFT IHR VORHABEN ALLEN, AUCH UNSEREM DORF.
ICH SETZE LIEBER ALLES AUF DIESE CHANCE.
WAS BLEIBT UNS SONST? WARTEN, BIS WIR ALLE VERHUNGERN?
ZURU ...
SIE HAT RECHT. ENTWEDER WIR VERLASSEN DIE BARRIERE ODER WIR VERHUNGERN.
WIR WERDEN UNS ENTSCHEIDEN MÜSSEN.

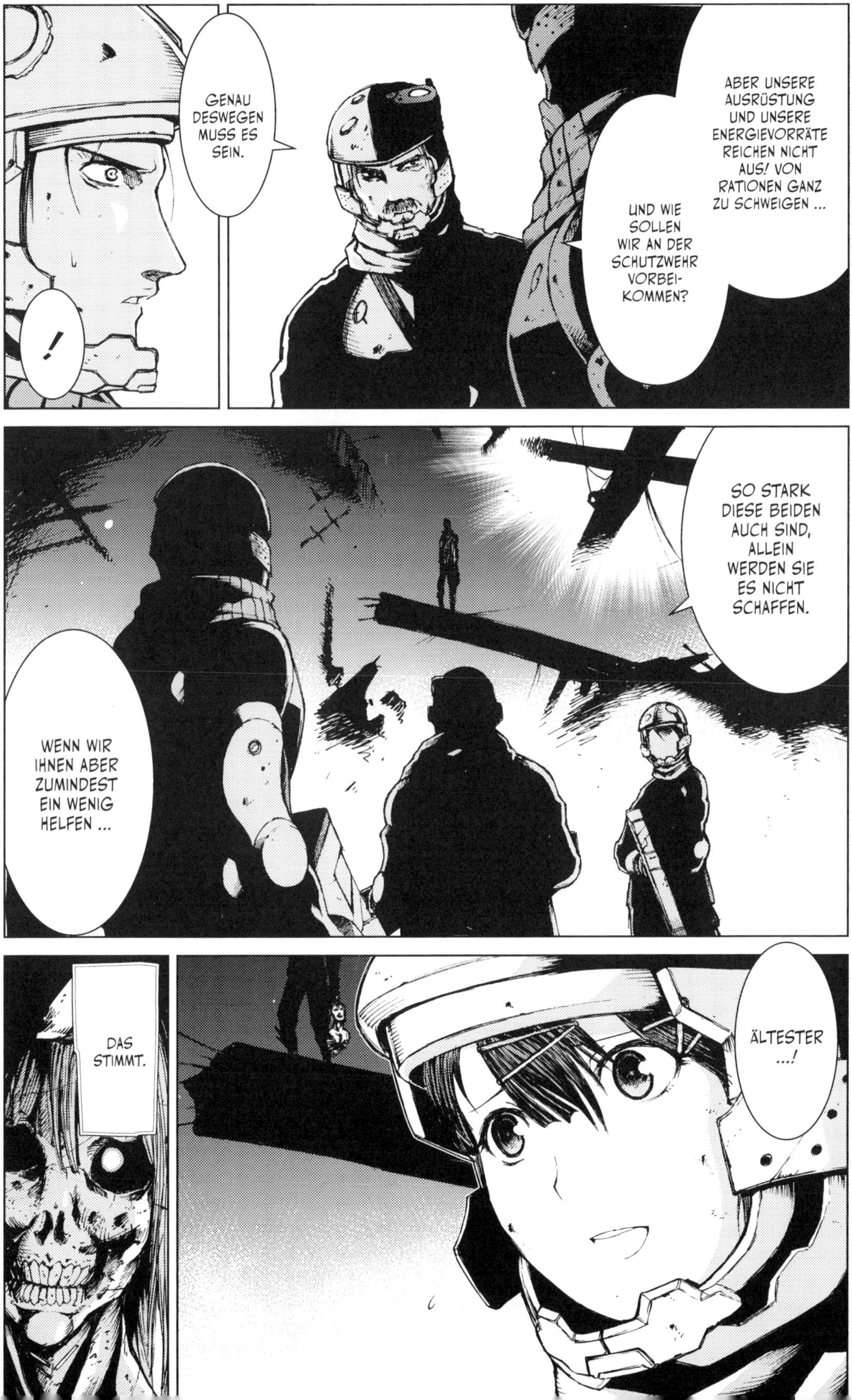
ABER UNSERE AUSRÜSTUNG UND UNSERE ENERGIEVORRÄTE REICHEN NICHT AUS! VON RATIONEN GANZ ZU SCHWEIGEN ...
UND WIE SOLLEN WIR AN DER SCHUTZWEHR VORBEIKOMMEN?
GENAU DESWEGEN MUSS ES SEIN.
!
SO STARK DIESE BEIDEN AUCH SIND, ALLEIN WERDEN SIE ES NICHT SCHAFFEN.
WENN WIR IHNEN ABER ZUMINDEST EIN WENIG HELFEN ...
ÄLTESTER ...!
DAS STIMMT.

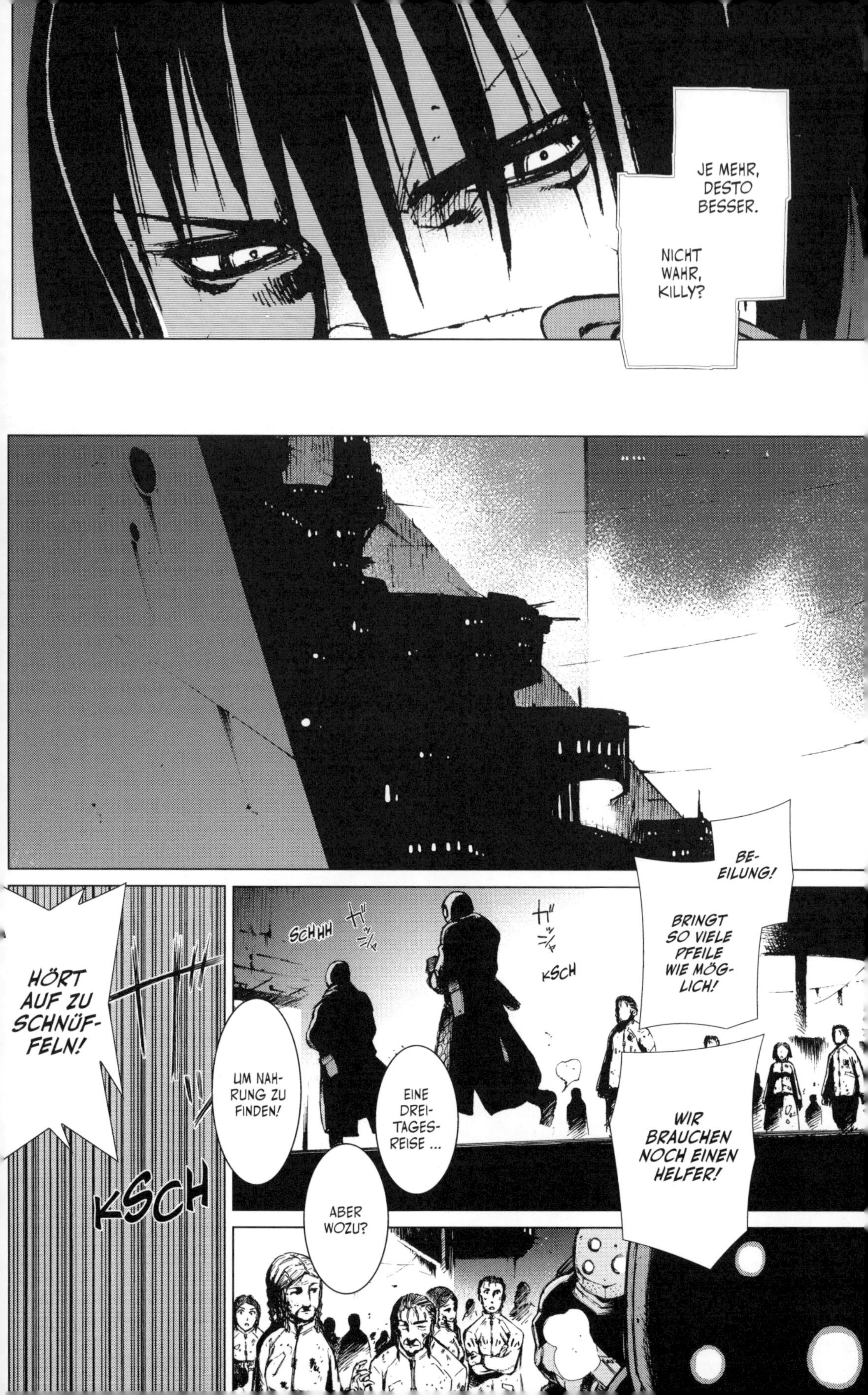
JE MEHR, DESTO BESSER.
NICHT WAHR, KILLY?
BE-EILUNG!
BRINGT SO VIELE PFEILE WIE MÖG-LICH!
KSCH
SCHHH
WIR BRAUCHEN NOCH EINEN HELFER!
EINE DREI-TAGES-REISE ...
UM NAH-RUNG ZU FINDEN!
ABER WOZU?
HÖRT AUF ZU SCHNÜF-FELN!
KSCH

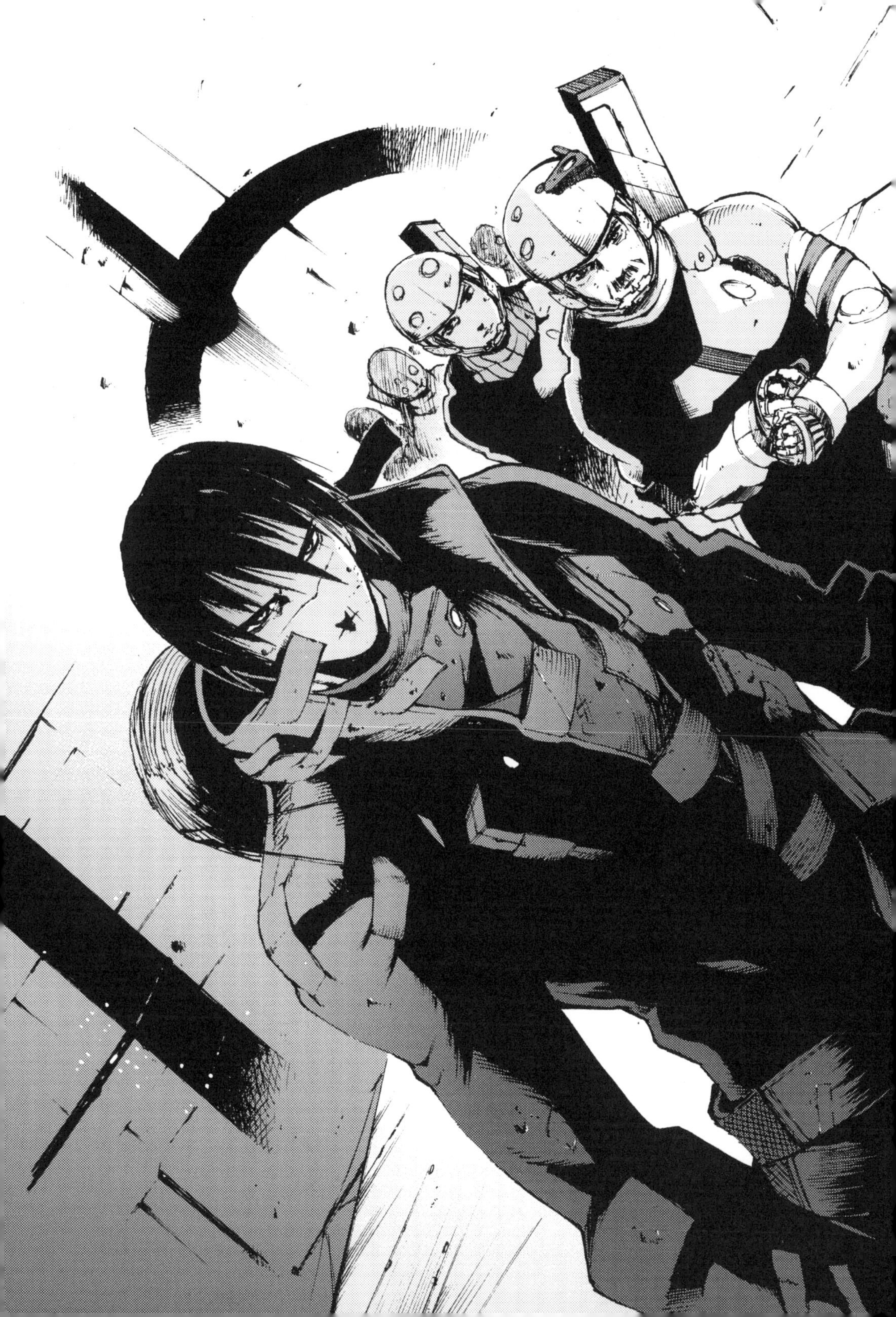

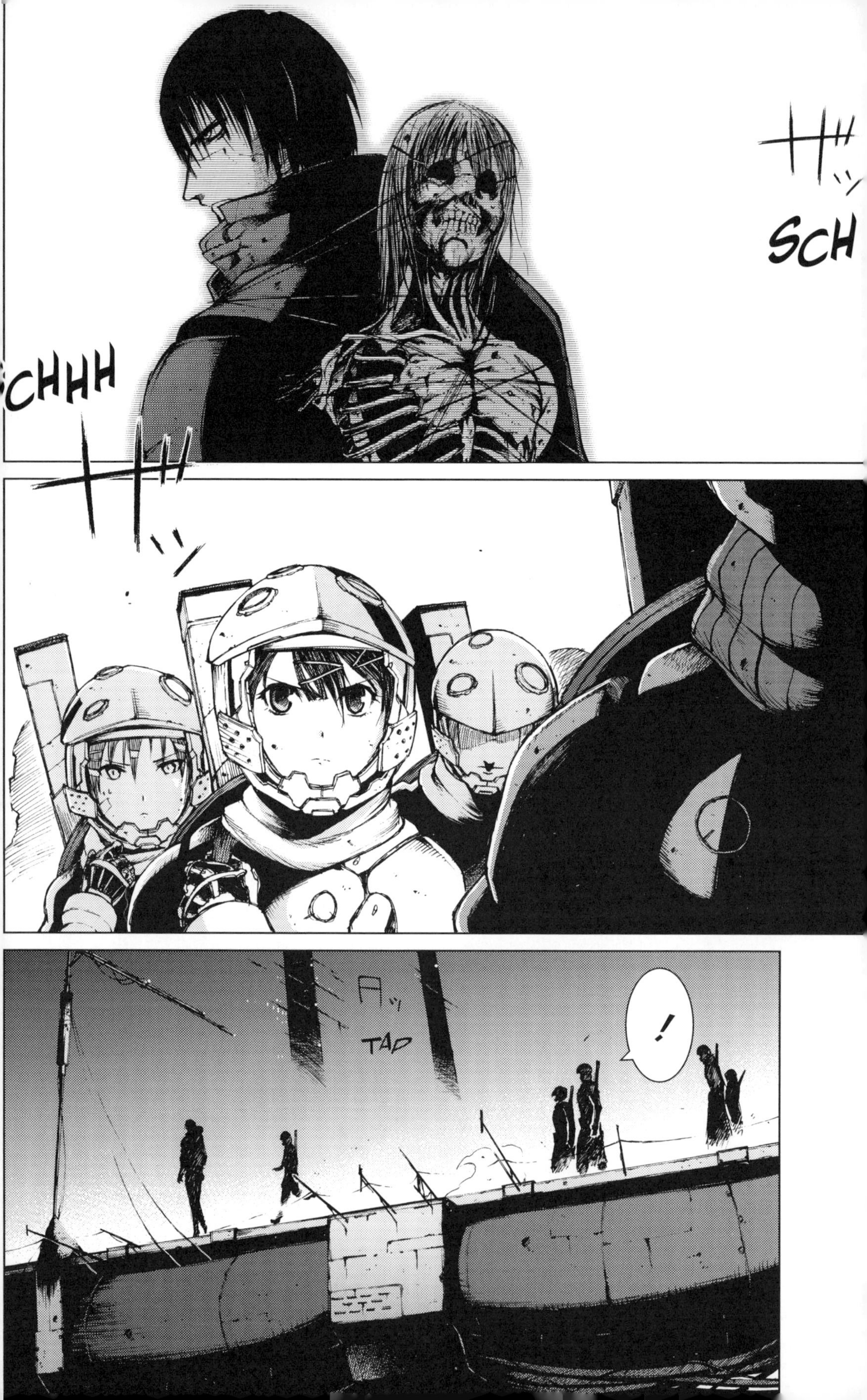

SCH
CHHH
TAP
!

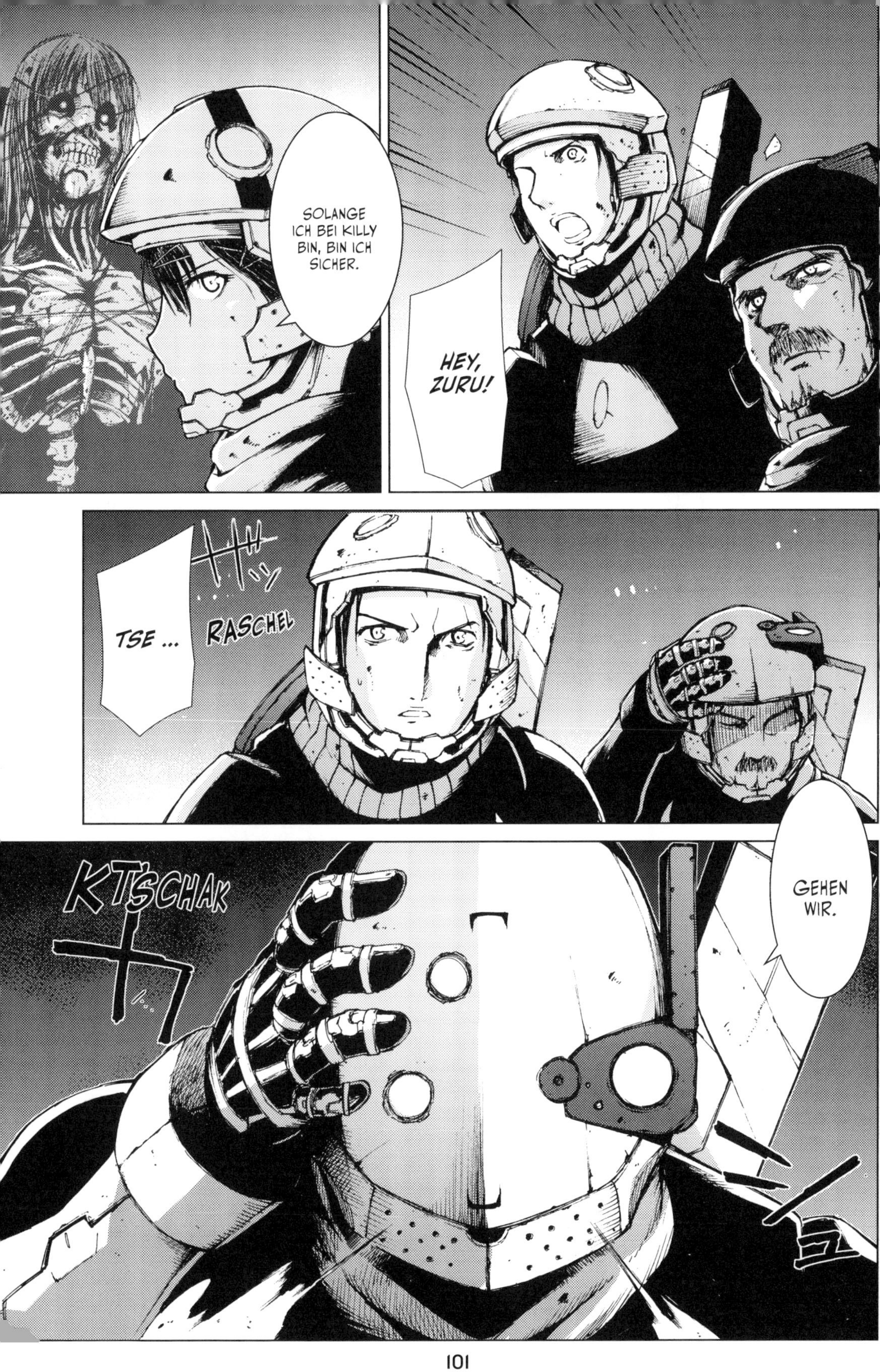
SOLANGE ICH BEI KILLY BIN, BIN ICH SICHER.
HEY, ZURU!
TSE ...
RASCHEL
GEHEN WIR.
KTSCHAK

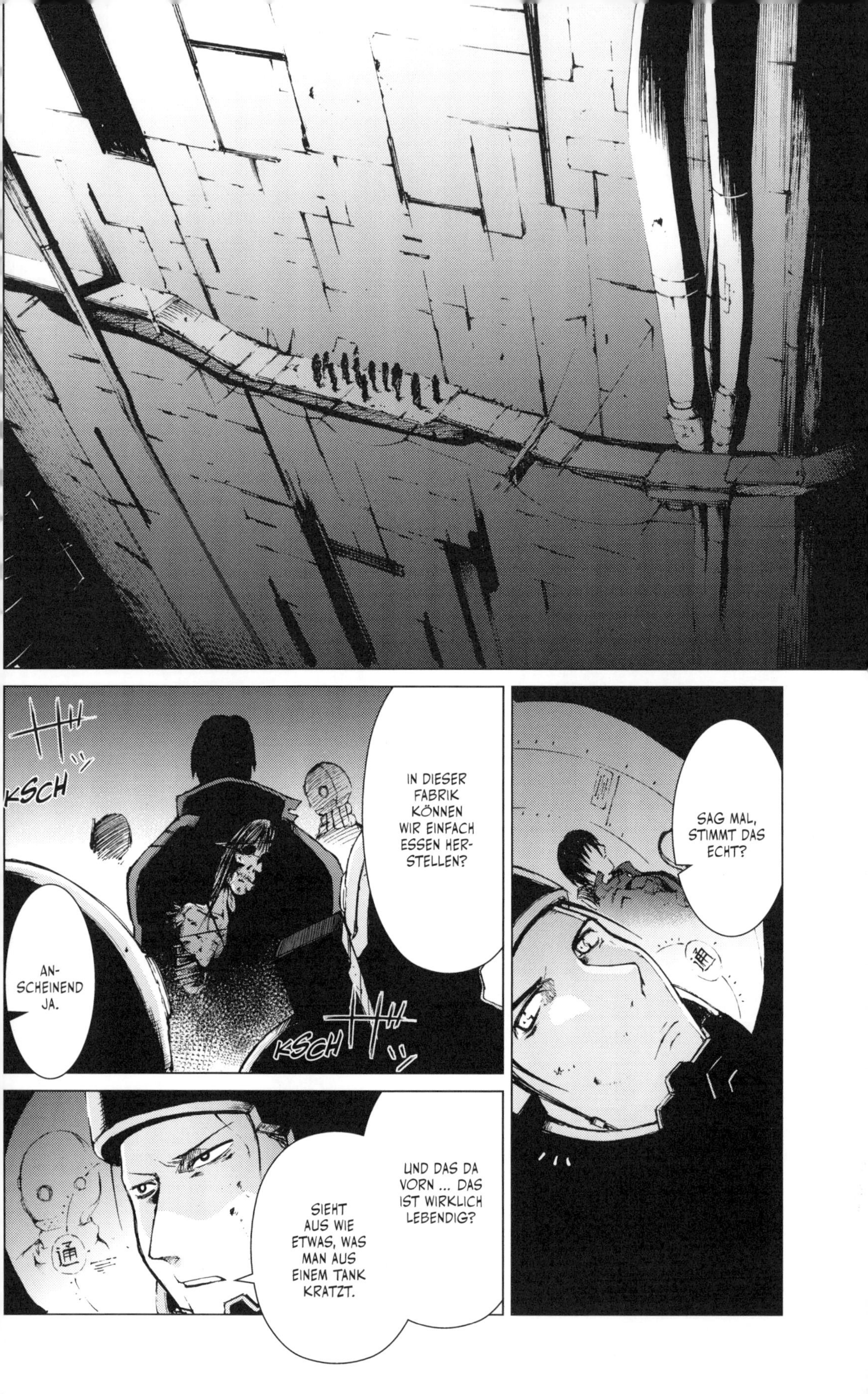
SAG MAL, STIMMT DAS ECHT?
通
IN DIESER FABRIK KÖNNEN WIR EINFACH ESSEN HER-STELLEN?
KSCH
ANSCHEINEND JA.
KSCH
UND DAS DA VORN ... DAS IST WIRKLICH LEBENDIG?
SIEHT AUS WIE ETWAS, WAS MAN AUS EINEM TANK KRATZT.
通

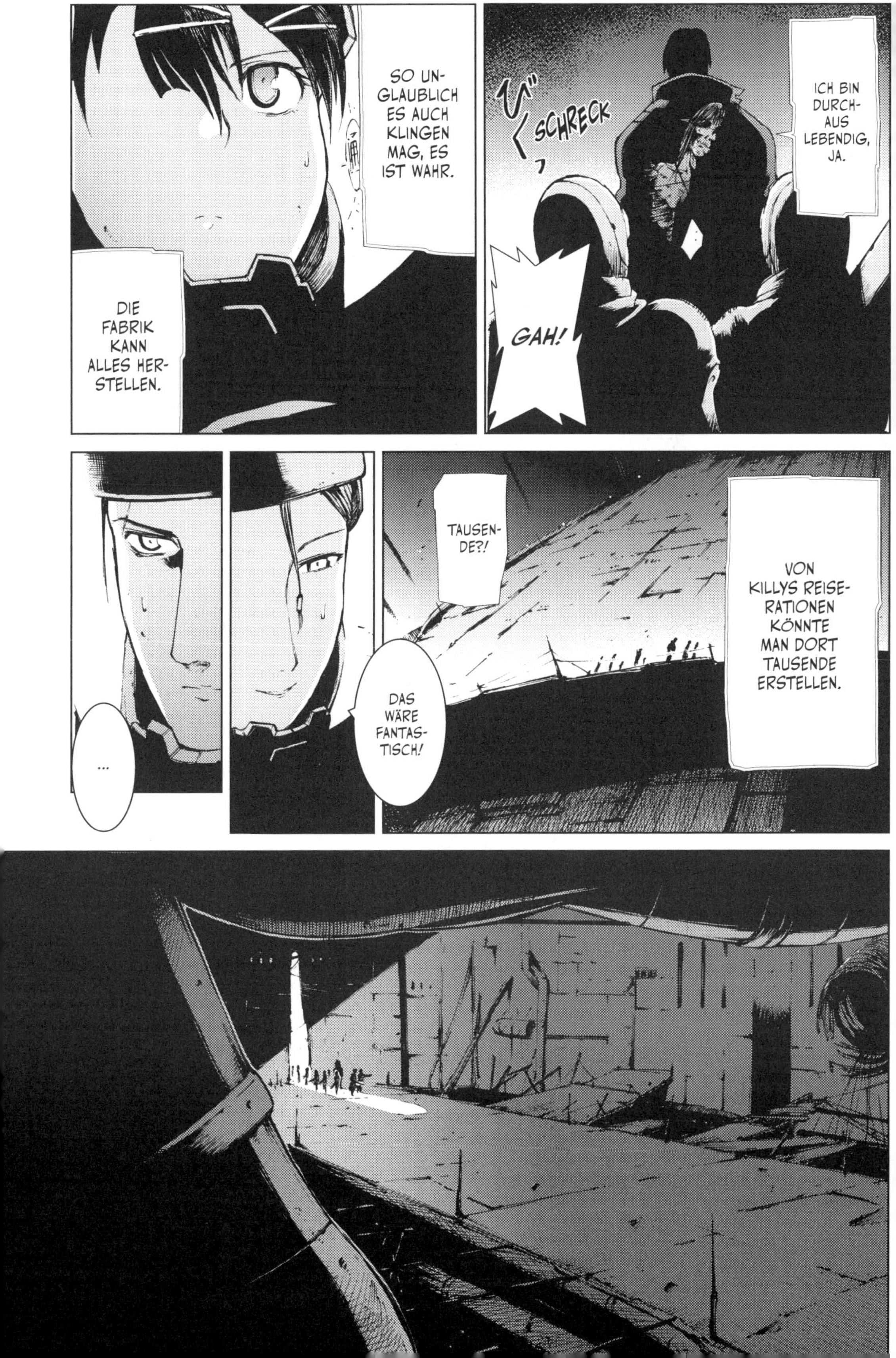
ICH BIN DURCH-AUS LEBENDIG, JA.
SCHRECK
GAH!
SO UN-GLAUBLICH ES AUCH KLINGEN MAG, ES IST WAHR.
DIE FABRIK KANN ALLES HER-STELLEN.
VON KILLYS REISE-RATIONEN KÖNNTE MAN DORT TAUSENDE ERSTELLEN.
TAUSEN-DE?!
DAS WÄRE FANTAS-TISCH!
...

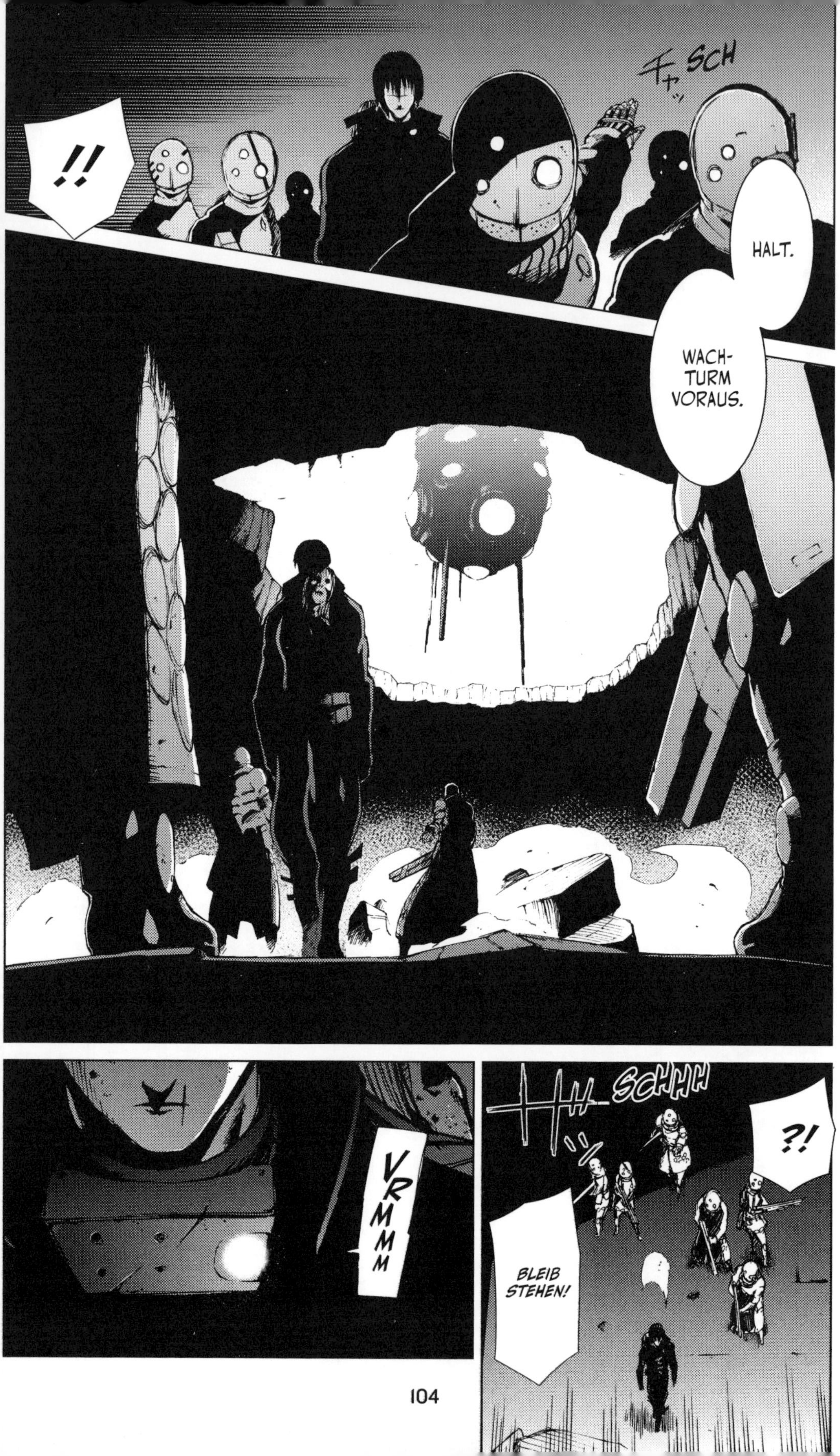
SCH
HALT.
WACH-TURM VORAUS.
!!
HH-SCHHH
?!
BLEIB STEHEN!
VRMMM

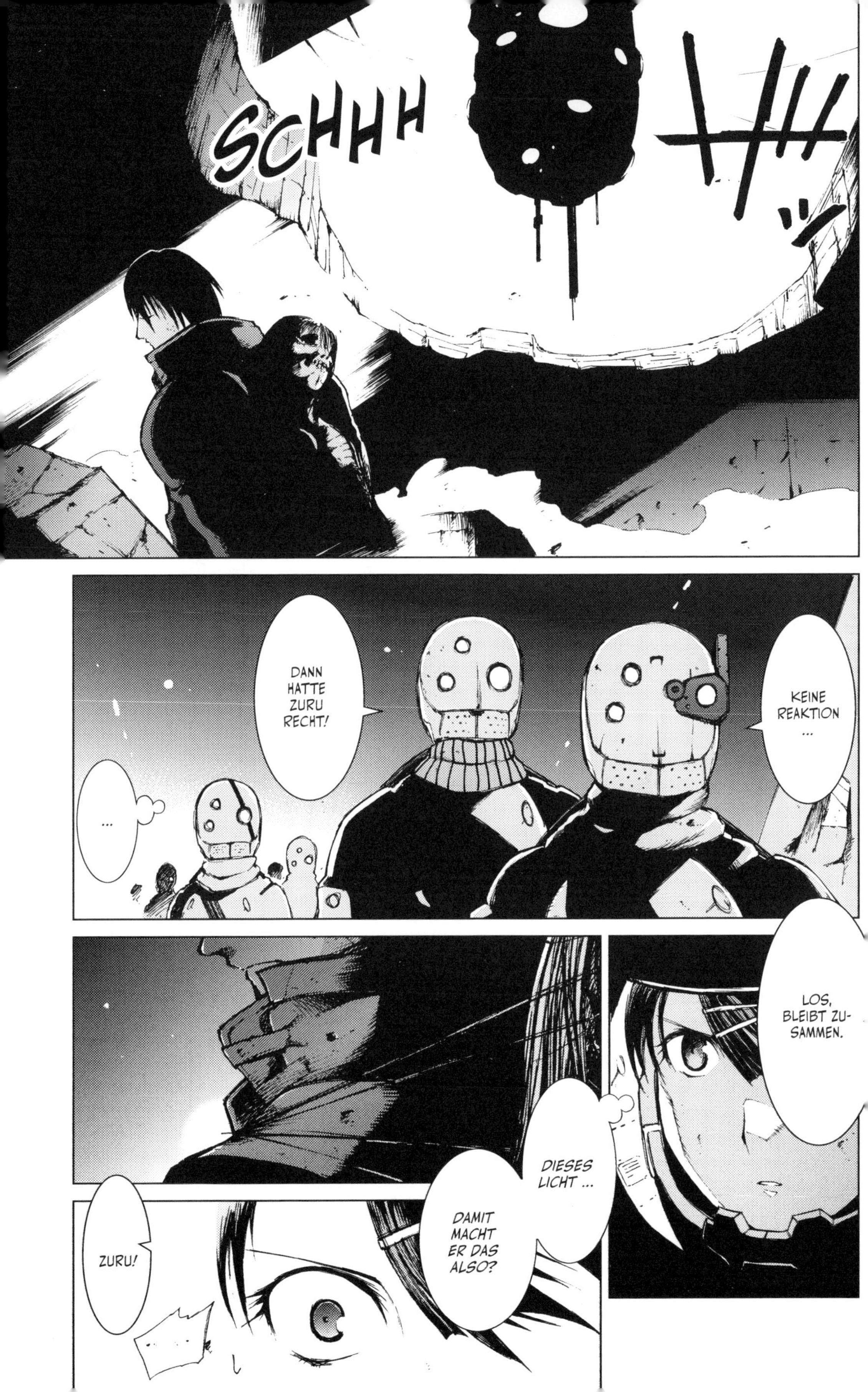

SCHHH
KEINE REAKTION ...
DANN HATTE ZURU RECHT!
...
LOS, BLEIBT ZUSAMMEN.
DIESES LICHT ...
DAMIT MACHT ER DAS ALSO?
ZURU!

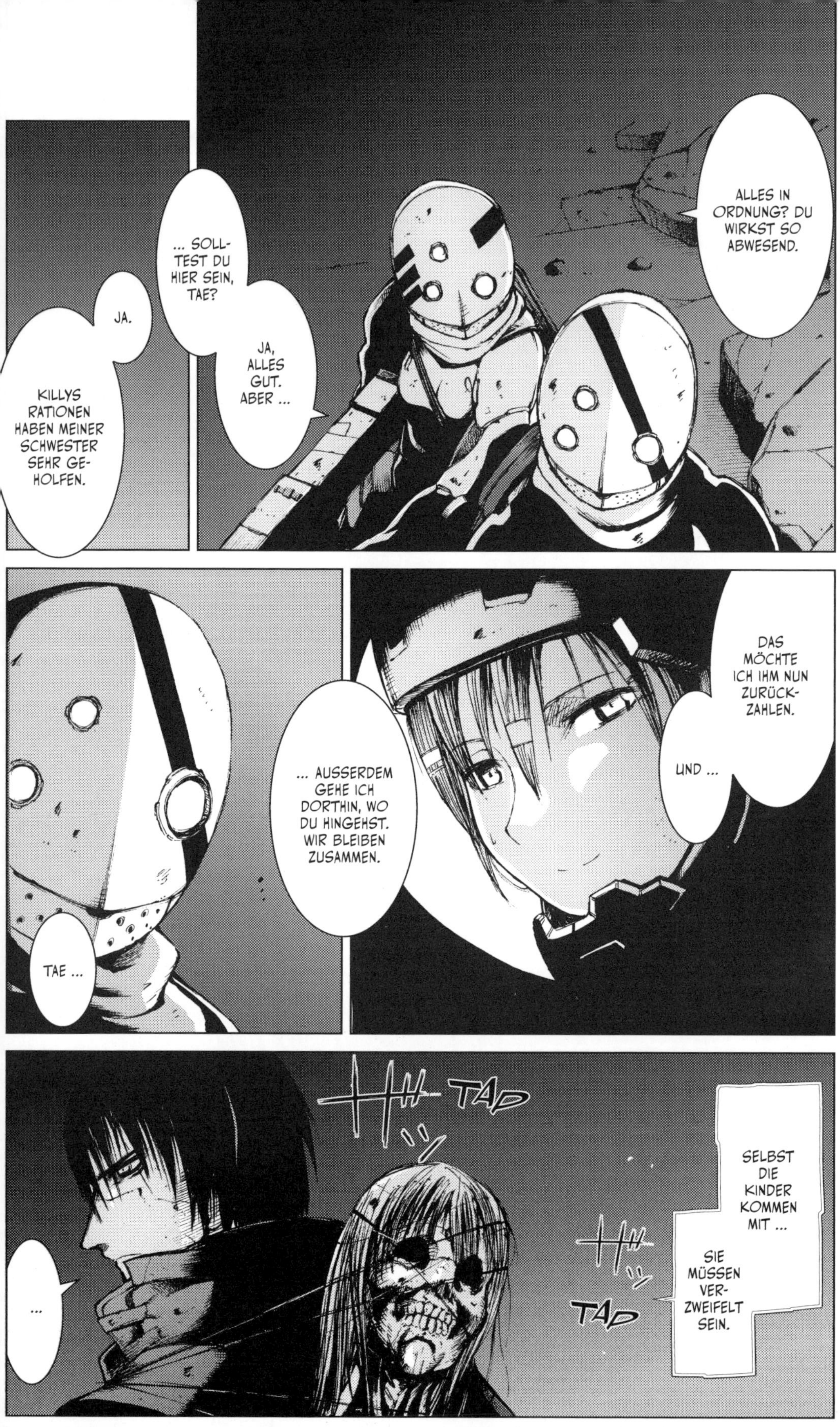
ALLES IN ORDNUNG? DU WIRKST SO ABWESEND.
JA, ALLES GUT. ABER ...
... SOLLTEST DU HIER SEIN, TAE?
JA.
KILLYS RATIONEN HABEN MEINER SCHWESTER SEHR GEHOLFEN.
DAS MÖCHTE ICH IHM NUN ZURÜCKZAHLEN.
UND ...
... AUSSERDEM GEHE ICH DORTHIN, WO DU HINGEHST. WIR BLEIBEN ZUSAMMEN.
TAE ...
SELBST DIE KINDER KOMMEN MIT ...
SIE MÜSSEN VERZWEIFELT SEIN.
TAP
TAP
...

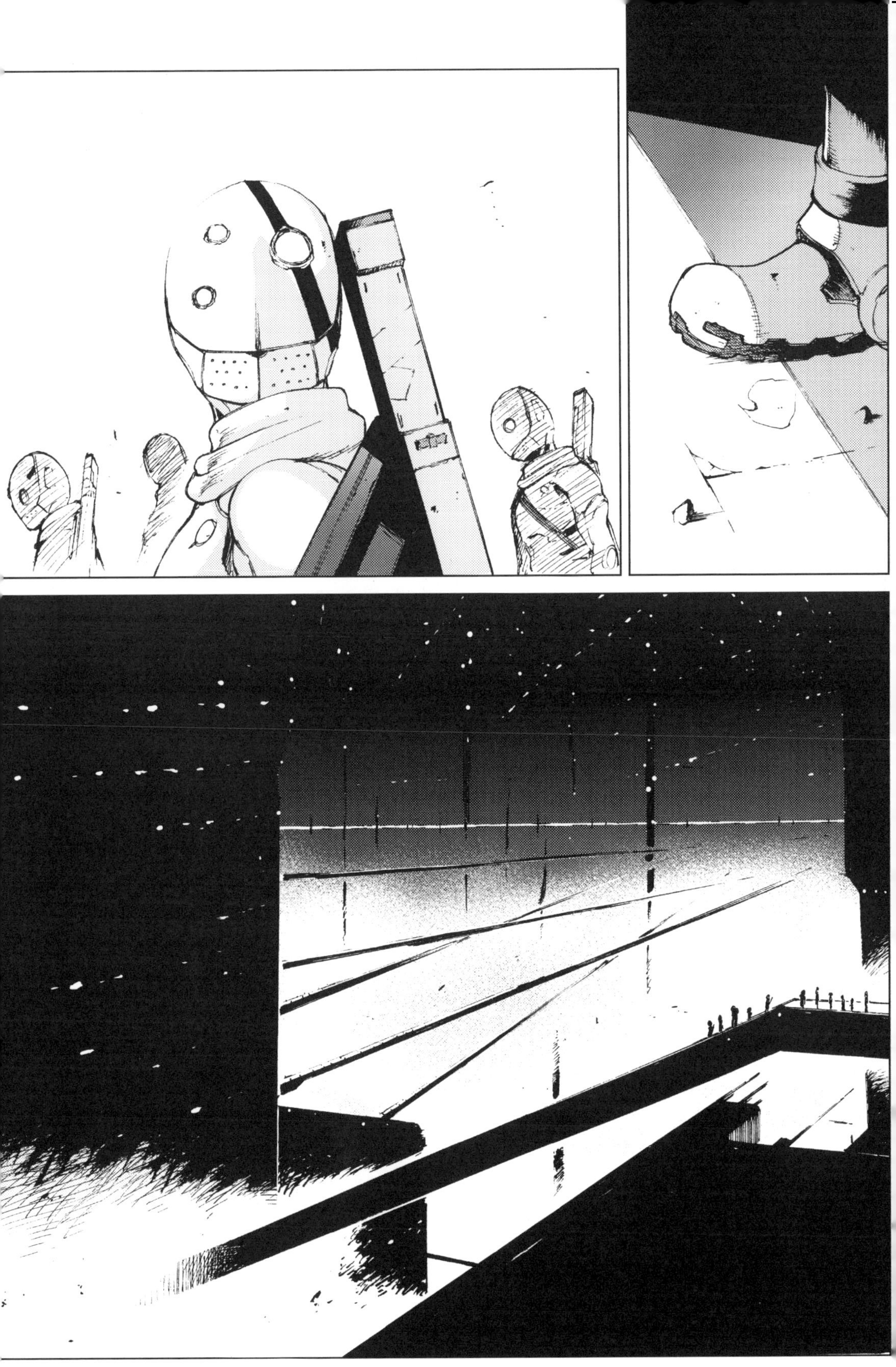

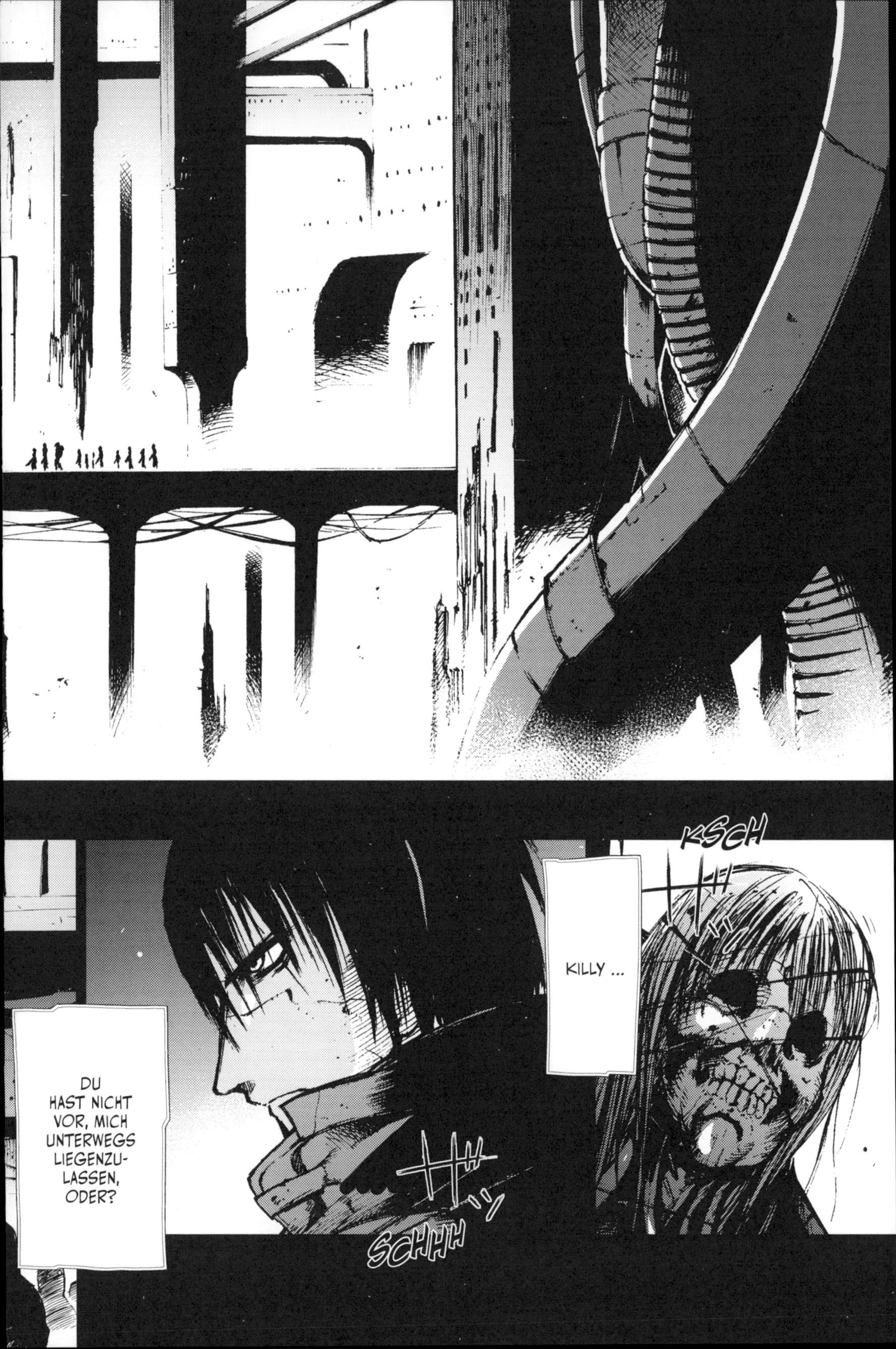
KSCH
KILLY ...
DU HAST NICHT VOR, MICH UNTERWEGS LIEGENZU-LASSEN, ODER?
SCHHH

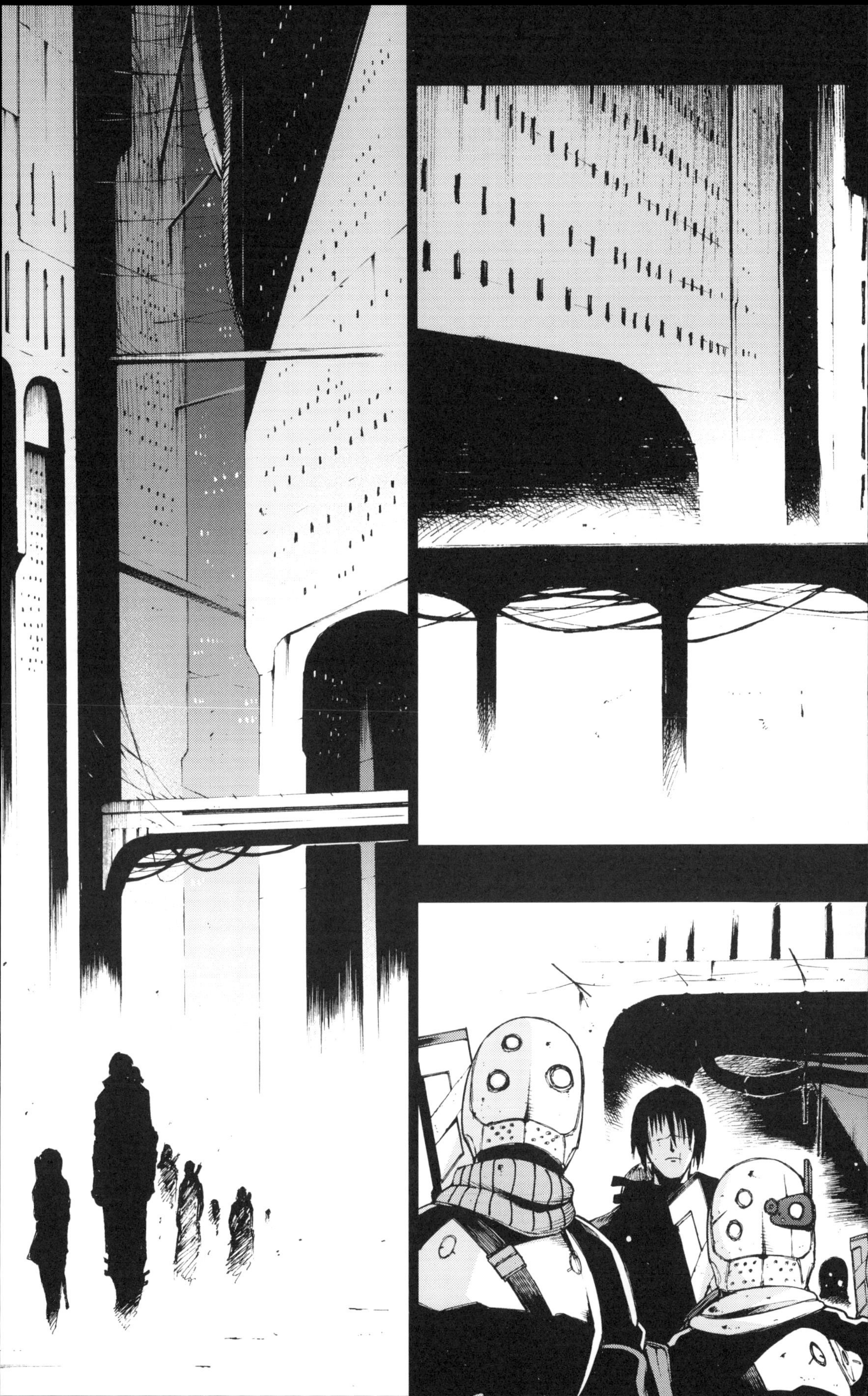

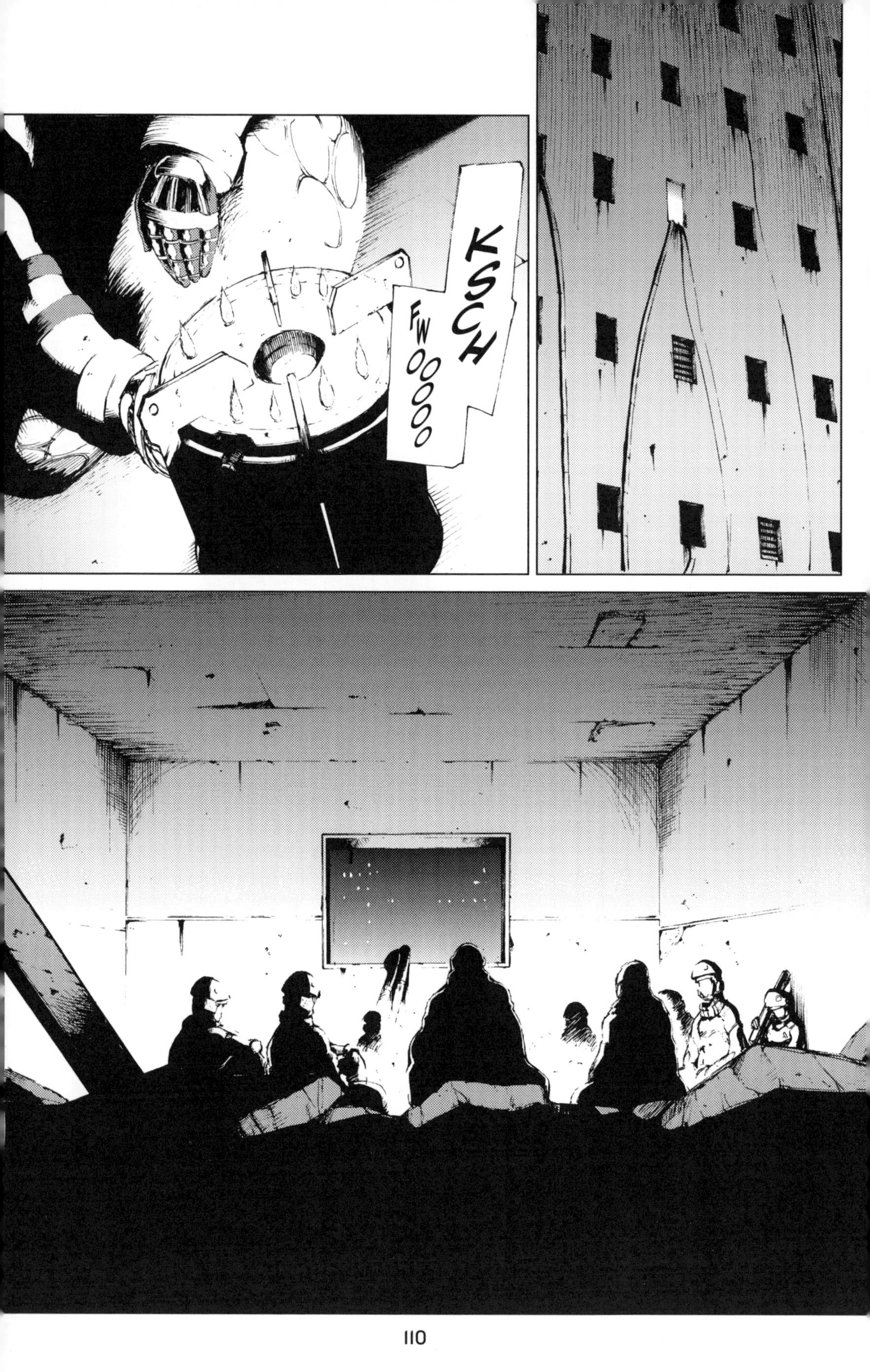
KSCH
FWOOOOO

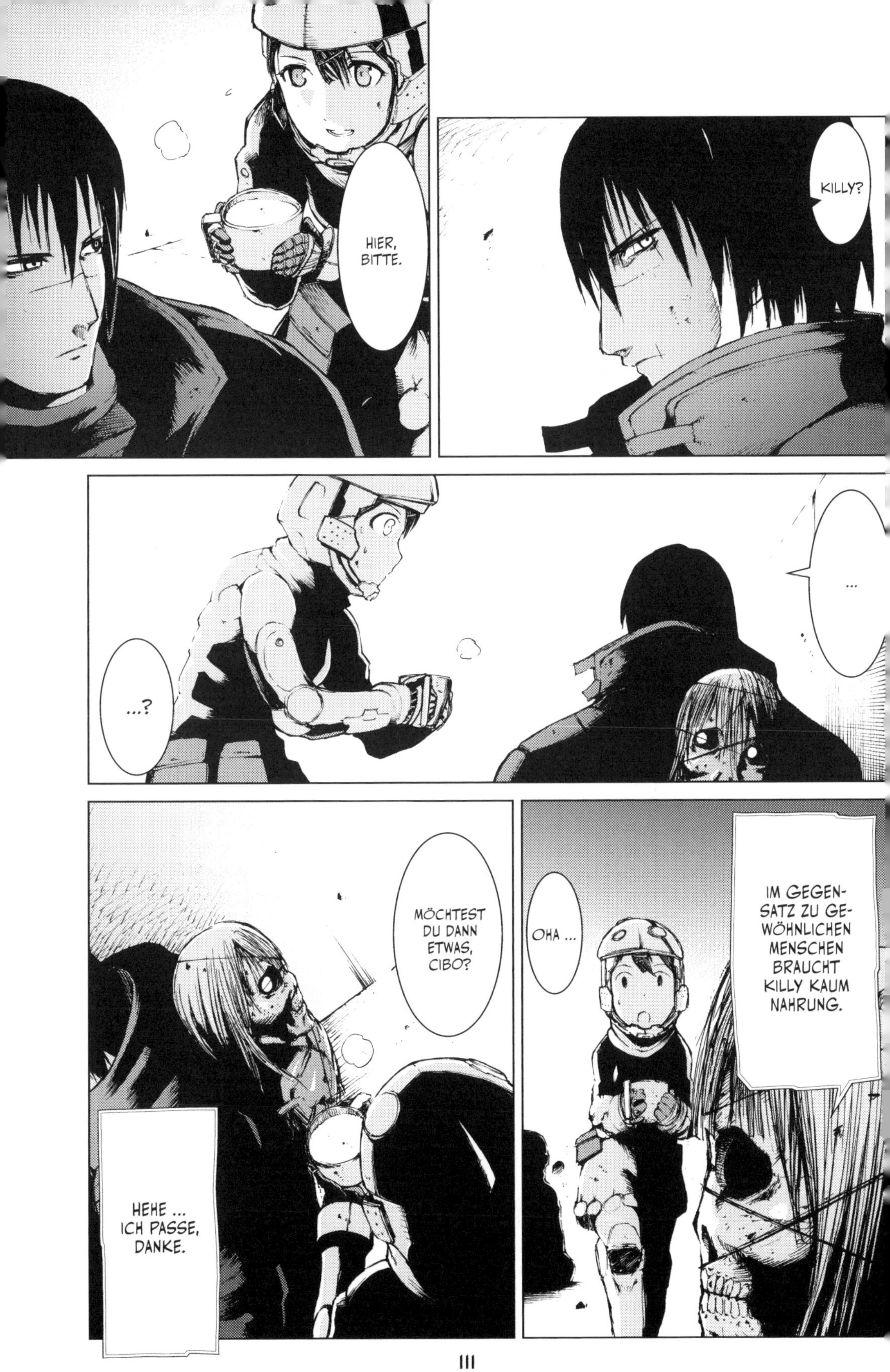
HIER, BITTE.
KILLY?
...
...?
IM GEGENSATZ ZU GEWÖHNLICHEN MENSCHEN BRAUCHT KILLY KAUM NAHRUNG.
OHA ...
MÖCHTEST DU DANN ETWAS, CIBO?
HEHE ... ICH PASSE, DANKE.

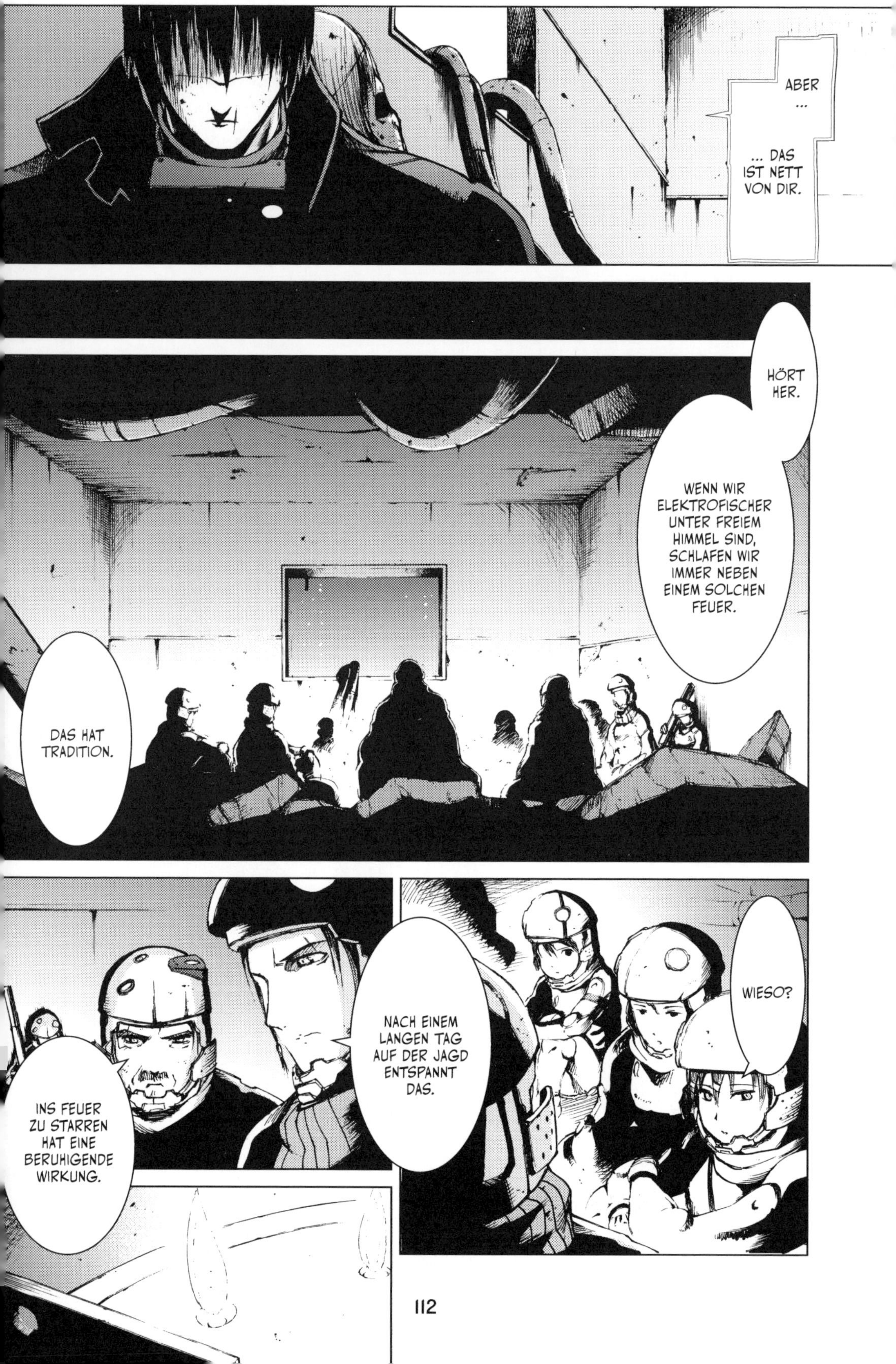
ABER ...
... DAS IST NETT VON DIR.
HÖRT HER.
WENN WIR ELEKTROFISCHER UNTER FREIEM HIMMEL SIND, SCHLAFEN WIR IMMER NEBEN EINEM SOLCHEN FEUER.
DAS HAT TRADITION.
WIESO?
NACH EINEM LANGEN TAG AUF DER JAGD ENTSPANNT DAS.
INS FEUER ZU STARREN HAT EINE BERUHIGENDE WIRKUNG.

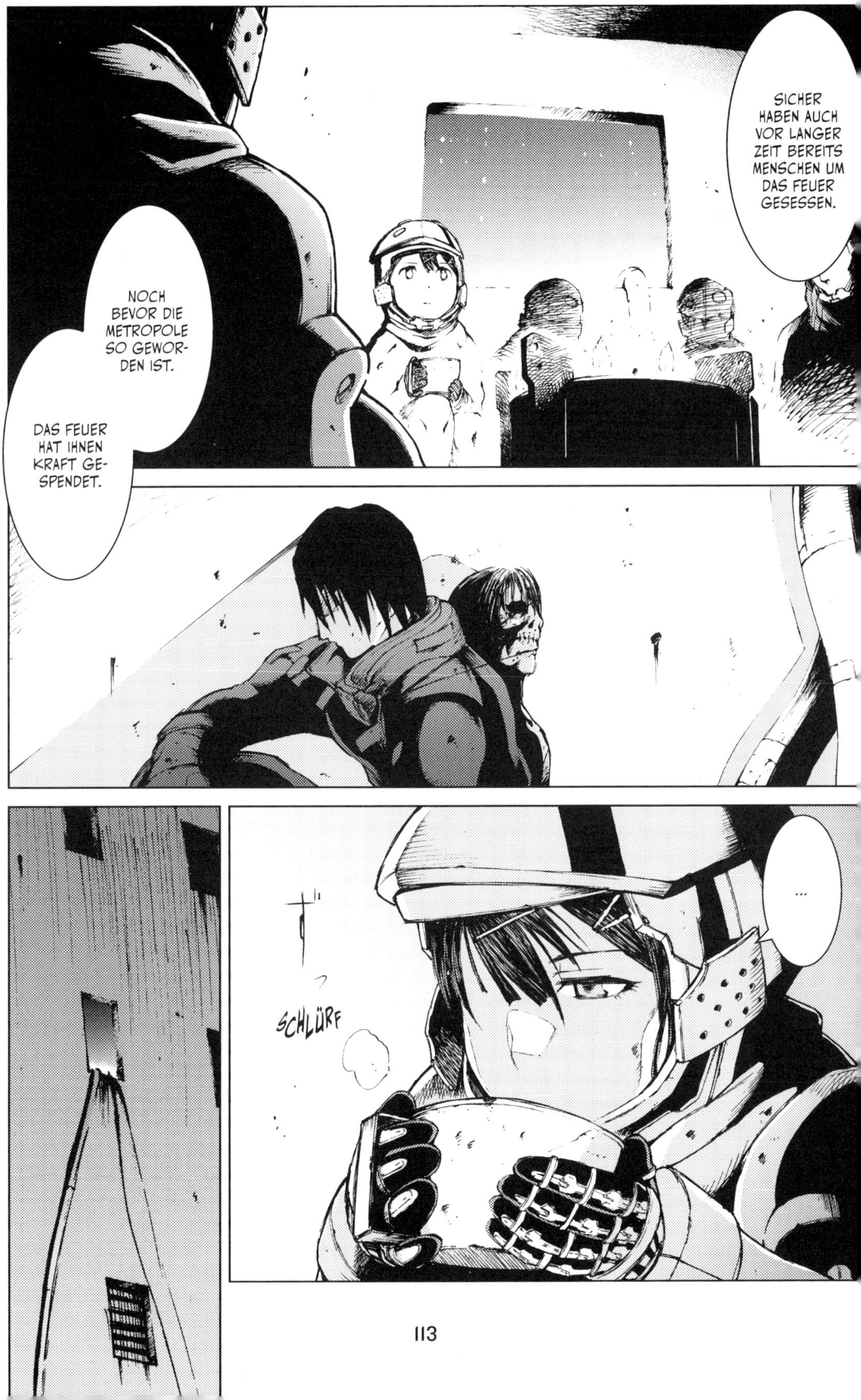
SICHER HABEN AUCH VOR LANGER ZEIT BEREITS MENSCHEN UM DAS FEUER GESESSEN.
NOCH BEVOR DIE METROPOLE SO GEWORDEN IST.
DAS FEUER HAT IHNEN KRAFT GESPENDET.
...
SCHLÜRF

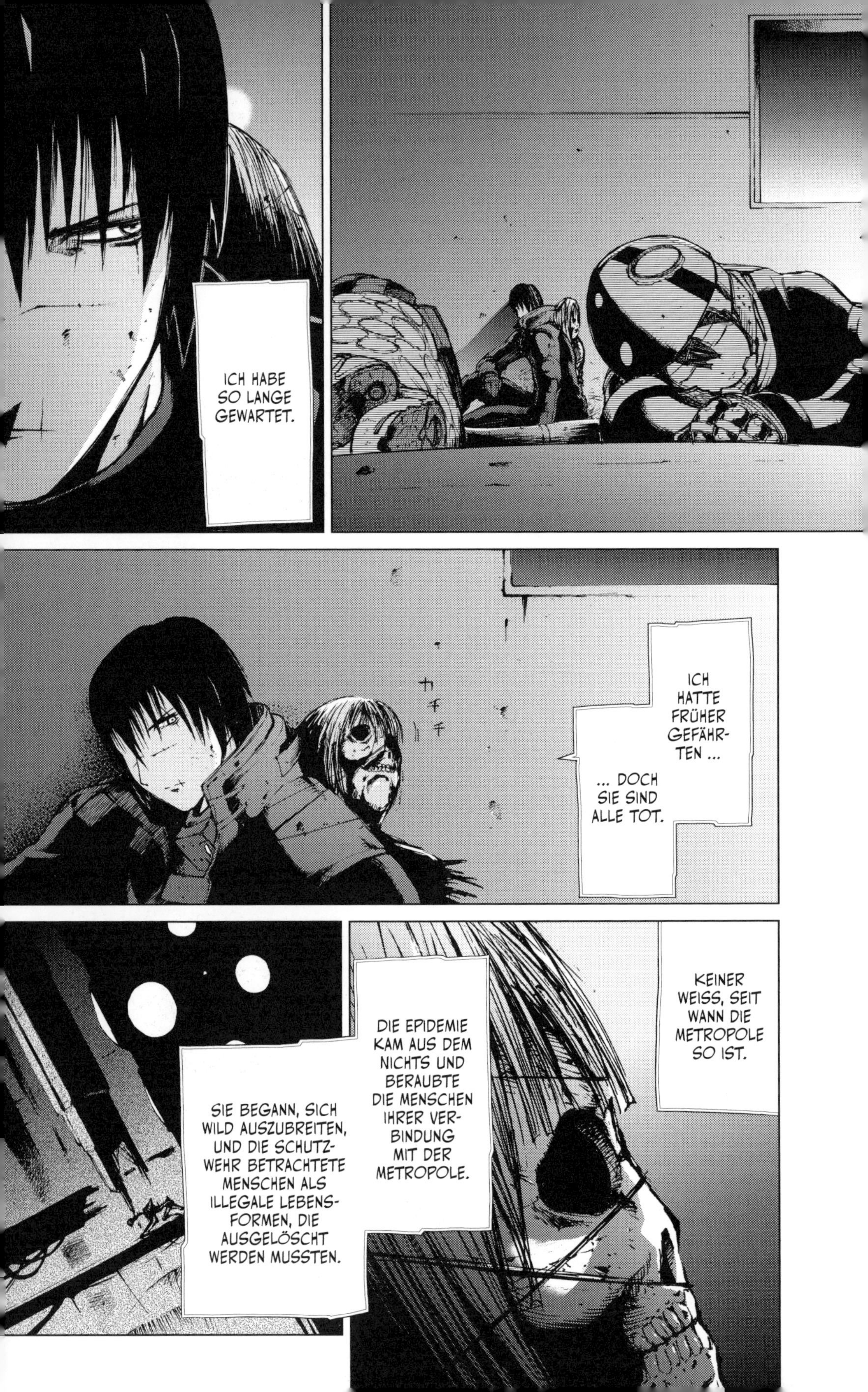
ICH HABE SO LANGE GEWARTET.
ICH HATTE FRÜHER GEFÄHRTEN ...
... DOCH SIE SIND ALLE TOT.
KEINER WEISS, SEIT WANN DIE METROPOLE SO IST.
DIE EPIDEMIE KAM AUS DEM NICHTS UND BERAUBTE DIE MENSCHEN IHRER VERBINDUNG MIT DER METROPOLE.
SIE BEGANN, SICH WILD AUSZUBREITEN, UND DIE SCHUTZWEHR BETRACHTETE MENSCHEN ALS ILLEGALE LEBENSFORMEN, DIE AUSGELÖSCHT WERDEN MUSSTEN.

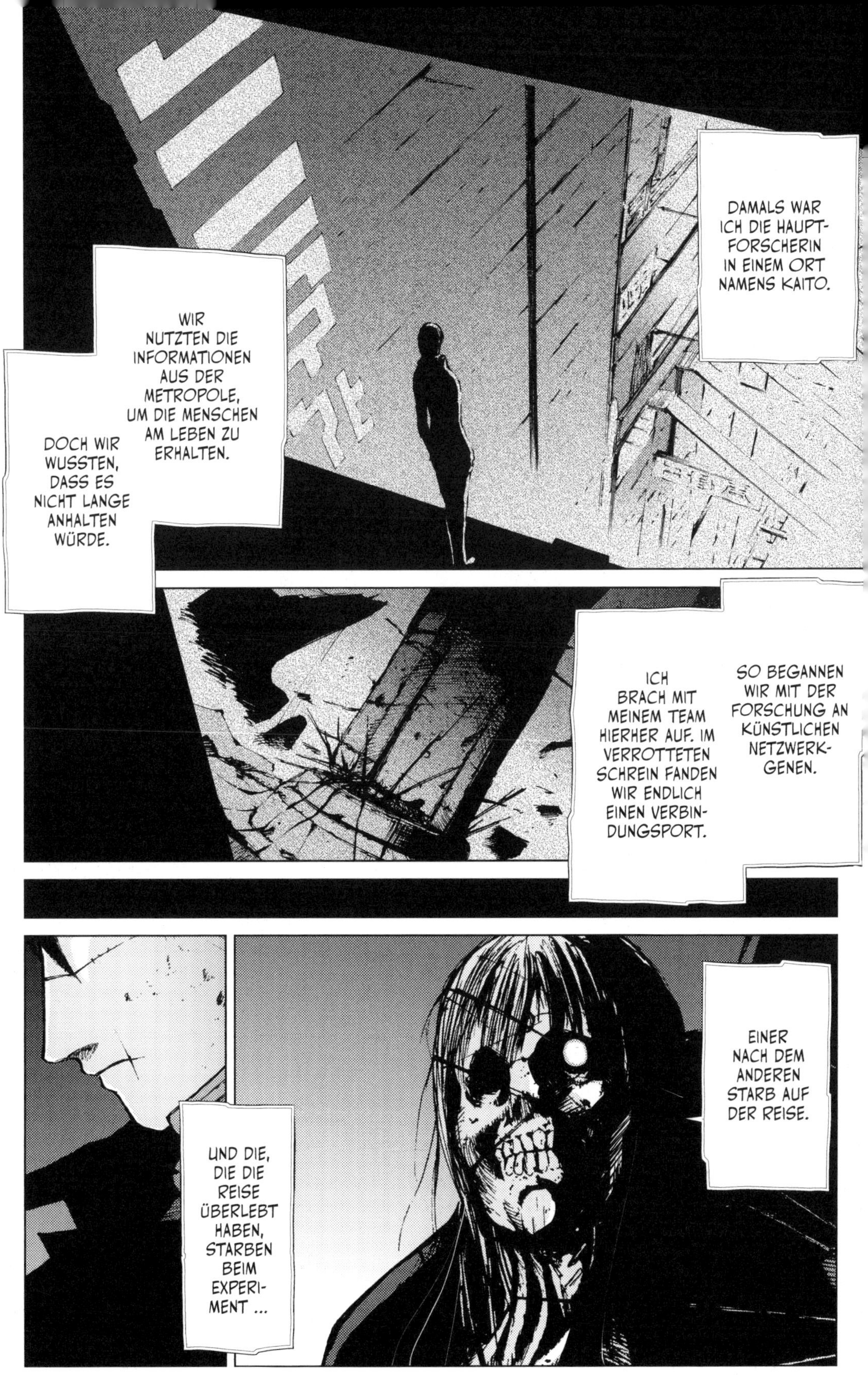
DAMALS WAR ICH DIE HAUPT-FORSCHERIN IN EINEM ORT NAMENS KAITO.
WIR NUTZTEN DIE INFORMATIONEN AUS DER METROPOLE, UM DIE MENSCHEN AM LEBEN ZU ERHALTEN.
DOCH WIR WUSSTEN, DASS ES NICHT LANGE ANHALTEN WÜRDE.
ICH BRACH MIT MEINEM TEAM HIERHER AUF. IM VERROTTETEN SCHREIN FANDEN WIR ENDLICH EINEN VERBIN-DUNGSPORT.
SO BEGANNEN WIR MIT DER FORSCHUNG AN KÜNSTLICHEN NETZWERK-GENEN.
EINER NACH DEM ANDEREN STARB AUF DER REISE.
UND DIE, DIE DIE REISE ÜBERLEBT HABEN, STARBEN BEIM EXPERI-MENT ...

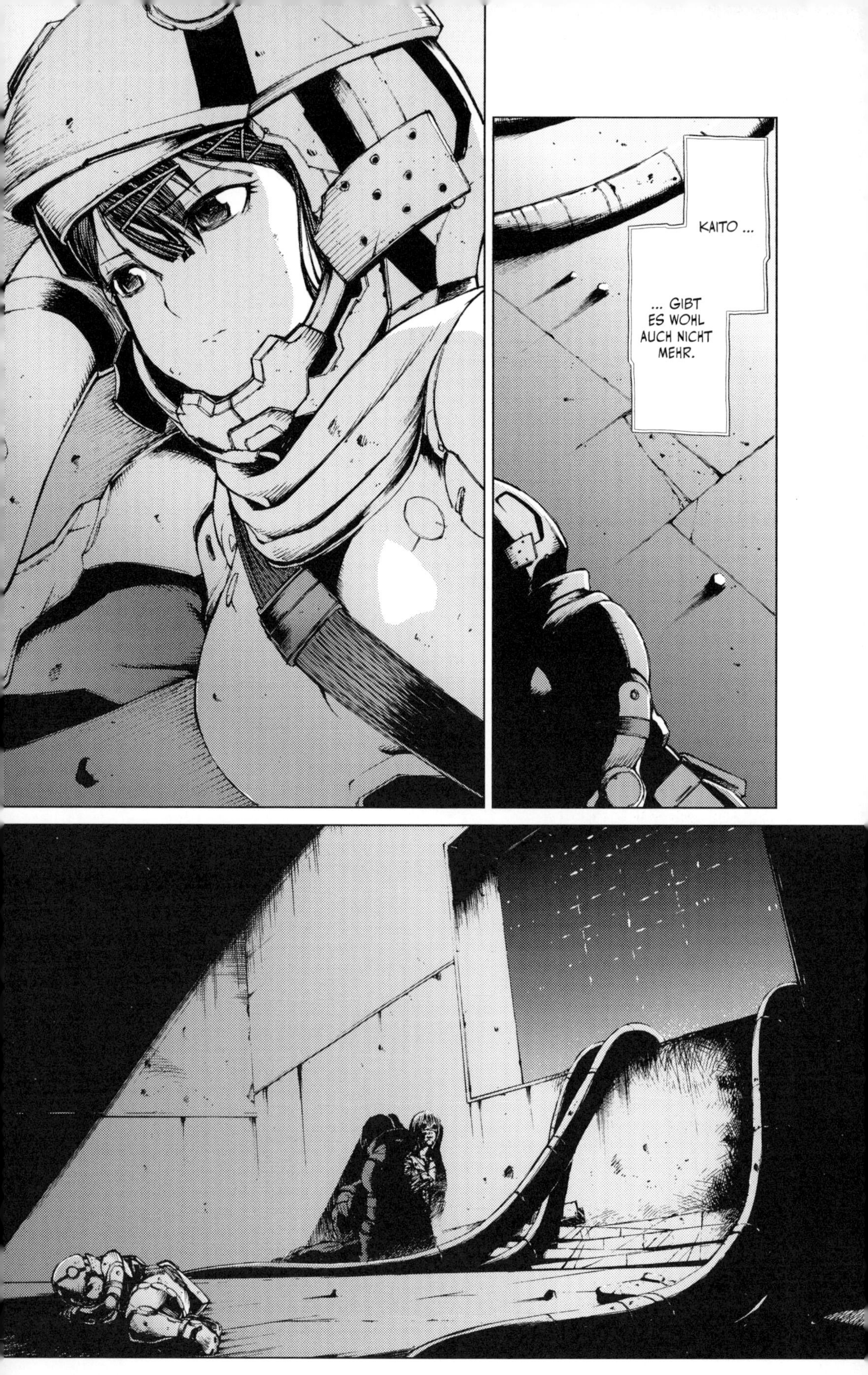
KAITO ...
... GIBT ES WOHL AUCH NICHT MEHR.

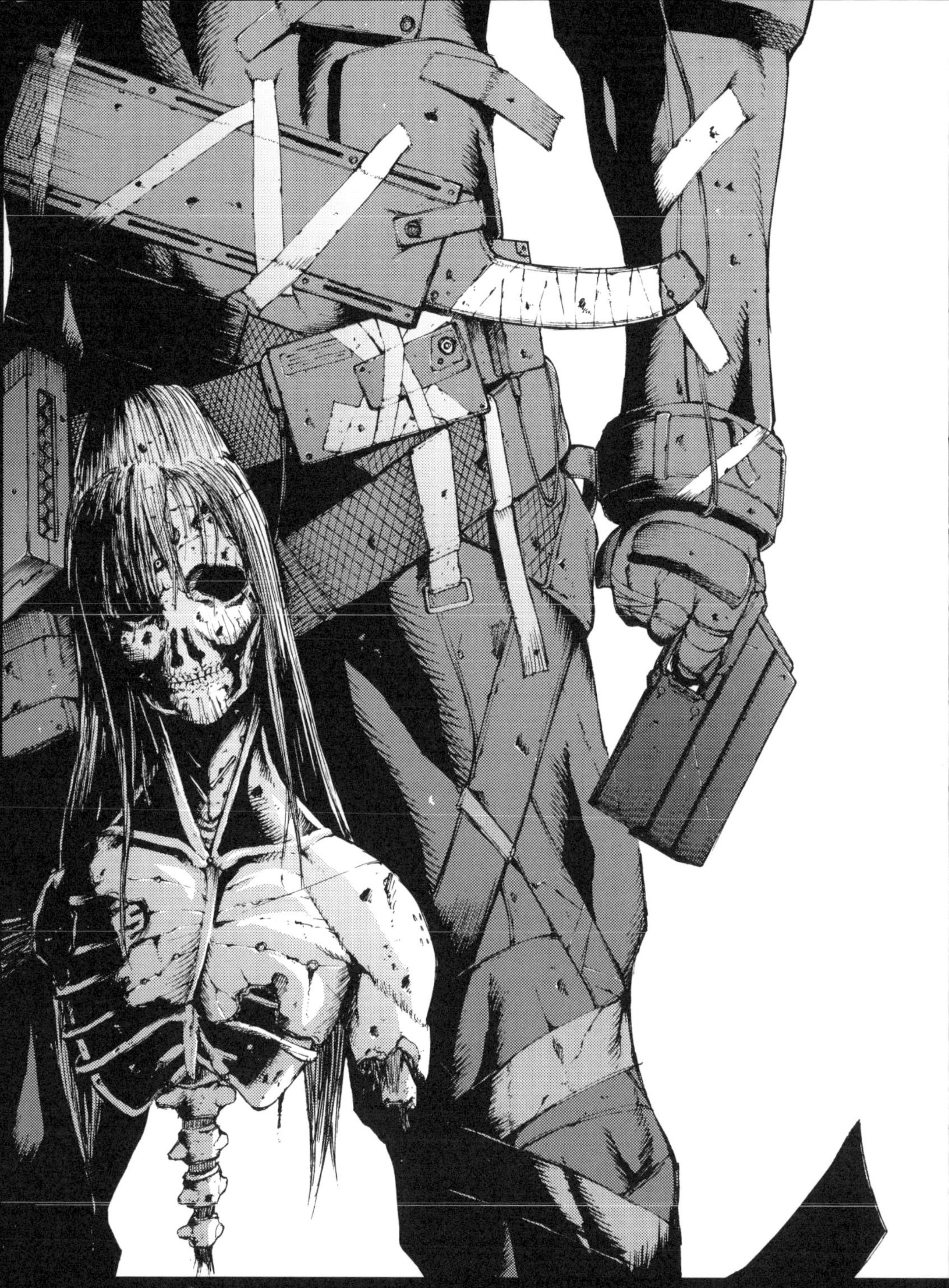

::LOG.04::

UNIVERSALFABRIK

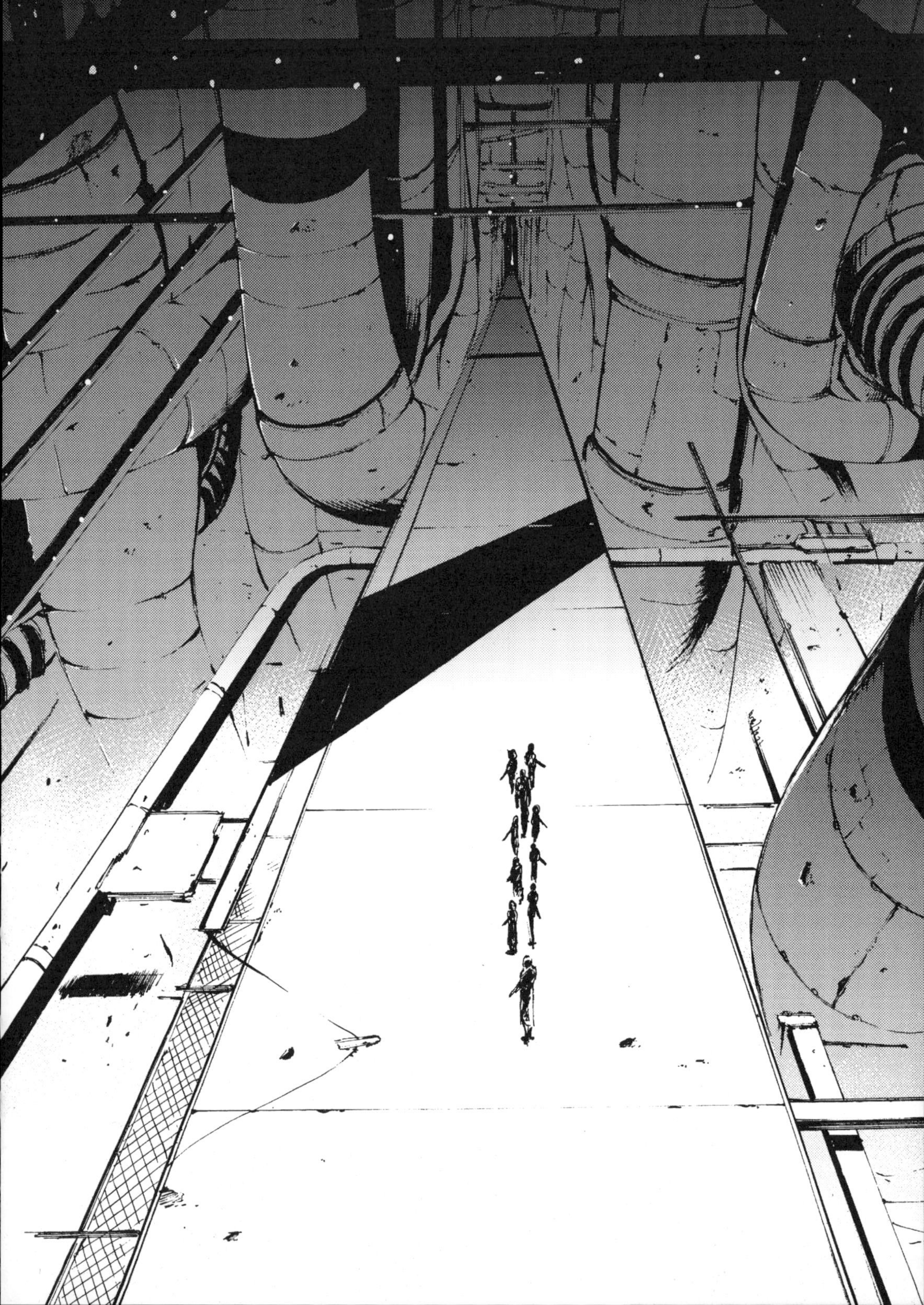

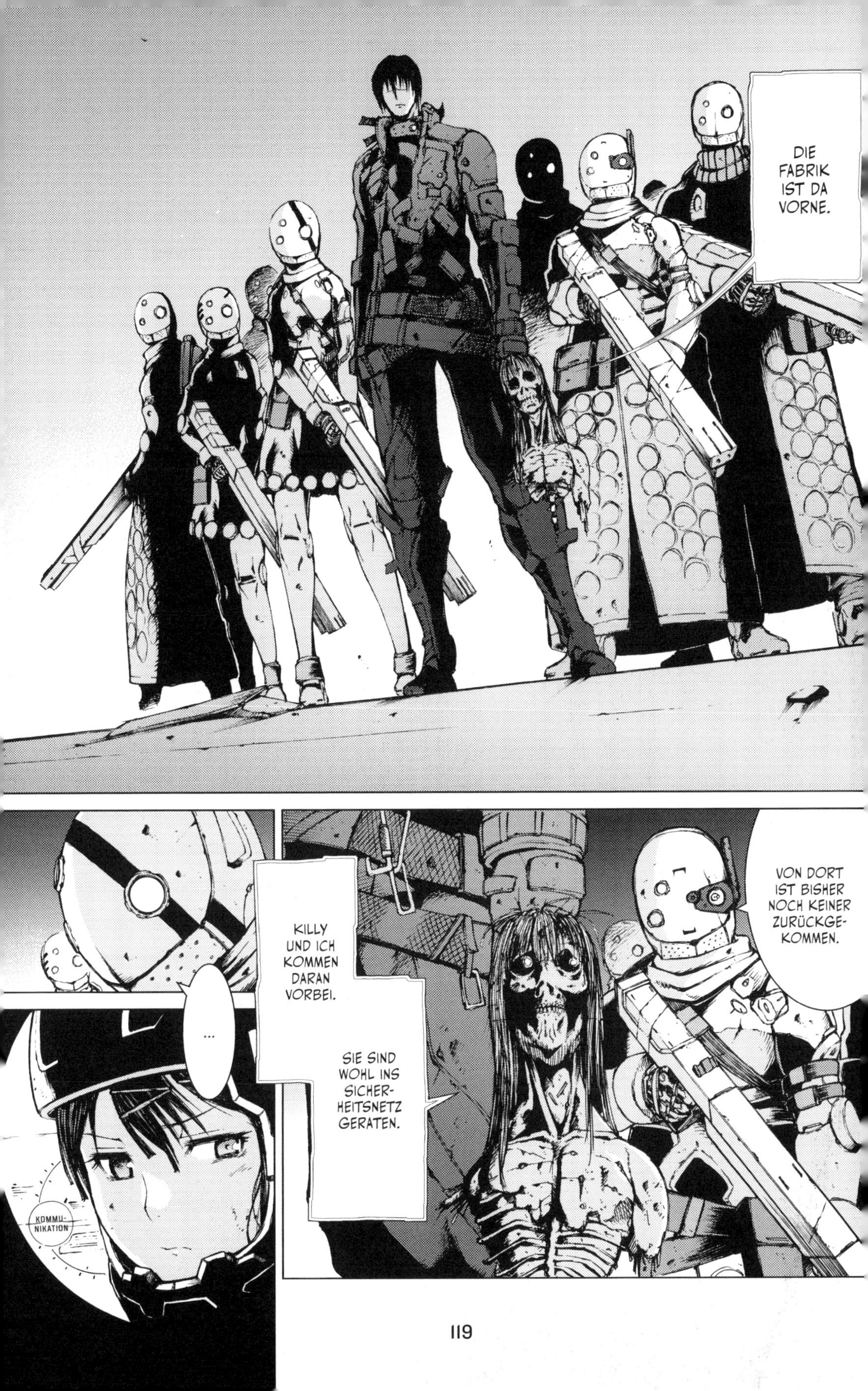
DIE FABRIK IST DA VORNE.
VON DORT IST BISHER NOCH KEINER ZURÜCKGEKOMMEN.
KILLY UND ICH KOMMEN DARAN VORBEI.
SIE SIND WOHL INS SICHERHEITSNETZ GERATEN.
...
KOMMUNIKATION

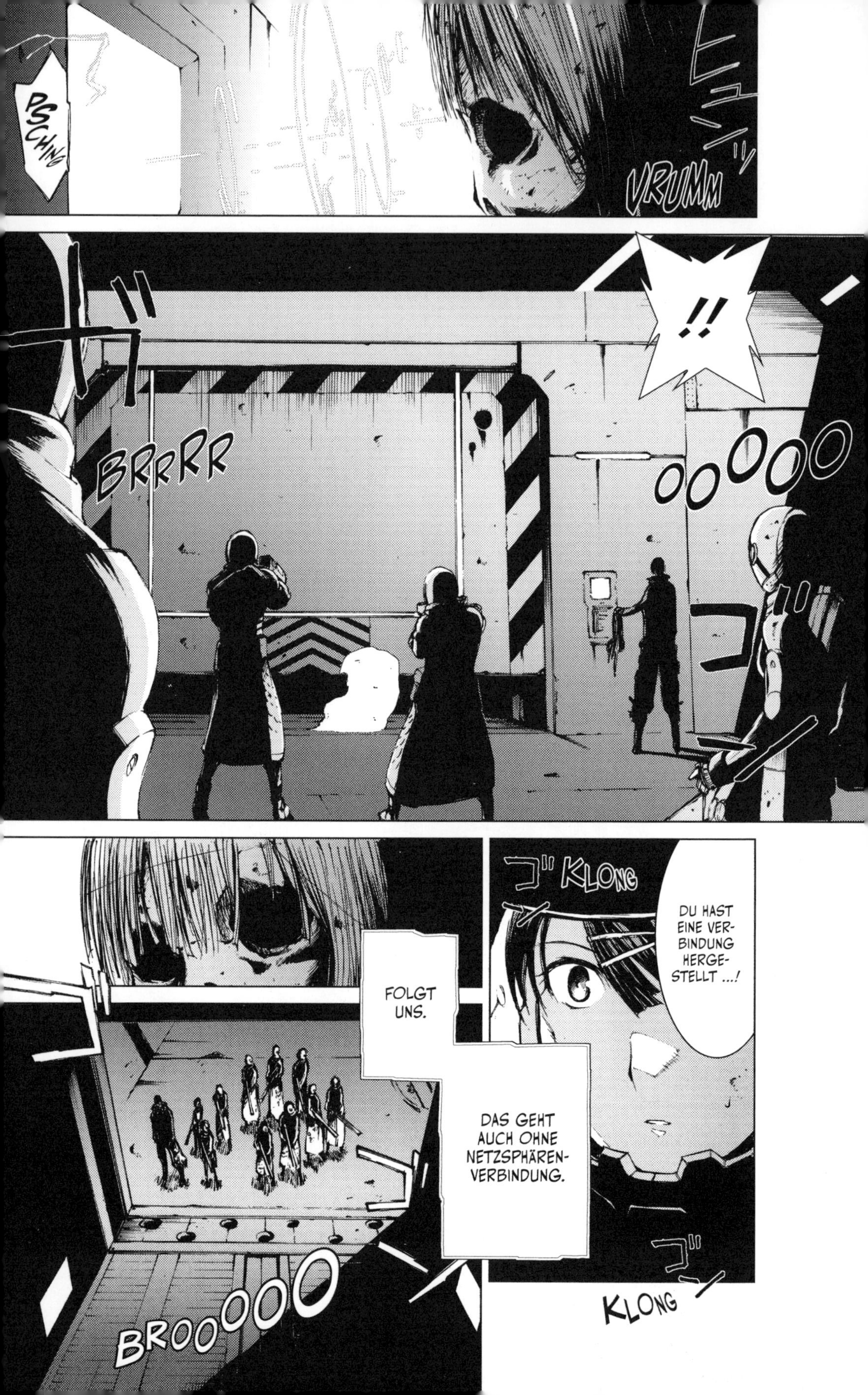

PSCHING
VRUMM
BRRRR
!!
OOOOOO
KLONG
DU HAST EINE VERBINDUNG HERGESTELLT ...!
FOLGT UNS.
DAS GEHT AUCH OHNE NETZSPHÄREN-VERBINDUNG.
BROOOOOO
KLONG

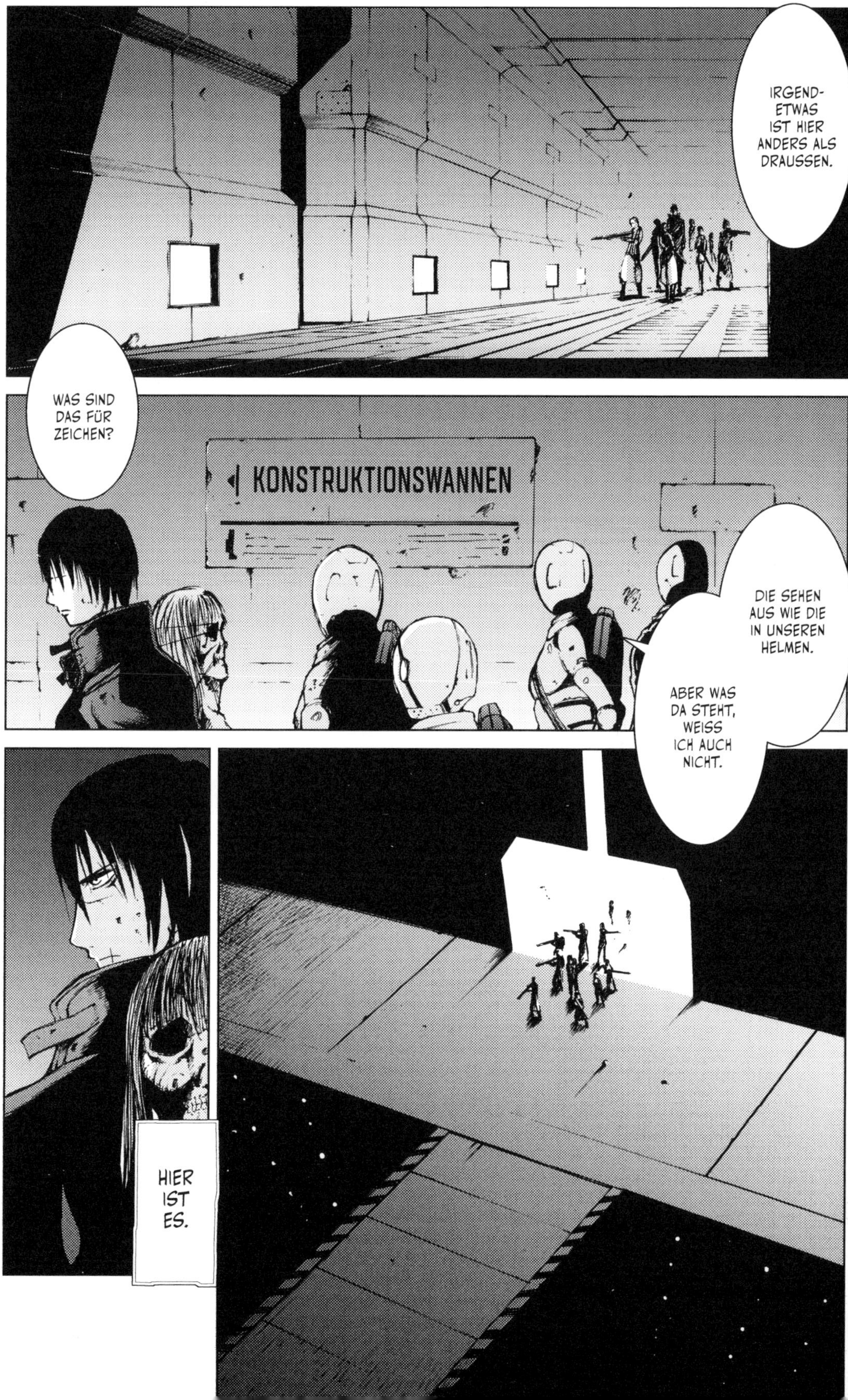
IRGEND-
ETWAS
IST HIER
ANDERS ALS
DRAUSSEN.
WAS SIND
DAS FÜR
ZEICHEN?
KONSTRUKTIONSWANNEN
DIE SEHEN
AUS WIE DIE
IN UNSEREN
HELMEN.
ABER WAS
DA STEHT,
WEISS
ICH AUCH
NICHT.
HIER
IST
ES.

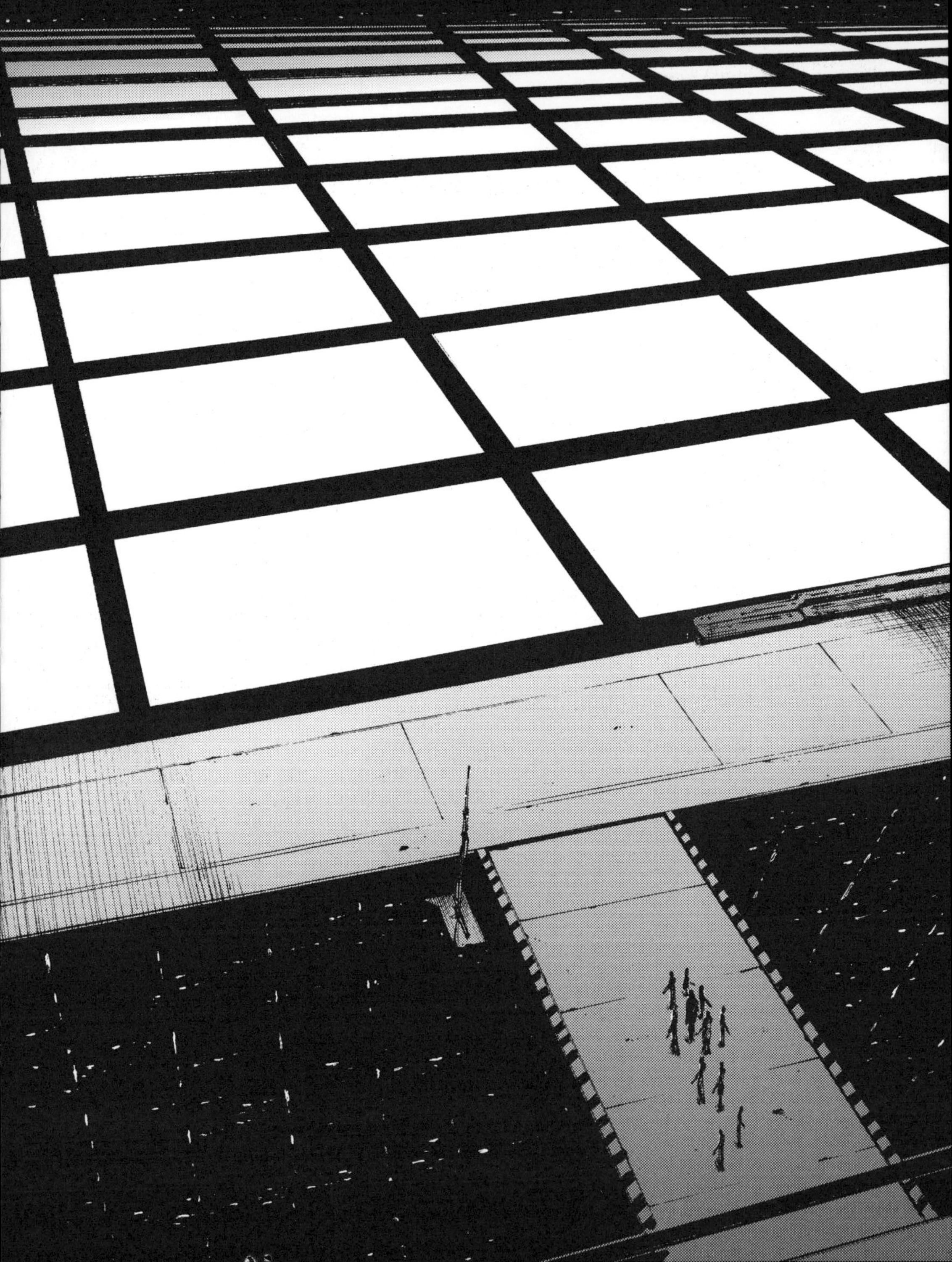

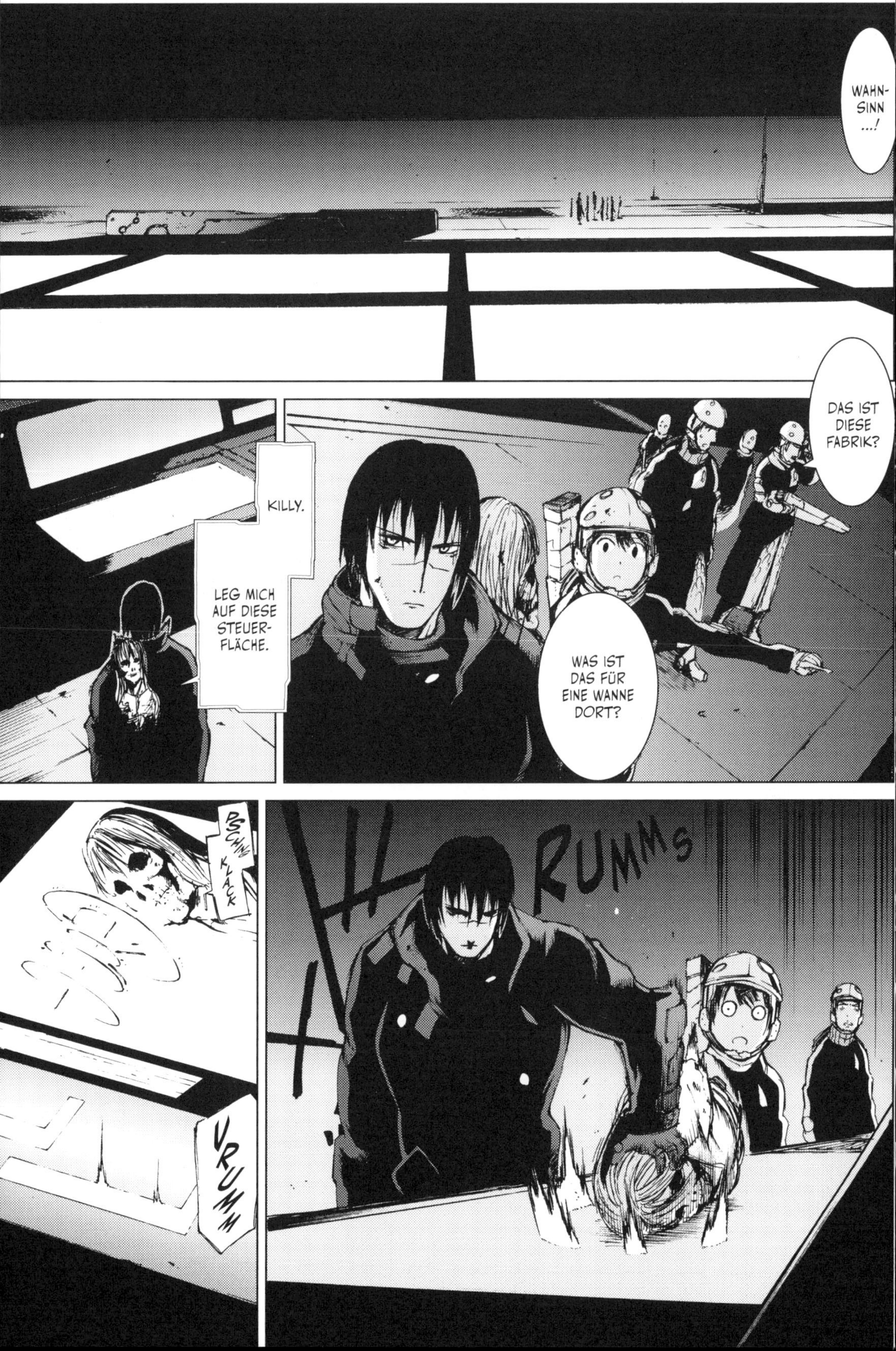
WAHN-
SINN
...!
DAS IST
DIESE
FABRIK?
WAS IST
DAS FÜR
EINE WANNE
DORT?
KILLY.
LEG MICH
AUF DIESE
STEUER-
FLÄCHE.
RUMMS
PSCHING
KLACK
VRUMM

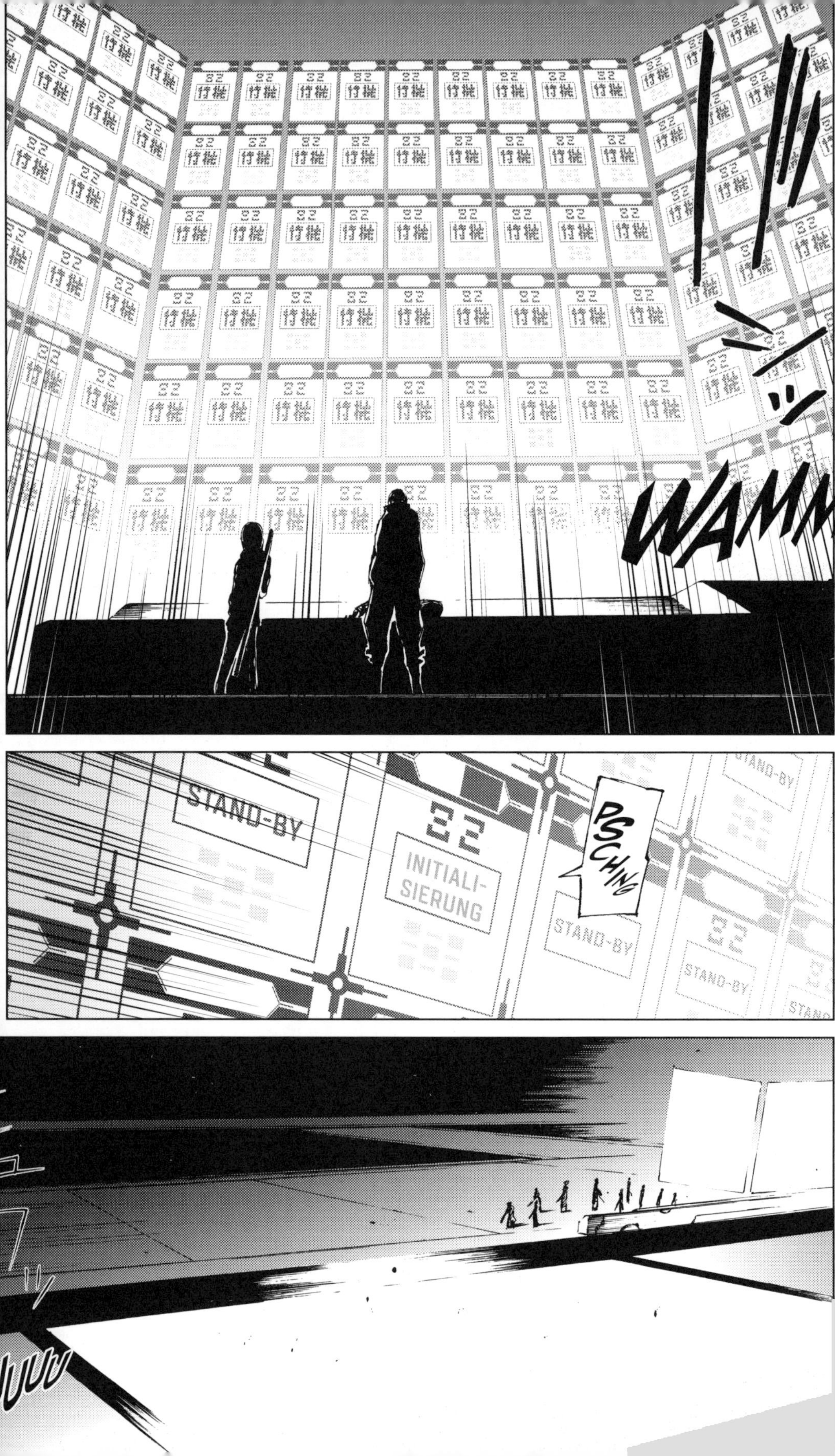
WAMM
STAND-BY
32
INITIALI-SIERUNG
PSCHING
STAND-BY
32
STAND-BY

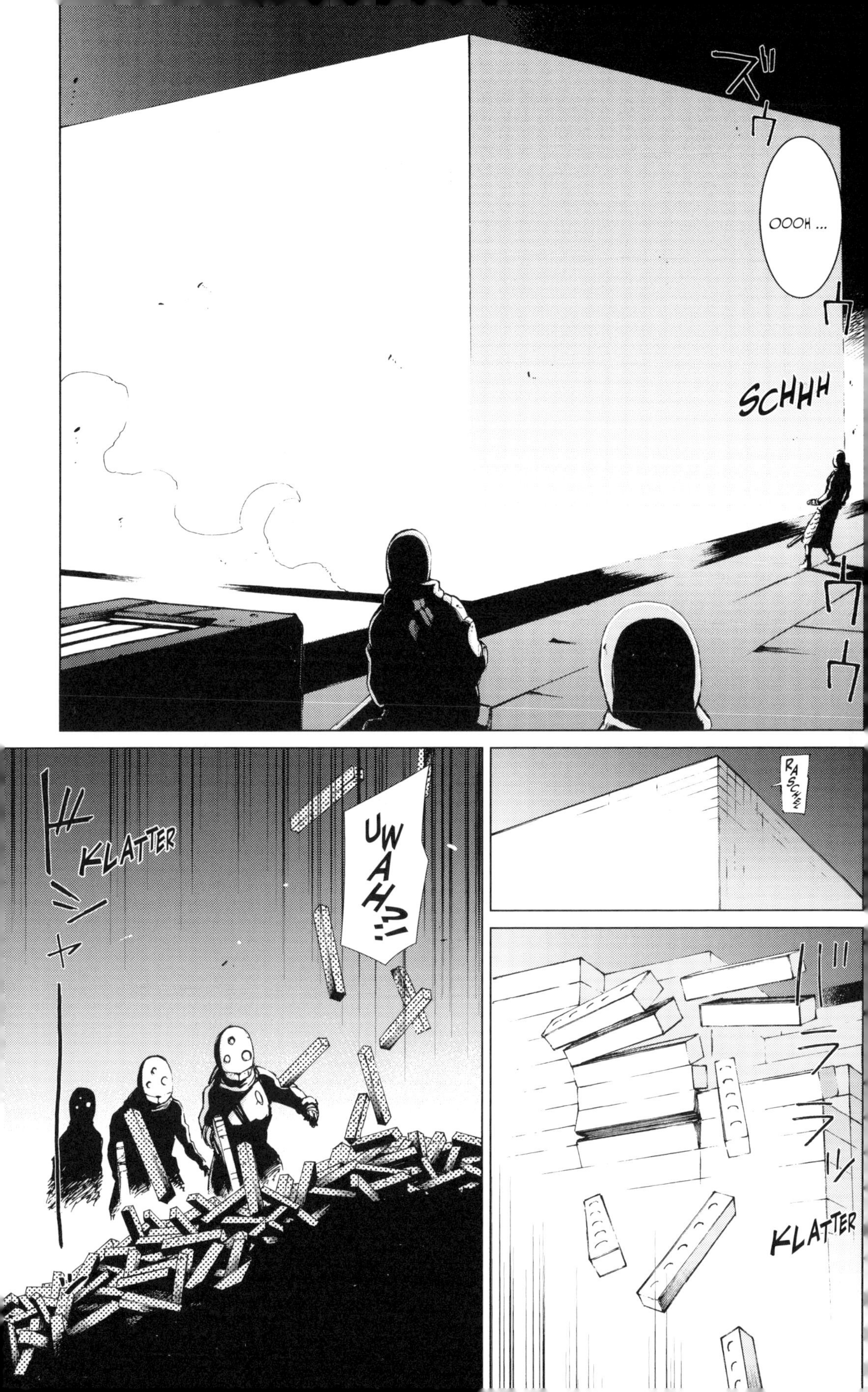

OOOH ...
SCHHH
RASCHEL
KLATTER
UWAH?!!
KLATTER

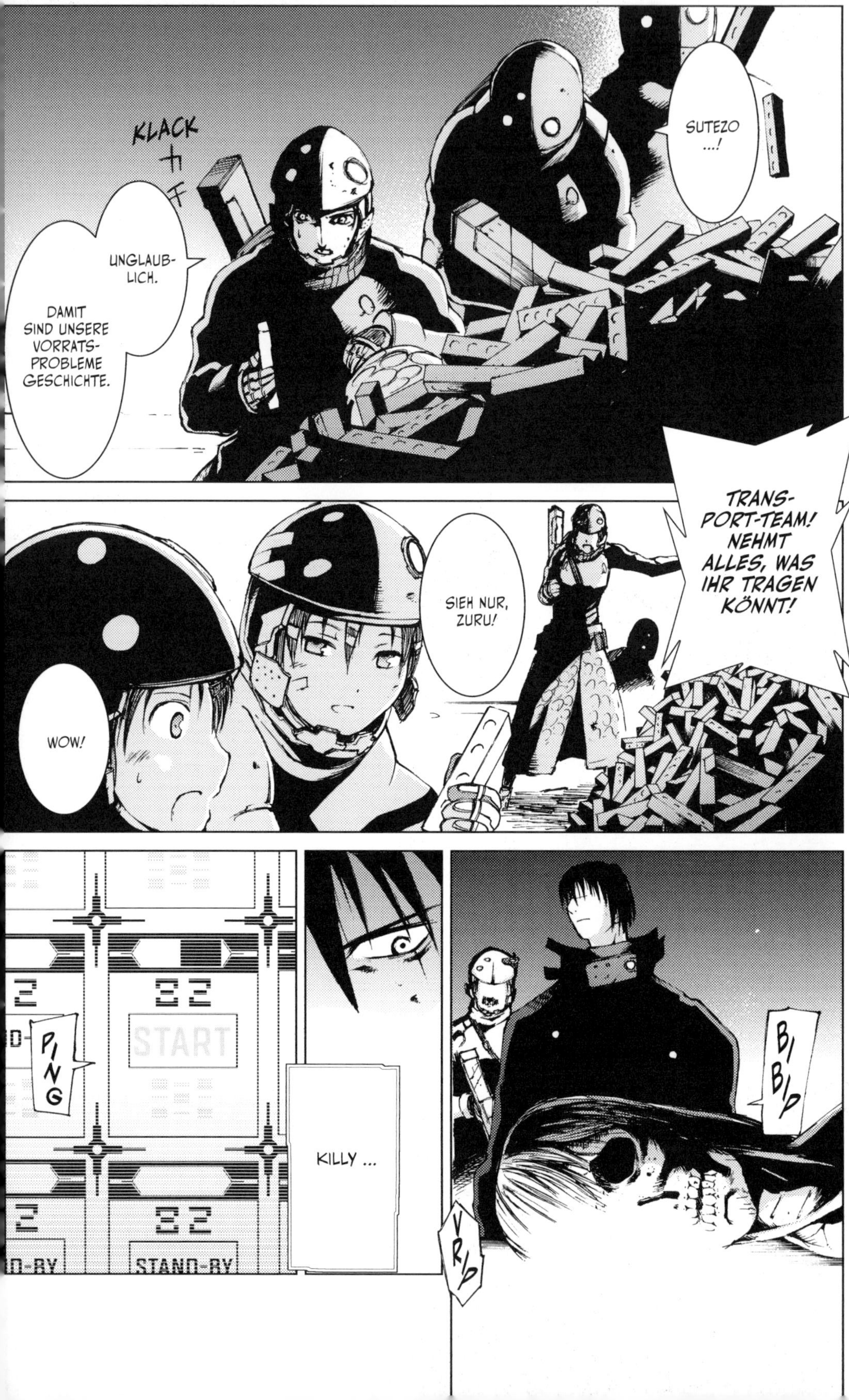
SUTEZO ...!
KLACK
UNGLAUB-LICH.
DAMIT SIND UNSERE VORRATS-PROBLEME GESCHICHTE.
TRANS-PORT-TEAM! NEHMT ALLES, WAS IHR TRAGEN KÖNNT!
SIEH NUR, ZURU!
WOW!
BIBIP
VRIP
KILLY ...
START
STAND-BY
PING

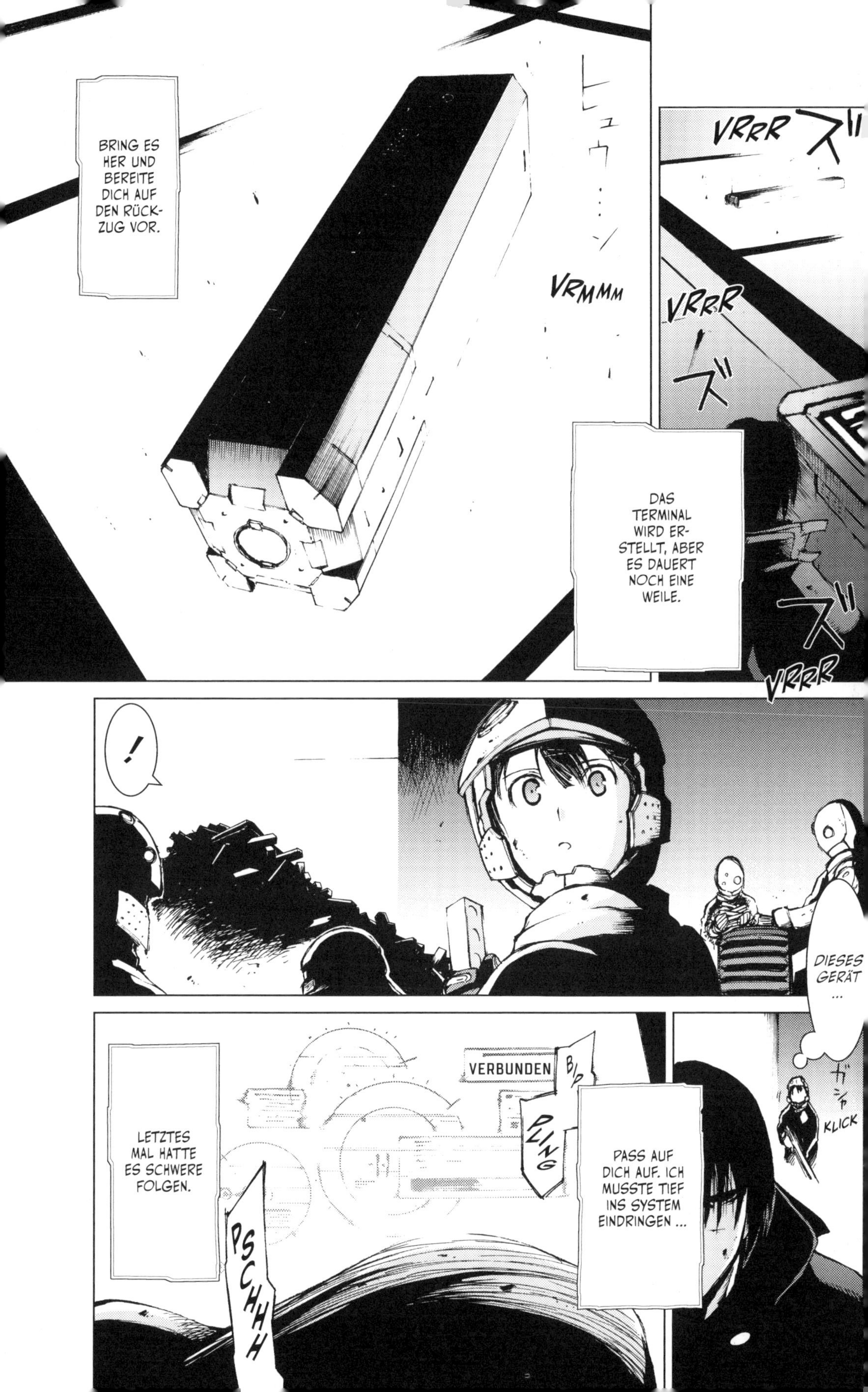

VRRR
VRRR
VRRR
DAS TERMINAL WIRD ERSTELLT, ABER ES DAUERT NOCH EINE WEILE.
VRMMM
BRING ES HER UND BEREITE DICH AUF DEN RÜCKZUG VOR.
DIESES GERÄT ...
!
KLICK
PASS AUF DICH AUF. ICH MUSSTE TIEF INS SYSTEM EINDRINGEN ...
VERBUNDEN
BIP
PLING
LETZTES MAL HATTE ES SCHWERE FOLGEN.
PSCHHH

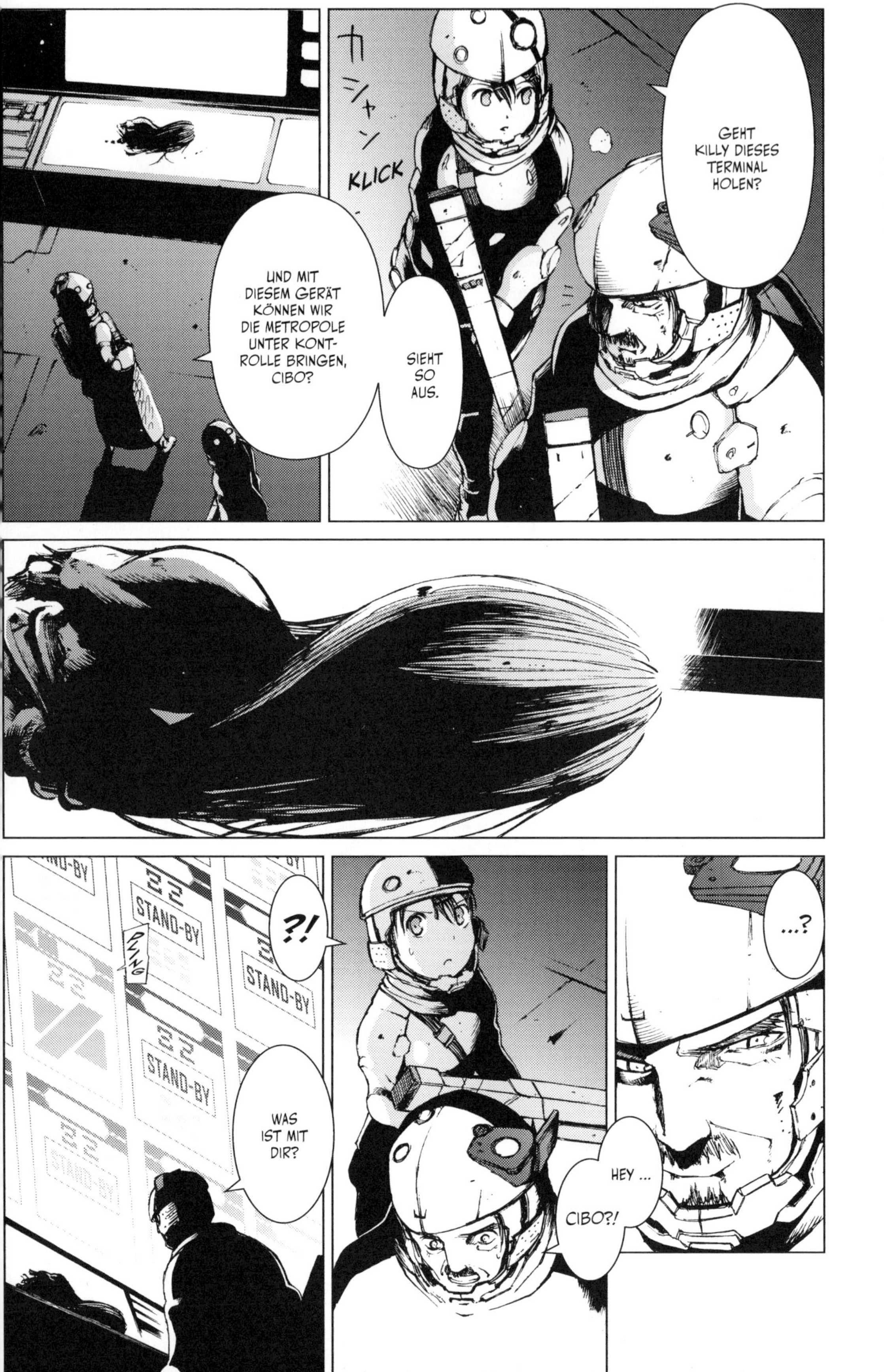
GEHT KILLY DIESES TERMINAL HOLEN?
カシャン
KLICK
SIEHT SO AUS.
UND MIT DIESEM GERÄT KÖNNEN WIR DIE METROPOLE UNTER KONTROLLE BRINGEN, CIBO?
...?
?!
HEY ...
CIBO?!
STAND-BY
STAND-BY
STAND-BY
STAND-BY
PLING
WAS IST MIT DIR?

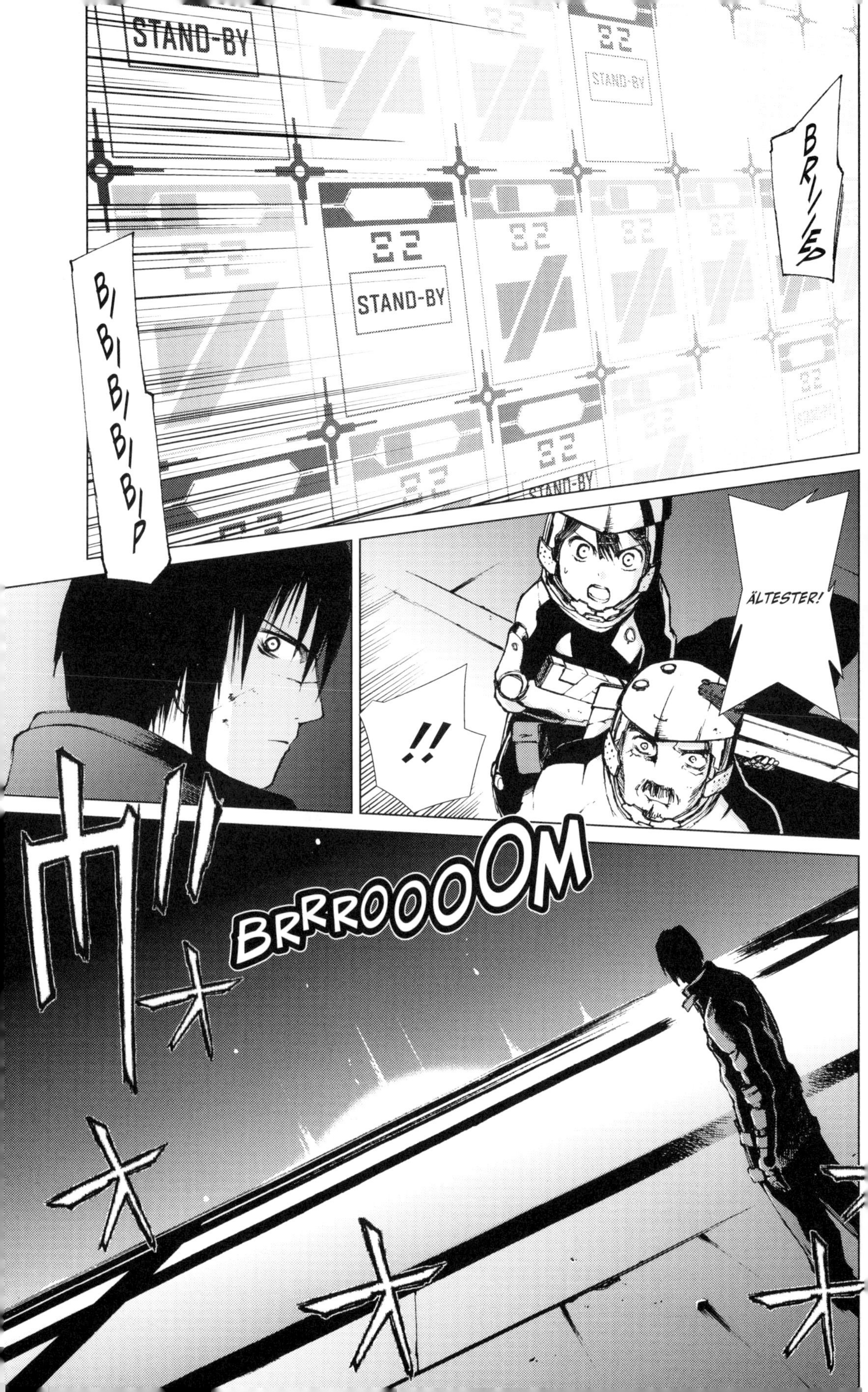
STAND-BY
32
STAND-BY
BRIIIEP
BIBIBIBIBIP
ÄLTESTER!
!!
BRRROOOOM

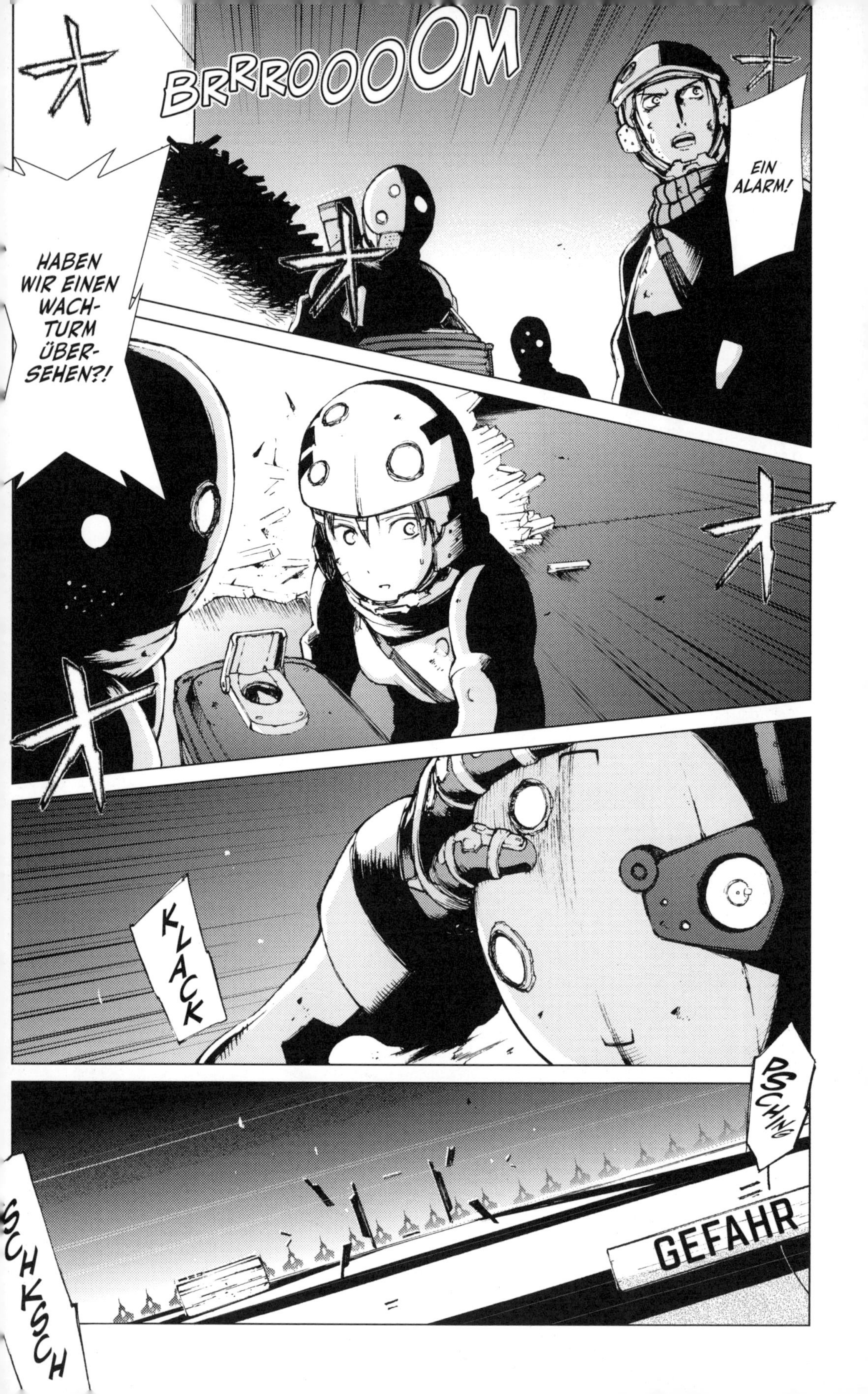
BRRROOOOOM
EIN ALARM!
HABEN WIR EINEN WACH-TURM ÜBER-SEHEN?!
KLACK
DSCHING
GEFAHR
SCHKSCH

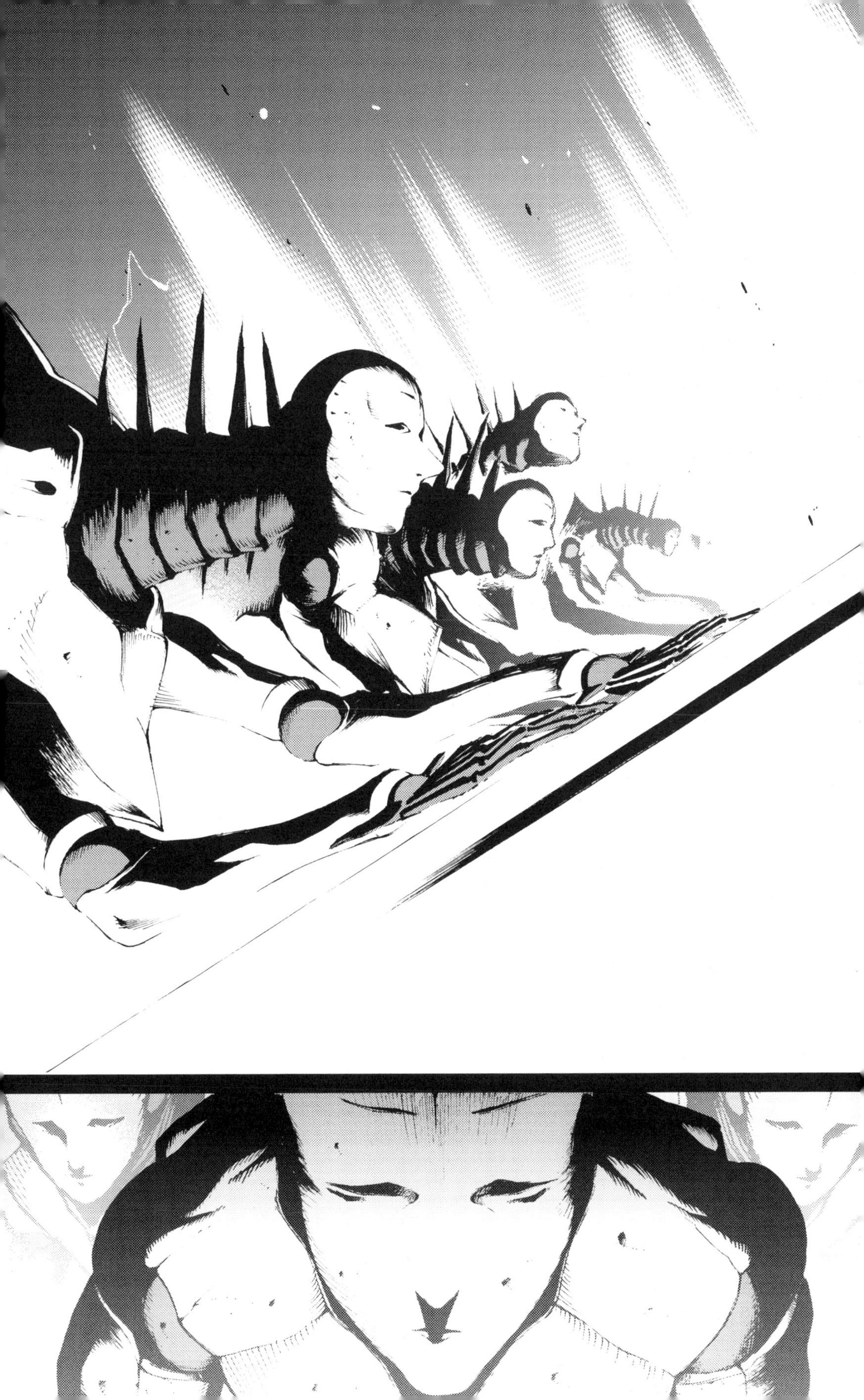

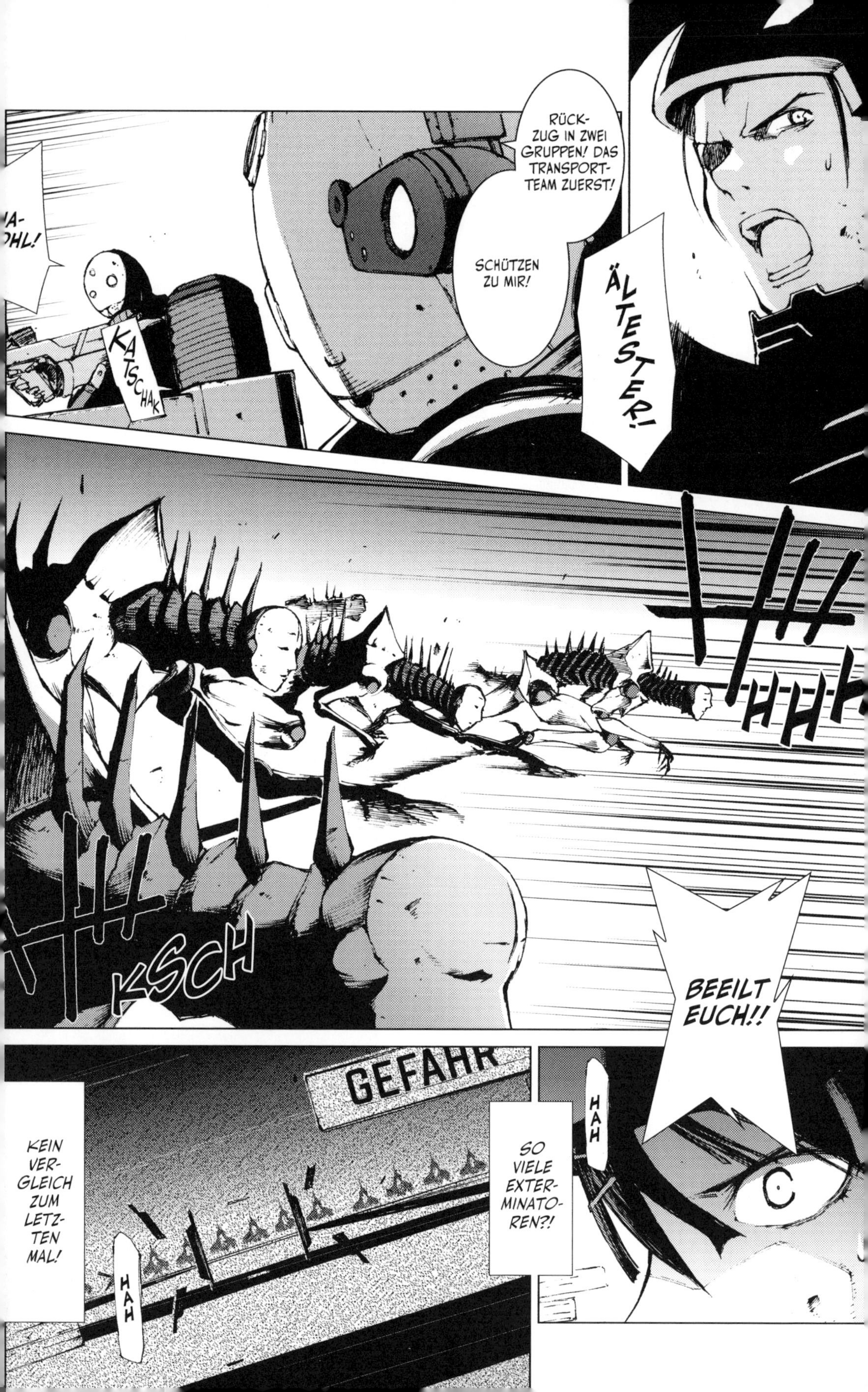
ÄLTESTER!
RÜCK-ZUG IN ZWEI GRUPPEN! DAS TRANSPORT-TEAM ZUERST!
SCHÜTZEN ZU MIR!
KATSCHAK
KSCH
BEEILT EUCH!!
HAH
SO VIELE EXTER-MINATO-REN?!
GEFAHR
KEIN VER-GLEICH ZUM LETZ-TEN MAL!
HAH

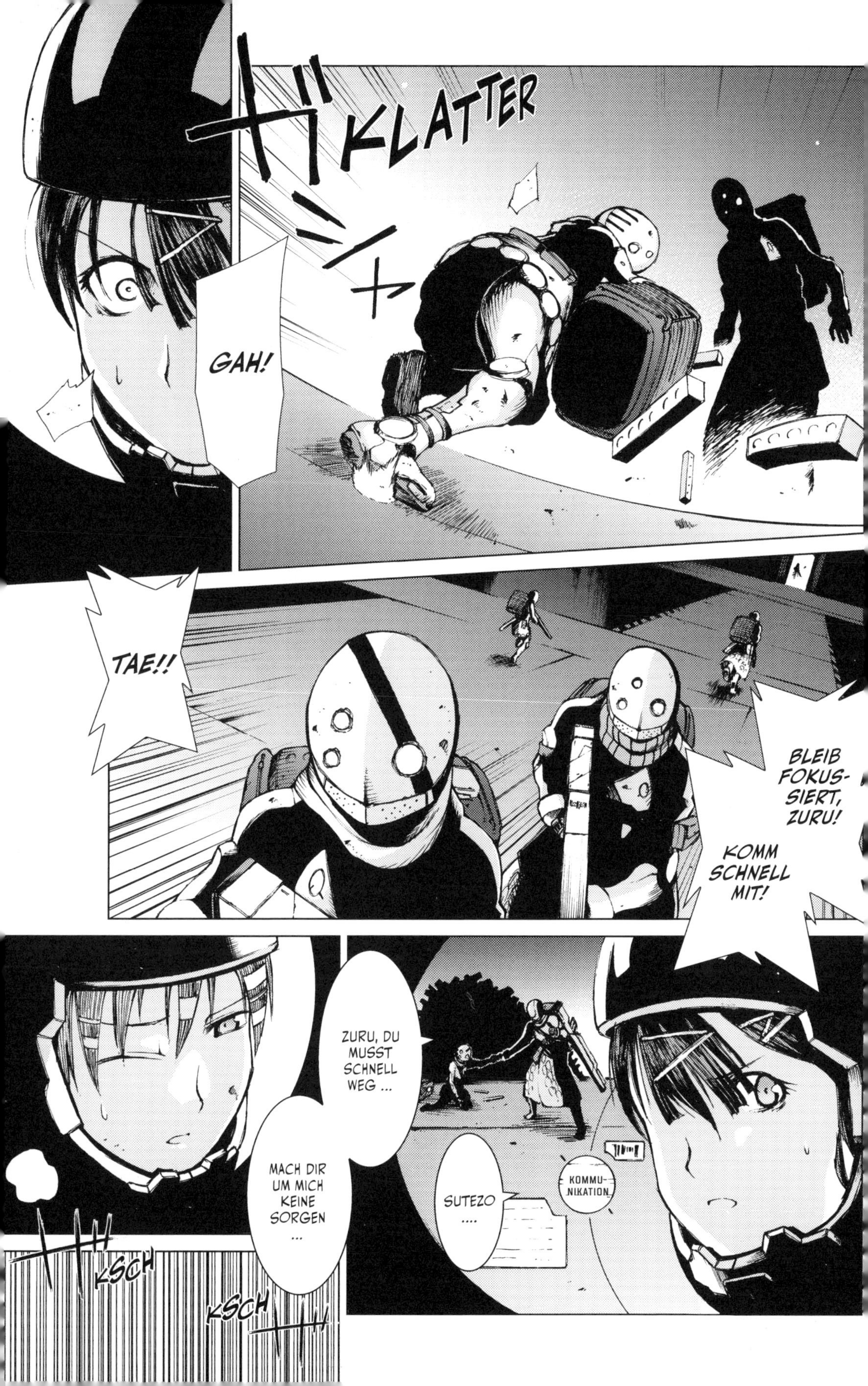
KLATTER
GAH!
TAE!!
BLEIB FOKUS-SIERT, ZURU!
KOMM SCHNELL MIT!
KOMMU-NIKATION
SUTEZO ....
ZURU, DU MUSST SCHNELL WEG ...
MACH DIR UM MICH KEINE SORGEN ...
KSCH
KSCH

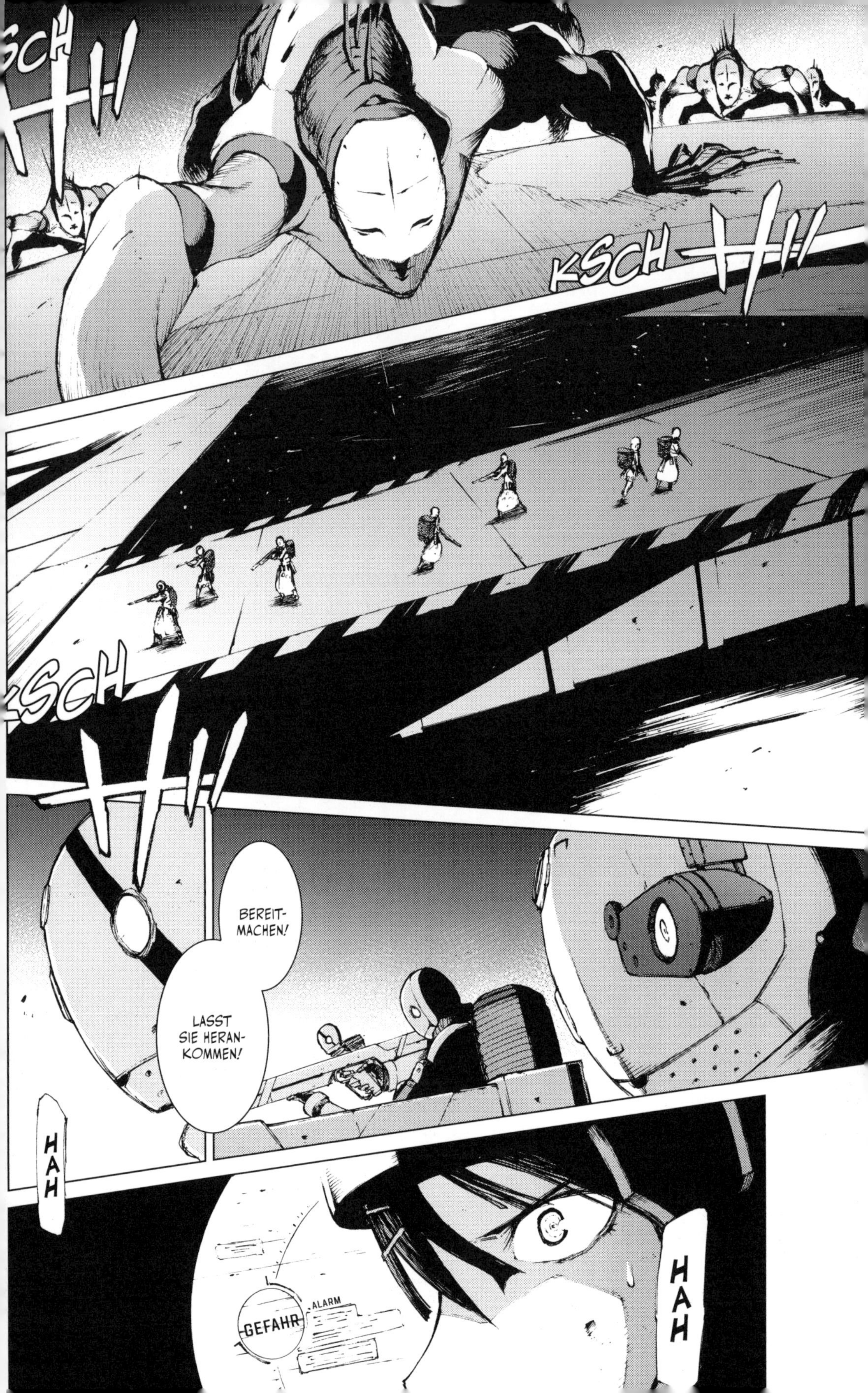
KSCH
KSCHHH
KSCH
KSCHHH
BEREIT-
MACHEN!
LASST
SIE HERAN-
KOMMEN!
HAH
HAH
ALARM
GEFAHR

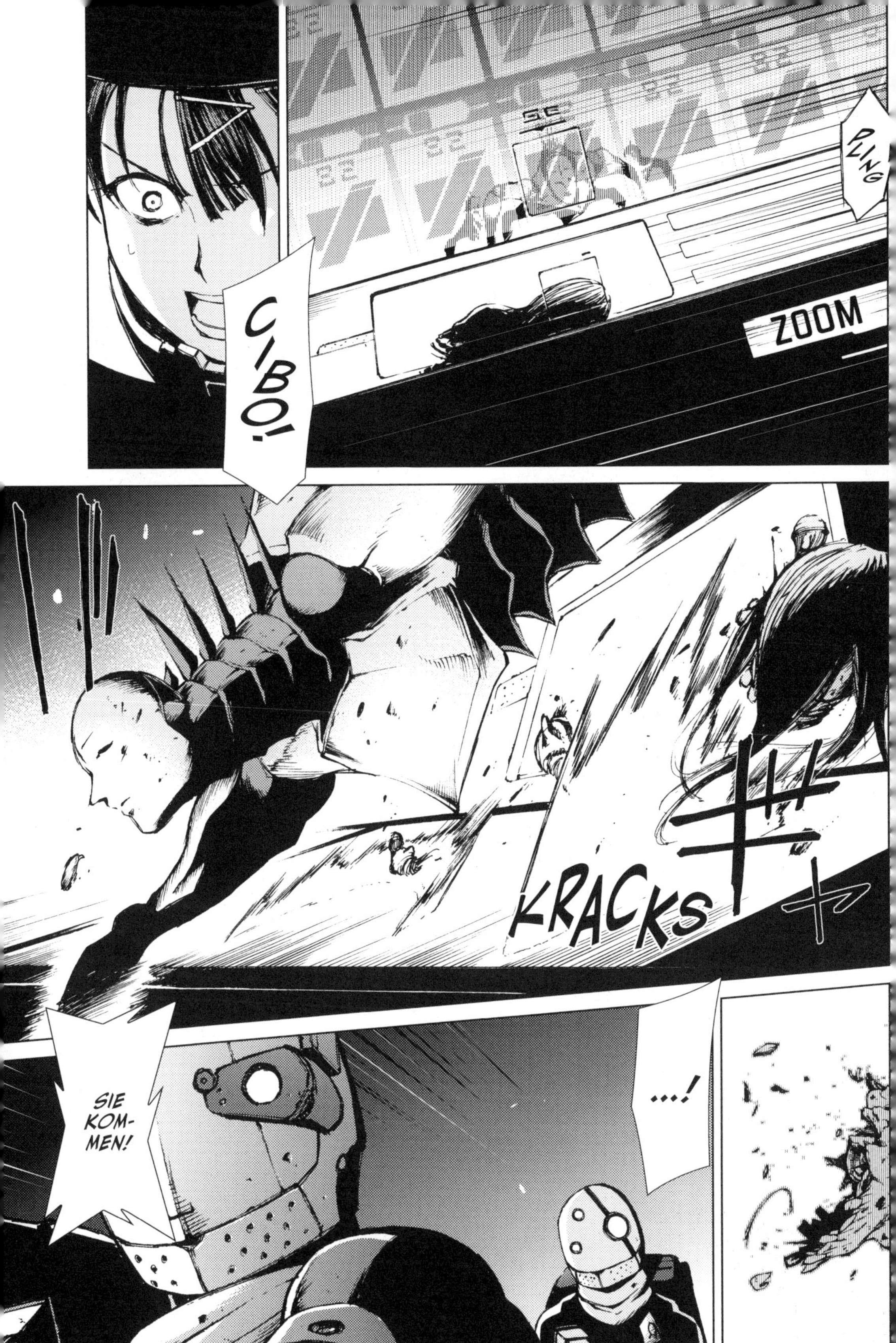
PLING
ZOOM
CIBO!
KRACKS
...!
SIE KOM-MEN!

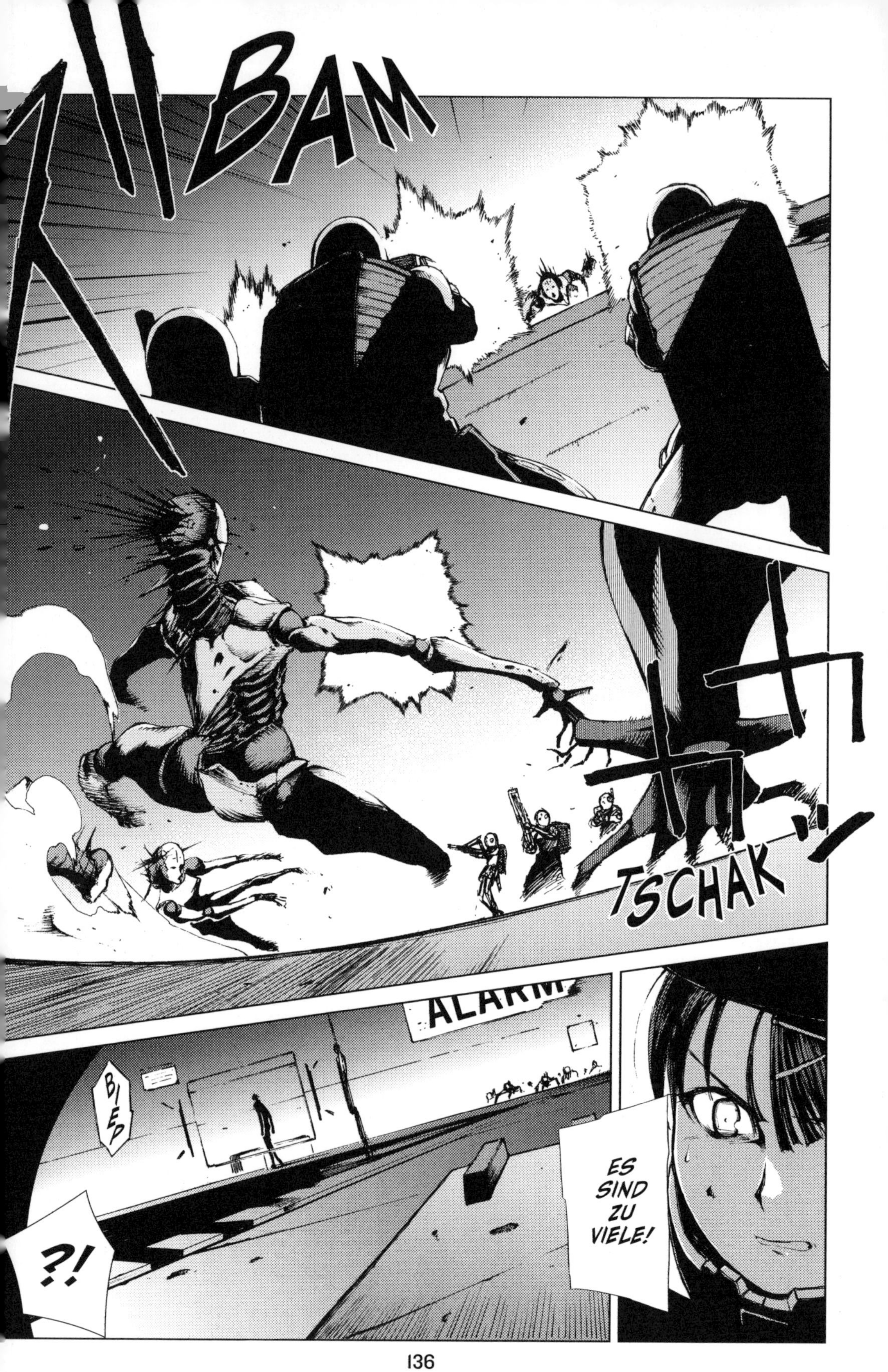
BAM
TSCHAK
ALARM
ES SIND ZU VIELE!
BIEP
?!

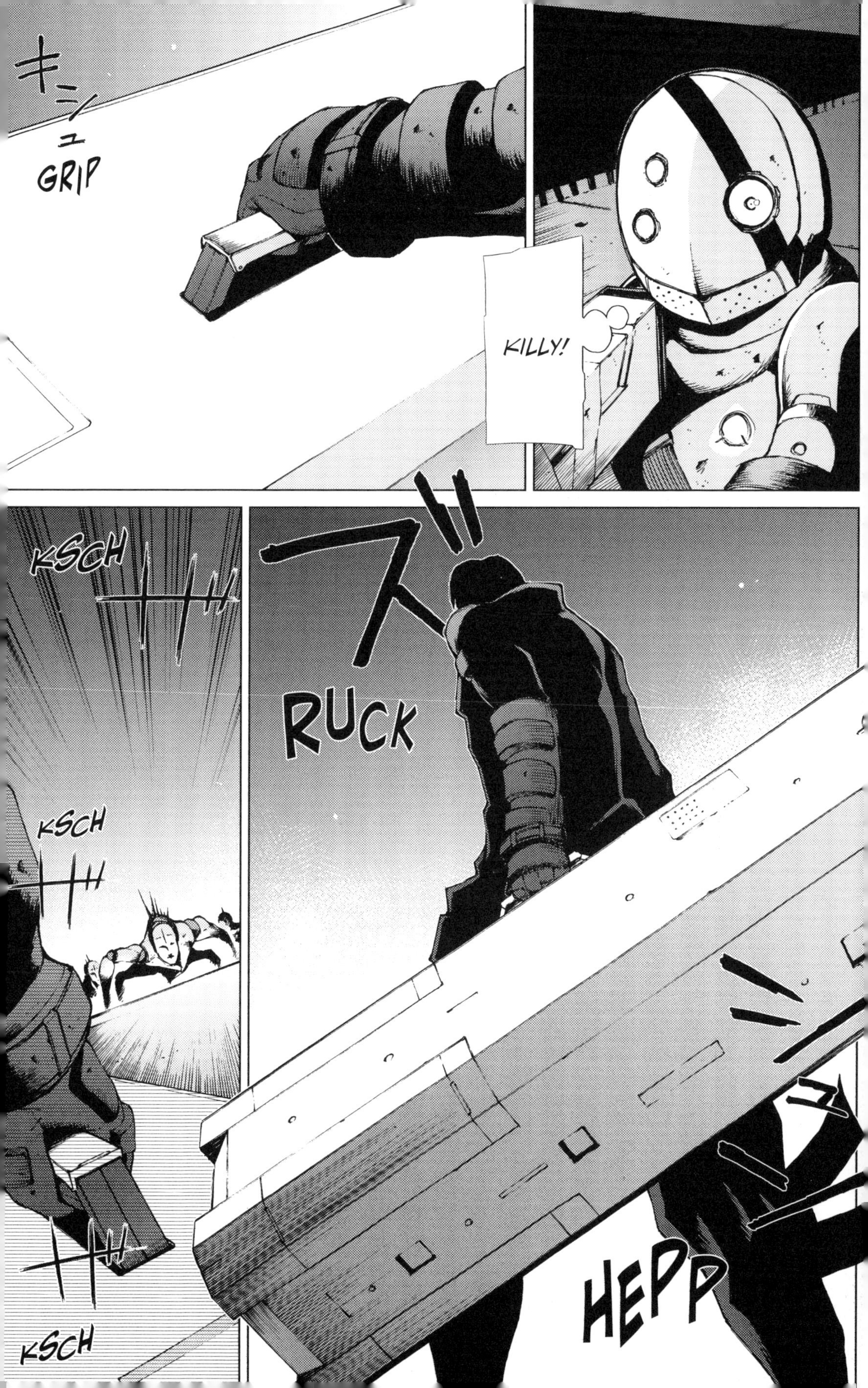
キュ
GRIP
KILLY!
ズ
RUCK
KSCH
KSCH
KSCH
HEPP

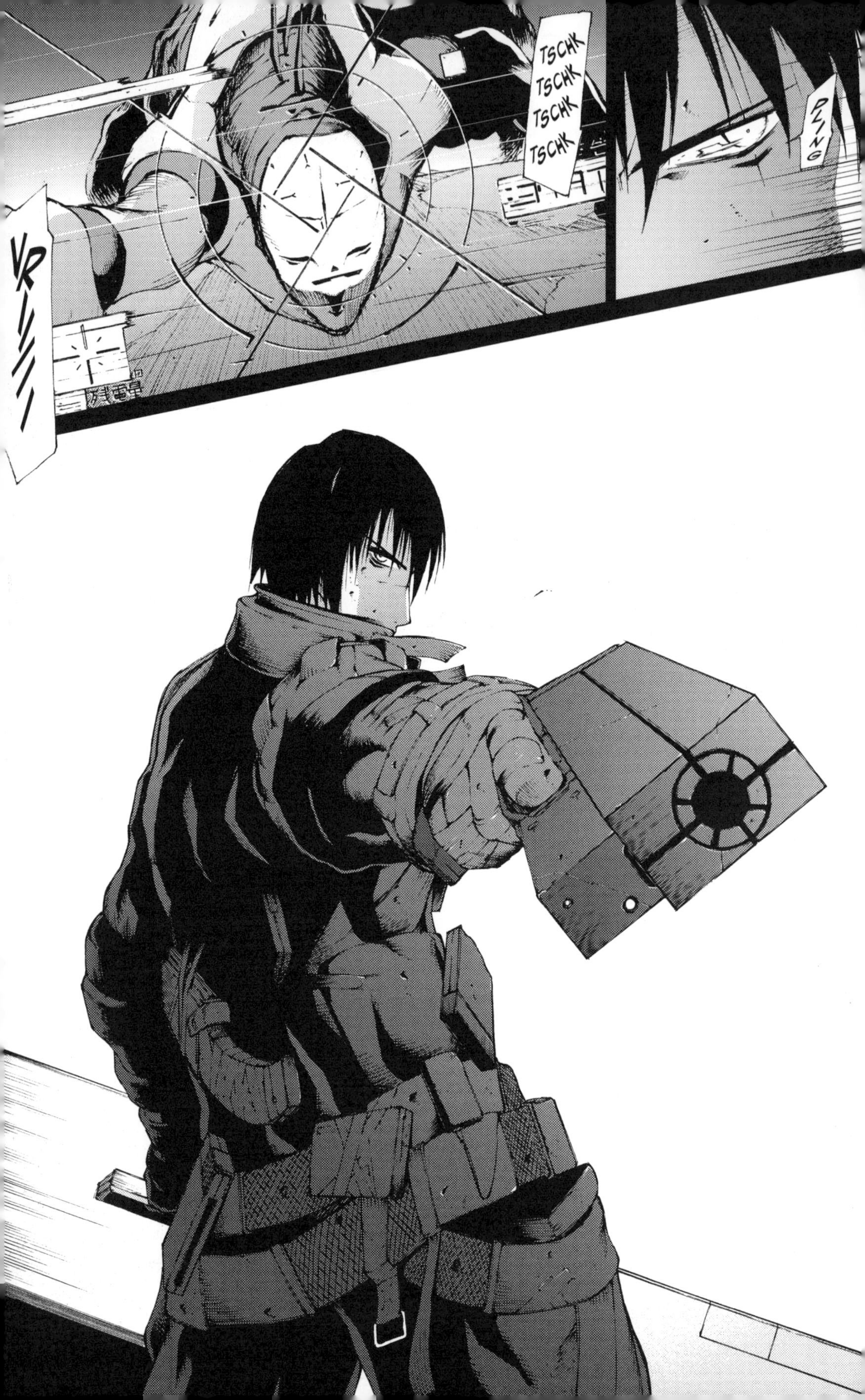
TSCHK
TSCHK
TSCHK
TSCHK
PLING
VR

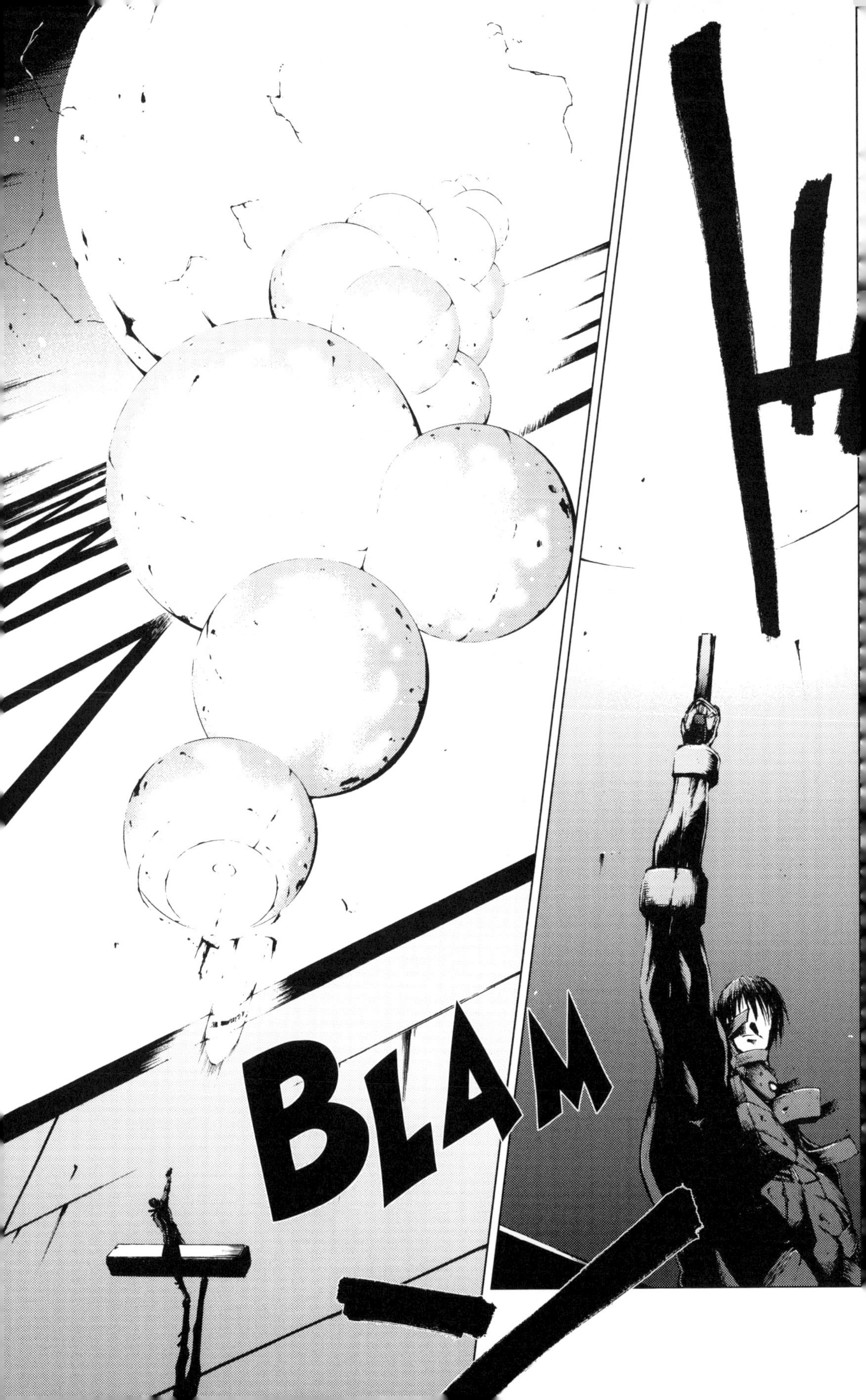
BLAM

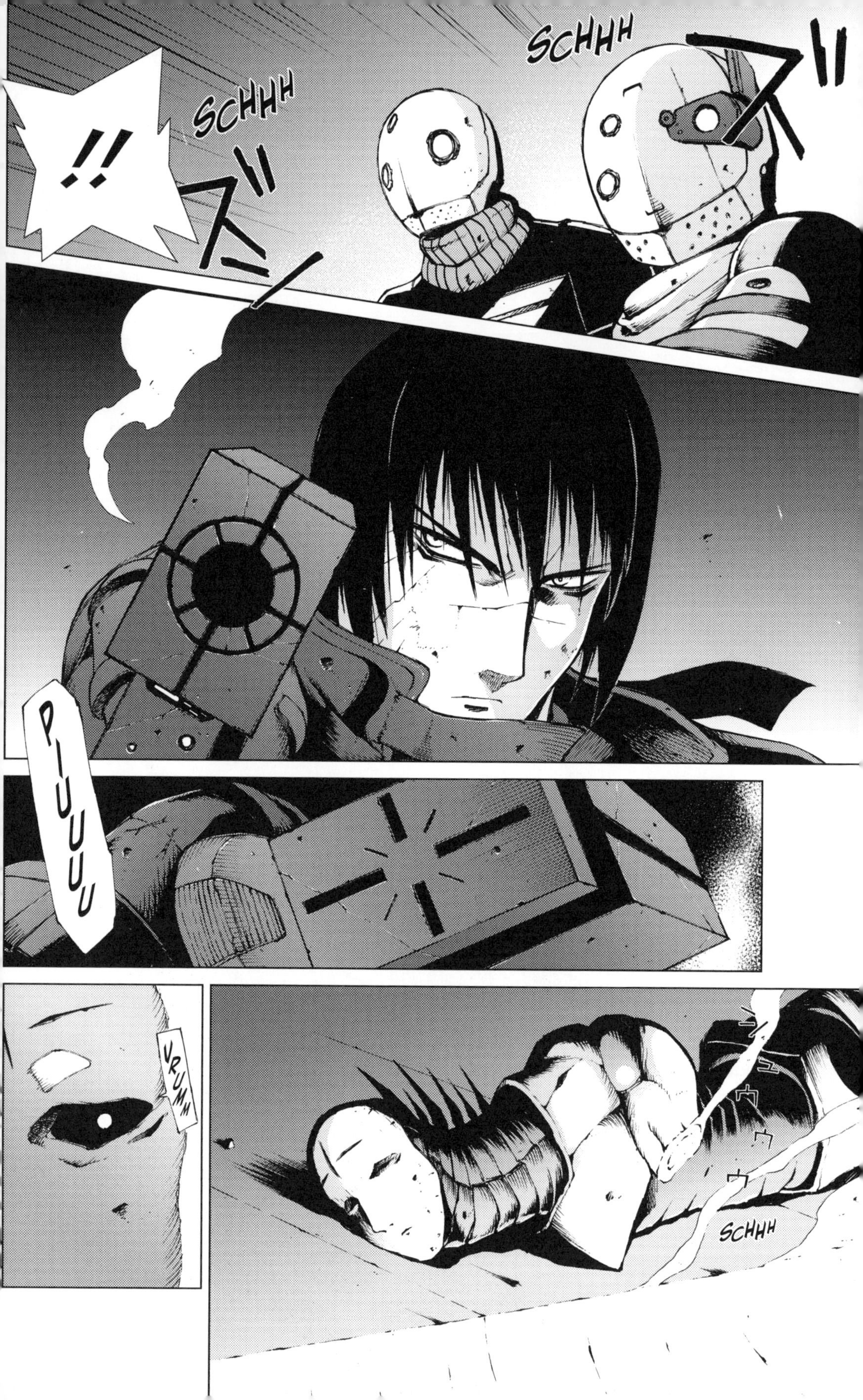
SCHHH
ズッ
SCHHH
ズッ
!!
PIUUUUU
SCHHH
VRUMM

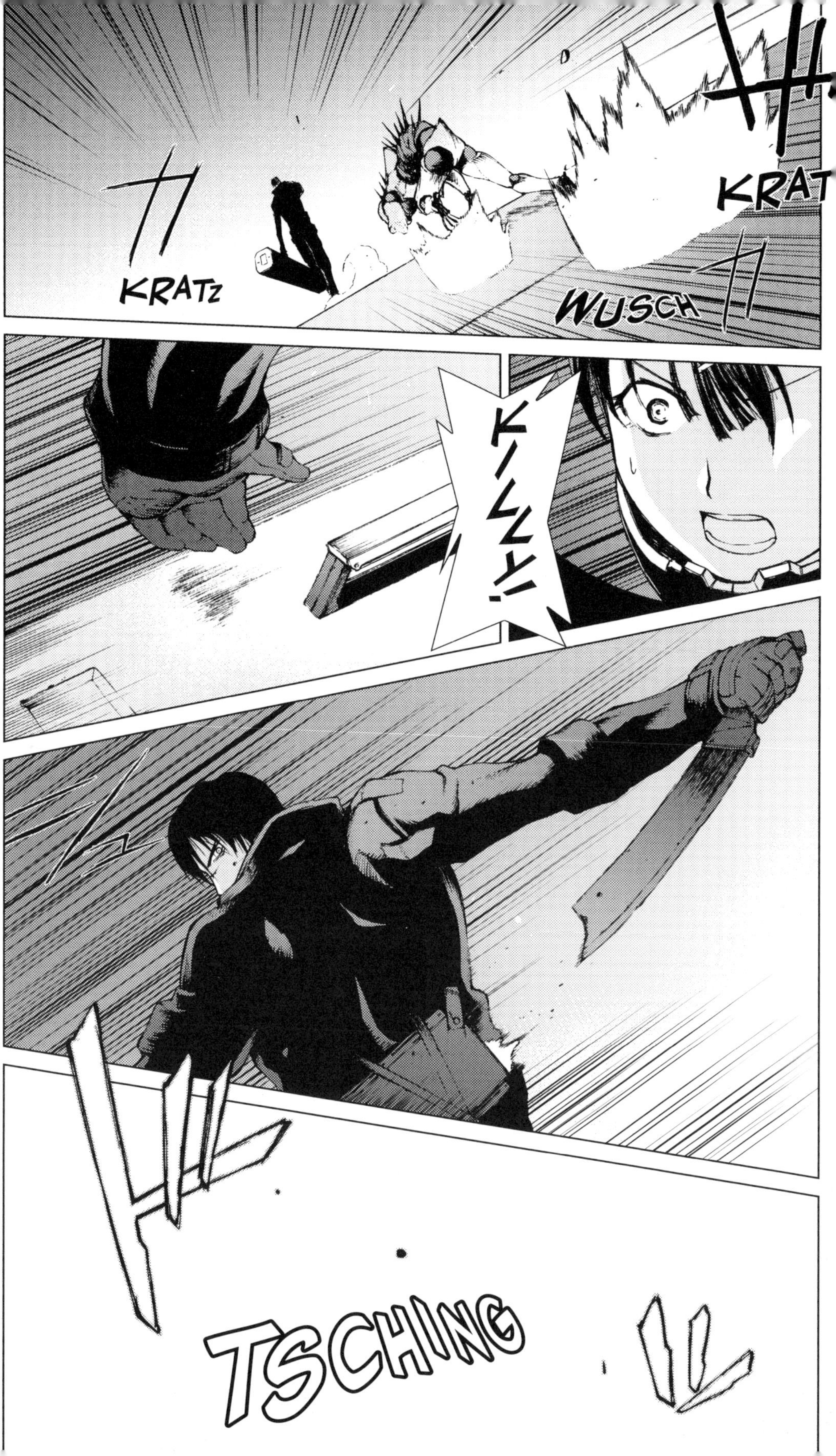
KRATZ
KRATZ
WUSCH
KILLY!!
TSCHING

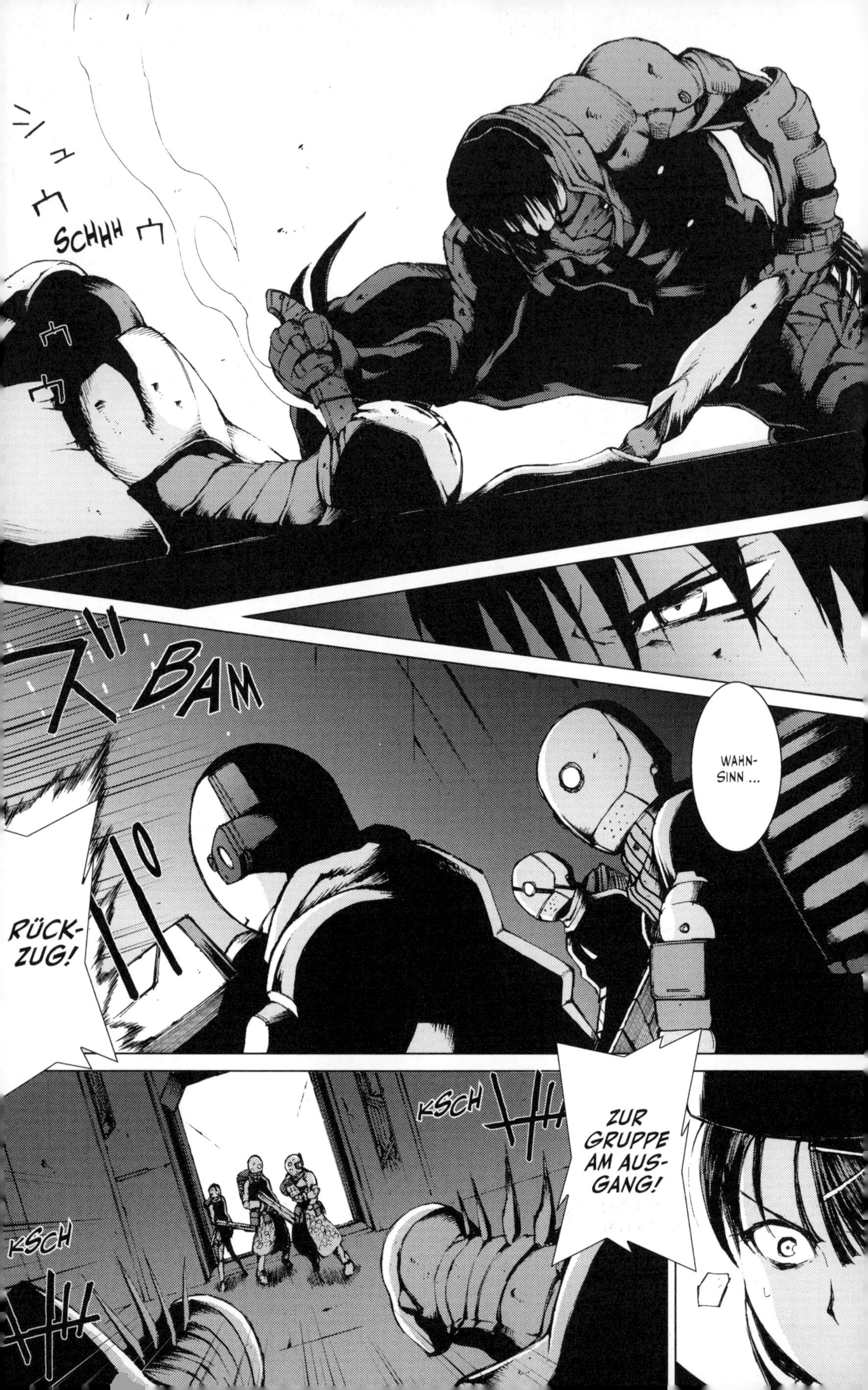

シュウ
SCHHH
ウ
ウウウ
ズバ
BAM
WAHN-
SINN ...
RÜCK-
ZUG!
KSCH
ZUR
GRUPPE
AM AUS-
GANG!
KSCH

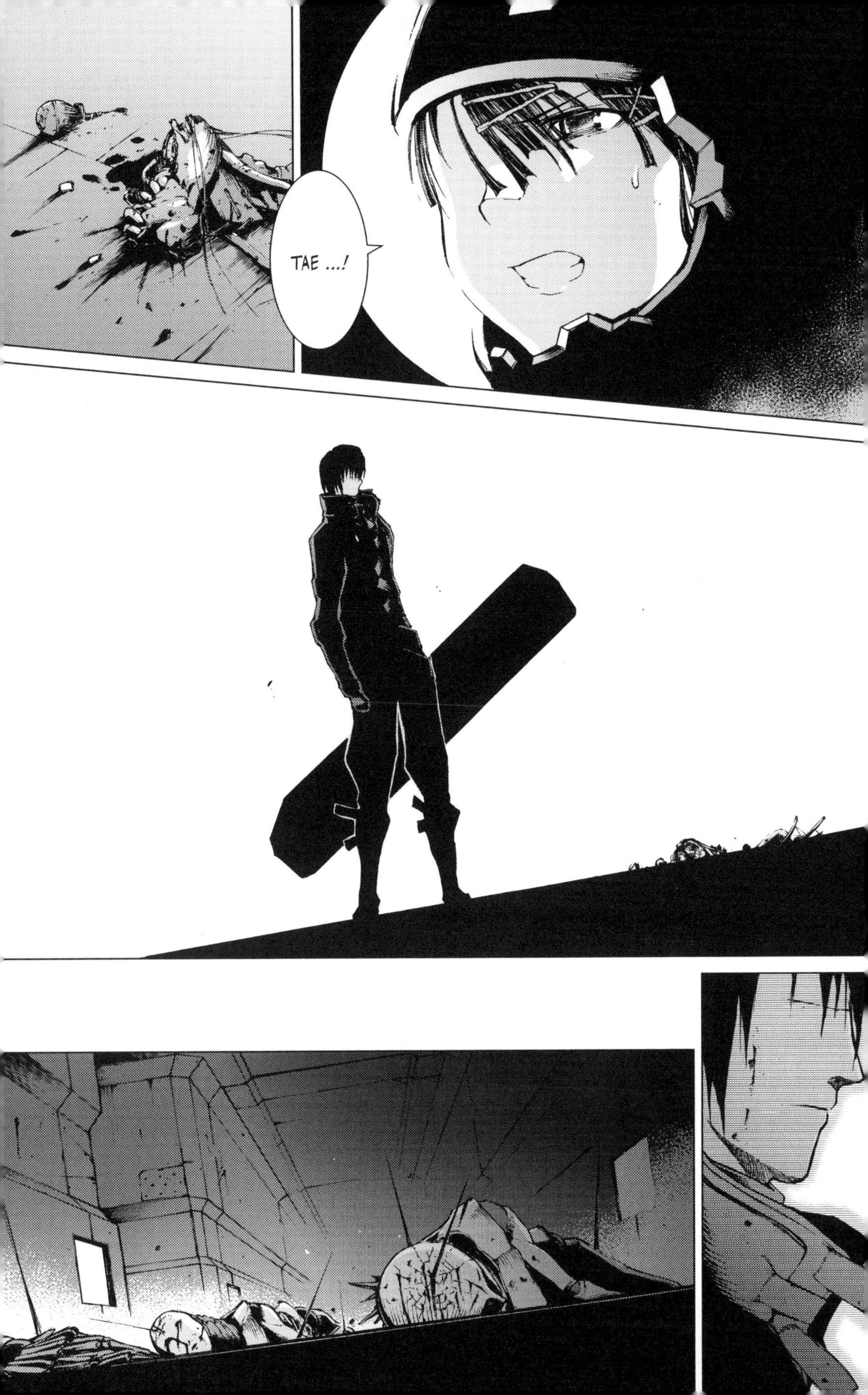
TAE ...!

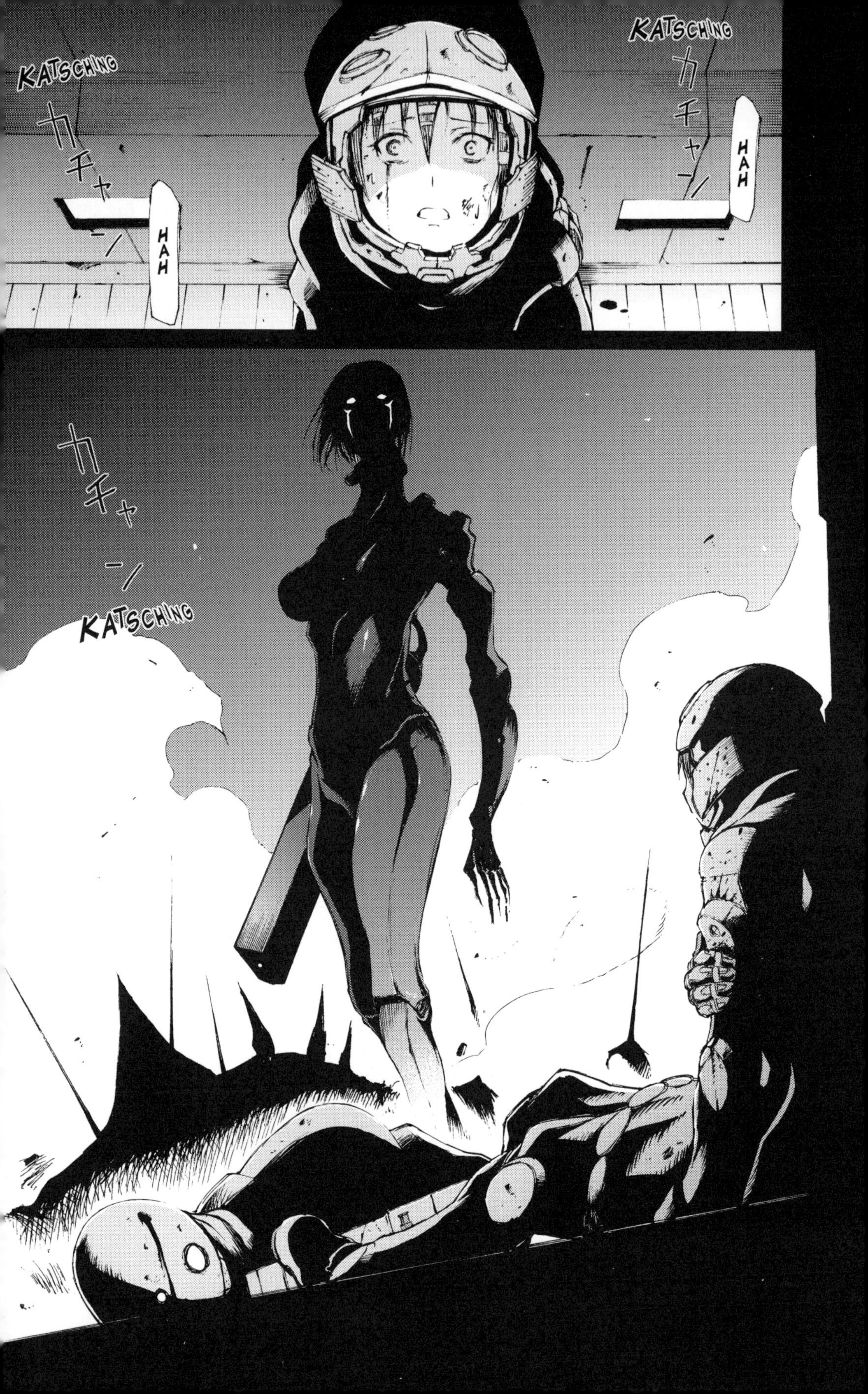

KATSCHING
カチャーン
HAH
KATSCHING
カチャーン
HAH
カチャーン
KATSCHING

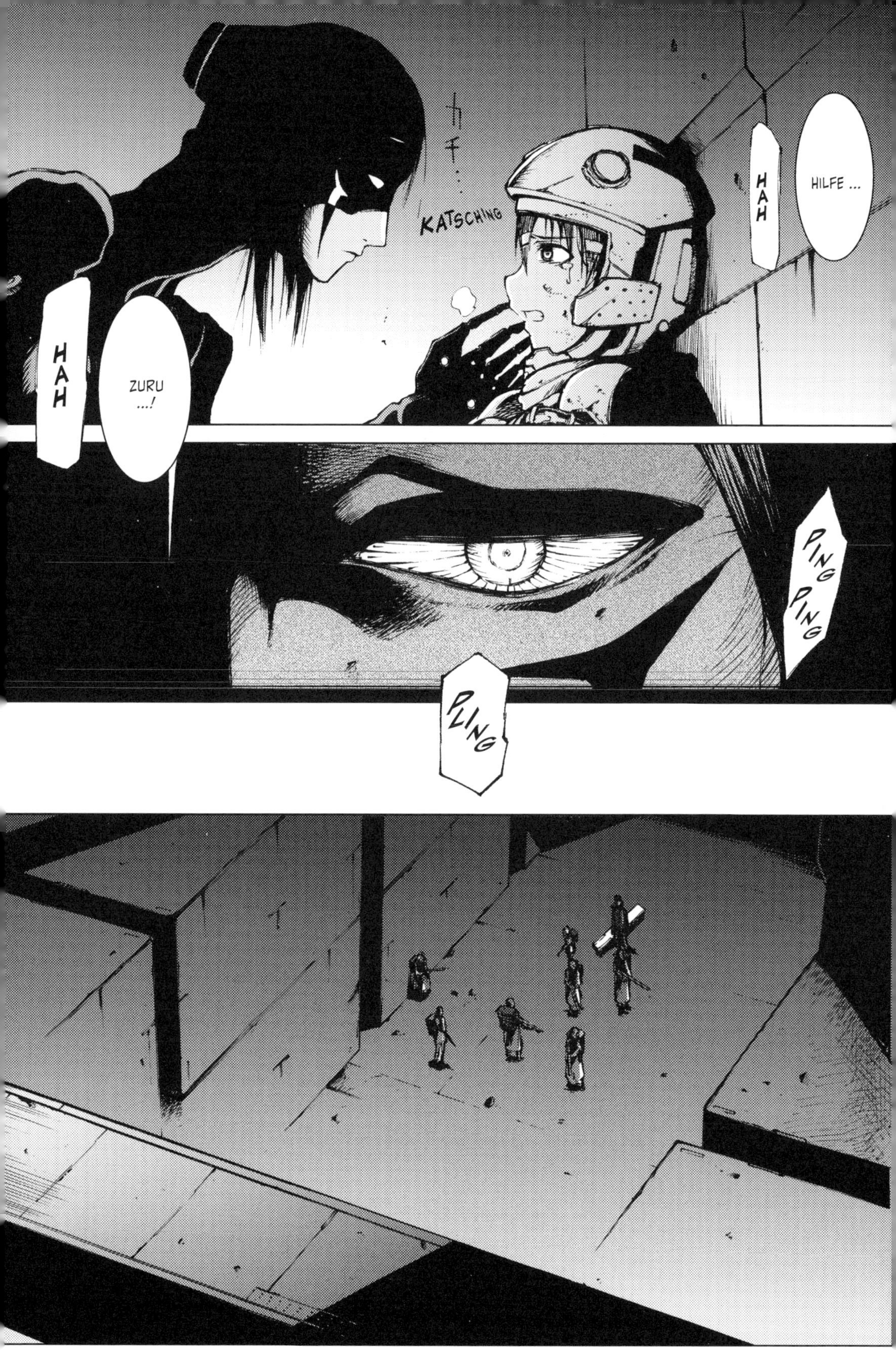
HILFE ...
HAH
KATSCHING
ZURU ...!
HAH
PING PING
PLING

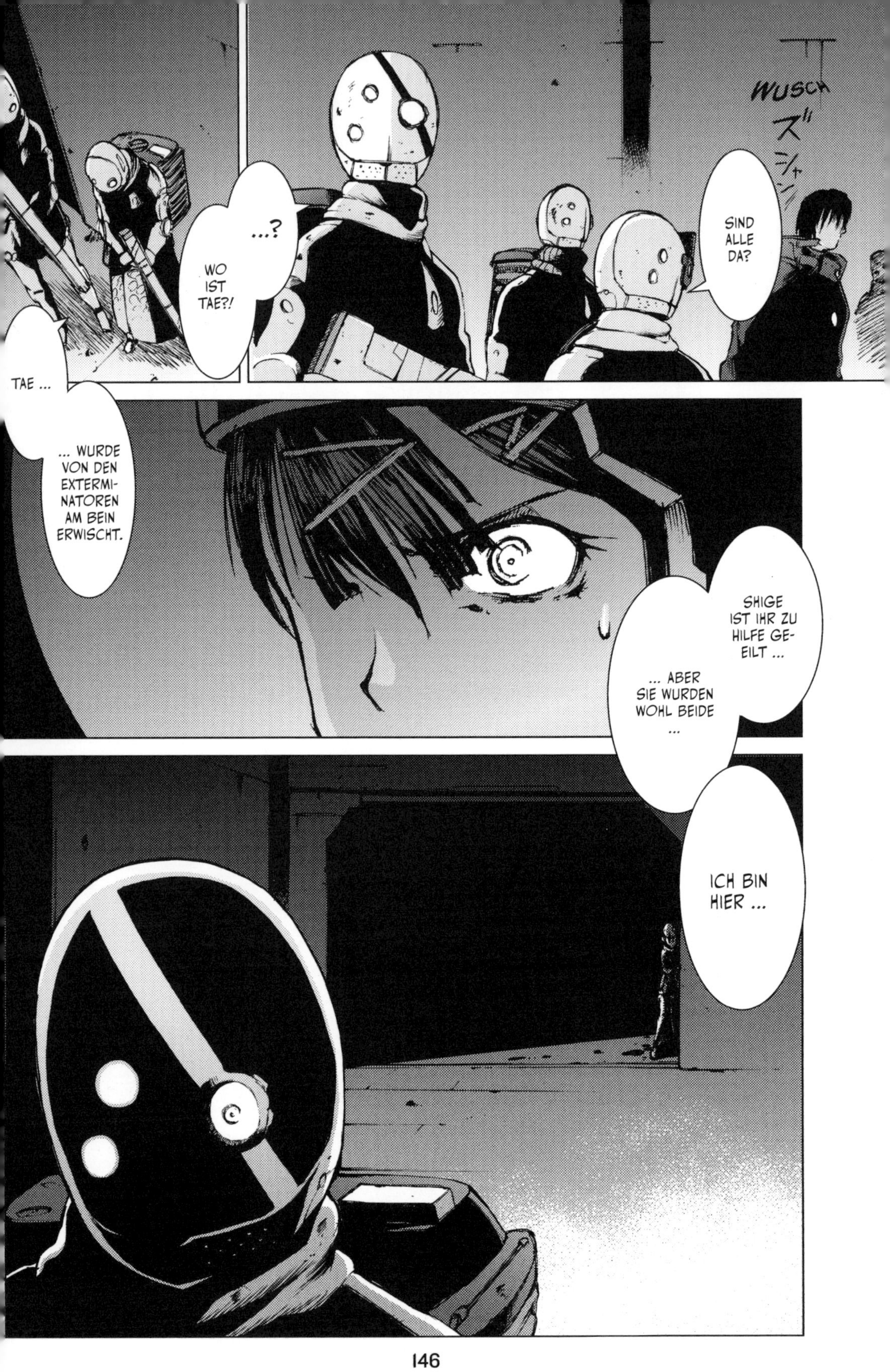
WUSCH
ズシャン
SIND ALLE DA?
...?
WO IST TAE?!
TAE ...
... WURDE VON DEN EXTERMINATOREN AM BEIN ERWISCHT.
SHIGE IST IHR ZU HILFE GEEILT ...
... ABER SIE WURDEN WOHL BEIDE ...
ICH BIN HIER ...

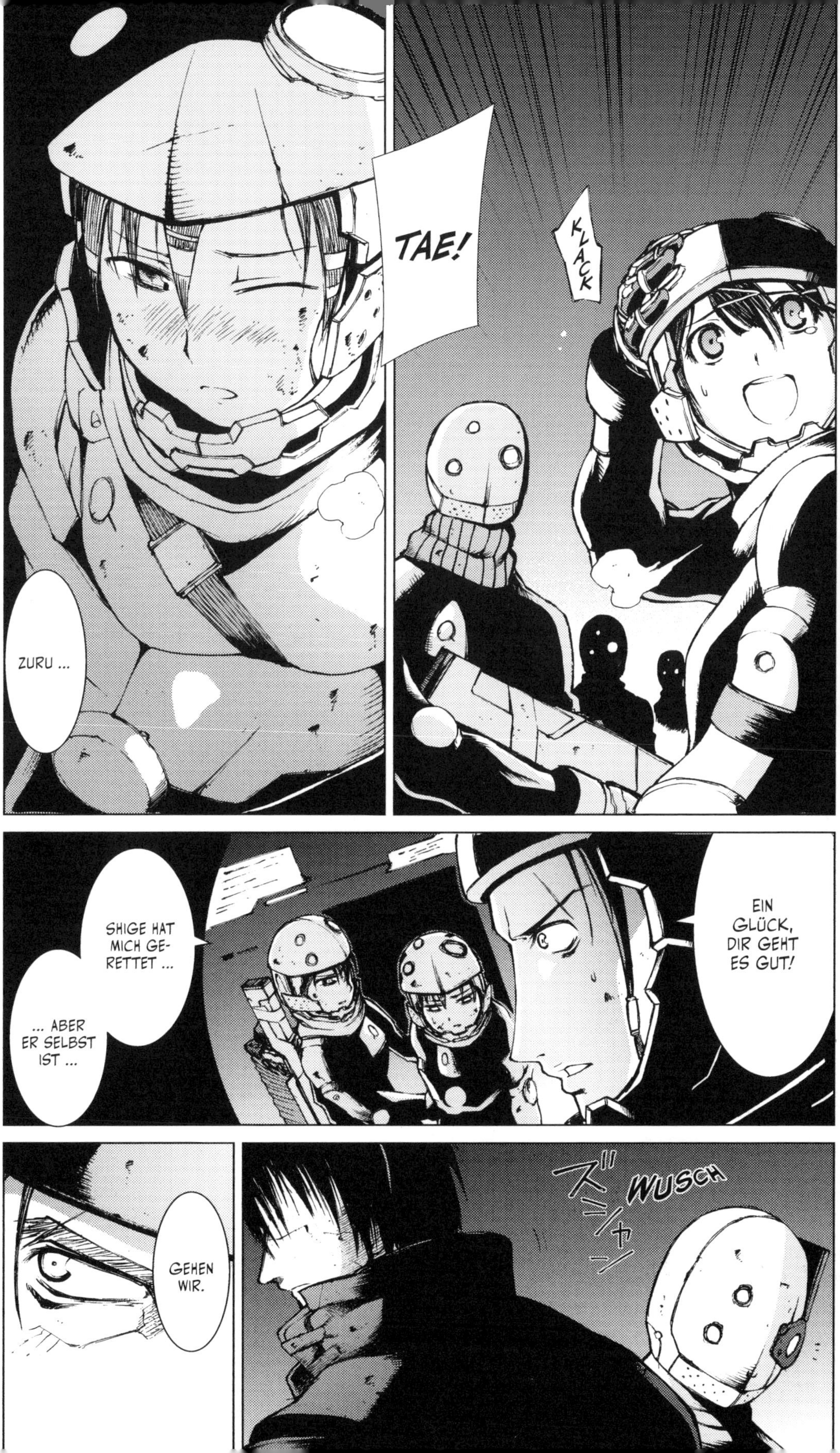
KLACK
TAE!
ZURU ...
EIN GLÜCK, DIR GEHT ES GUT!
SHIGE HAT MICH GERETTET ...
... ABER ER SELBST IST ...
WUSCH
GEHEN WIR.

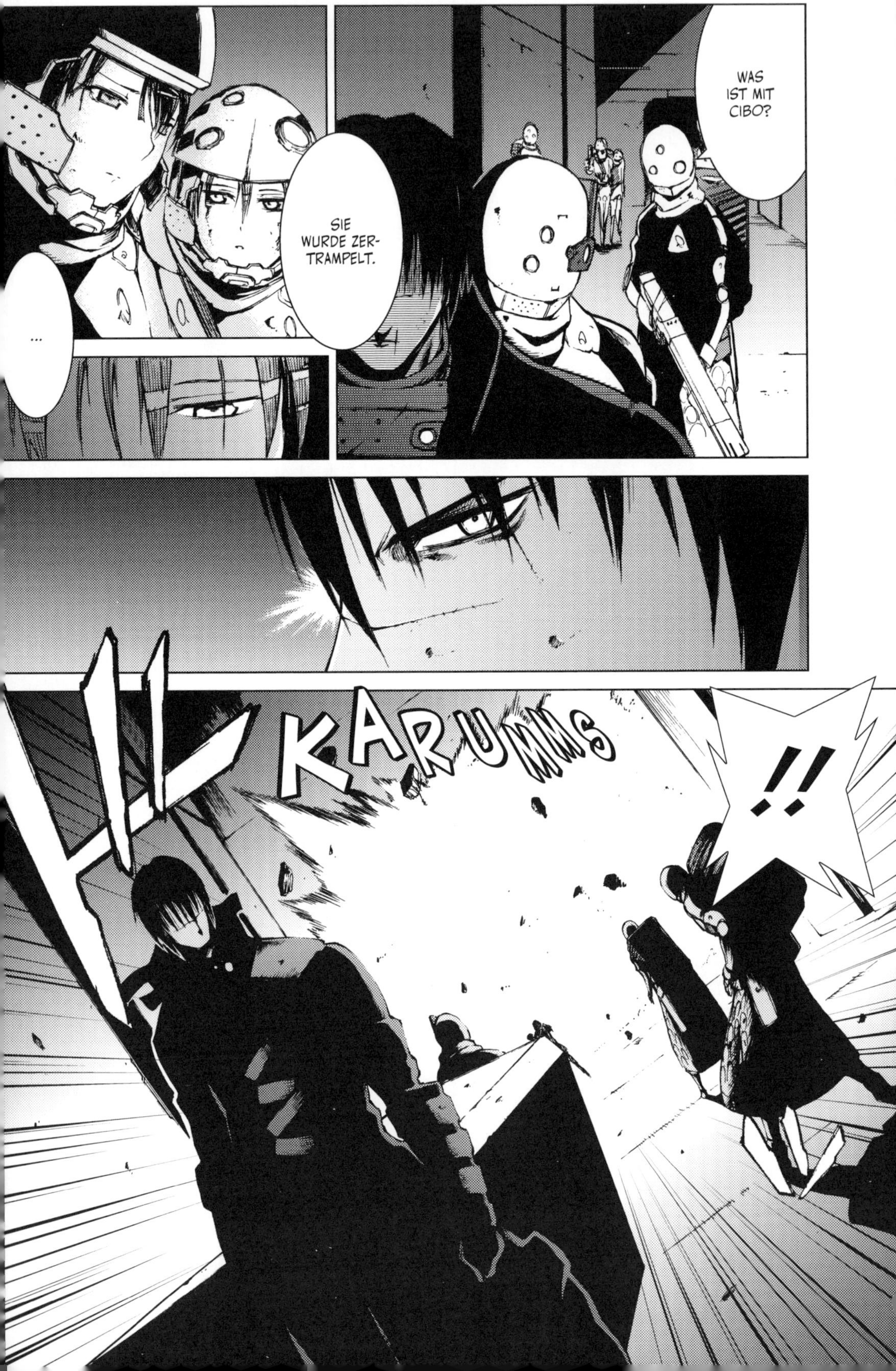
WAS IST MIT CIBO?
SIE WURDE ZER-TRAMPELT.
...
KARUMMS
!!

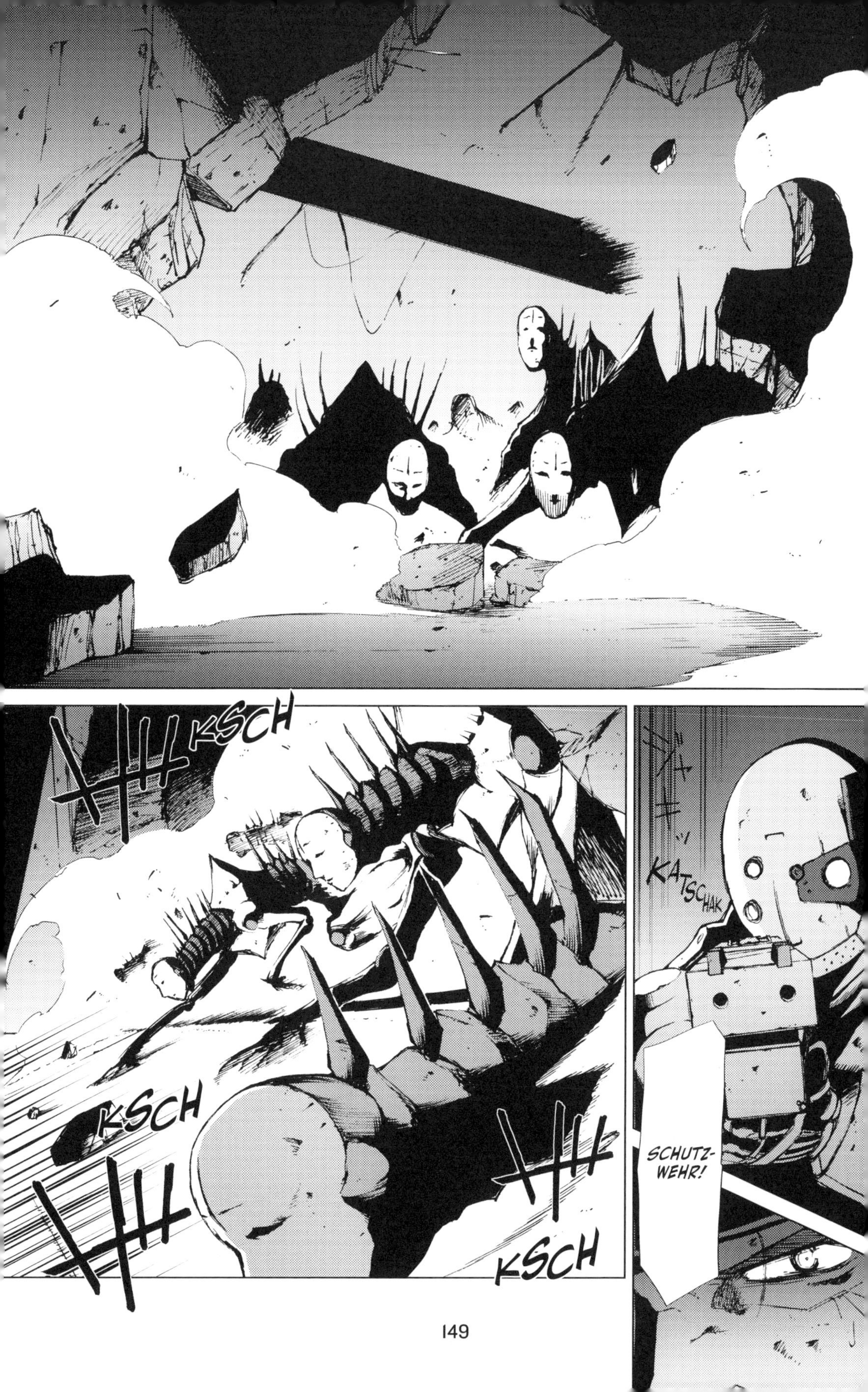
KSCH
KATSCHAK
KSCH
SCHUTZ-WEHR!
KSCH

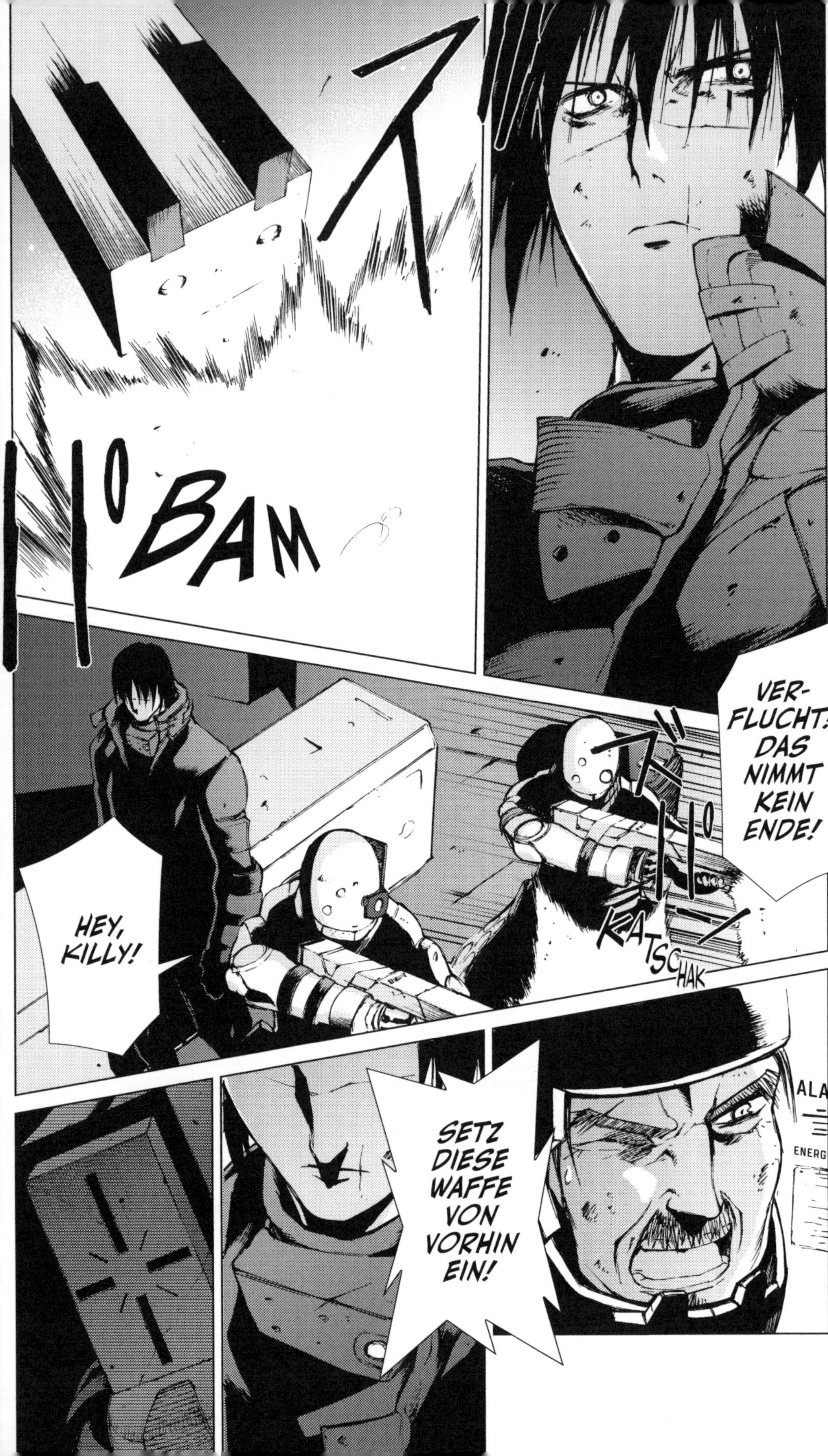
BAM
VER-FLUCHT! DAS NIMMT KEIN ENDE!
KATSCHAK
HEY, KILLY!
SETZ DIESE WAFFE VON VORHIN EIN!

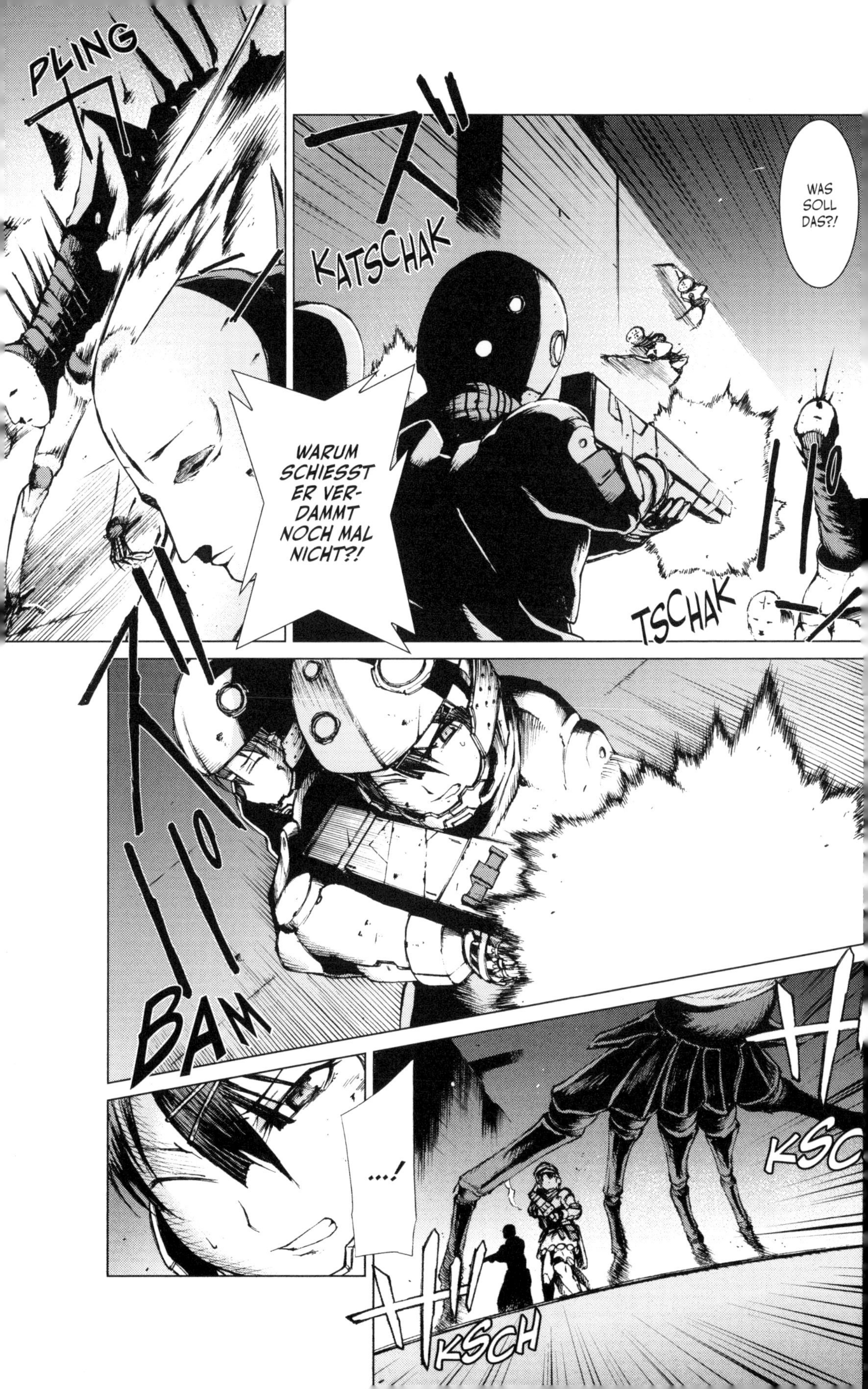

PLING
WAS SOLL DAS?!
KATSCHAK
WARUM SCHIESST ER VER-DAMMT NOCH MAL NICHT?!
TSCHAK
BAM
...!
KSC
KSCH

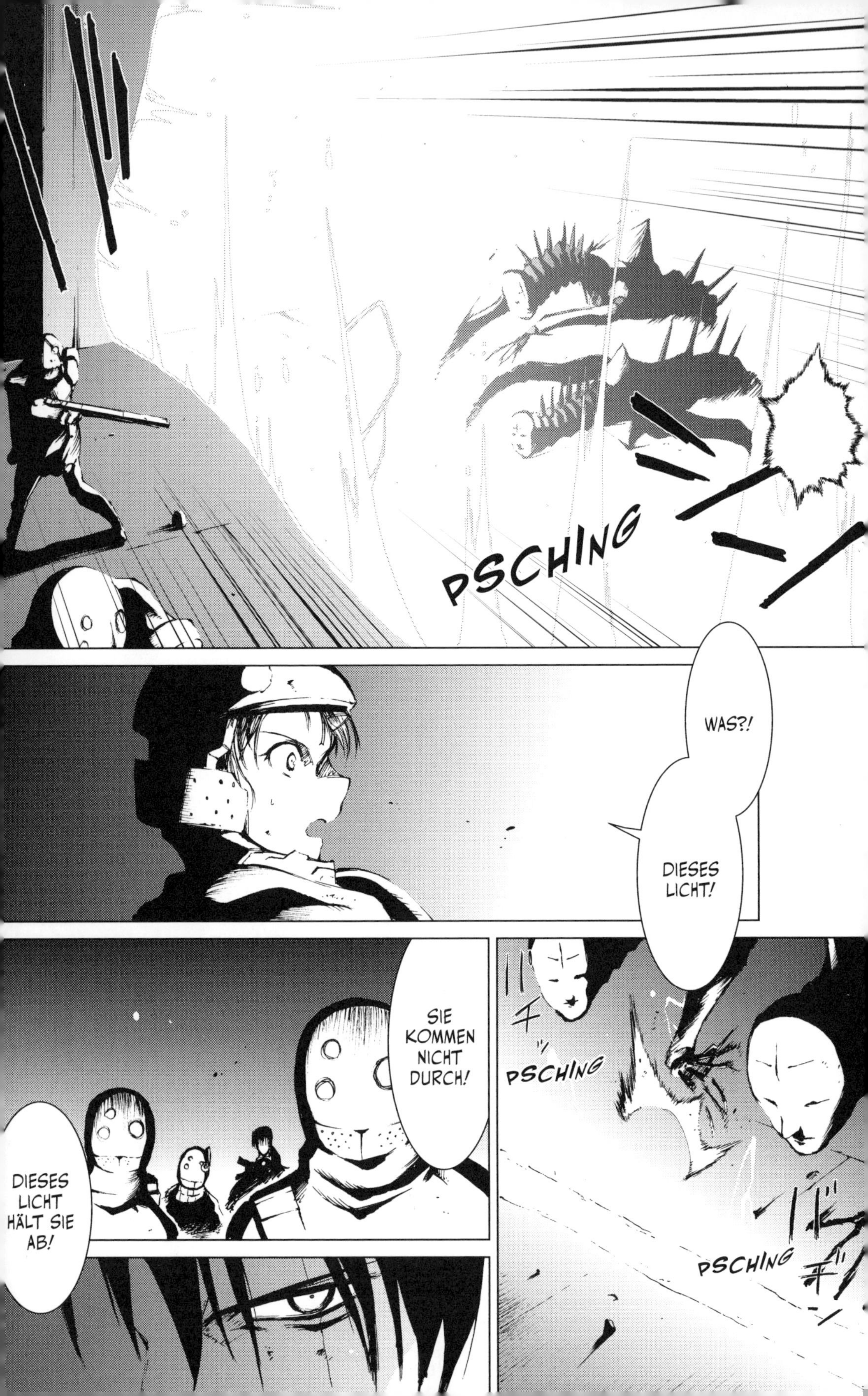
PSCHING
WAS?!
DIESES LICHT!
PSCHING
PSCHING
SIE KOMMEN NICHT DURCH!
DIESES LICHT HÄLT SIE AB!

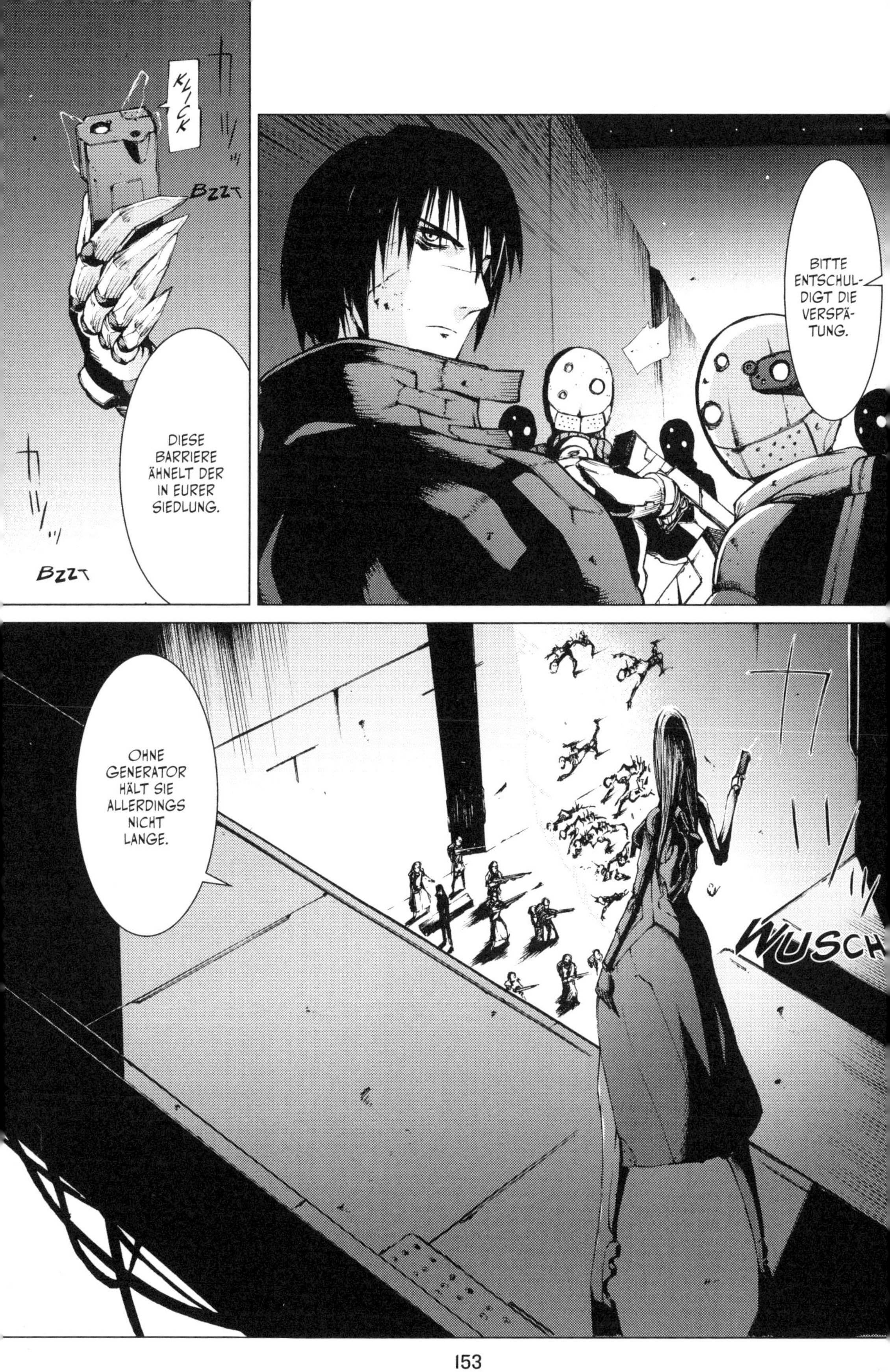
KLICK
BZZT
BZZT
BITTE ENTSCHULDIGT DIE VERSPÄTUNG.
DIESE BARRIERE ÄHNELT DER IN EURER SIEDLUNG.
OHNE GENERATOR HÄLT SIE ALLERDINGS NICHT LANGE.
WUSCH

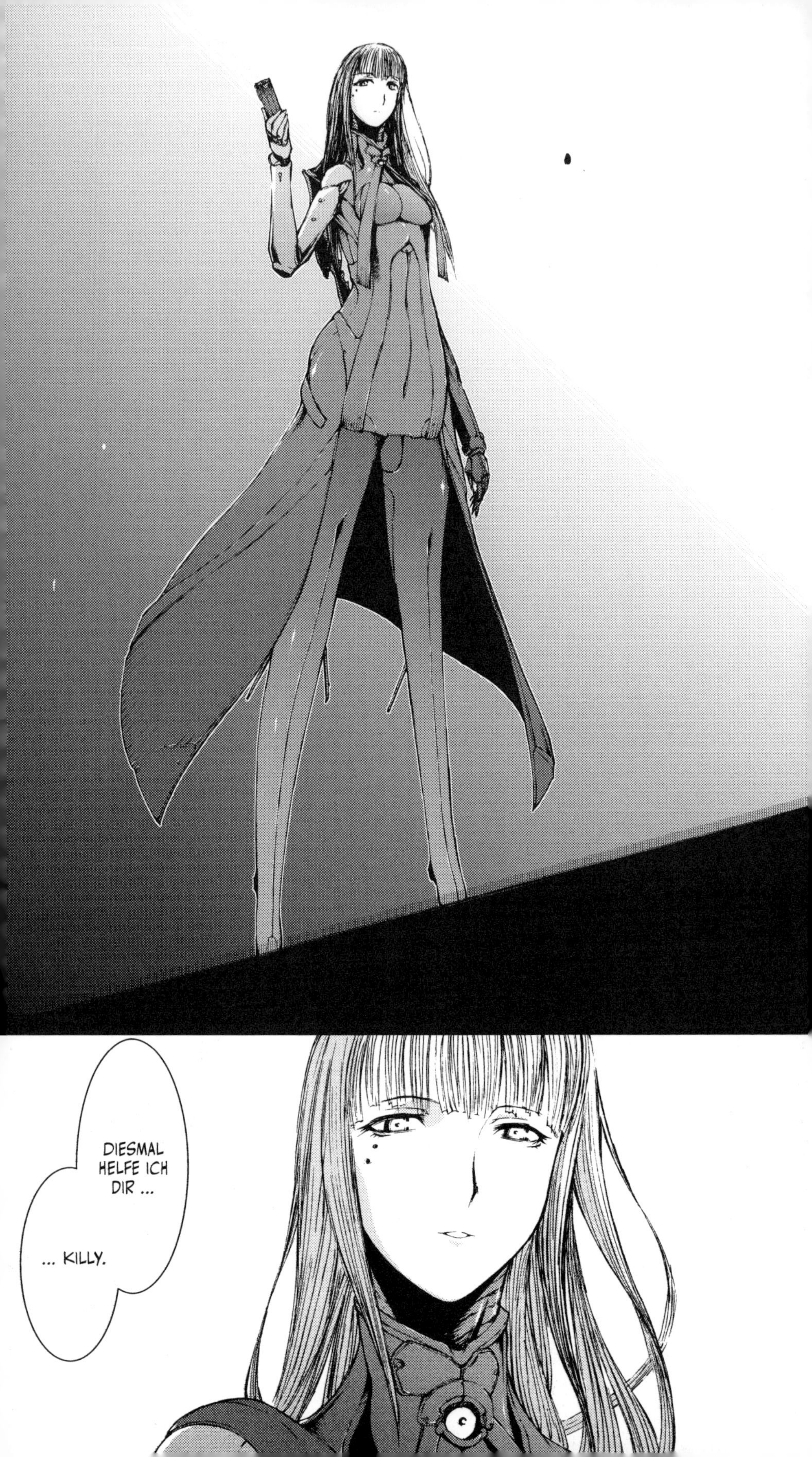
DIESMAL HELFE ICH DIR ...
... KILLY.

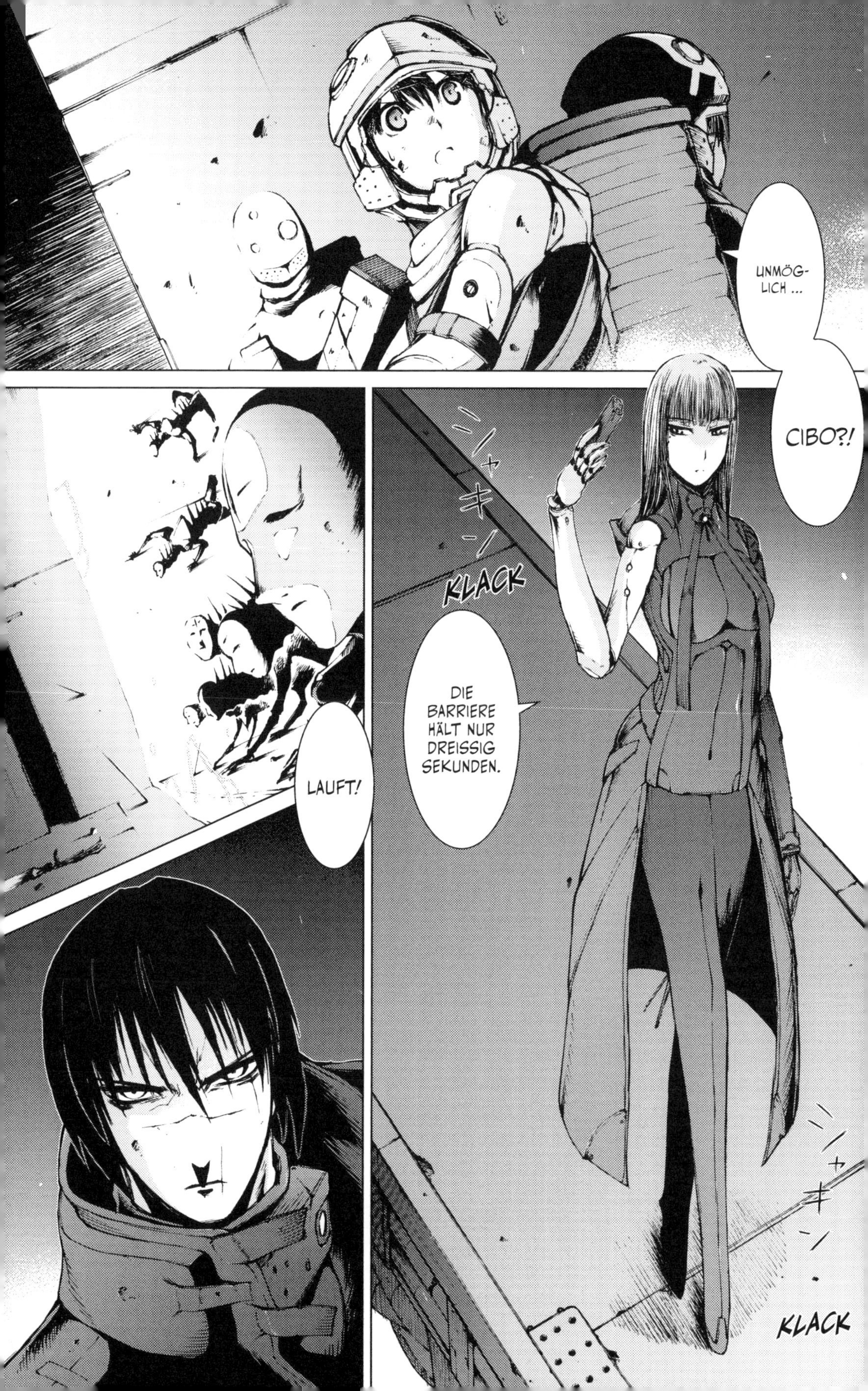
UNMÖG-
LICH ...
CIBO?!
KLACK
DIE BARRIERE HÄLT NUR DREISSIG SEKUNDEN.
LAUFT!
KLACK

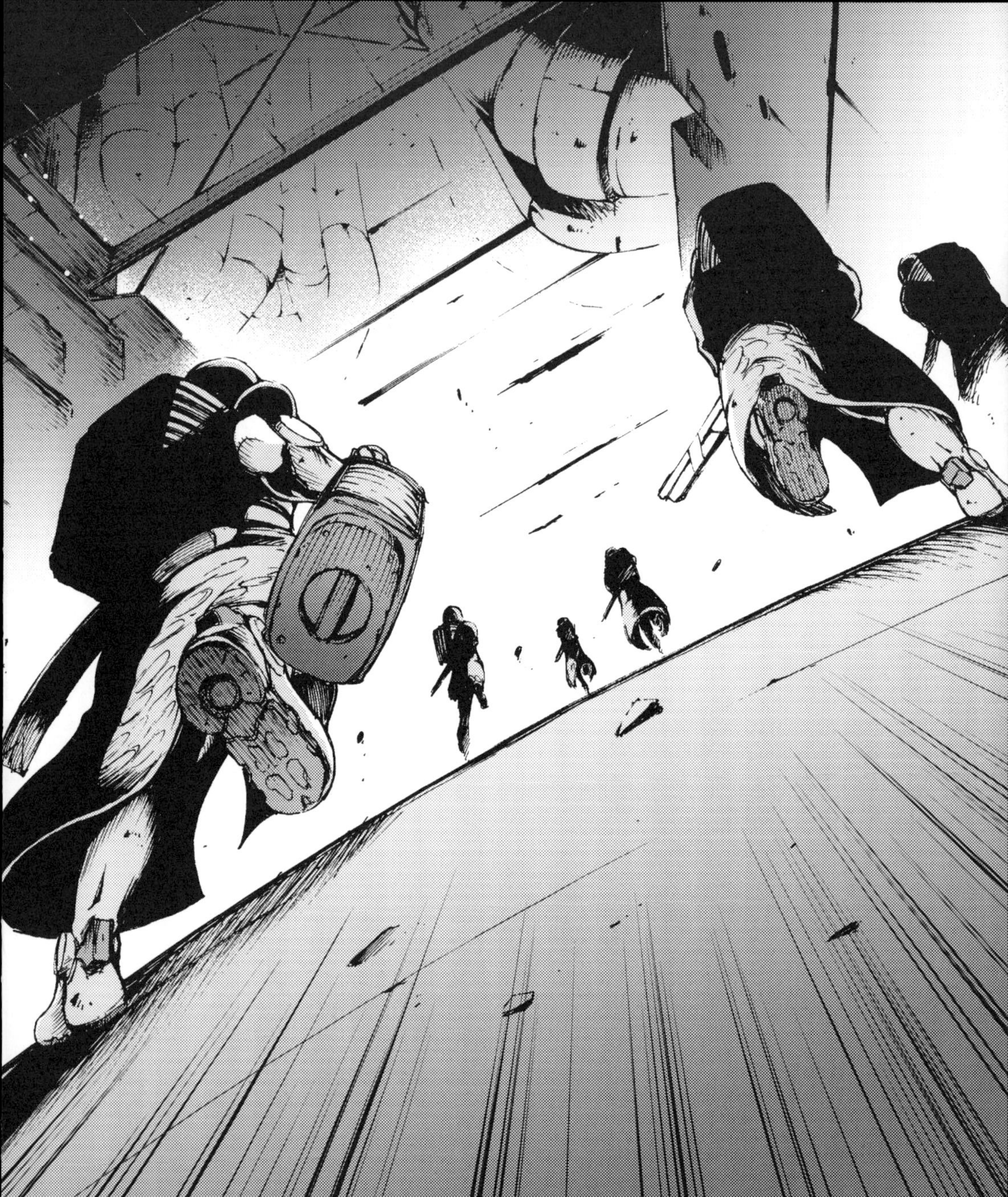

::LOG.05::

METAMORPHOSE

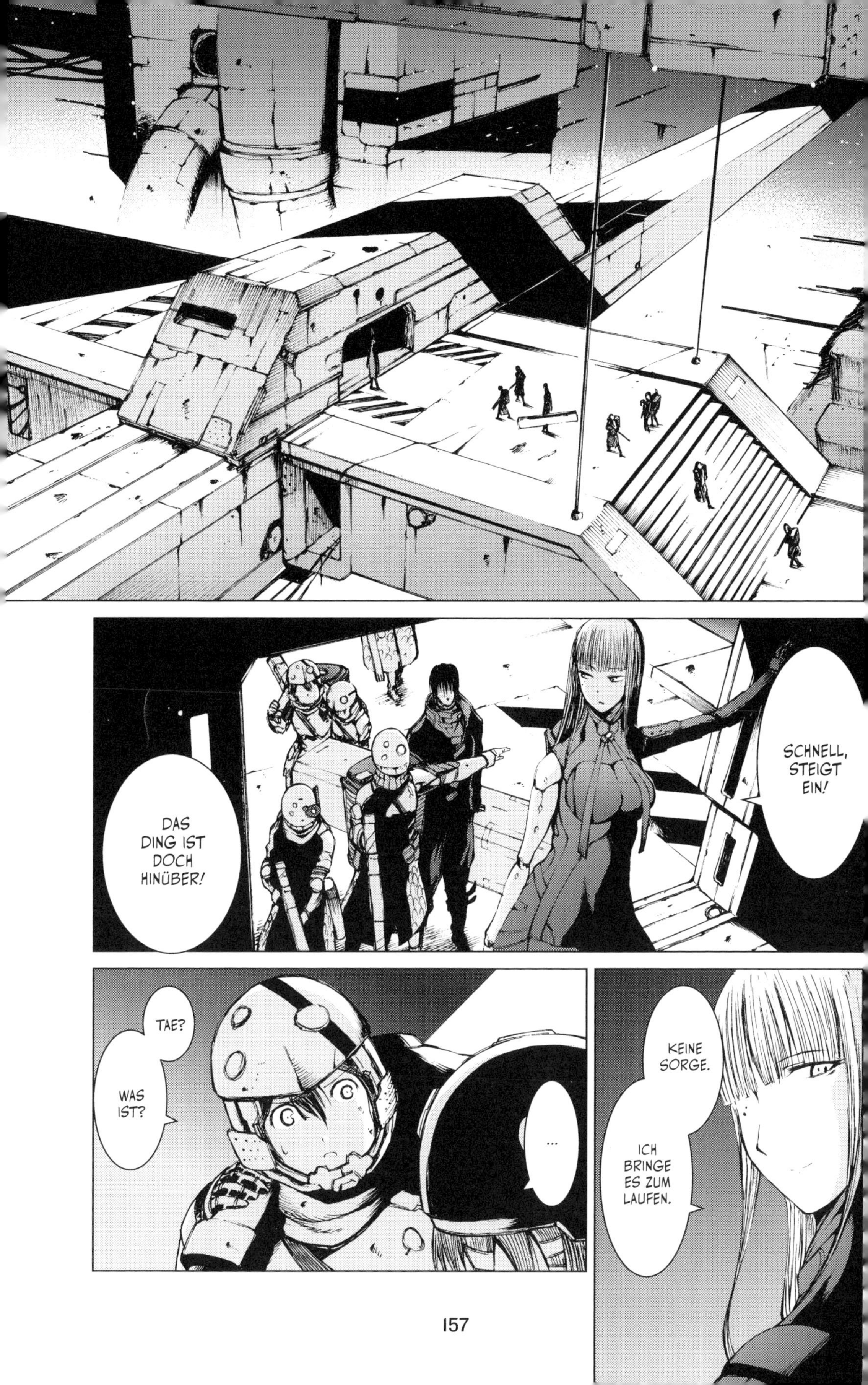

SCHNELL, STEIGT EIN!
DAS DING IST DOCH HINÜBER!
KEINE SORGE.
ICH BRINGE ES ZUM LAUFEN.
TAE?
WAS IST?
...

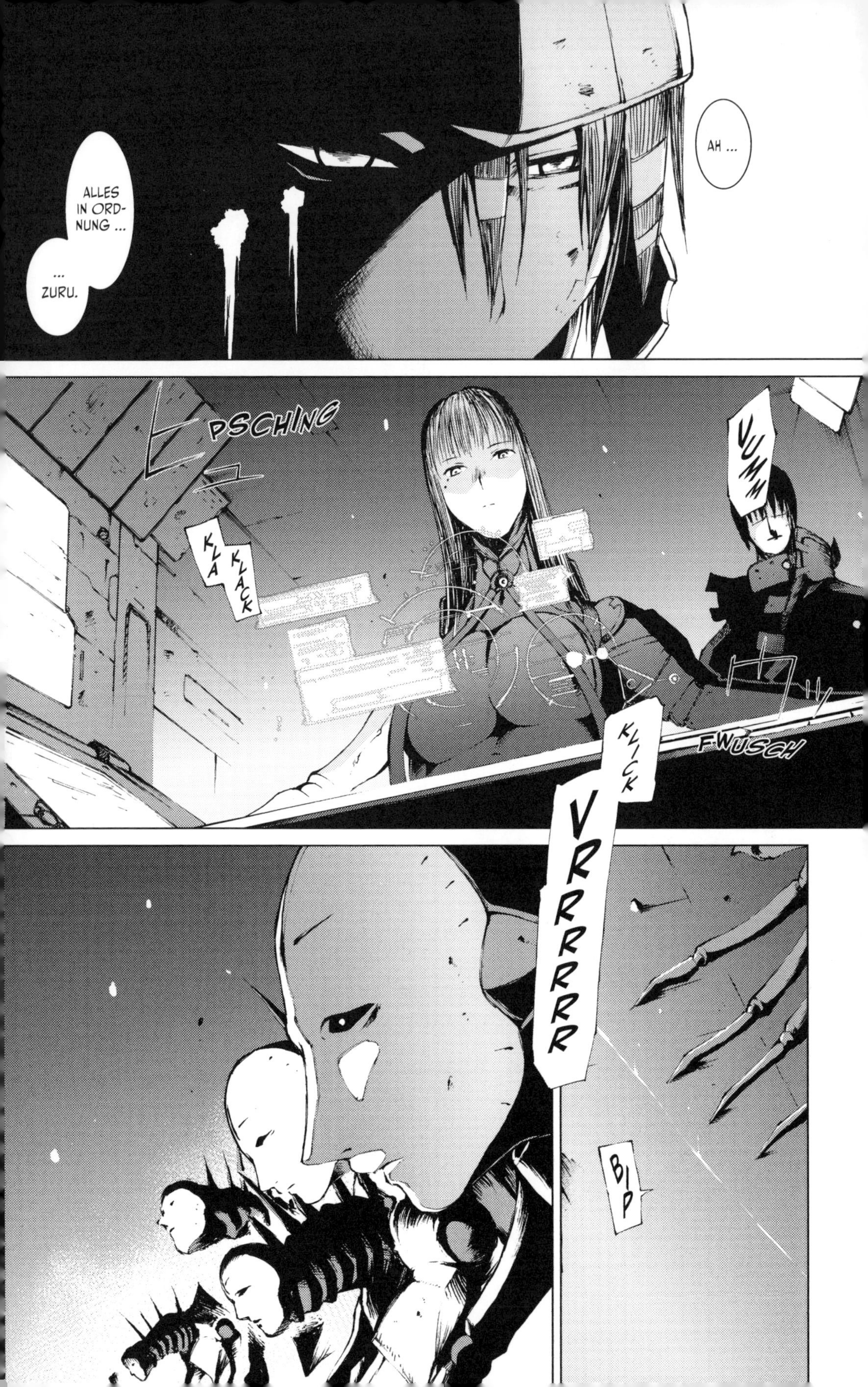
AH ...
ALLES IN ORDNUNG ...
... ZURU.
PSCHING
VUMM
KLA KLACK
FWUSCH
KLICK
VRRRRRR
BIP

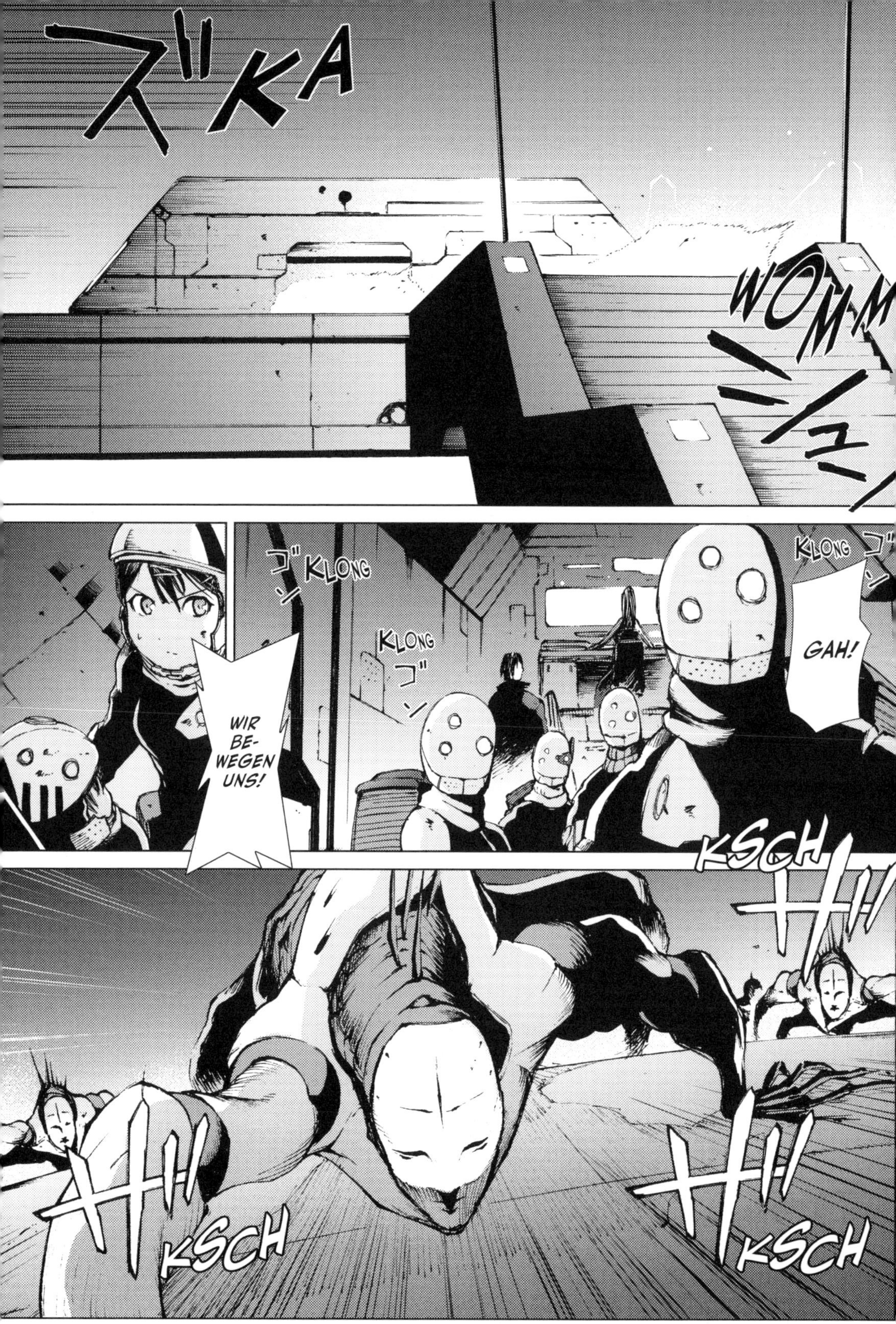
ズKA
WOMM
シュ
KLONG ゴン
GAH!
KLONG ゴン
ゴン KLONG
WIR BE-WEGEN UNS!
KSCH
KSCH
KSCH

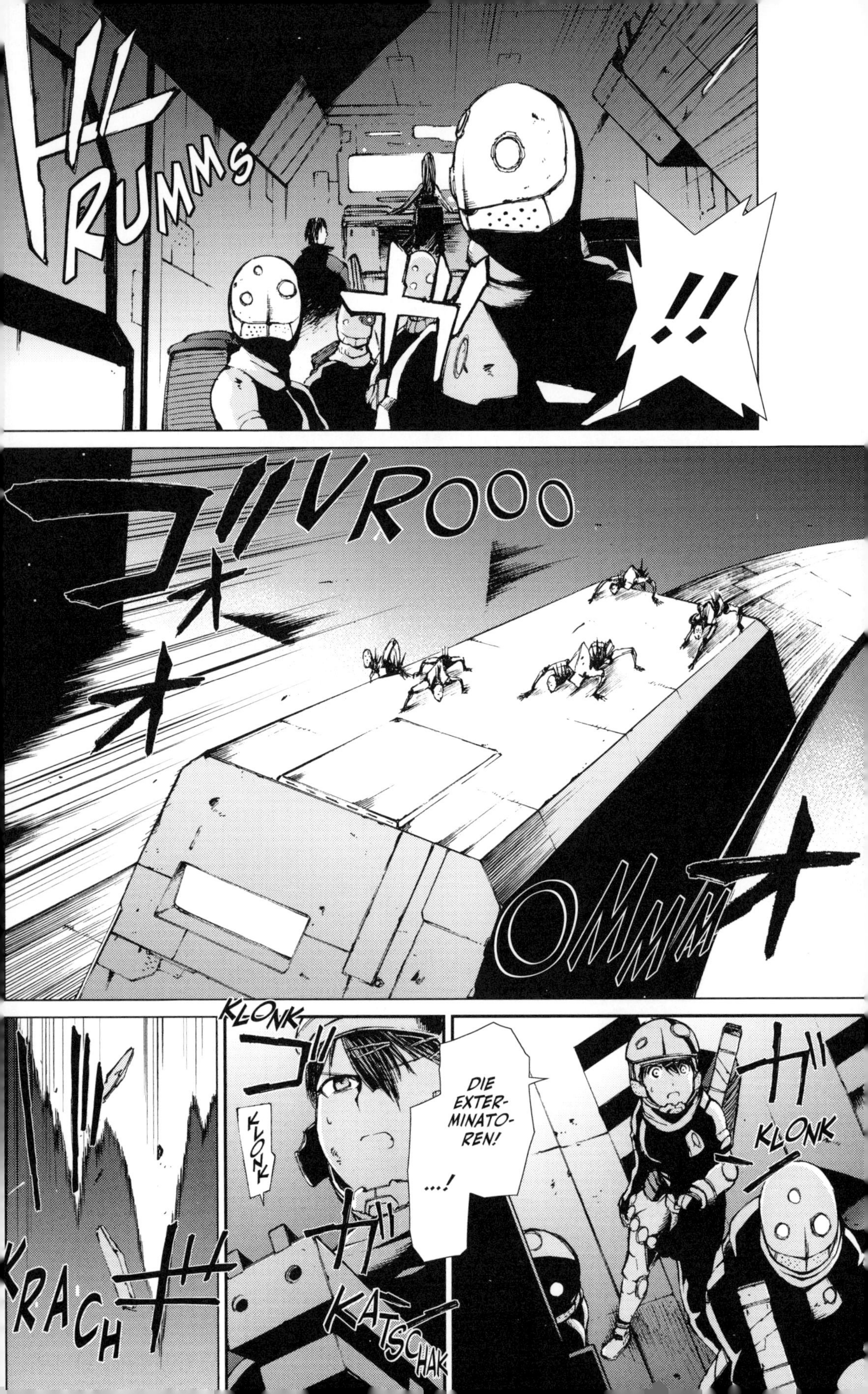
RUMMS
!!
VROOO
OMMM
KLONK
DIE EXTER-MINATO-REN!
KLONK
...!
KLONK
KRACH
KATSCHAK

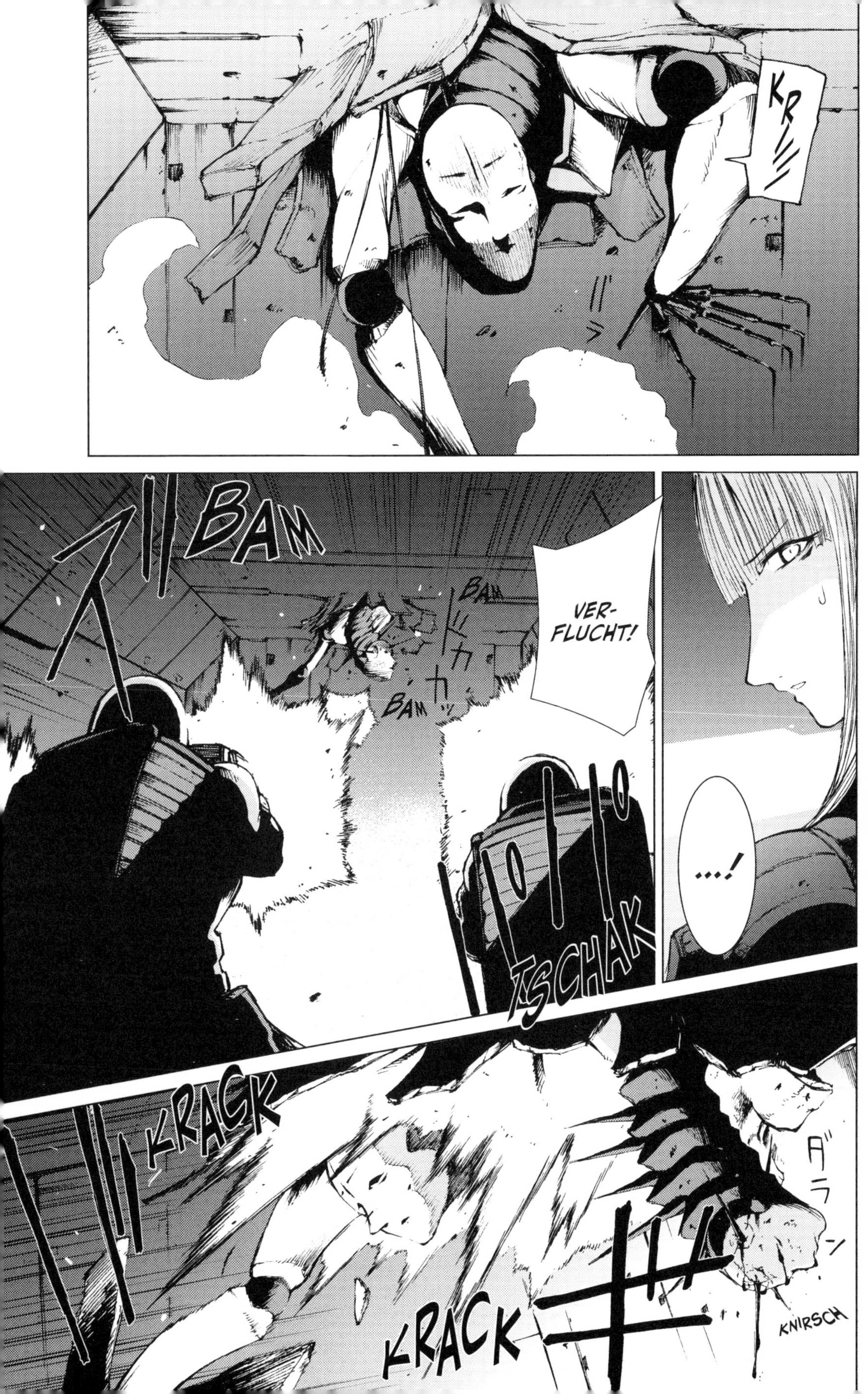

KR...
BAM
BAM
BAM
VERFLUCHT!
...!
TSCHAK
KRACK
KRACK
KNIRSCH

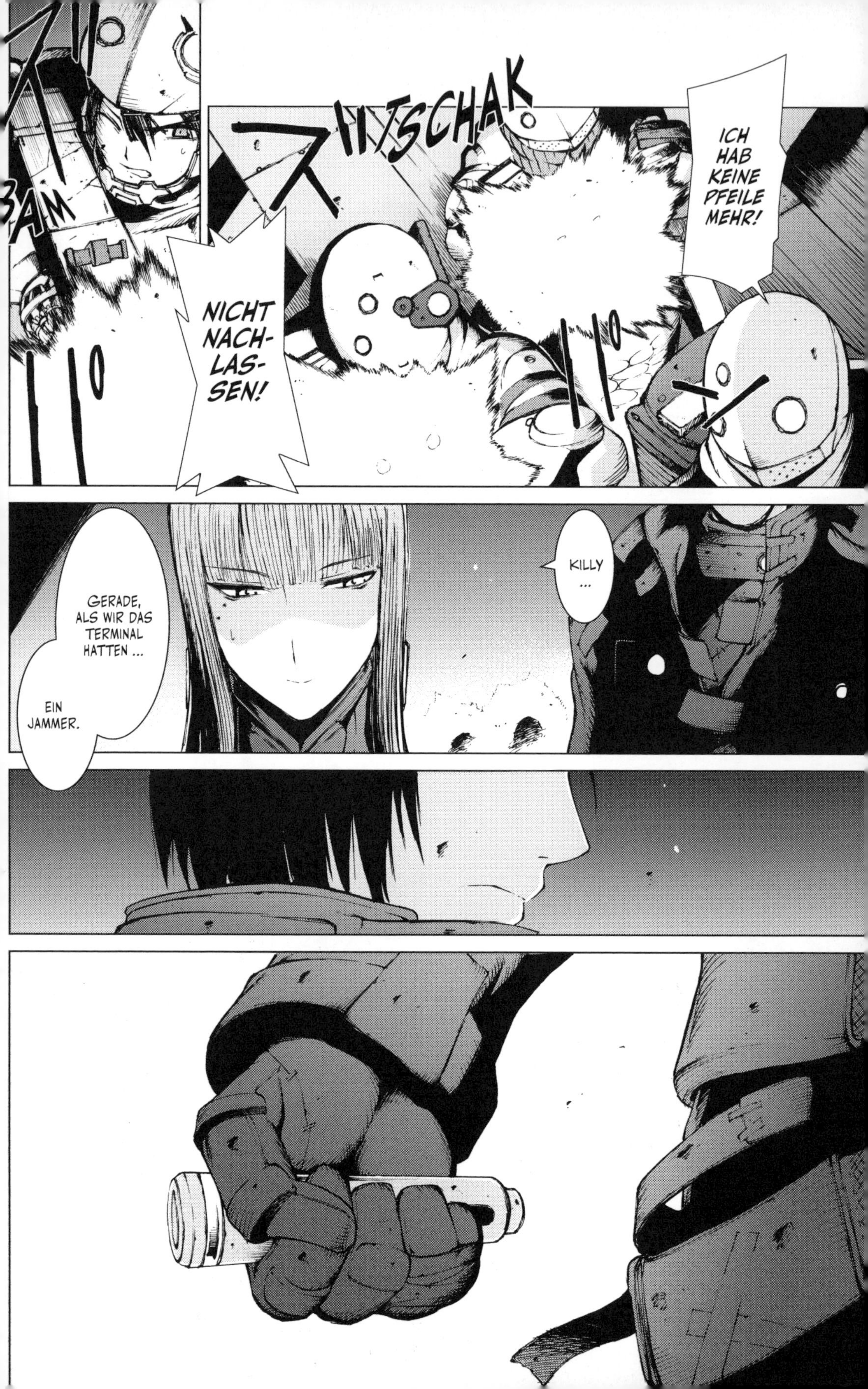
BAM
ICH HAB KEINE PFEILE MEHR!
ZTTSCHAK
NICHT NACH-LAS-SEN!
KILLY …
GERADE, ALS WIR DAS TERMINAL HATTEN …
EIN JAMMER.

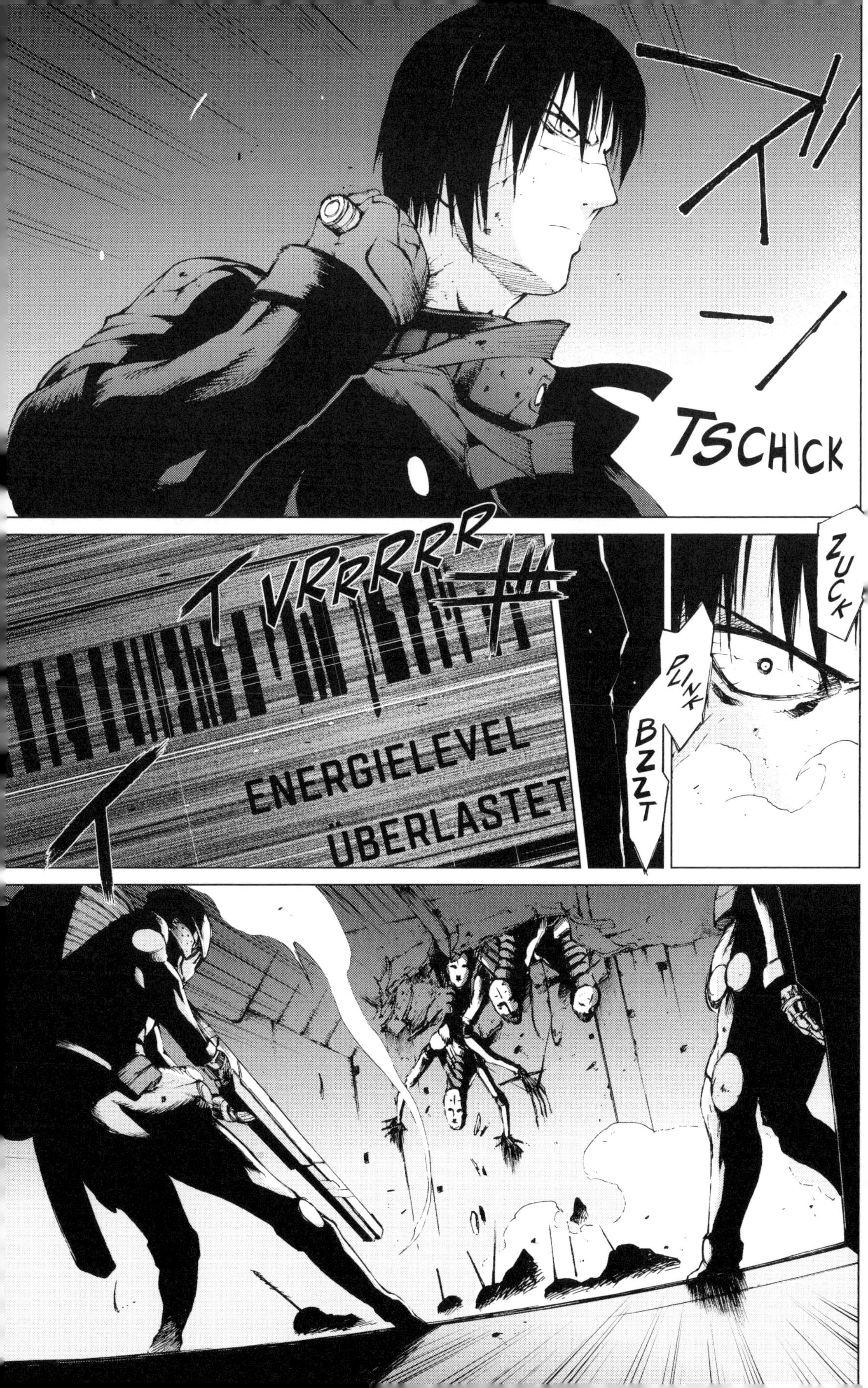
TSCHICK
VRRRRRR
ENERGIELEVEL
ÜBERLASTET
ZUCK
PLINK
BZZT

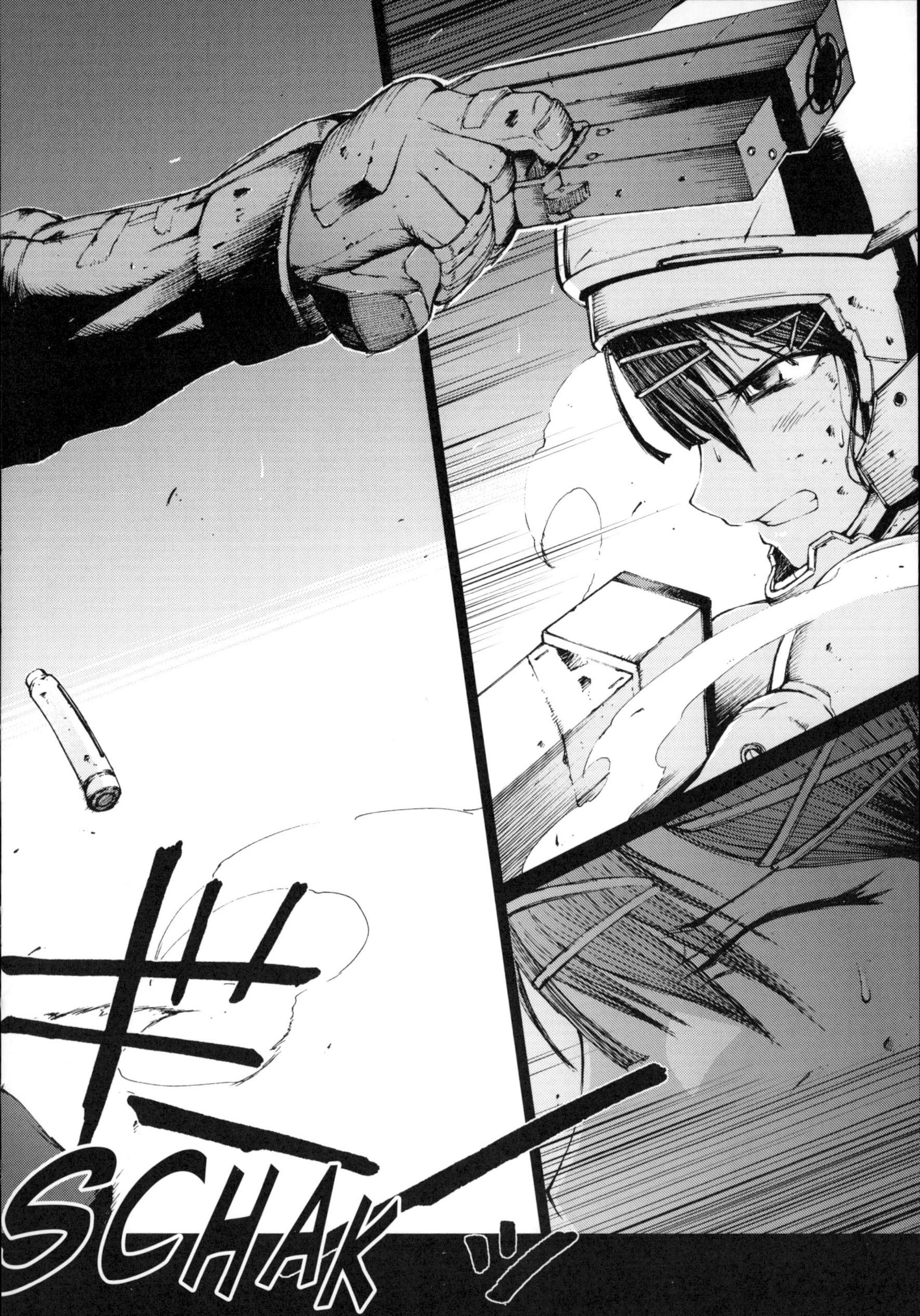
SCHAK

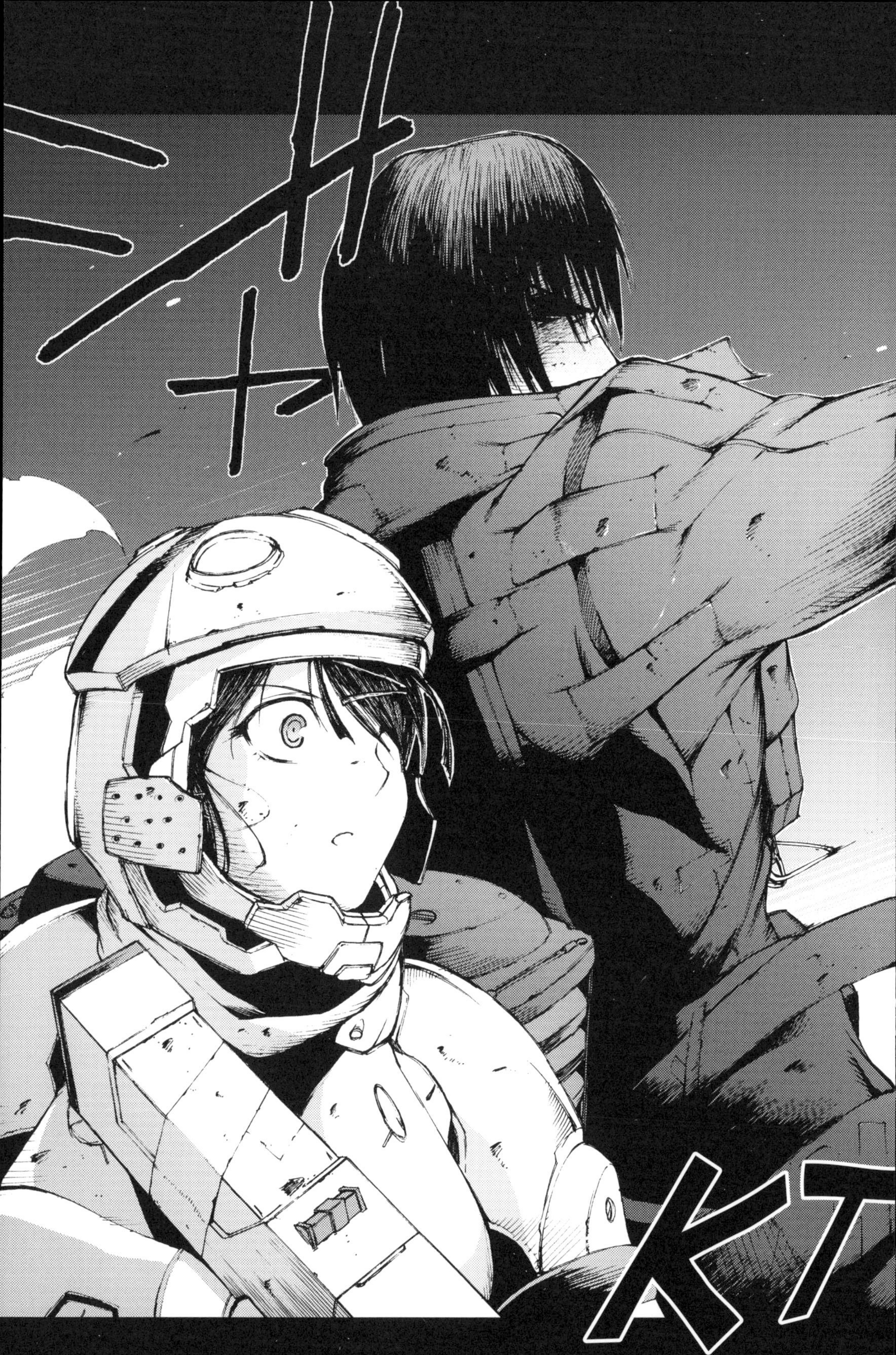
KT

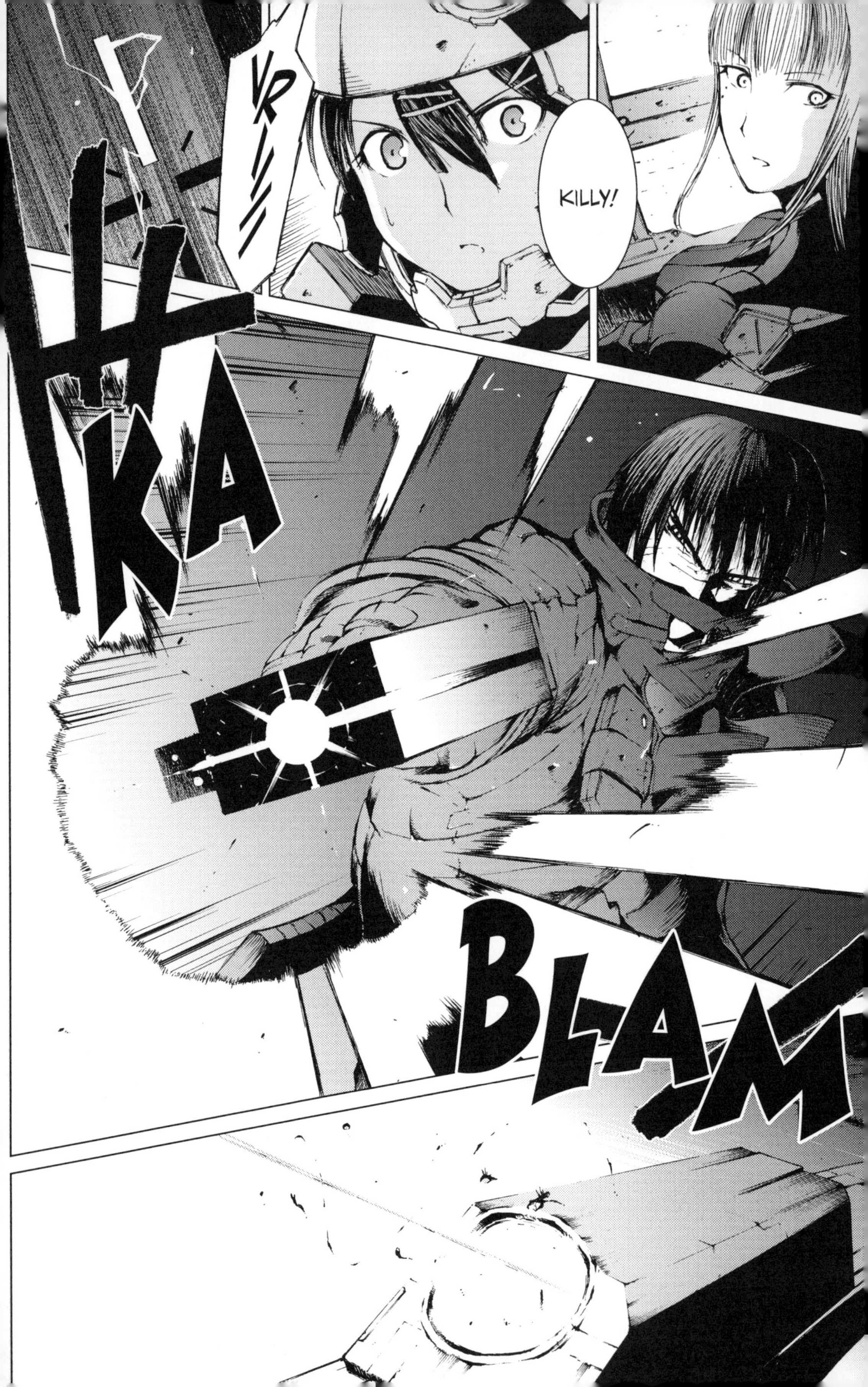
VRIII
KILLY!
KA
BLAM

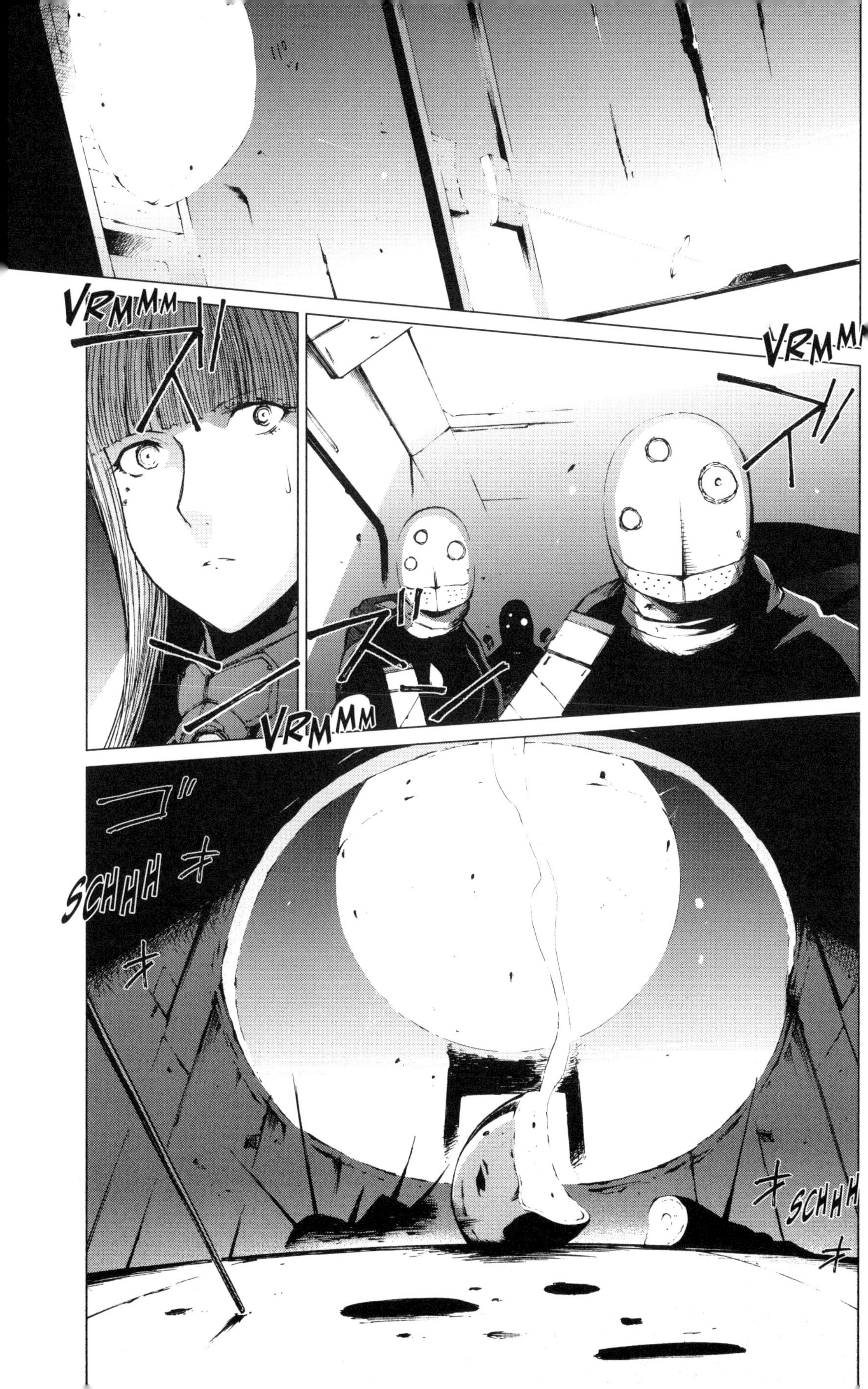

VRMMM
VRMMM
VRMMM
SCHHH
SCHHH

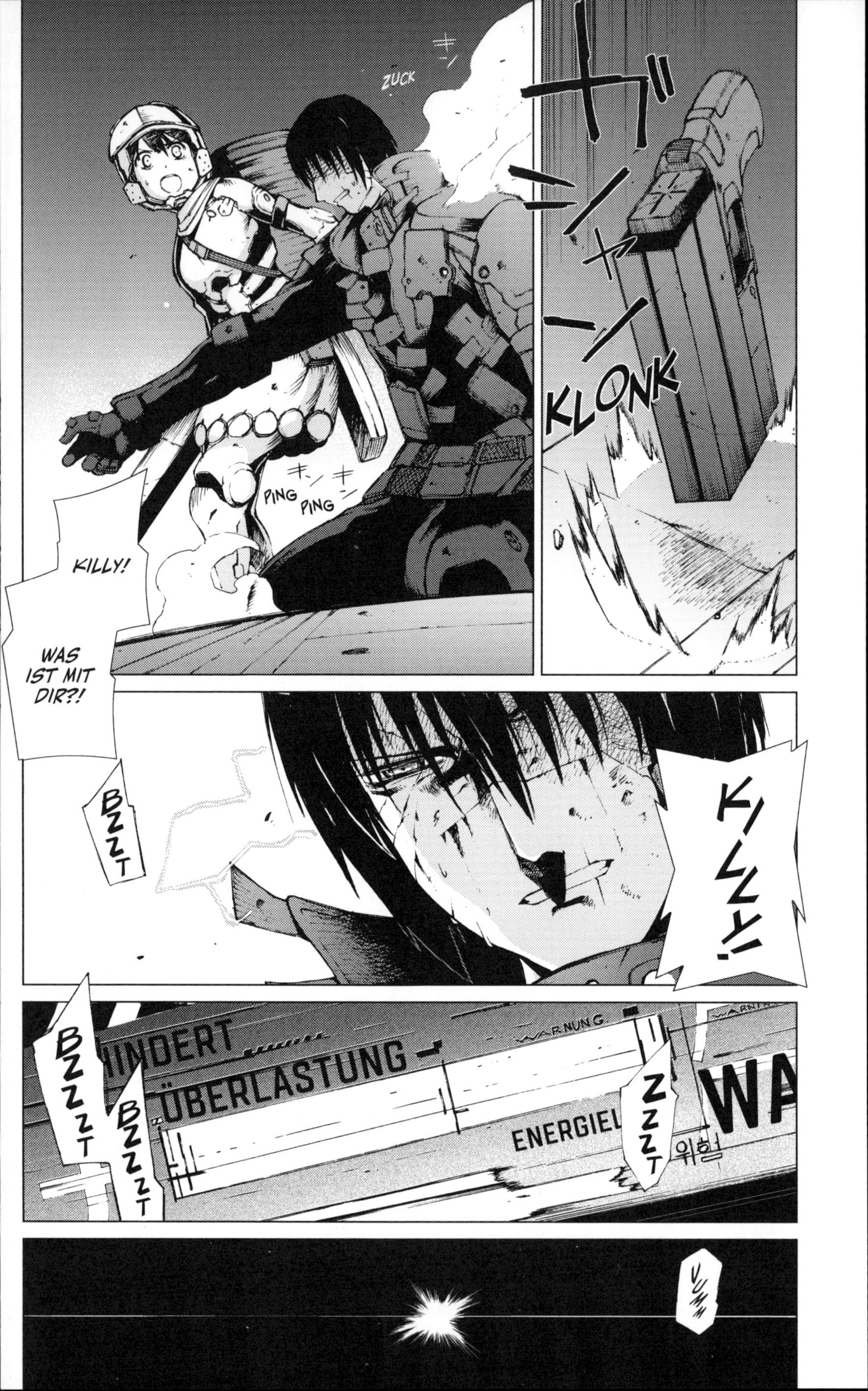
ZUCK
KLONK
PING
PING
KILLY!
WAS IST MIT DIR?!
BZZZT
KILLY!!
BZZZT
BZZZT
HINDERT
ÜBERLASTUNG
WARNUNG
ENERGIEL
ZZZT
WA
VUMM

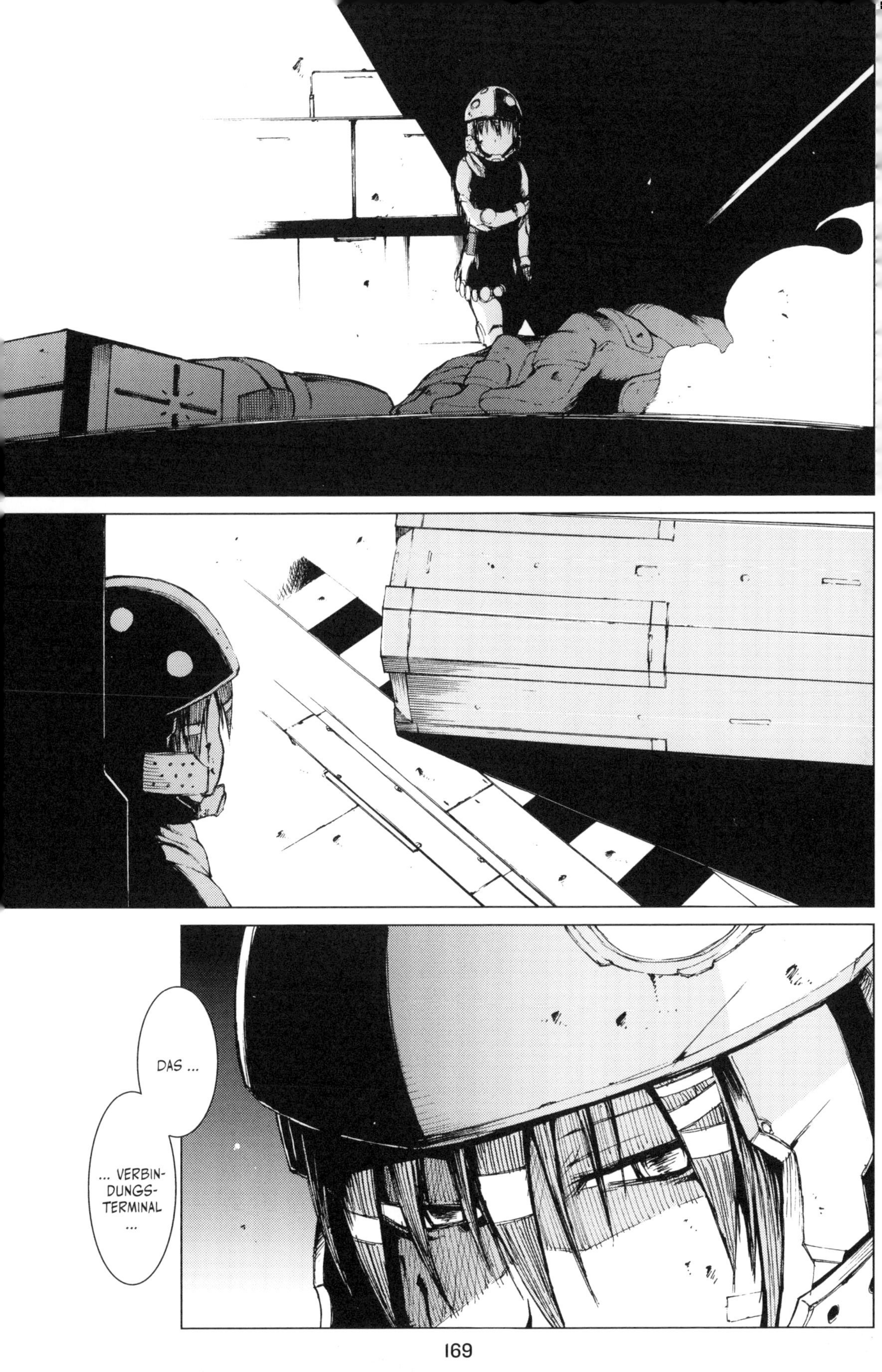
DAS ...
... VERBIN-
DUNGS-
TERMINAL
...

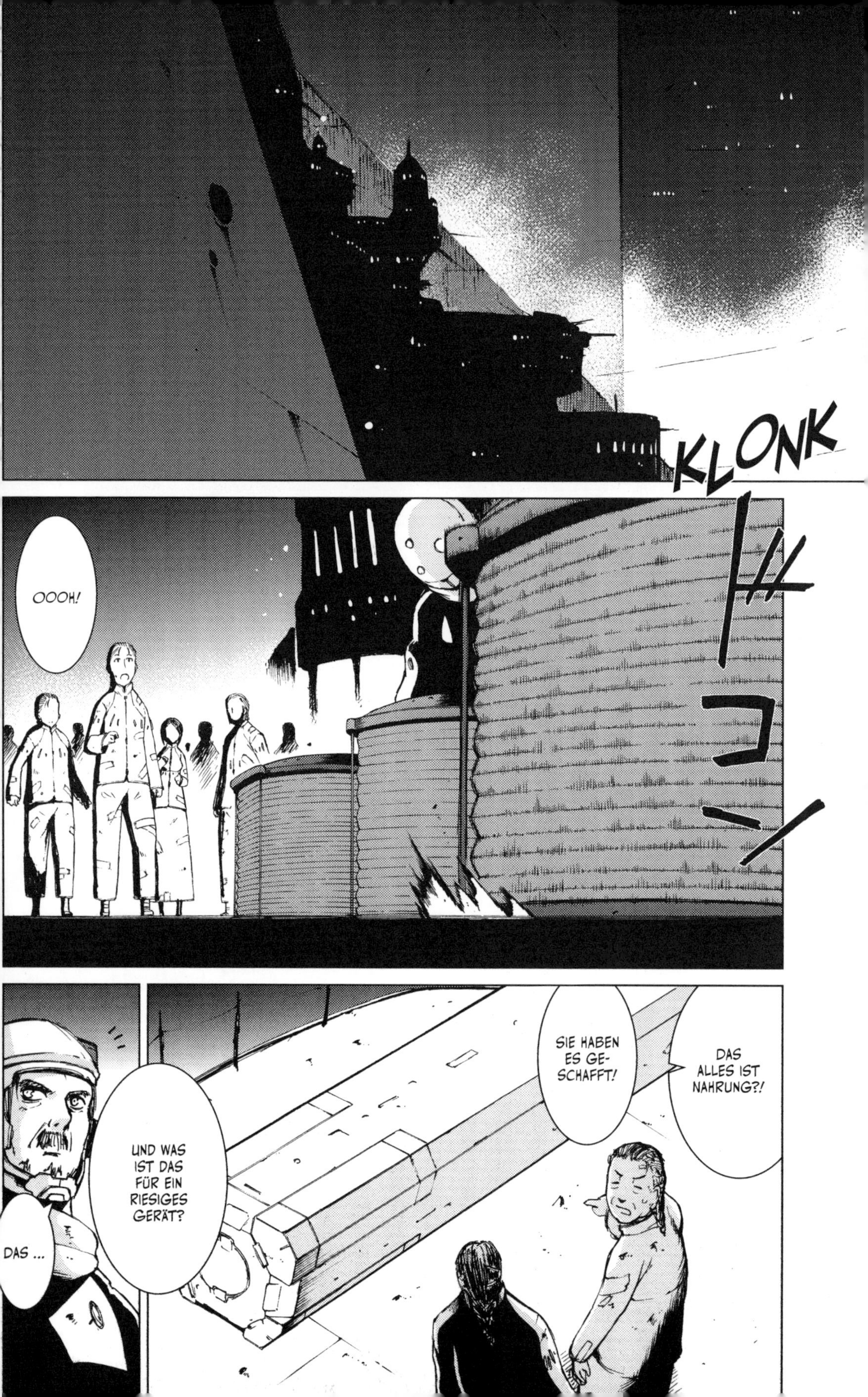
KLONK
OOOH!
DAS ALLES IST NAHRUNG?!
SIE HABEN ES GESCHAFFT!
UND WAS IST DAS FÜR EIN RIESIGES GERÄT?
DAS ...

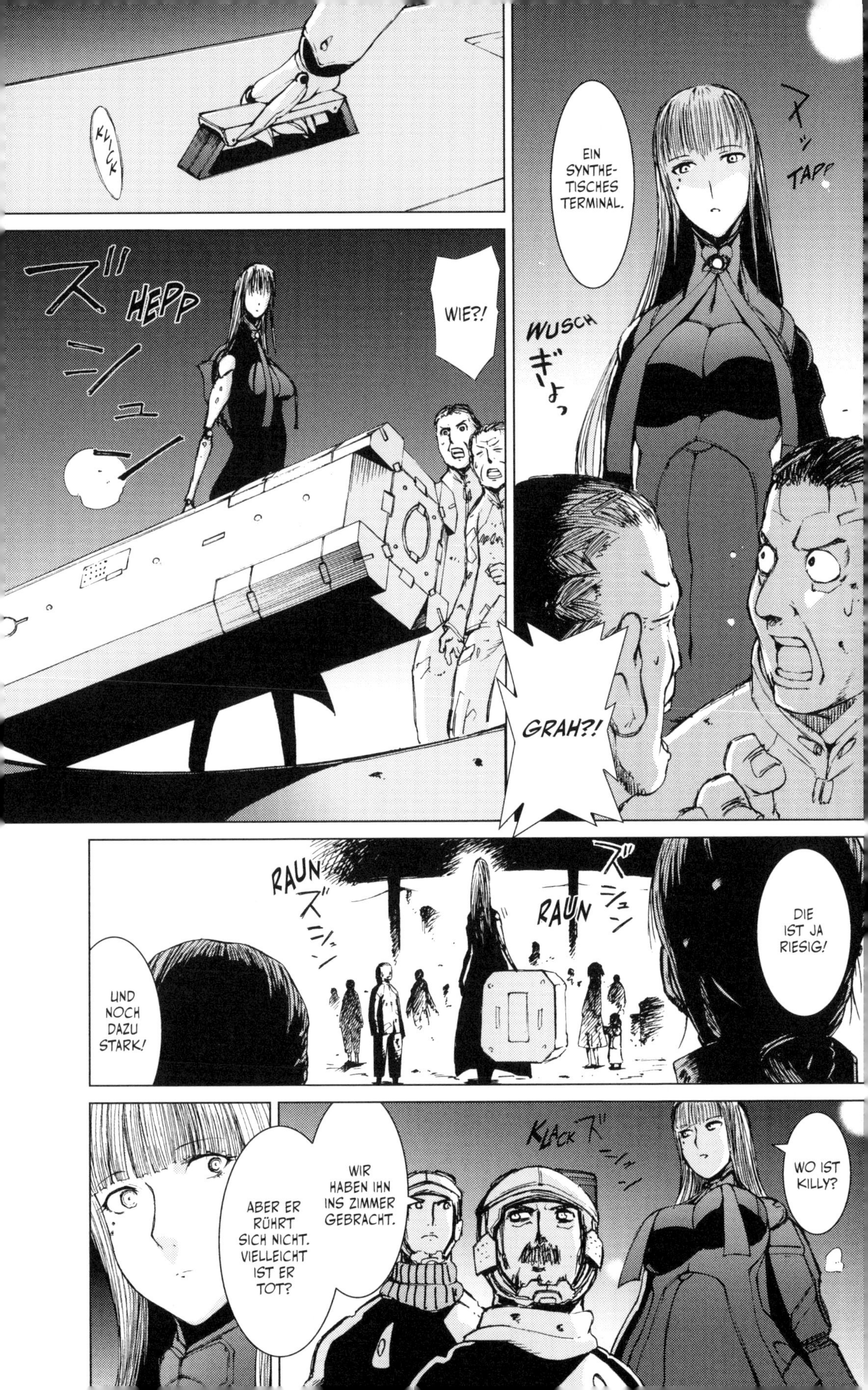

EIN SYNTHETISCHES TERMINAL.
TAP!
KLICK
WUSCH
WIE?!
HEPP
GRAH?!
RAUN
RAUN
DIE IST JA RIESIG!
UND NOCH DAZU STARK!
KLACK
WO IST KILLY?
WIR HABEN IHN INS ZIMMER GEBRACHT.
ABER ER RÜHRT SICH NICHT. VIELLEICHT IST ER TOT?

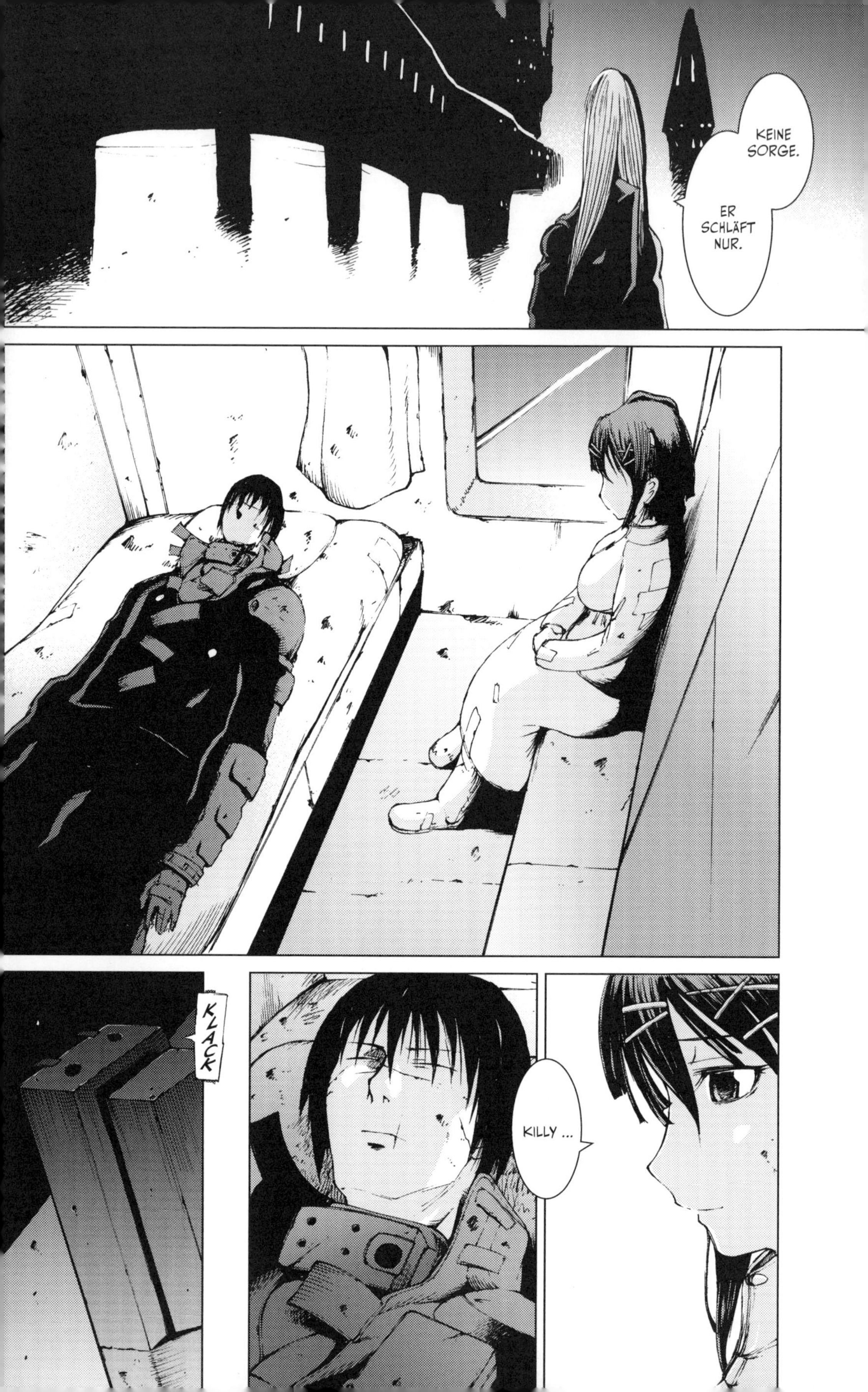
KEINE SORGE.
ER SCHLÄFT NUR.
KLACK
KILLY ...

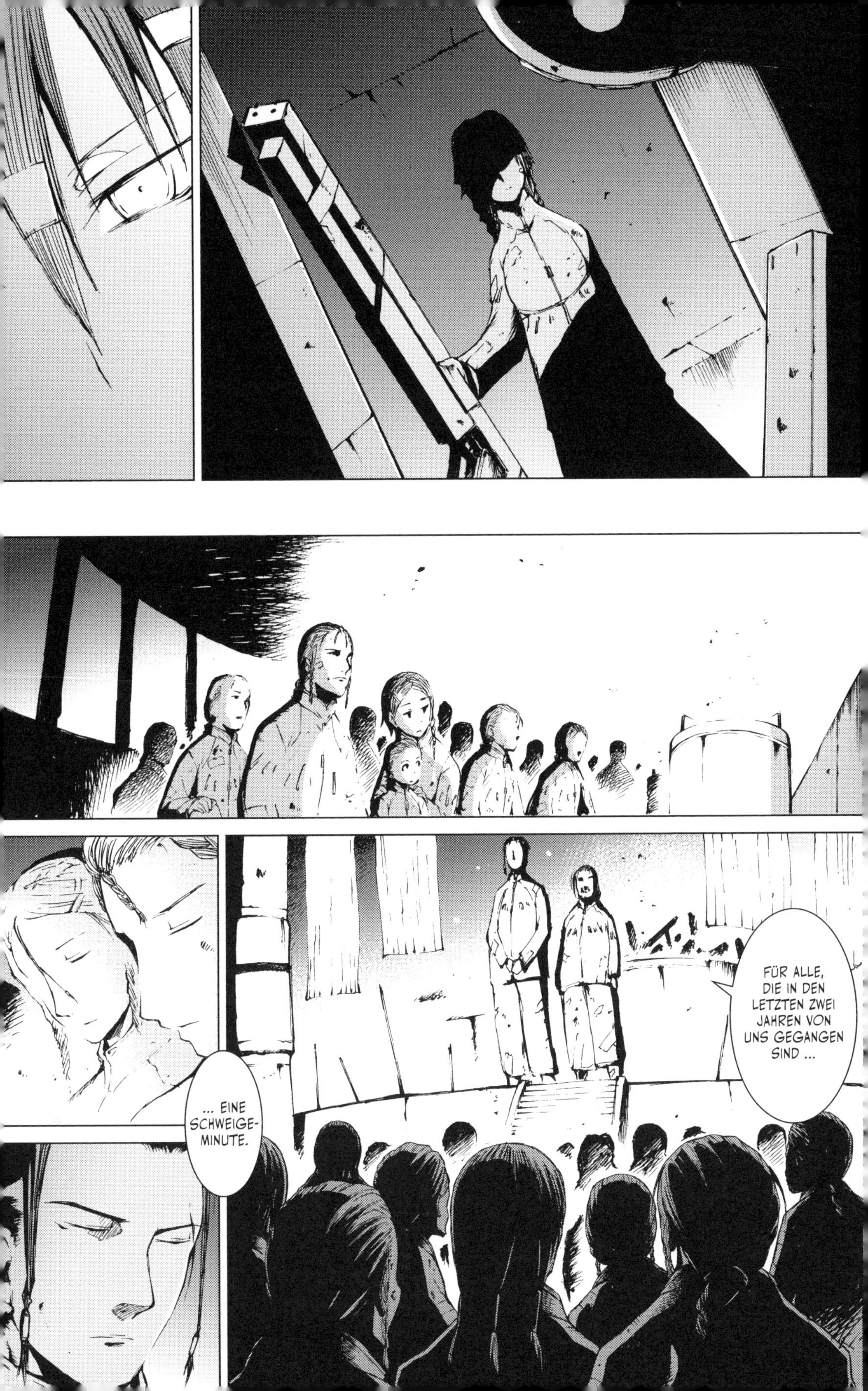
FÜR ALLE, DIE IN DEN LETZTEN ZWEI JAHREN VON UNS GEGANGEN SIND ...
... EINE SCHWEIGE-MINUTE.

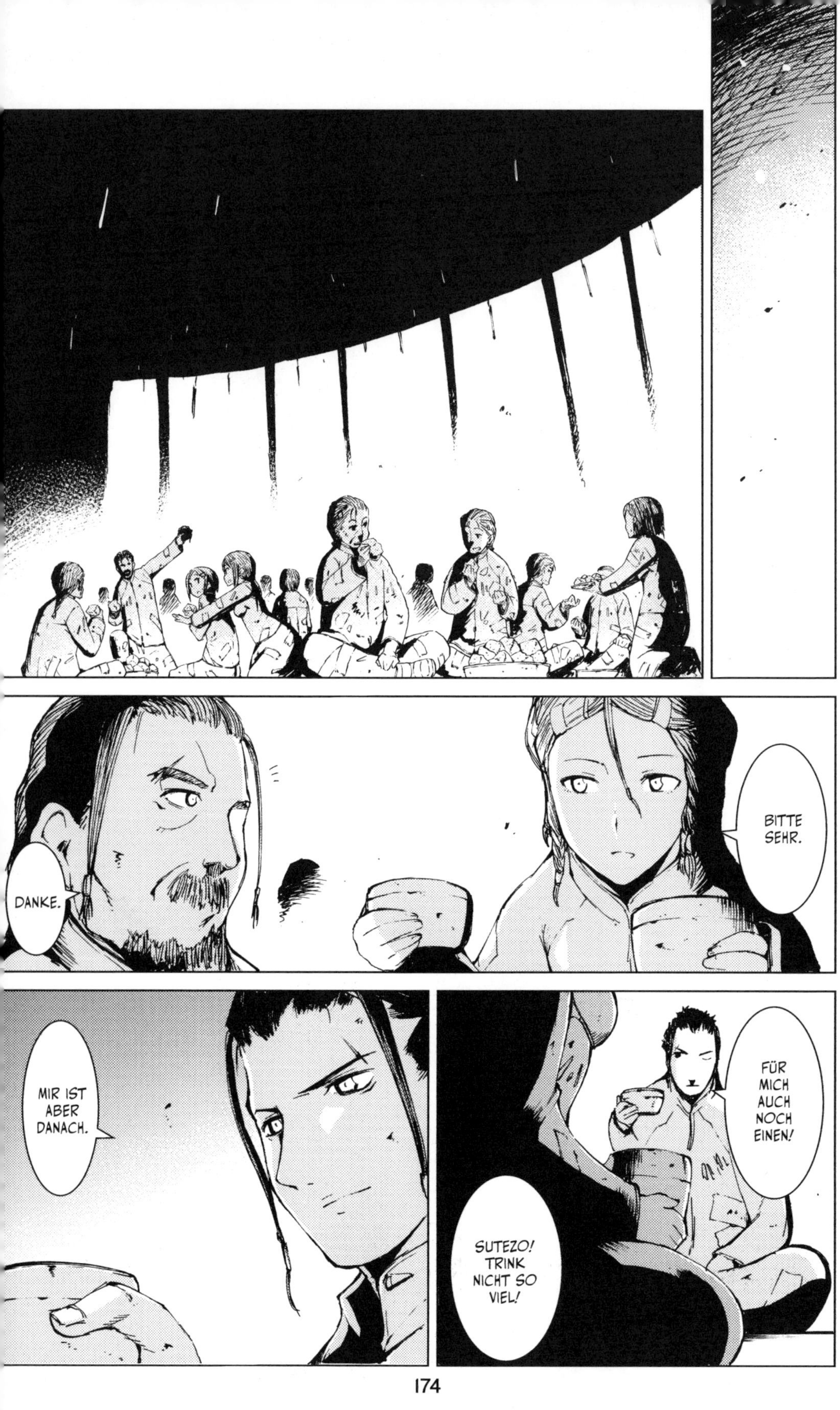
BITTE SEHR.
DANKE.
FÜR MICH AUCH NOCH EINEN!
SUTEZO! TRINK NICHT SO VIEL!
MIR IST ABER DANACH.

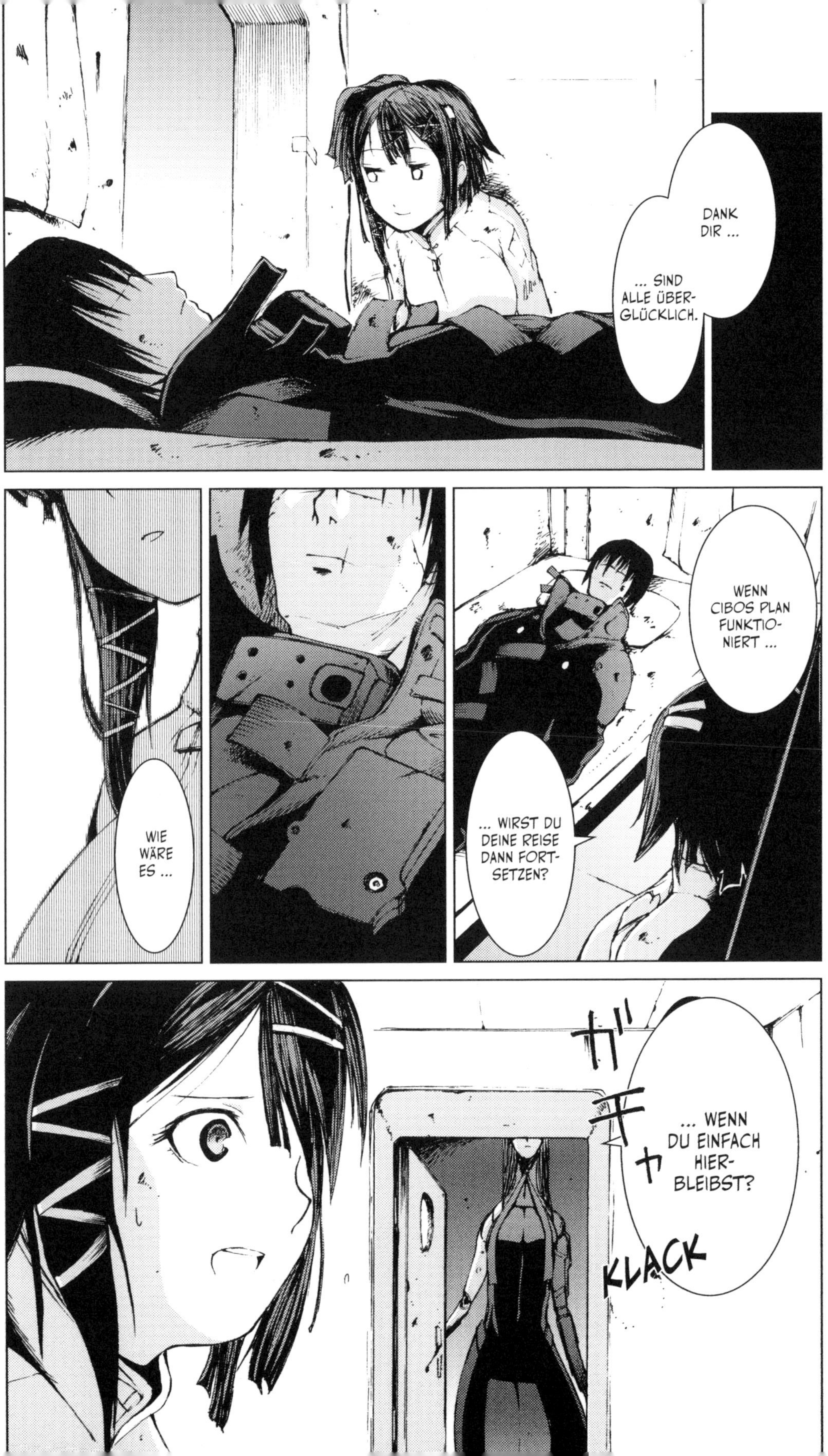
DANK DIR ...
... SIND ALLE ÜBER-GLÜCKLICH.
WENN CIBOS PLAN FUNKTIONIERT ...
... WIRST DU DEINE REISE DANN FORTSETZEN?
WIE WÄRE ES ...
... WENN DU EINFACH HIERBLEIBST?
ガチャ
KLACK

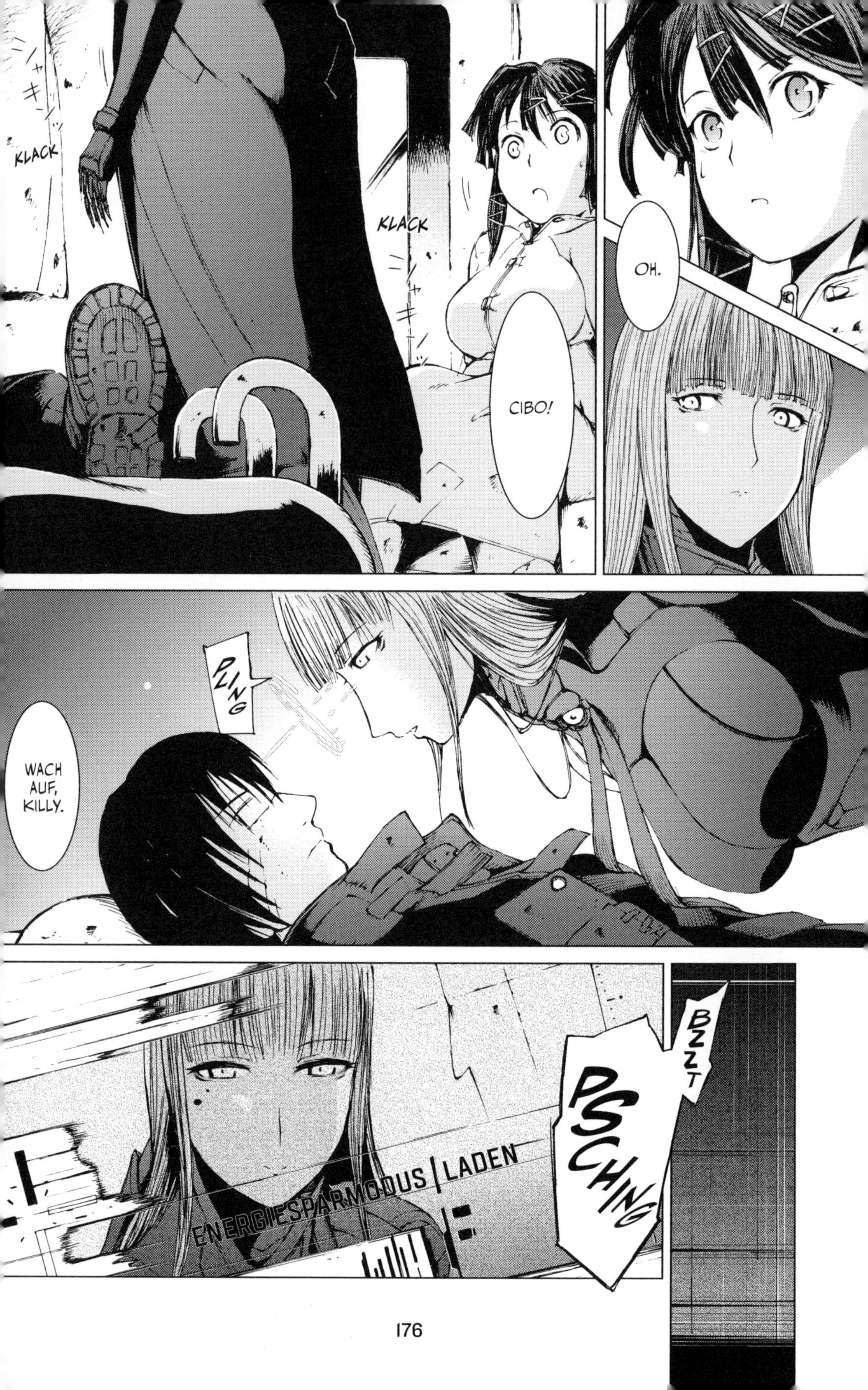
KLACK
KLACK
OH.
CIBO!
PLING
WACH AUF, KILLY.
BZZT
PSCHING
ENERGIESPARMODUS | LADEN

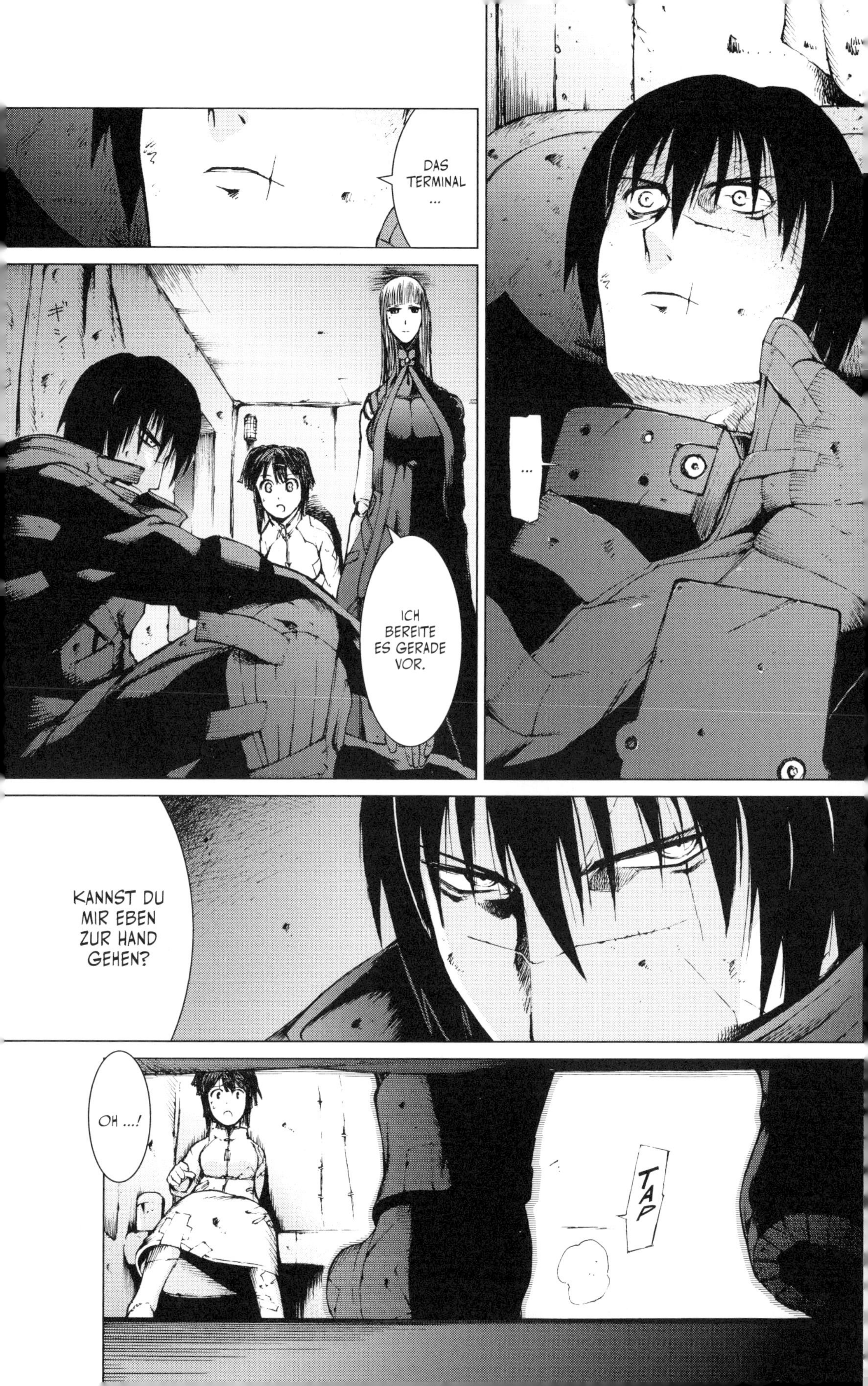
DAS TERMINAL ...
ICH BEREITE ES GERADE VOR.
...
KANNST DU MIR EBEN ZUR HAND GEHEN?
OH ...!
TAP

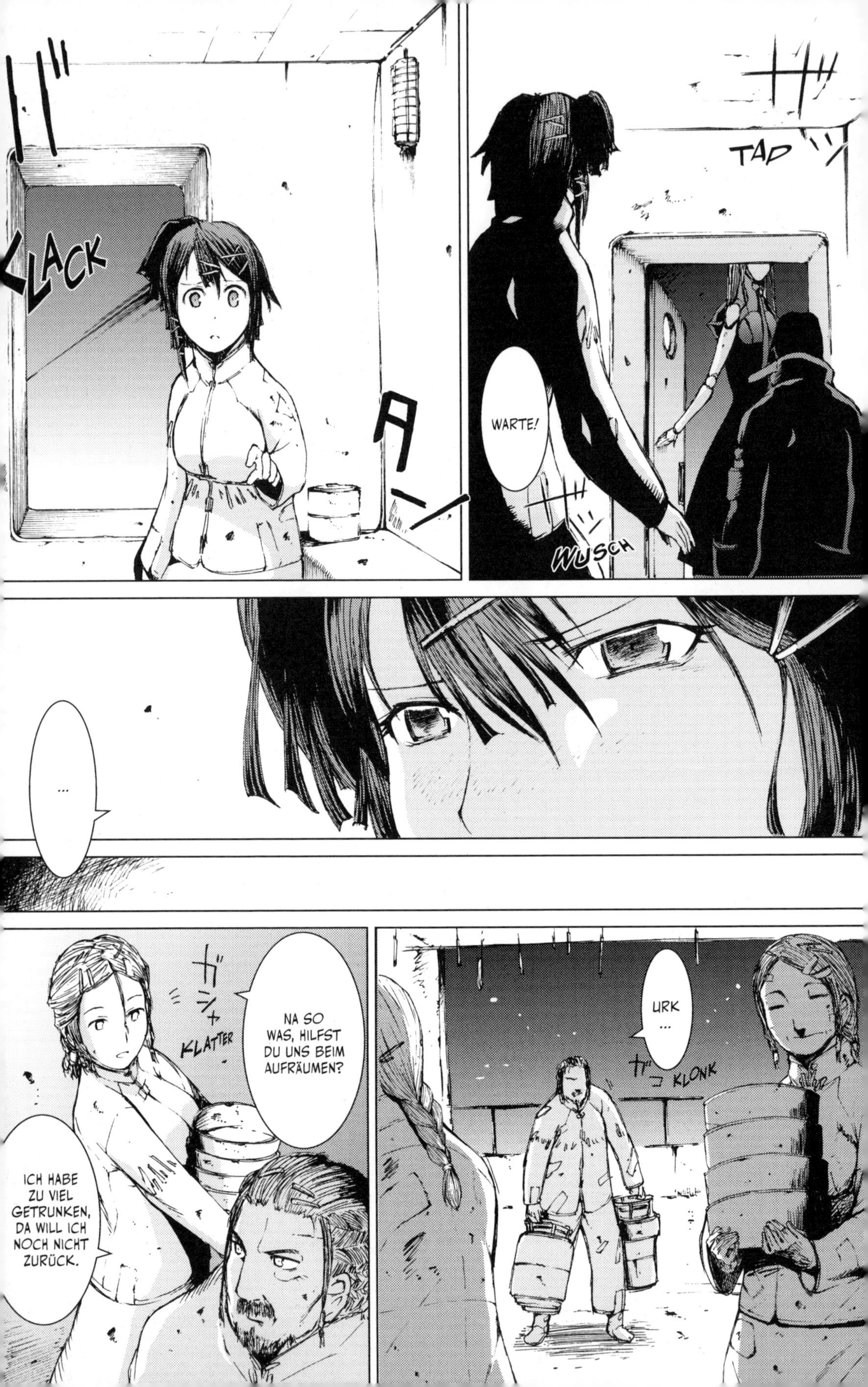
TAD
WARTE!
WUSCH
CLACK
...
URK ...
KLONK
NA SO WAS, HILFST DU UNS BEIM AUFRÄUMEN?
KLATTER
ICH HABE ZU VIEL GETRUNKEN, DA WILL ICH NOCH NICHT ZURÜCK.

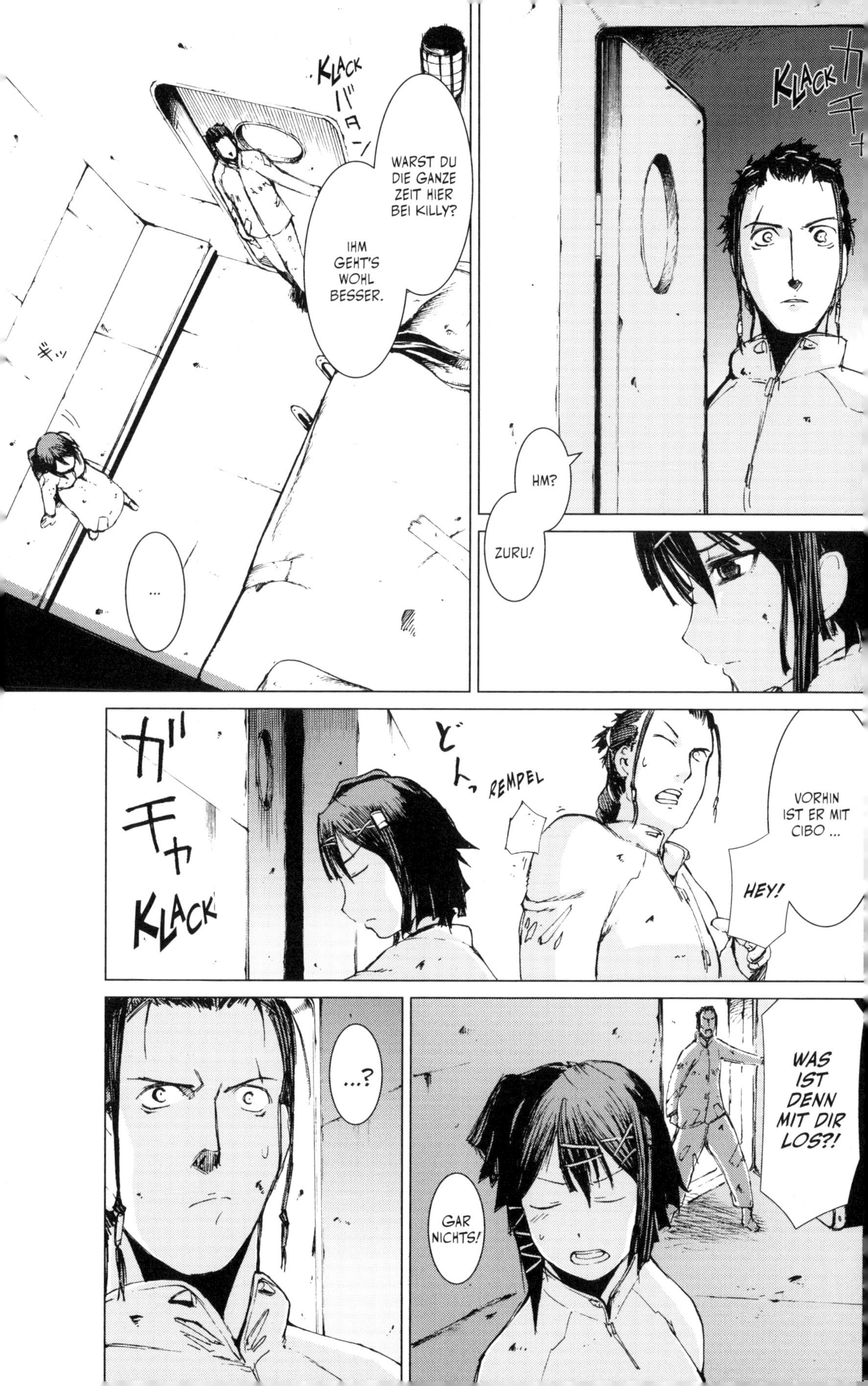
KLACK
カチャ
HM?
ZURU!
KLACK
バタン
WARST DU DIE GANZE ZEIT HIER BEI KILLY?
IHM GEHT'S WOHL BESSER.
ギッ
...
VORHIN IST ER MIT CIBO ...
HEY!
どんっ
REMPEL
ガチャ
KLACK
WAS IST DENN MIT DIR LOS?!
GAR NICHTS!
...?

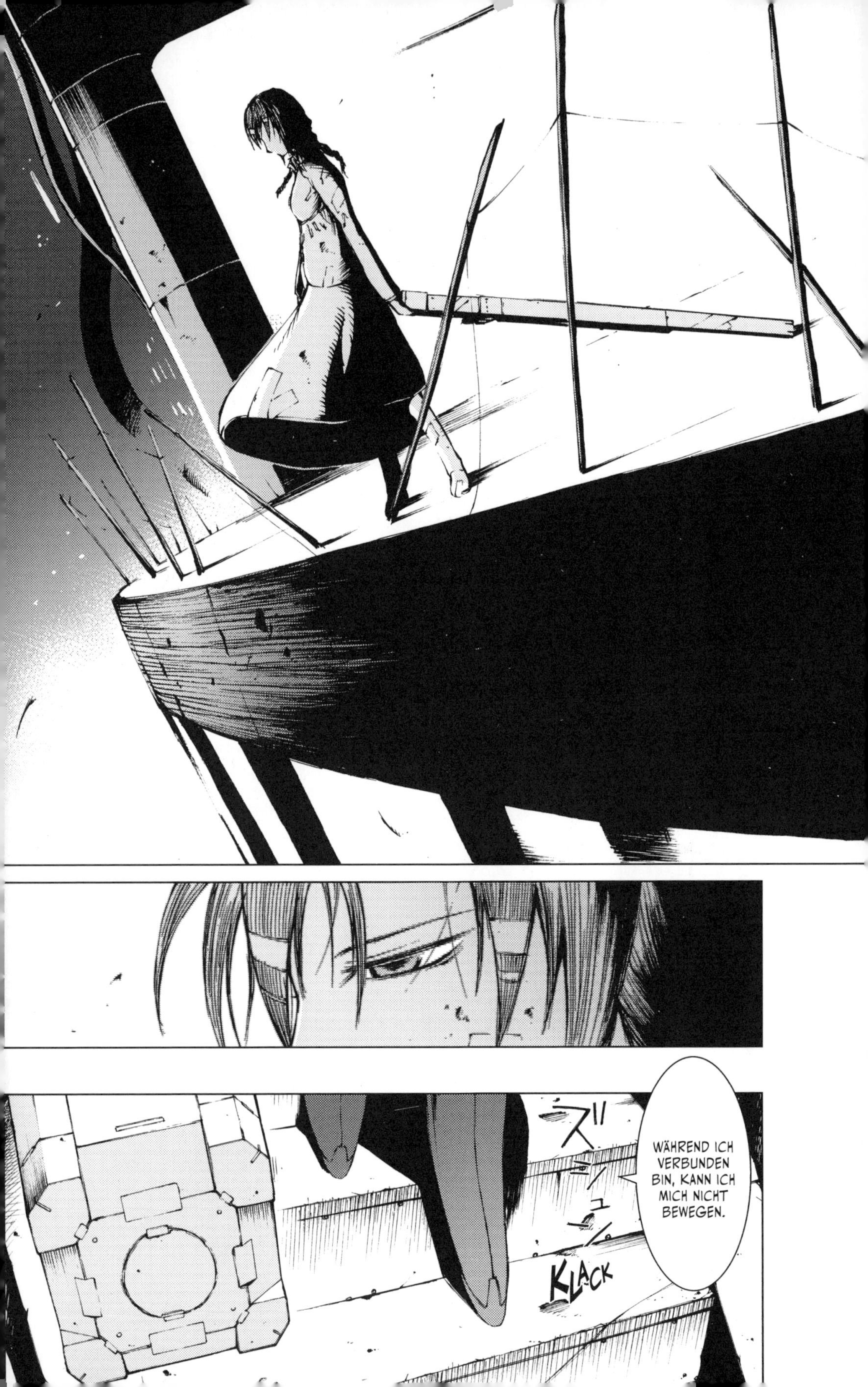
WÄHREND ICH VERBUNDEN BIN, KANN ICH MICH NICHT BEWEGEN.
KLACK

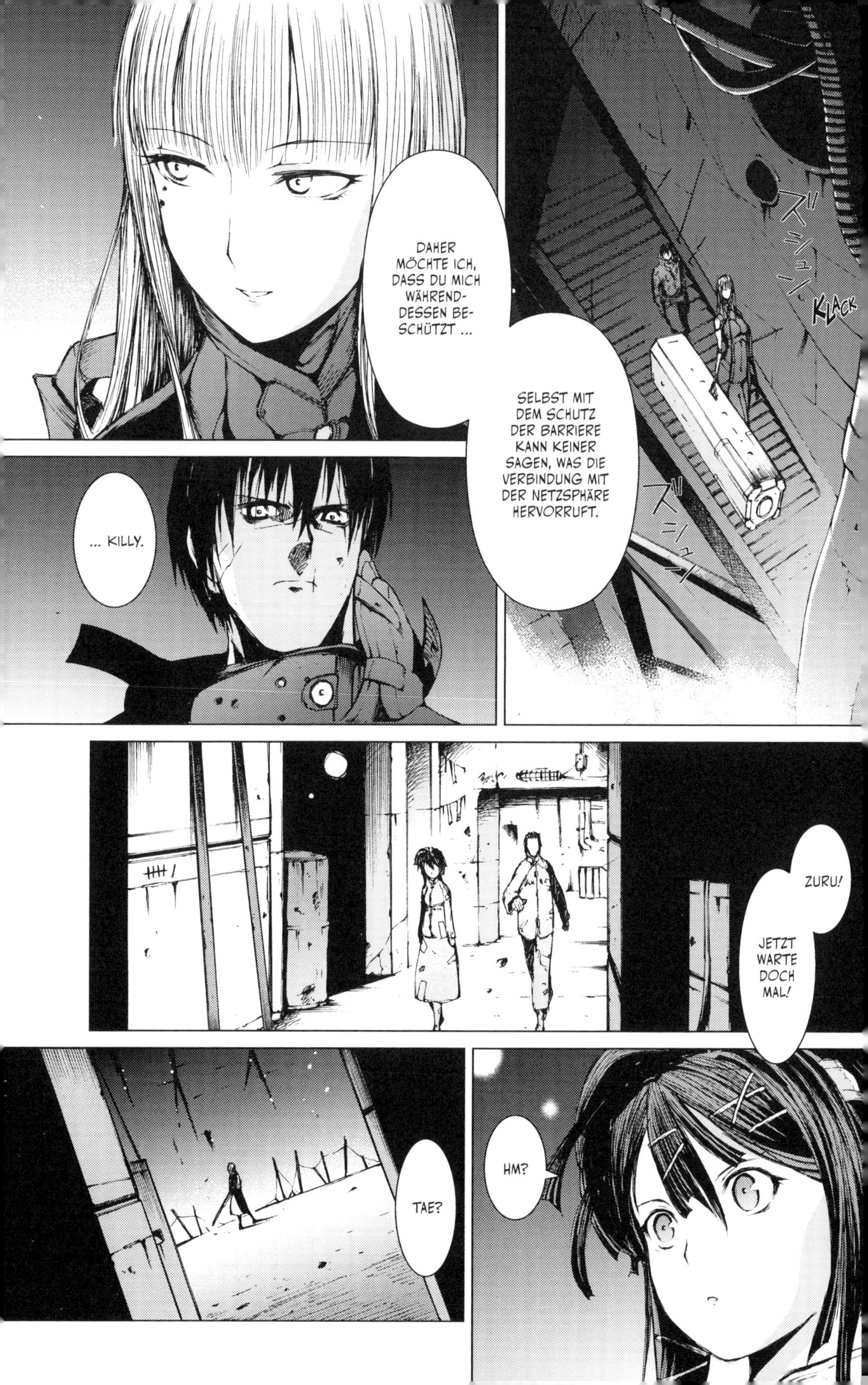
KLACK
SELBST MIT DEM SCHUTZ DER BARRIERE KANN KEINER SAGEN, WAS DIE VERBINDUNG MIT DER NETZSPHÄRE HERVORRUFT.
DAHER MÖCHTE ICH, DASS DU MICH WÄHREND-DESSEN BE-SCHÜTZT ...
... KILLY.
ZURU!
JETZT WARTE DOCH MAL!
HM?
TAE?

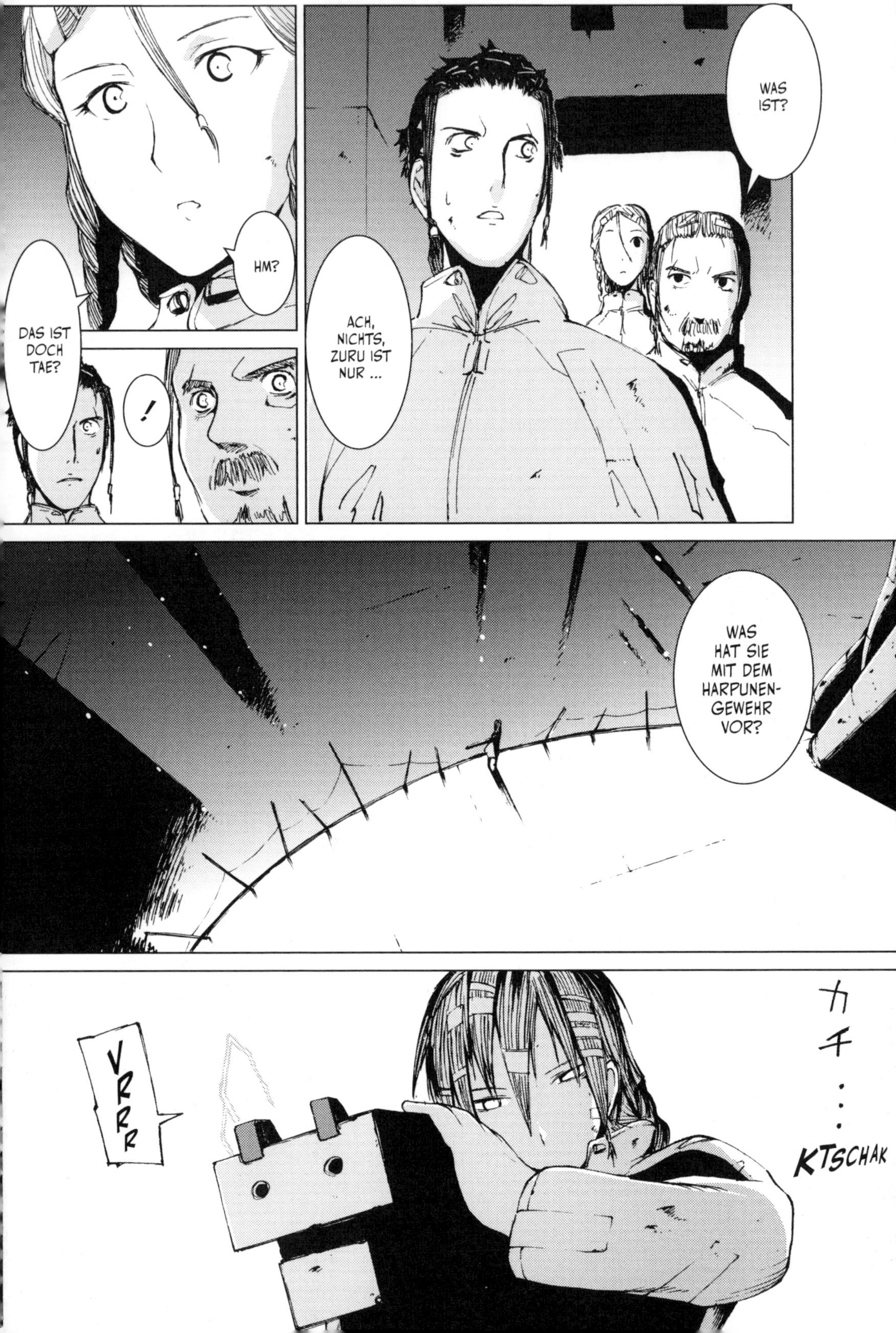

WAS IST?
HM?
ACH, NICHTS, ZURU IST NUR ...
DAS IST DOCH TAE?
!
WAS HAT SIE MIT DEM HARPUNEN-GEWEHR VOR?
カチ・・・
KTSCHAK
VRRR

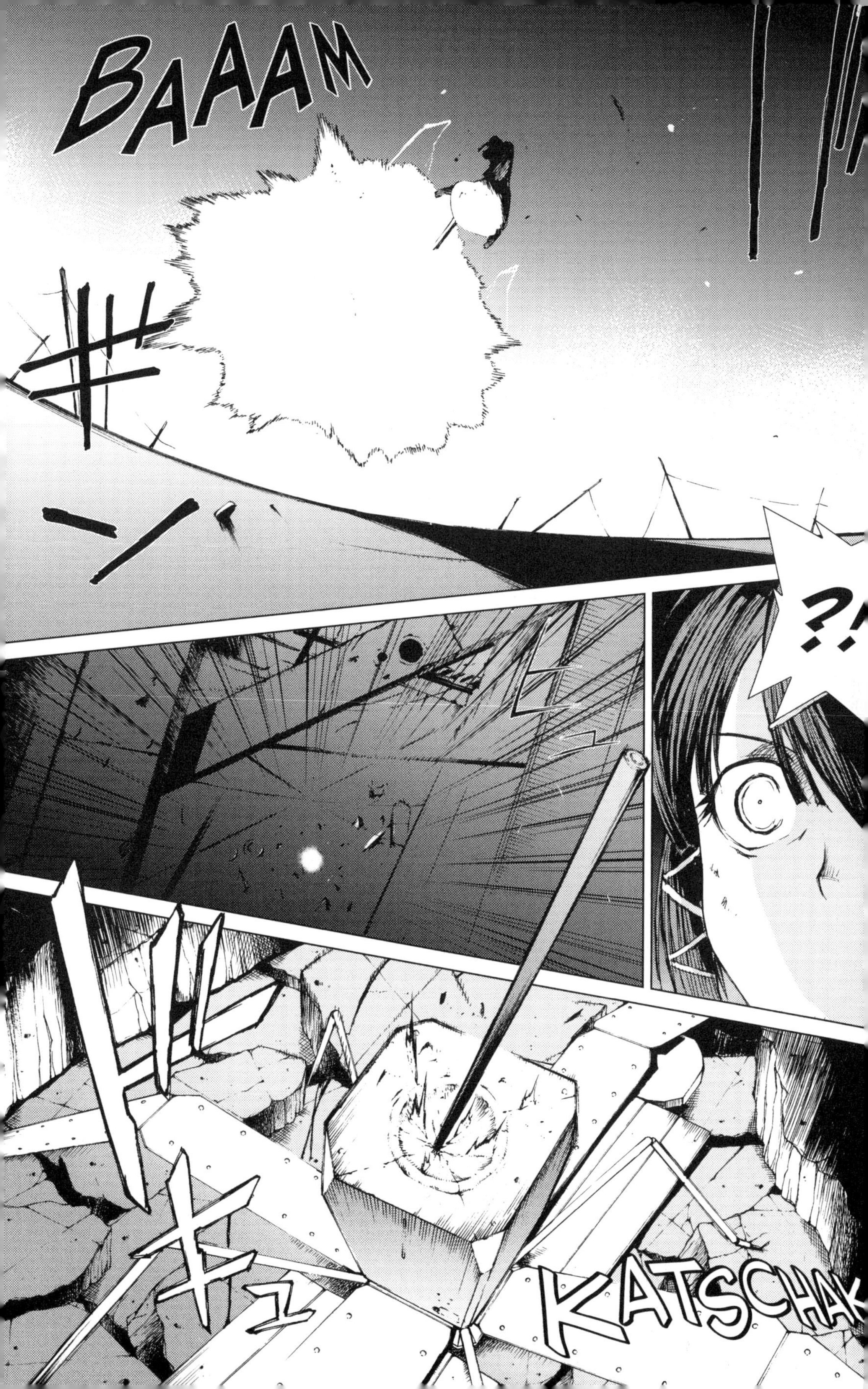
BAAAM
?!
KATSCHAK

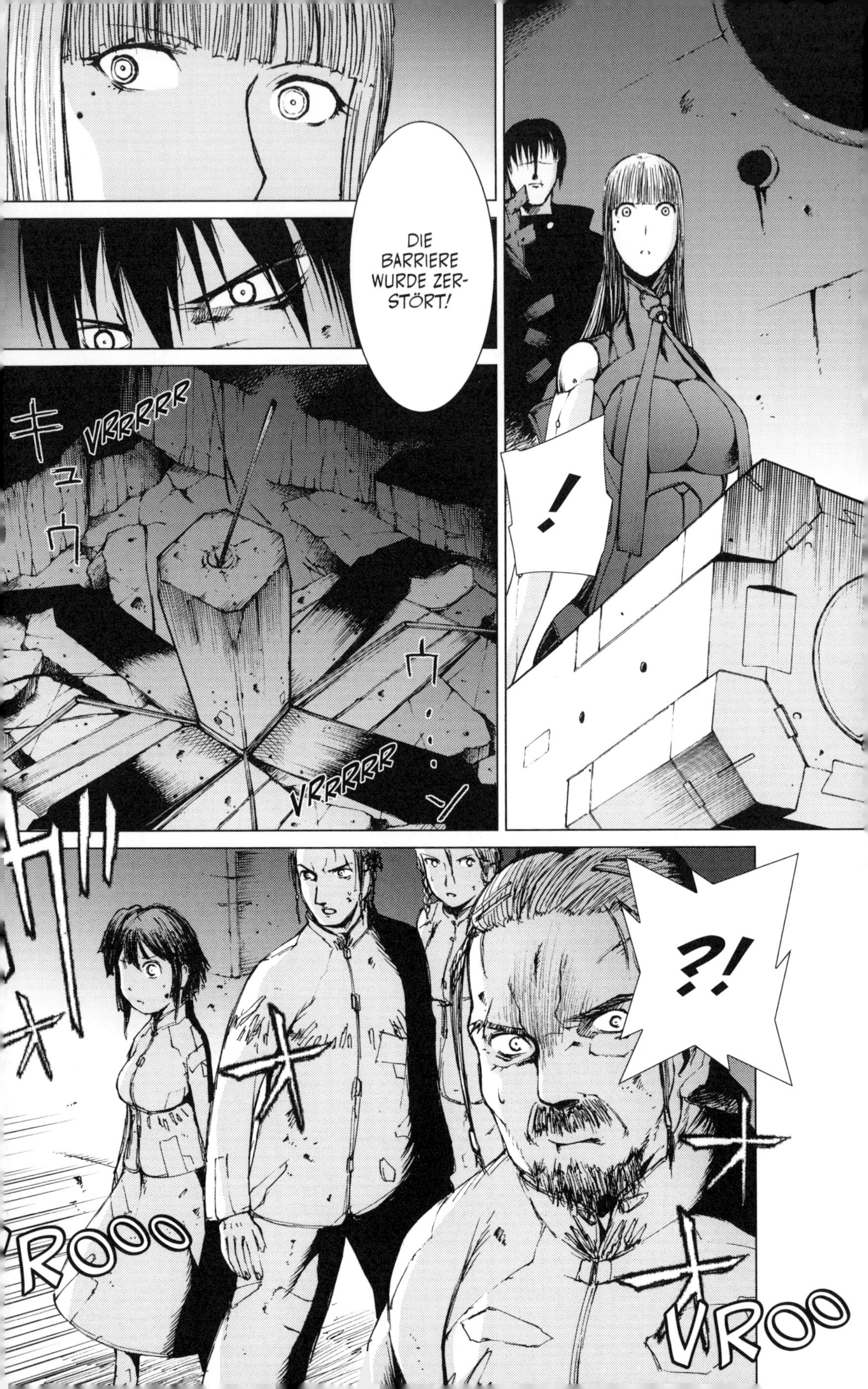

DIE BARRIERE WURDE ZER-STÖRT!
!
キュウ
VRRRRR
VRRRRR
?!
ROOO
VROO

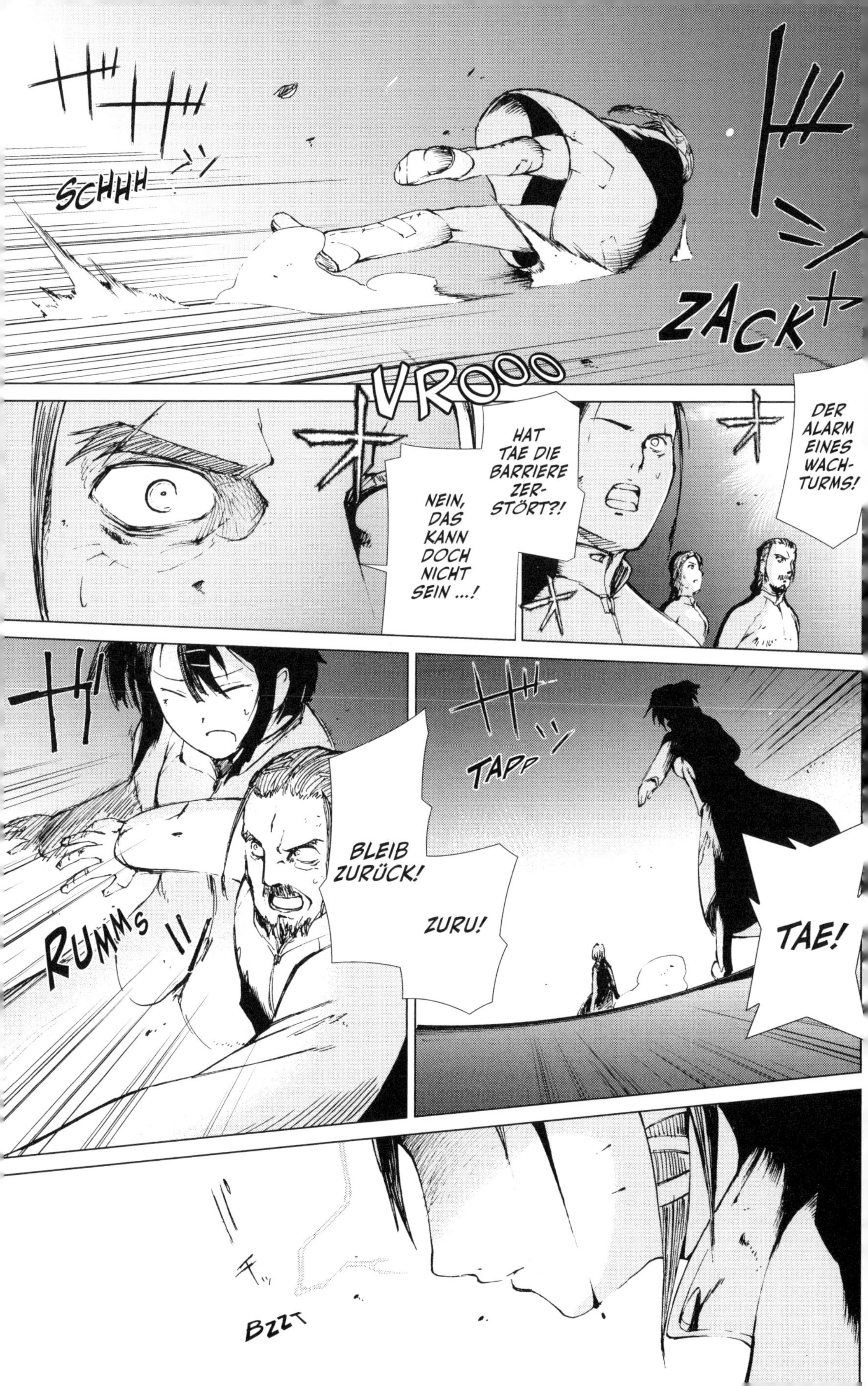
ZACK
SCHHH
VROOO
DER ALARM EINES WACHTURMS!
HAT TAE DIE BARRIERE ZERSTÖRT?!
NEIN, DAS KANN DOCH NICHT SEIN ...!
TAE!
TAPP
BLEIB ZURÜCK!
ZURU!
RUMMS
BZZT

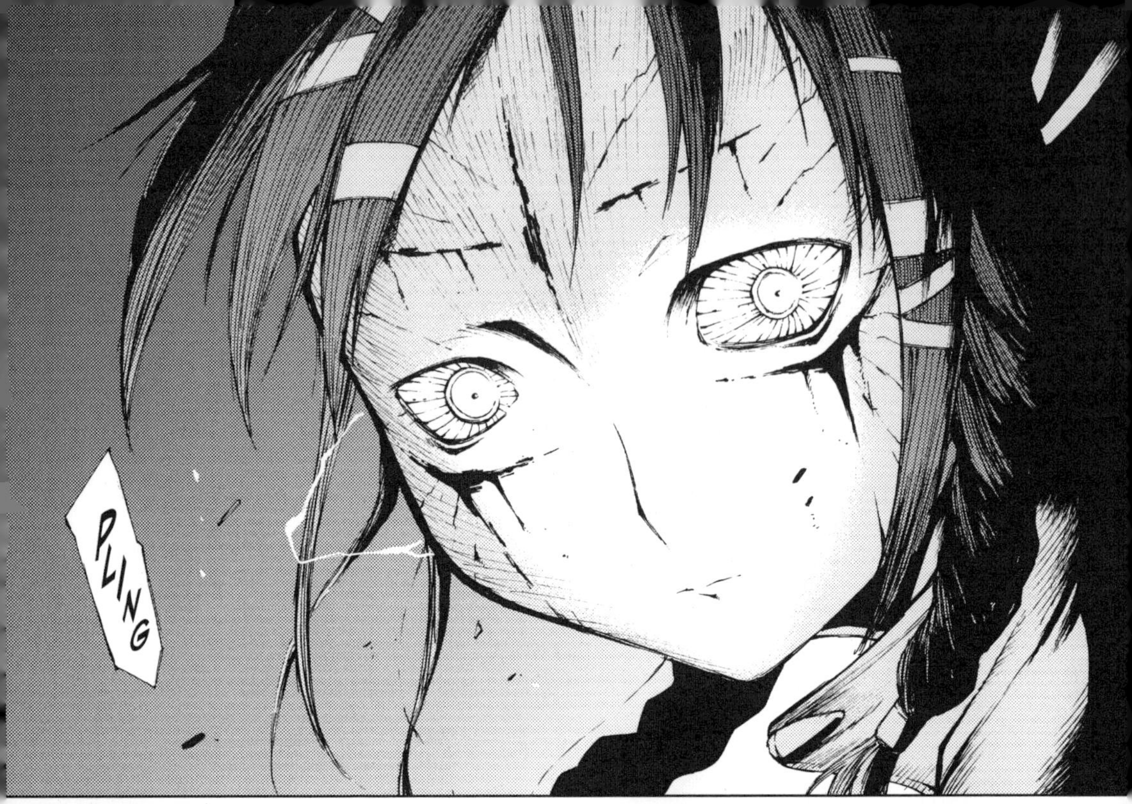
PLING
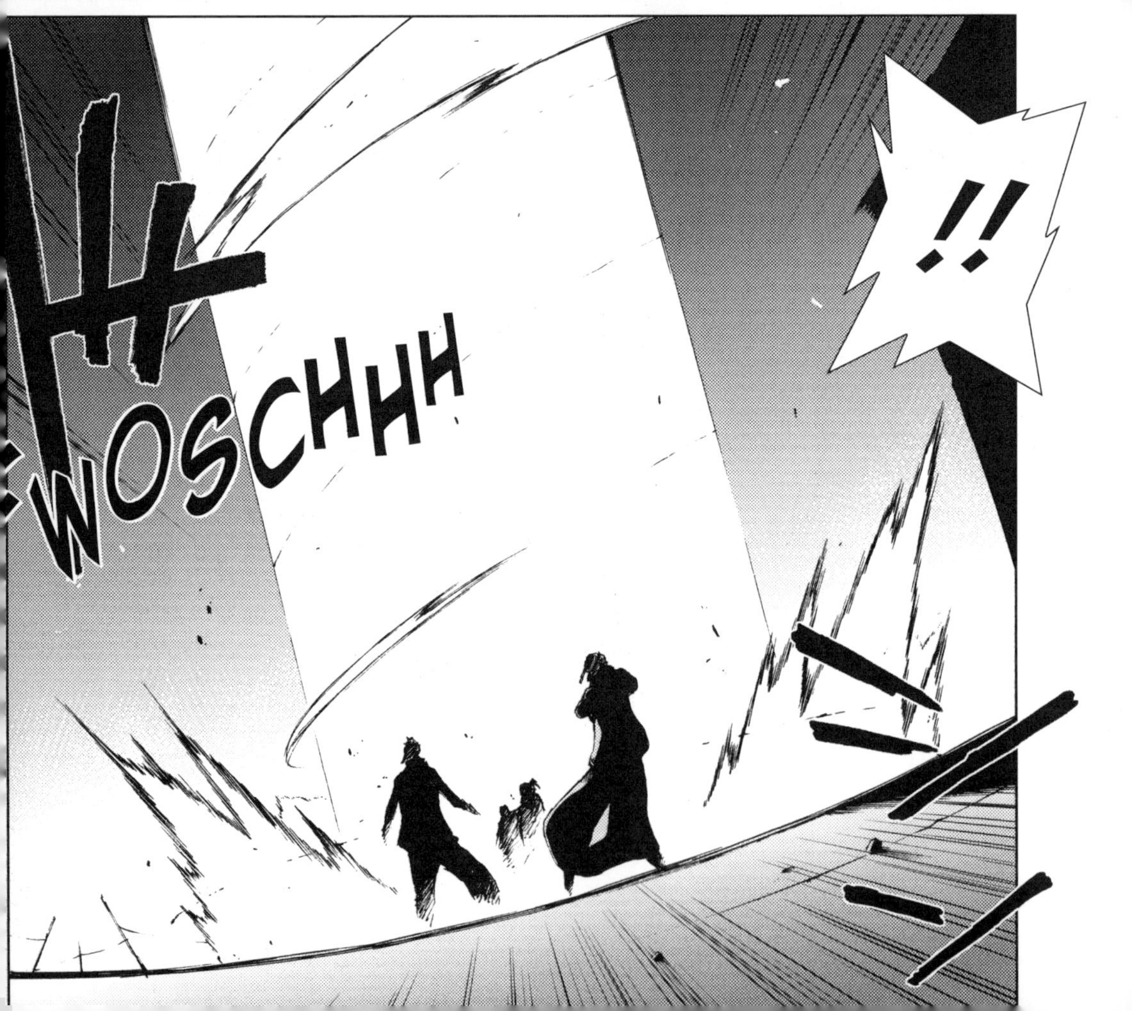
!!
WOSCHHH

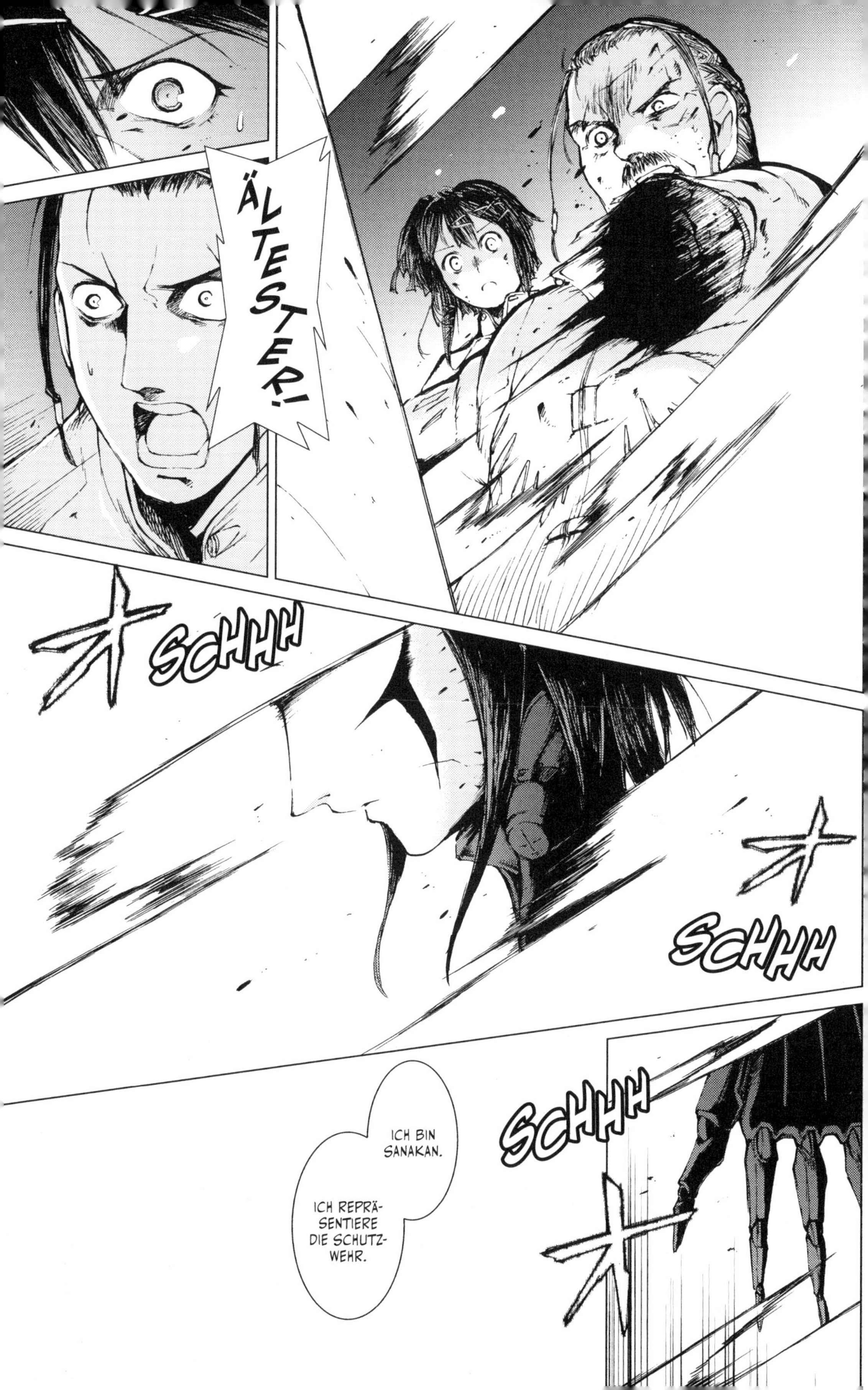
ÄLTESTER!
SCHHH
SCHHH
SCHHH
ICH BIN SANAKAN.
ICH REPRÄSENTIERE DIE SCHUTZWEHR.

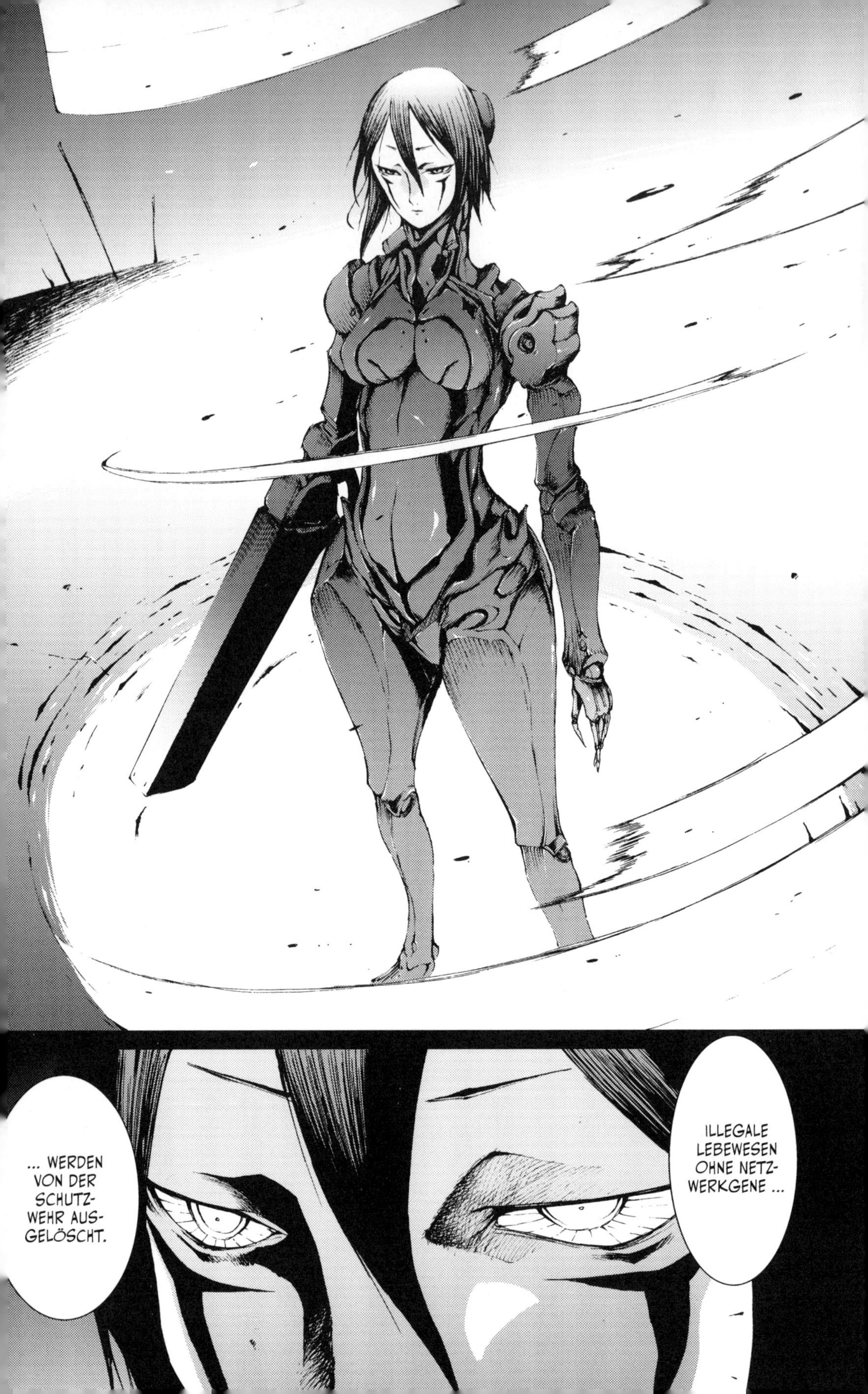
ILLEGALE LEBEWESEN OHNE NETZWERKGENE ...
... WERDEN VON DER SCHUTZWEHR AUSGELÖSCHT.

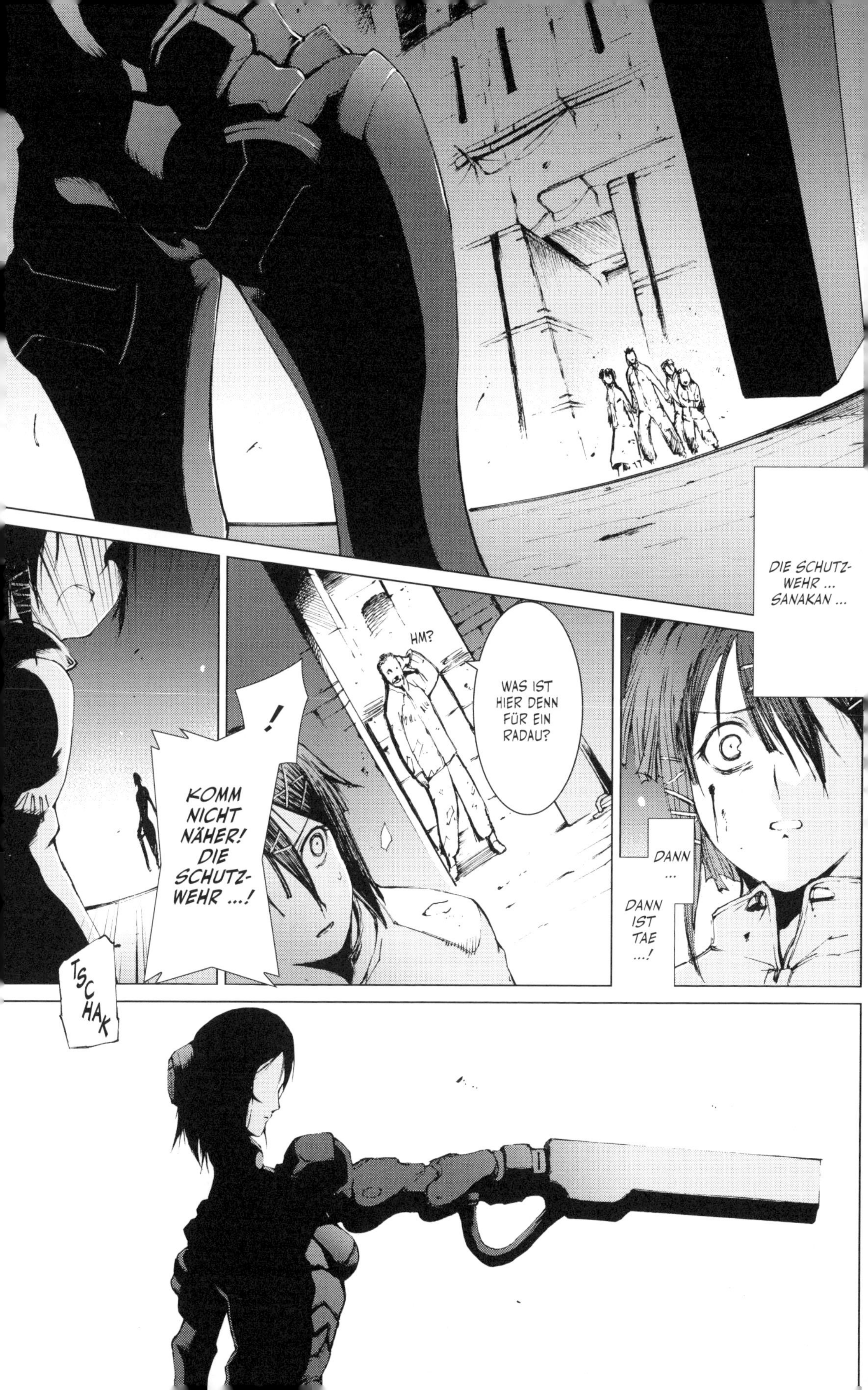
DIE SCHUTZ-WEHR ... SANAKAN ...
DANN ...
DANN IST TAE ...!
HM?
WAS IST HIER DENN FÜR EIN RADAU?
!
KOMM NICHT NÄHER! DIE SCHUTZ-WEHR ...!
TSCHAK

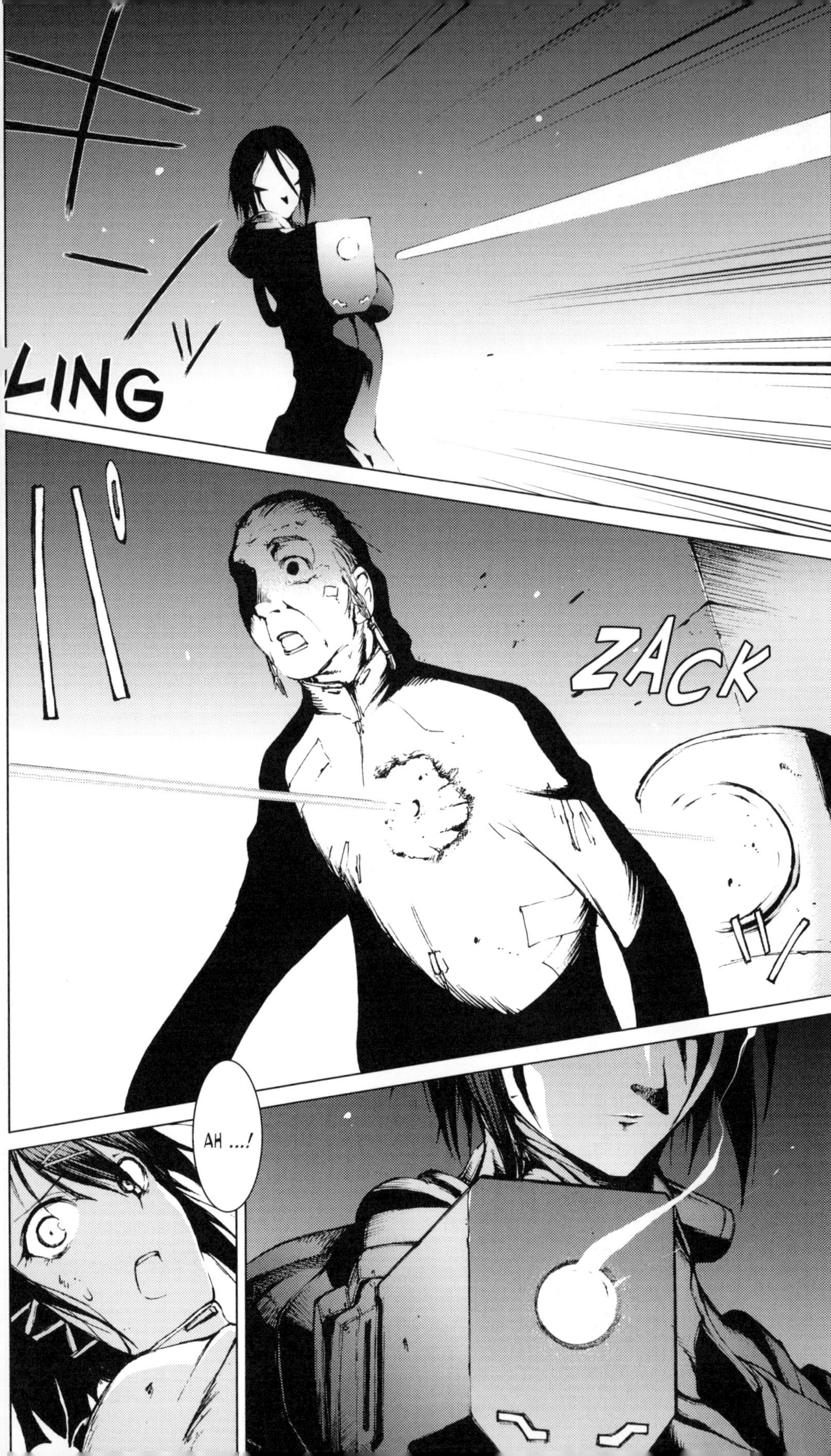
LING
ZACK
AH ...!

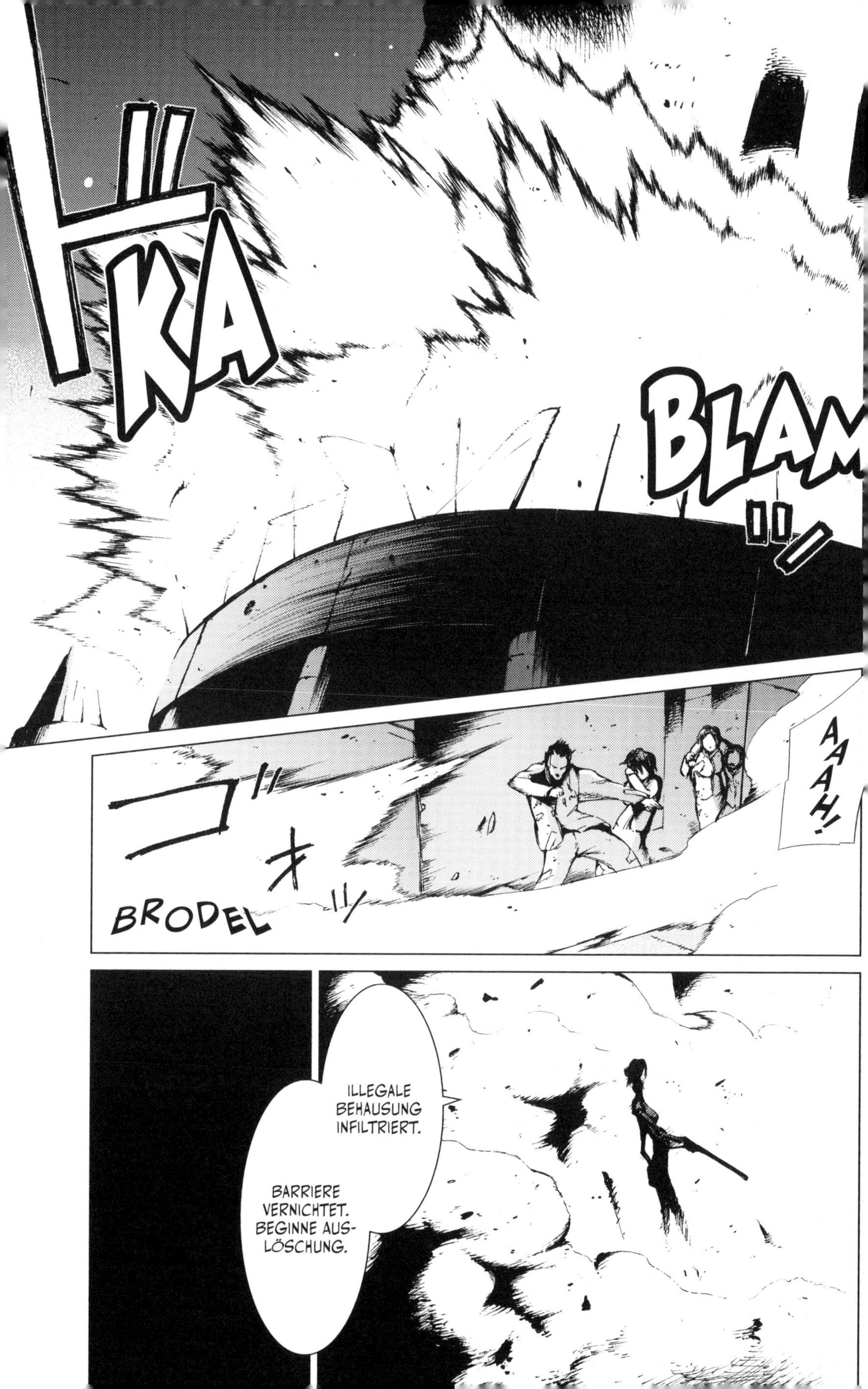
KA
BLAM
AAAH!
BRODEL
ILLEGALE BEHAUSUNG INFILTRIERT.
BARRIERE VERNICHTET. BEGINNE AUS-LÖSCHUNG.

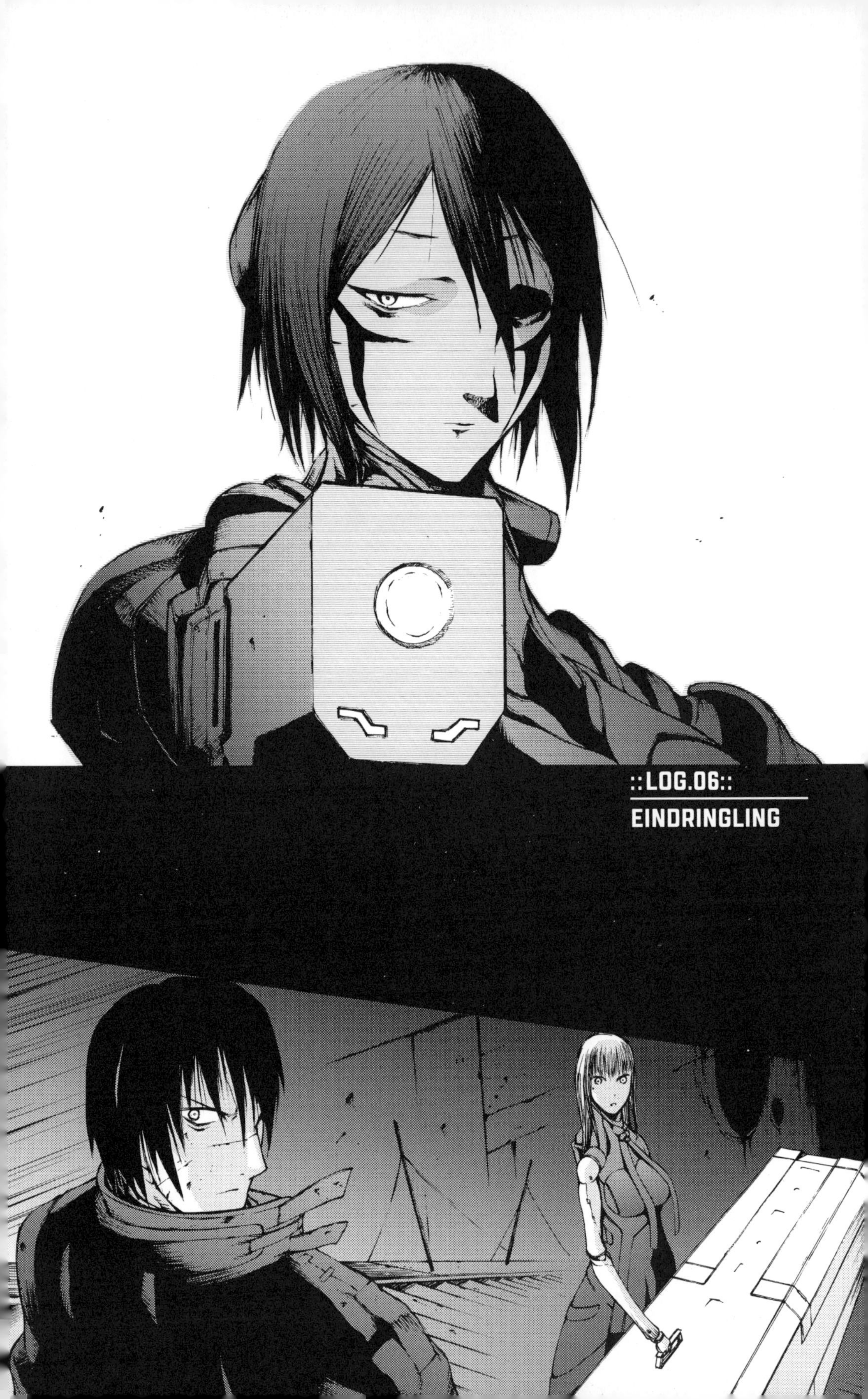
::LOG.06::
EINDRINGLING

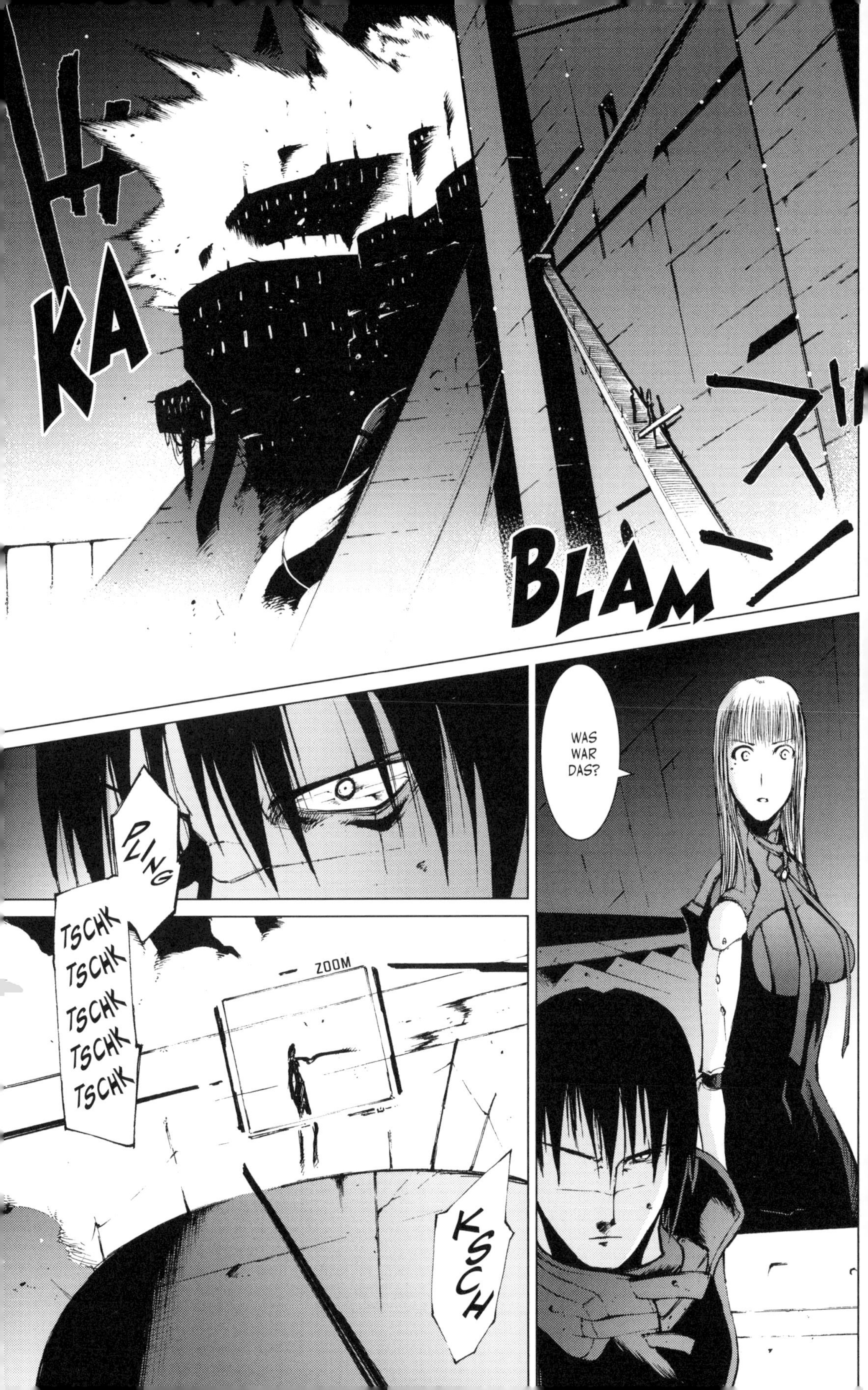
KA
BLAM
WAS WAR DAS?
PLING
TSCHK TSCHK TSCHK TSCHK TSCHK
ZOOM
KSCH

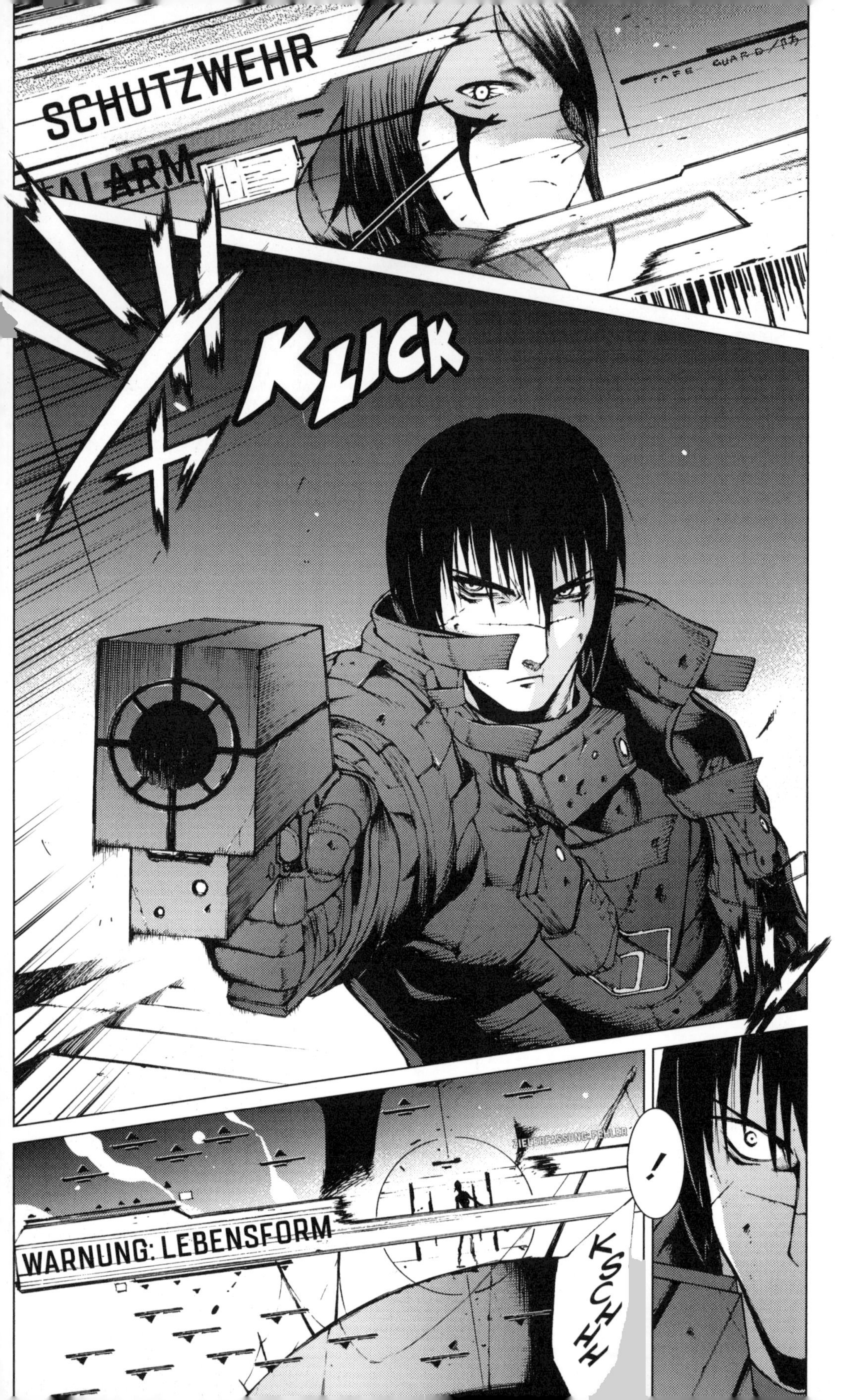
SCHUTZWEHR
ALARM
KLICK
ZIELERFASSUNG: FEHLER
WARNUNG: LEBENSFORM
!
KSCHHH

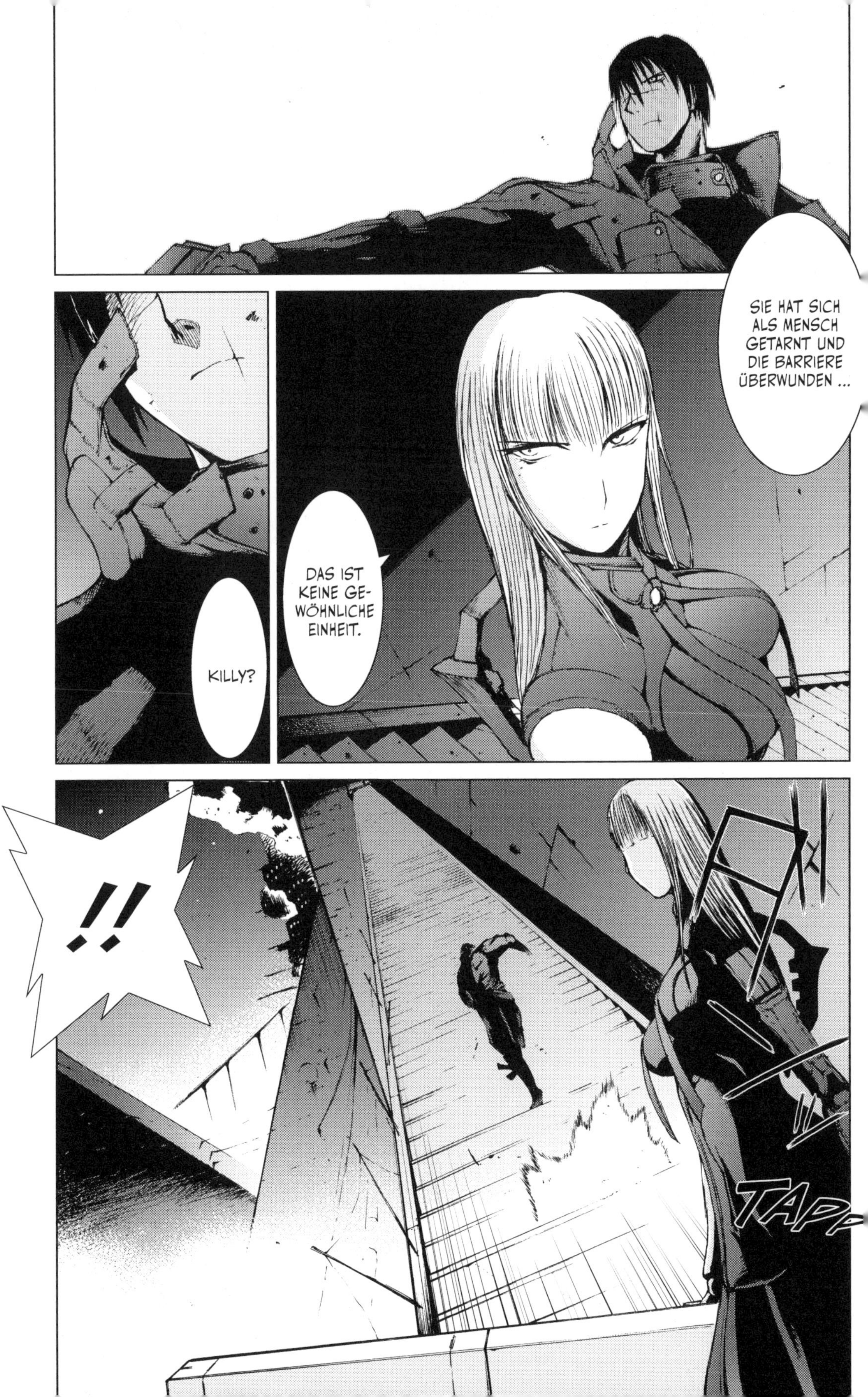
SIE HAT SICH ALS MENSCH GETARNT UND DIE BARRIERE ÜBERWUNDEN ...
DAS IST KEINE GE- WÖHNLICHE EINHEIT.
KILLY?
!!
TAPP

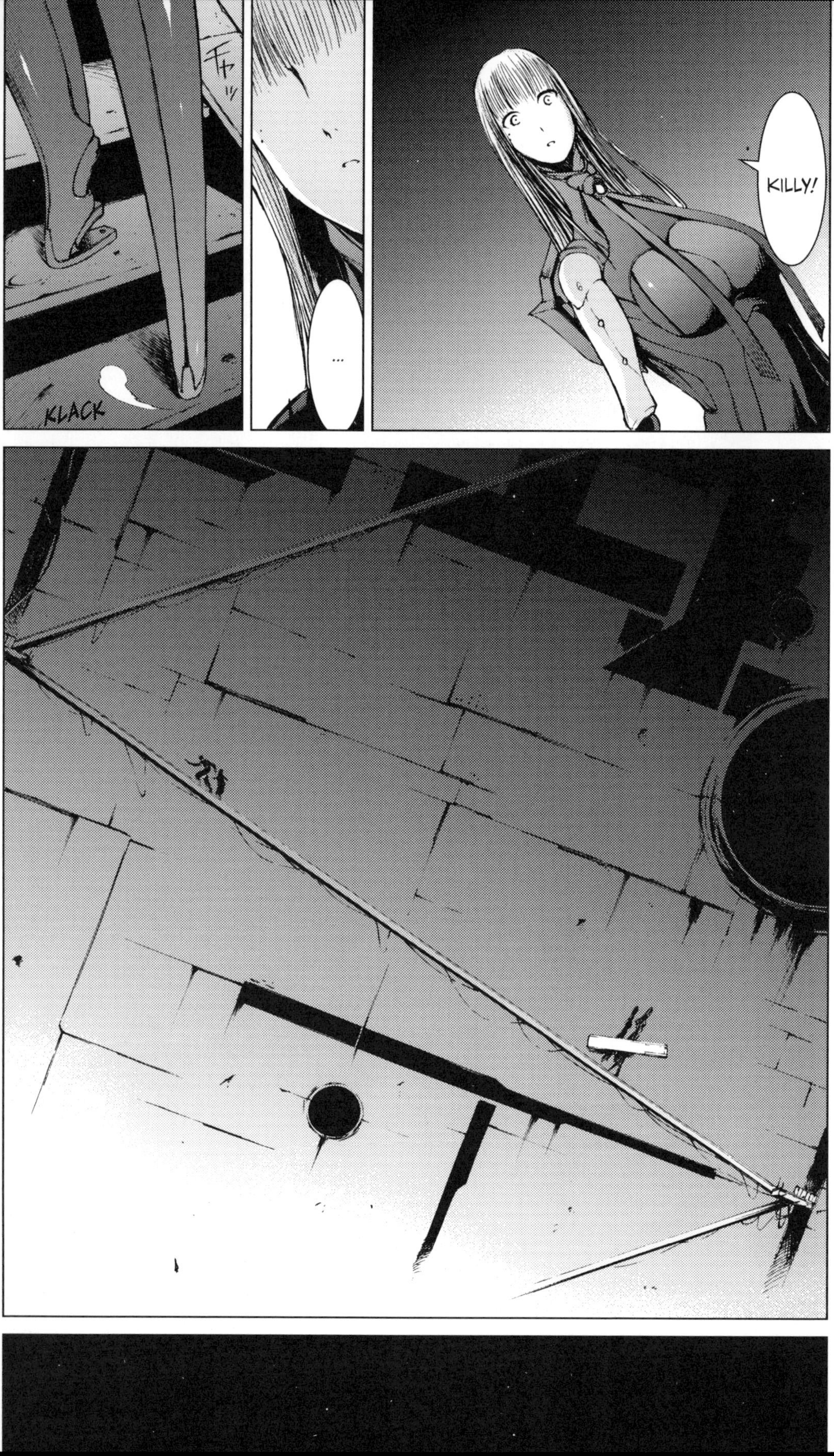
KILLY!
...
チャッ
KLACK

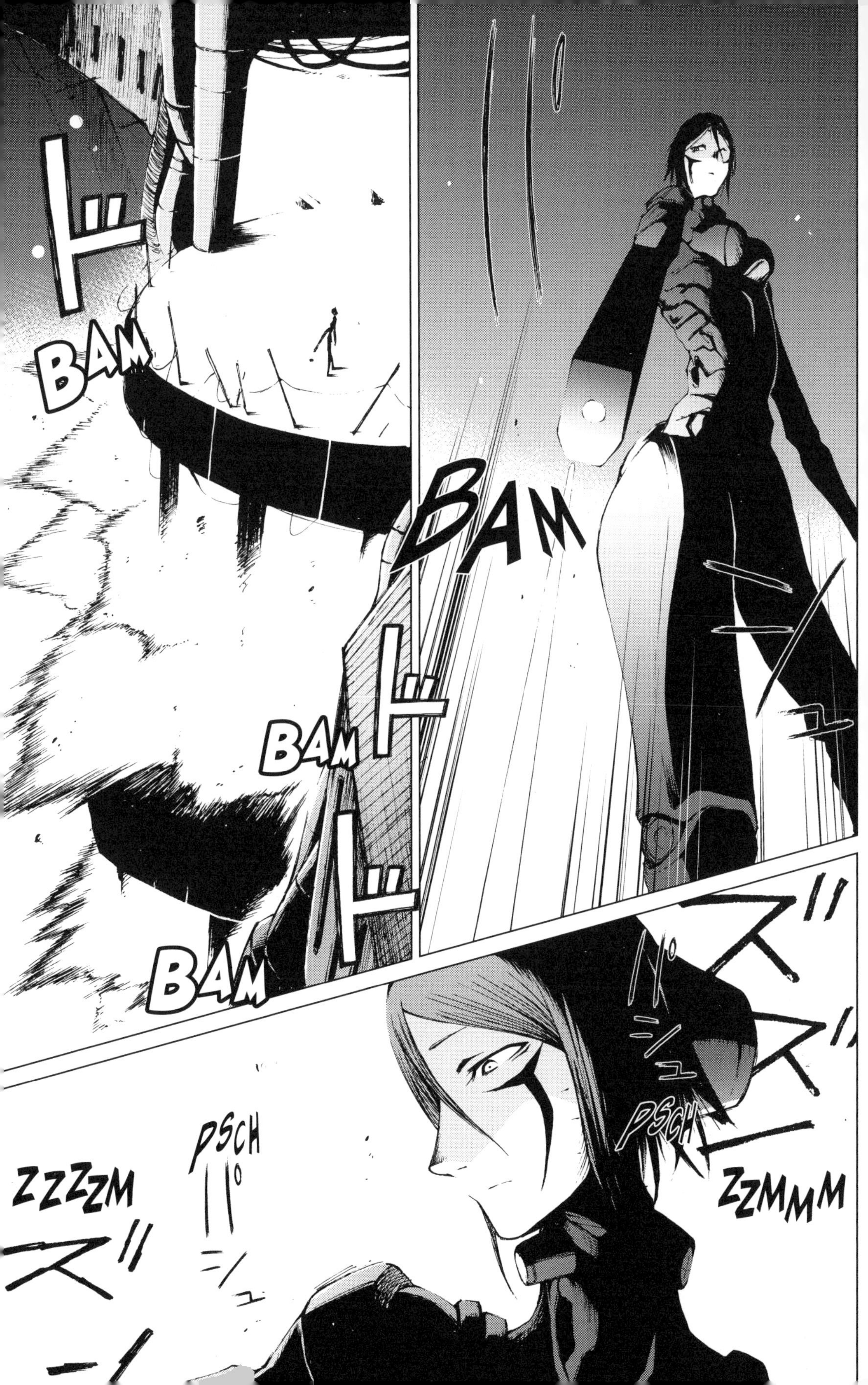
BAM
BAM
BAM
BAM
PSCH
ZZMMM
PSCH
ZZZZM

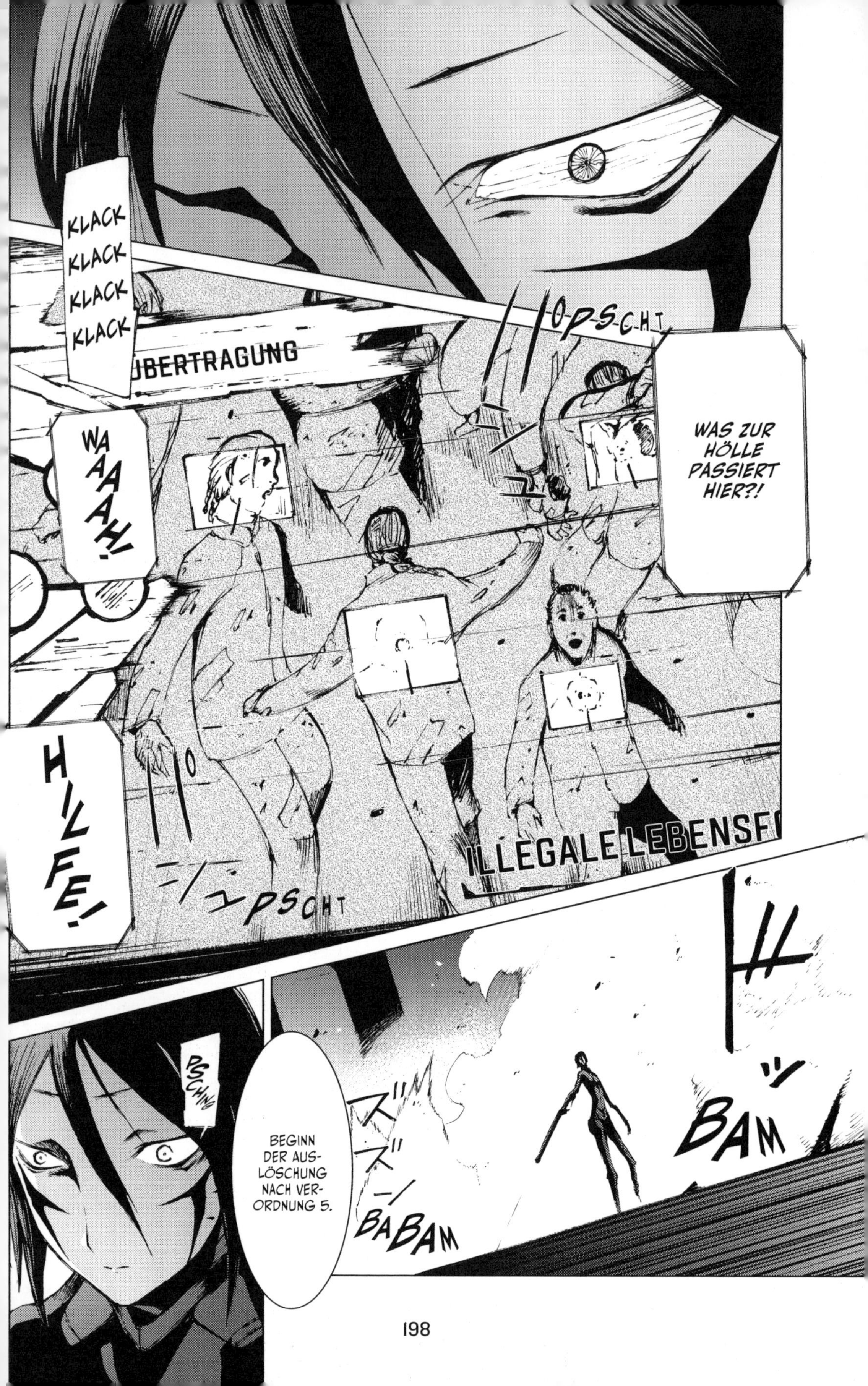
KLACK KLACK KLACK KLACK
ÜBERTRAGUNG
PSCHT
WAS ZUR HÖLLE PASSIERT HIER?!
WAAAAH!?
HILFE!
ILLEGALE LEBENSF
PSCHT
BAM
PSCHING
BEGINN DER AUS-LÖSCHUNG NACH VER-ORDNUNG 5.
BABAM

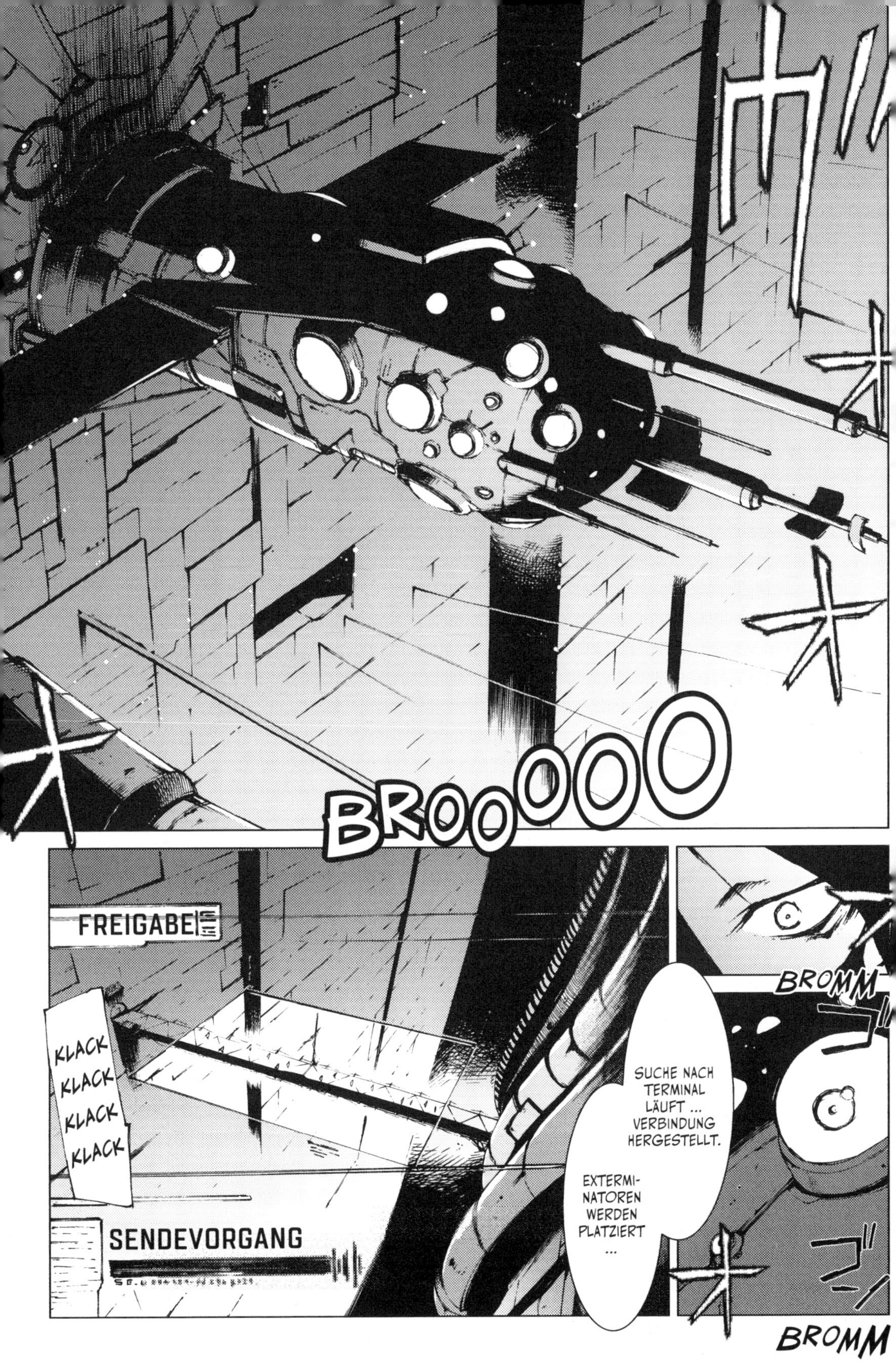
BROOOOOO
BROMM
SUCHE NACH TERMINAL LÄUFT ... VERBINDUNG HERGESTELLT.
EXTERMI-NATOREN WERDEN PLATZIERT ...
BROMM
FREIGABE
KLACK KLACK KLACK KLACK
SENDEVORGANG

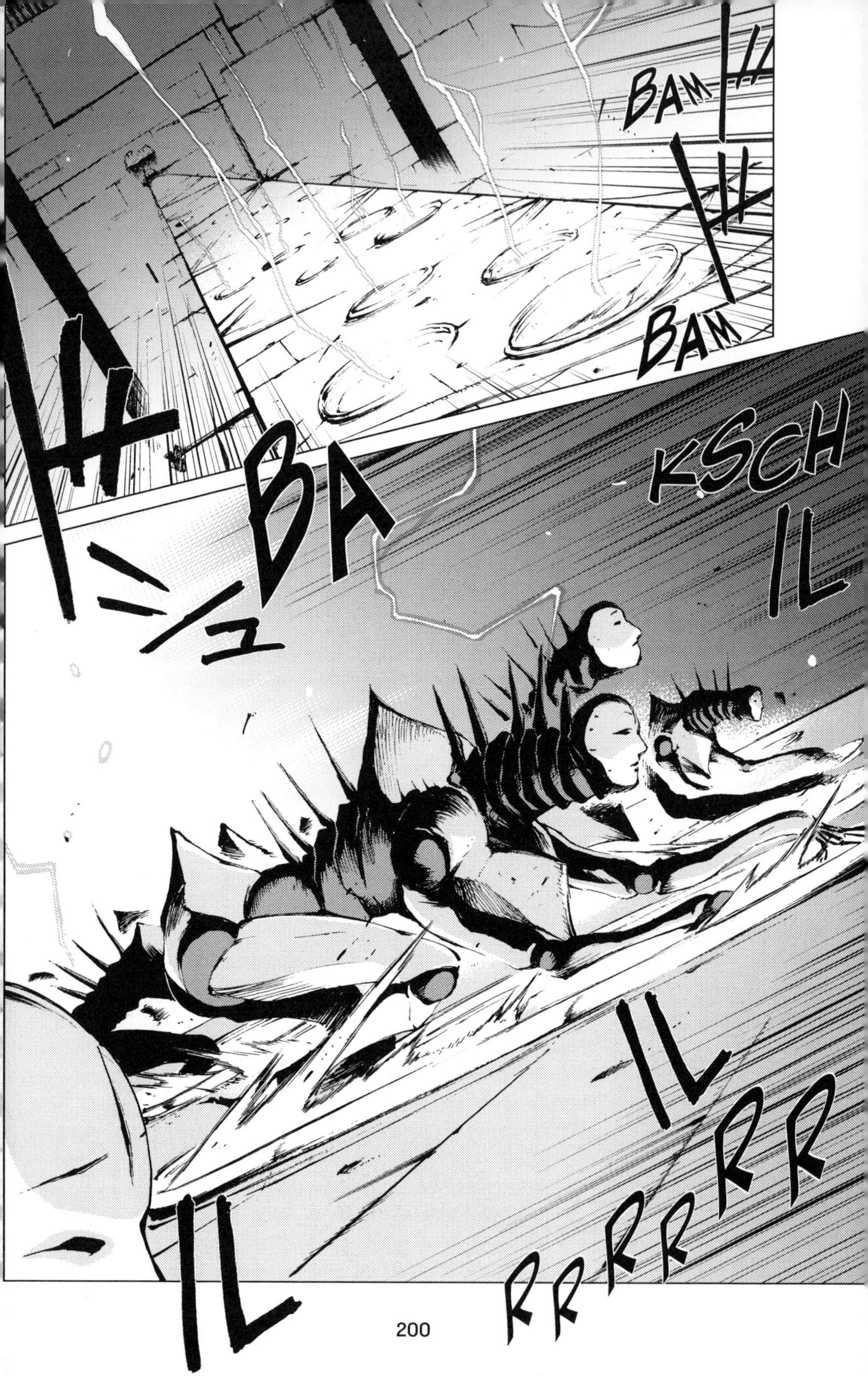
BAM
BAM
BA
KSCH
IL
IL
IL
RRRRRRR

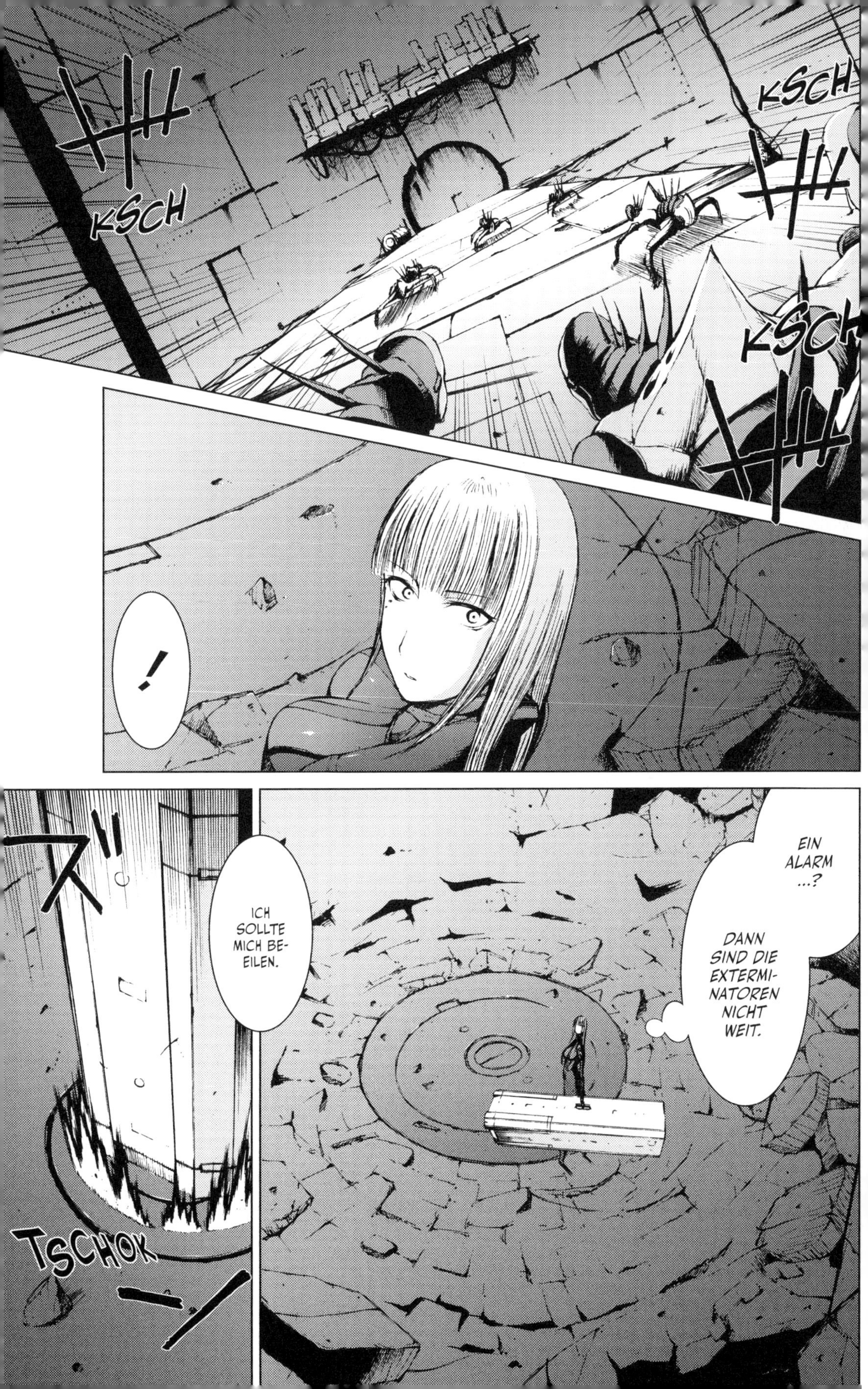
KSCH
KSCH
KSCH
!
EIN ALARM ...?
DANN SIND DIE EXTERMI-NATOREN NICHT WEIT.
ICH SOLLTE MICH BE-EILEN.
TSCHOK

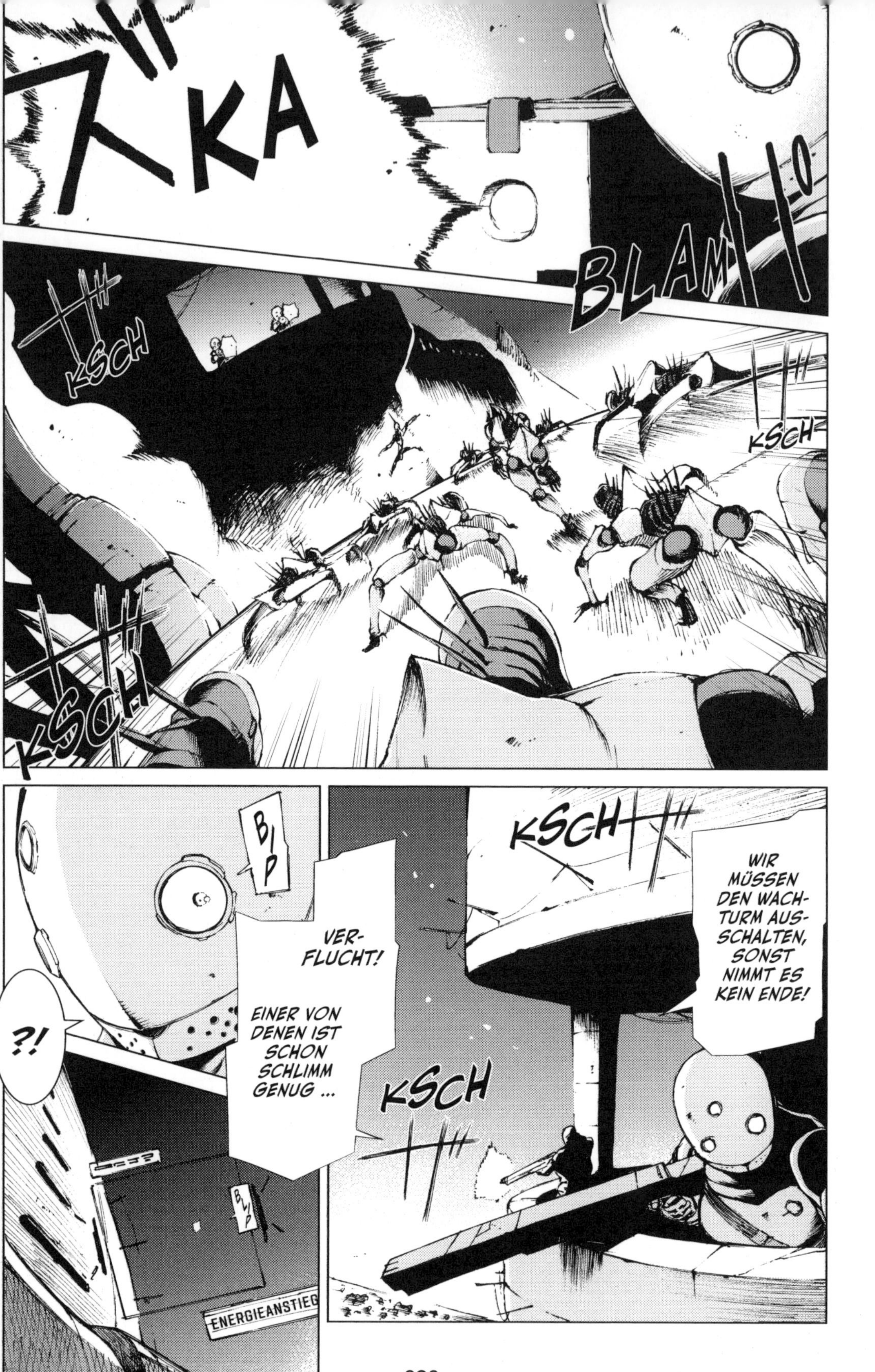

KA
BLAM
KSCH
KSCH
KSCH
KSCH
WIR MÜSSEN DEN WACHTURM AUSSCHALTEN, SONST NIMMT ES KEIN ENDE!
KSCH
BIP
VERFLUCHT!
EINER VON DENEN IST SCHON SCHLIMM GENUG ...
?!
BLIP
ENERGIEANSTIEG

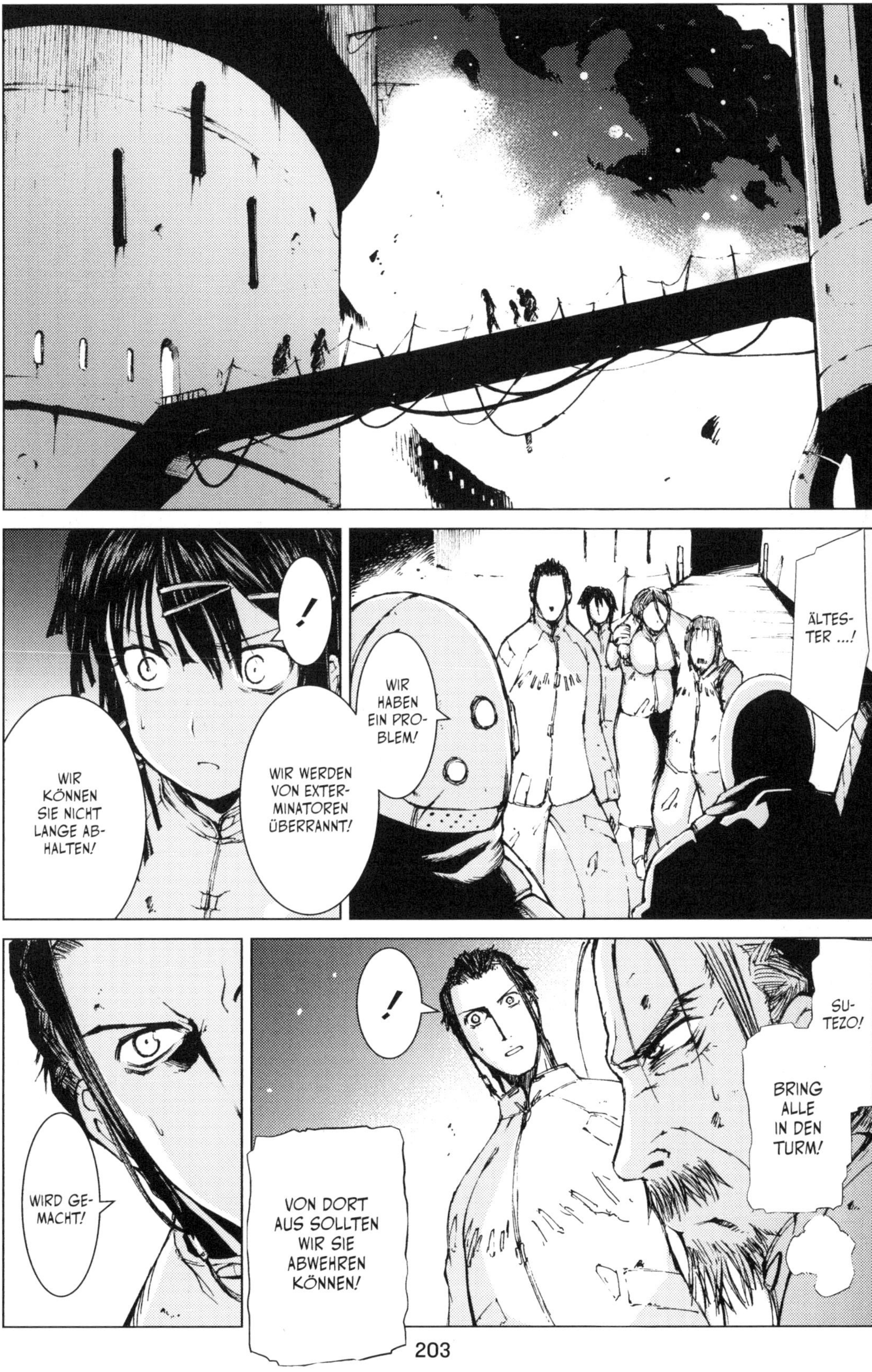

ÄLTESTER ...!
WIR HABEN EIN PROBLEM!
WIR WERDEN VON EXTERMINATOREN ÜBERRANNT!
!
WIR KÖNNEN SIE NICHT LANGE ABHALTEN!
SUTEZO!
BRING ALLE IN DEN TURM!
!
VON DORT AUS SOLLTEN WIR SIE ABWEHREN KÖNNEN!
WIRD GEMACHT!

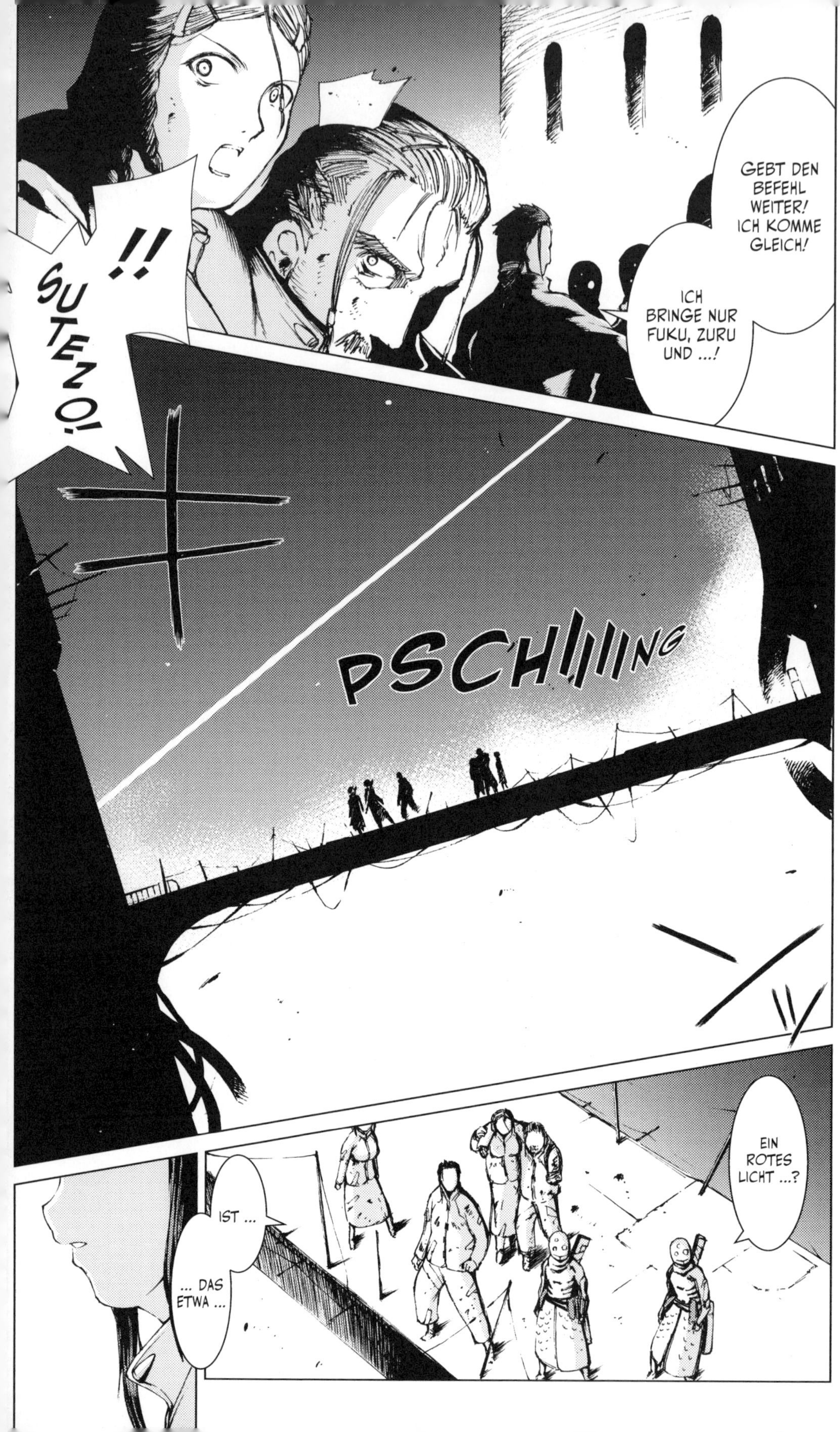
GEBT DEN BEFEHL WEITER! ICH KOMME GLEICH!
ICH BRINGE NUR FUKU, ZURU UND ...!
!!
SUTEZO!
PSCHIIIING
EIN ROTES LICHT ...?
IST ...
... DAS ETWA ...

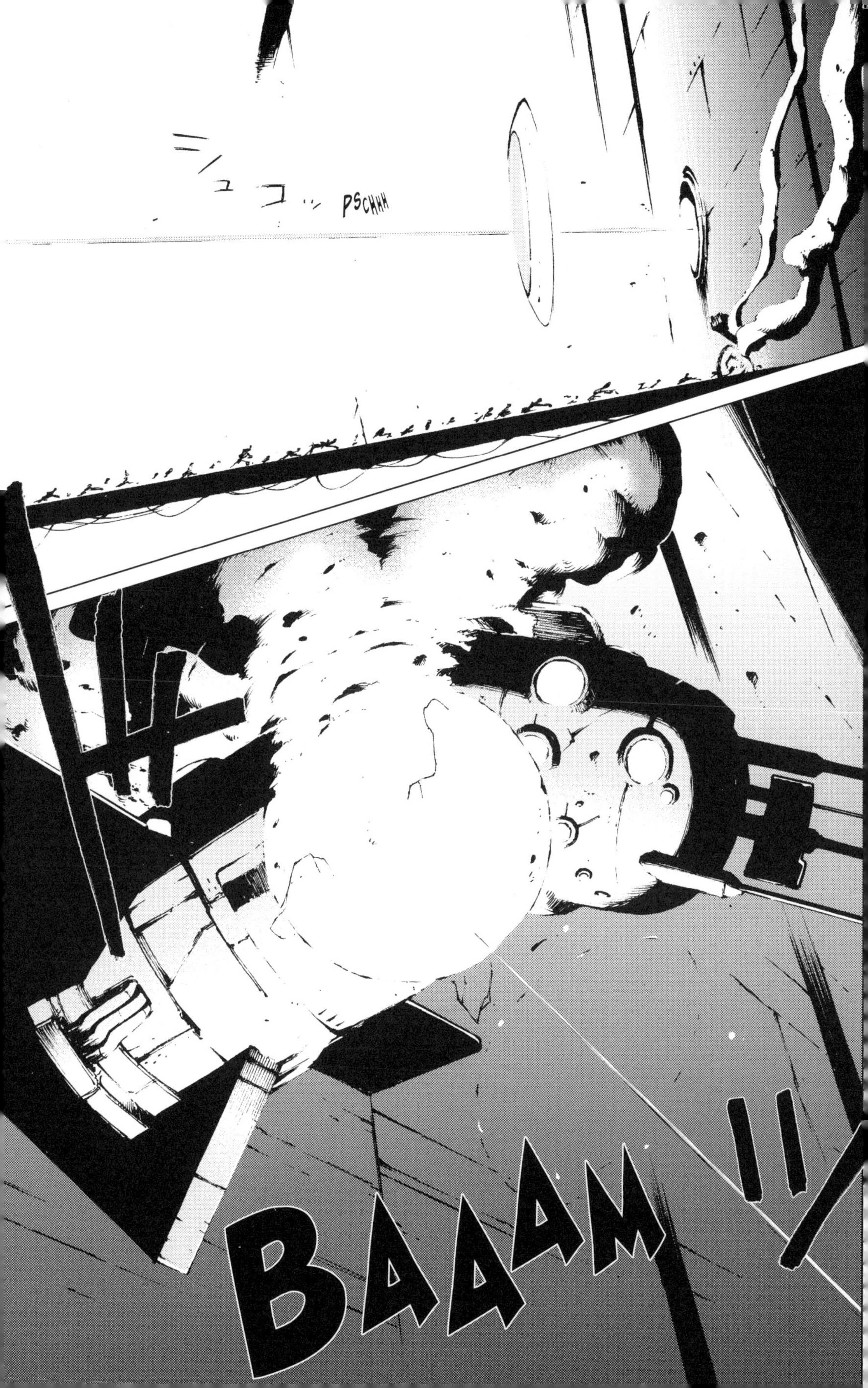

シュコ…
PSCHHH
BAAAM!!

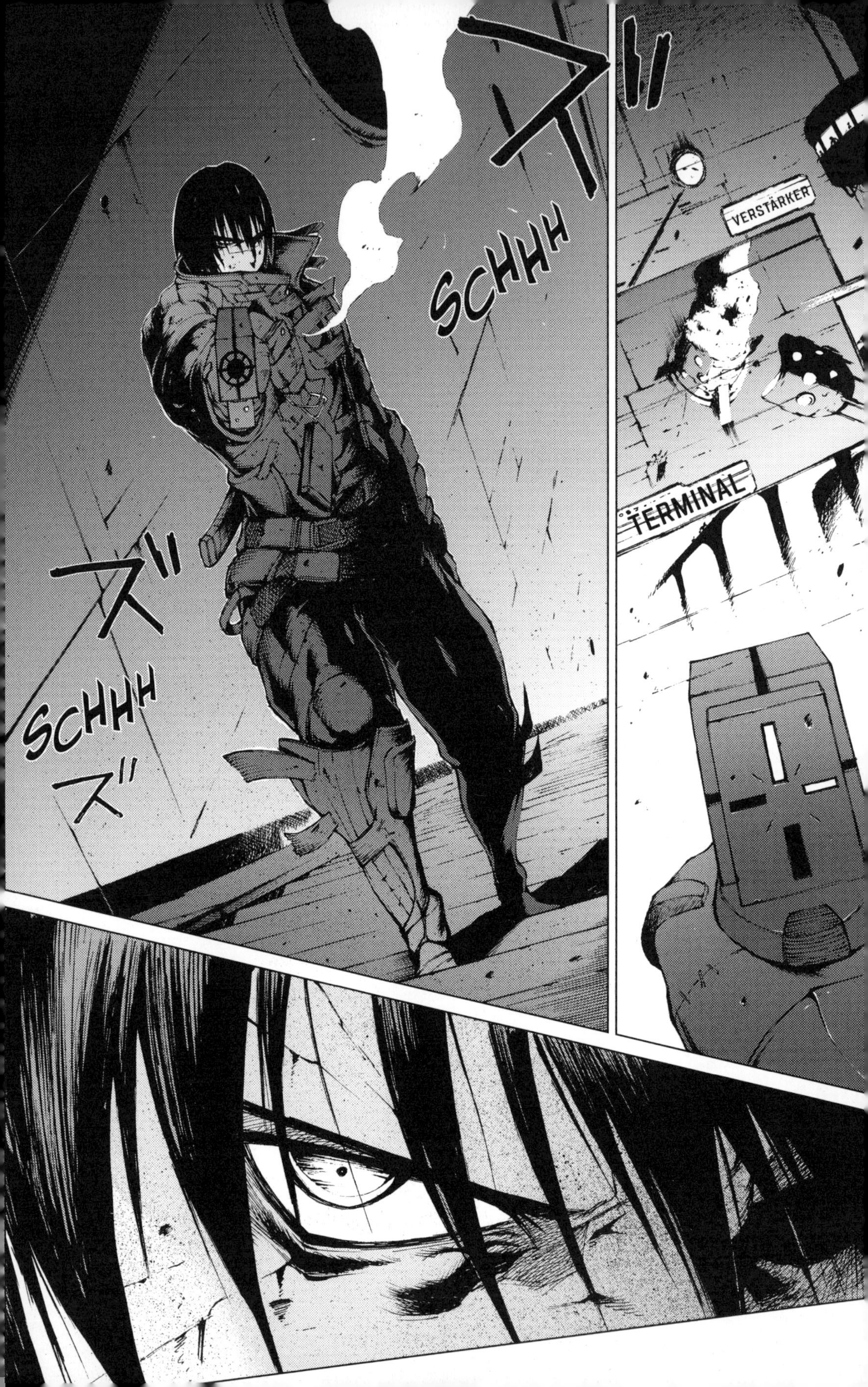
ズ"
SCHHH
VERSTÄRKER
TERMINAL
ズ"
SCHHH
ズ"

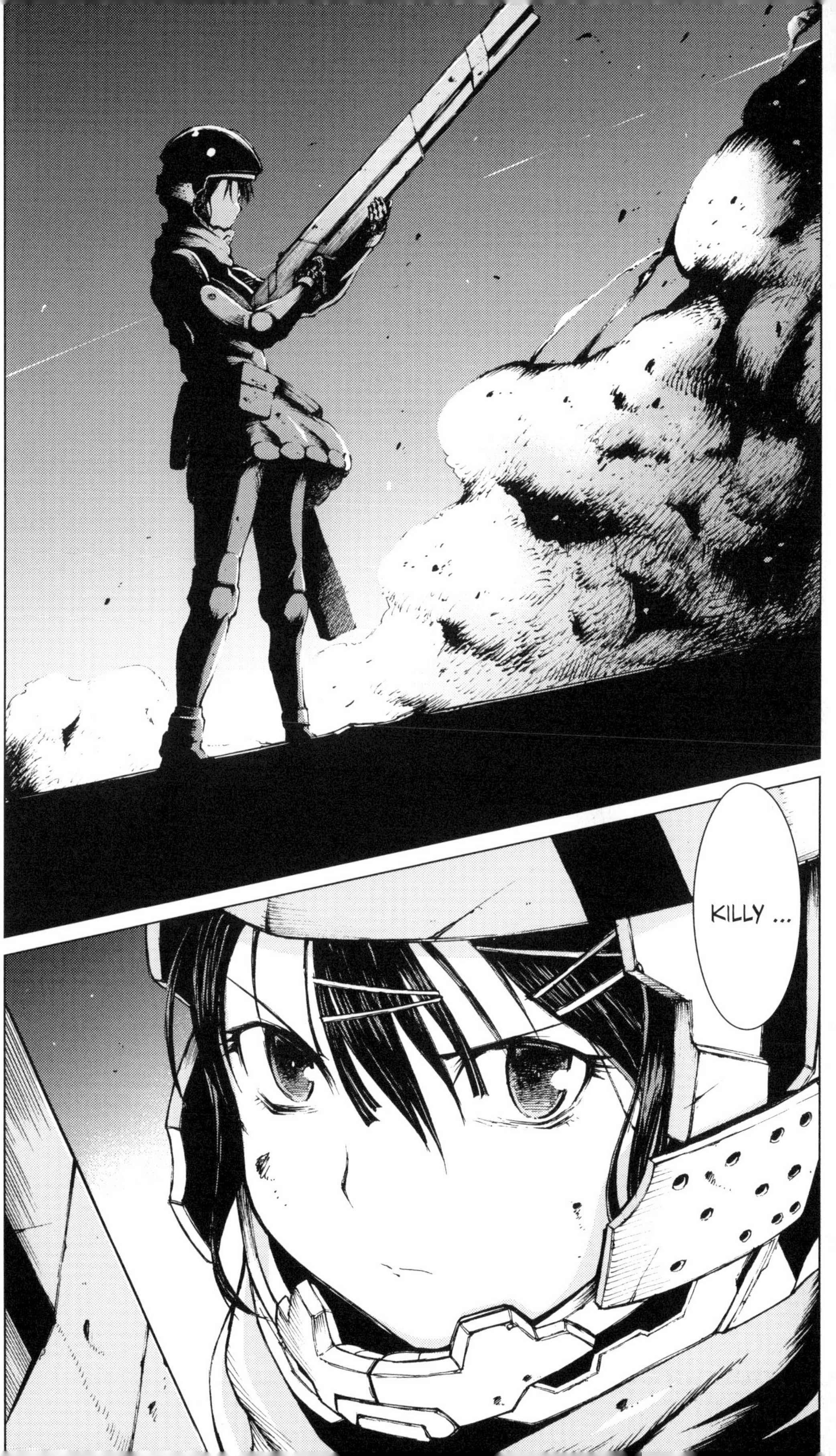
KILLY ...

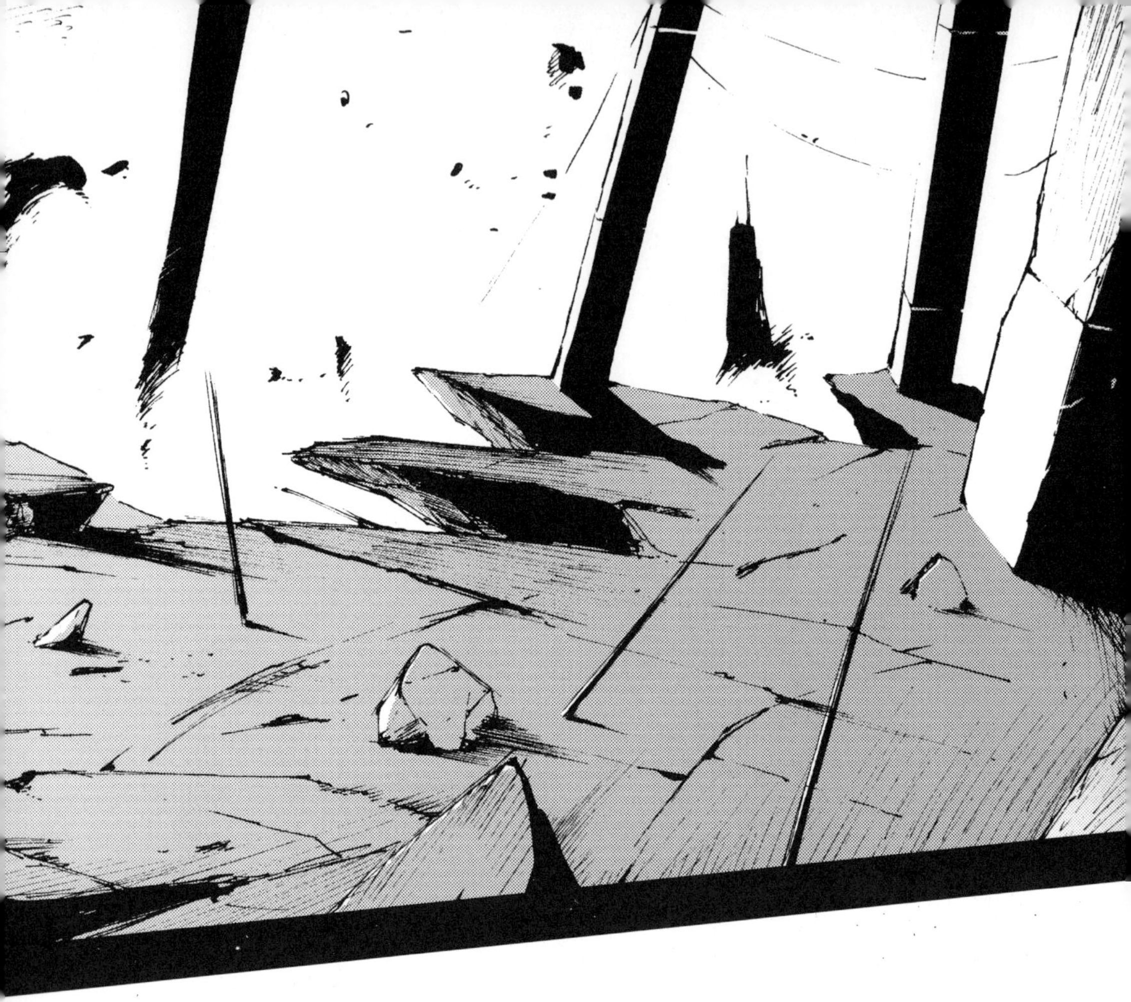

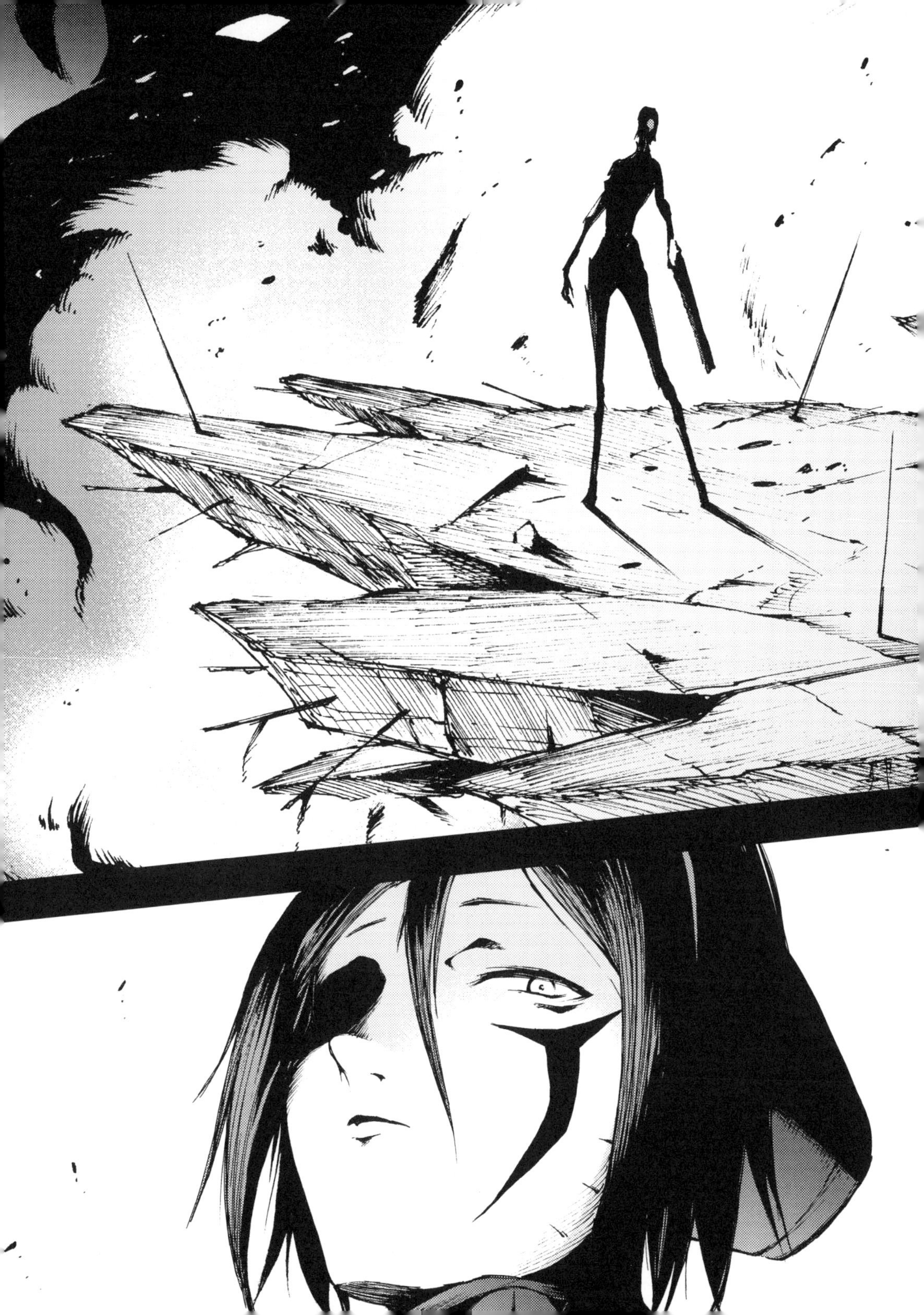

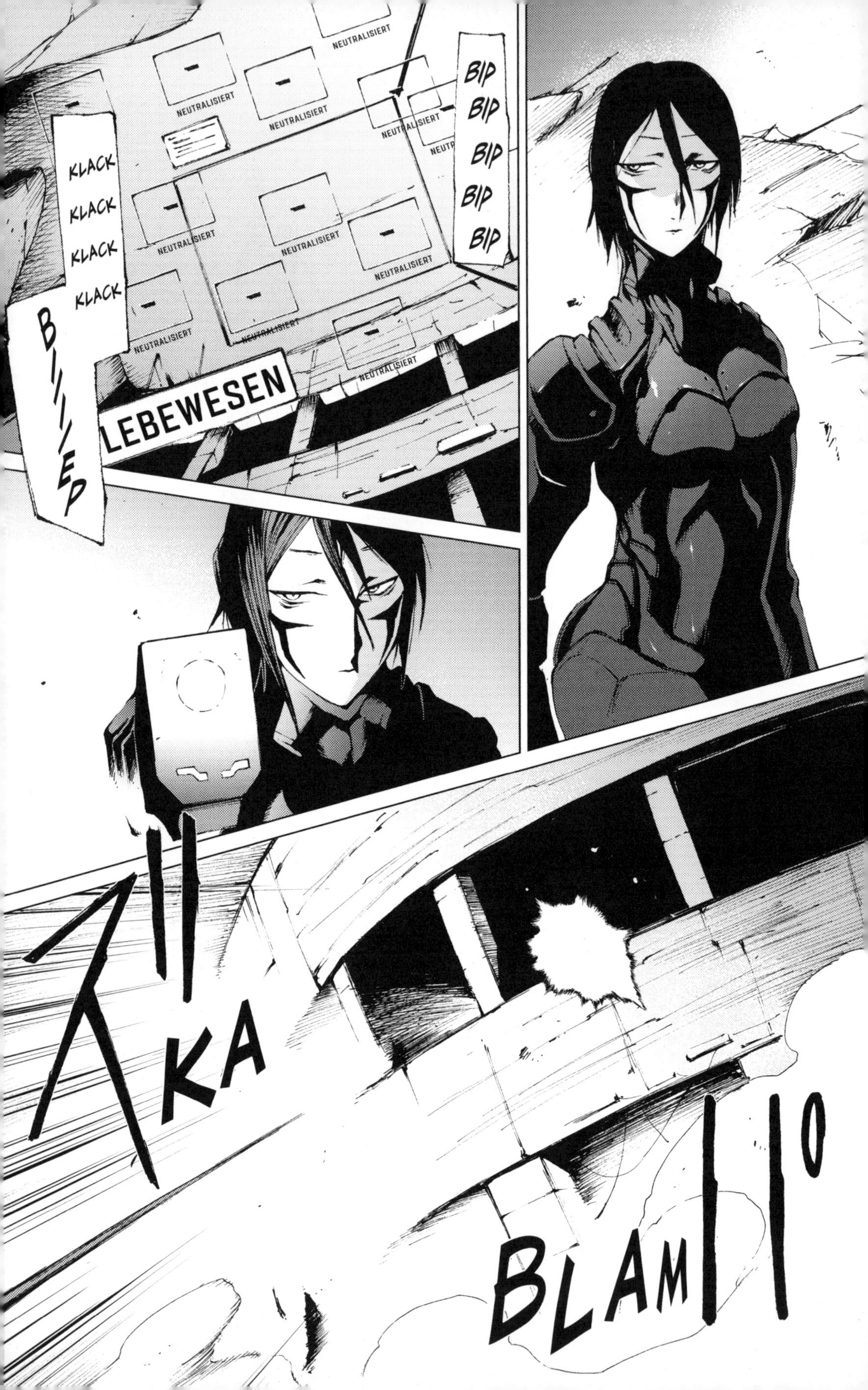

BIP BIP BIP BIP BIP
NEUTRALISIERT
KLACK KLACK KLACK KLACK
LEBEWESEN
BIIIIEP
KA
BLAM

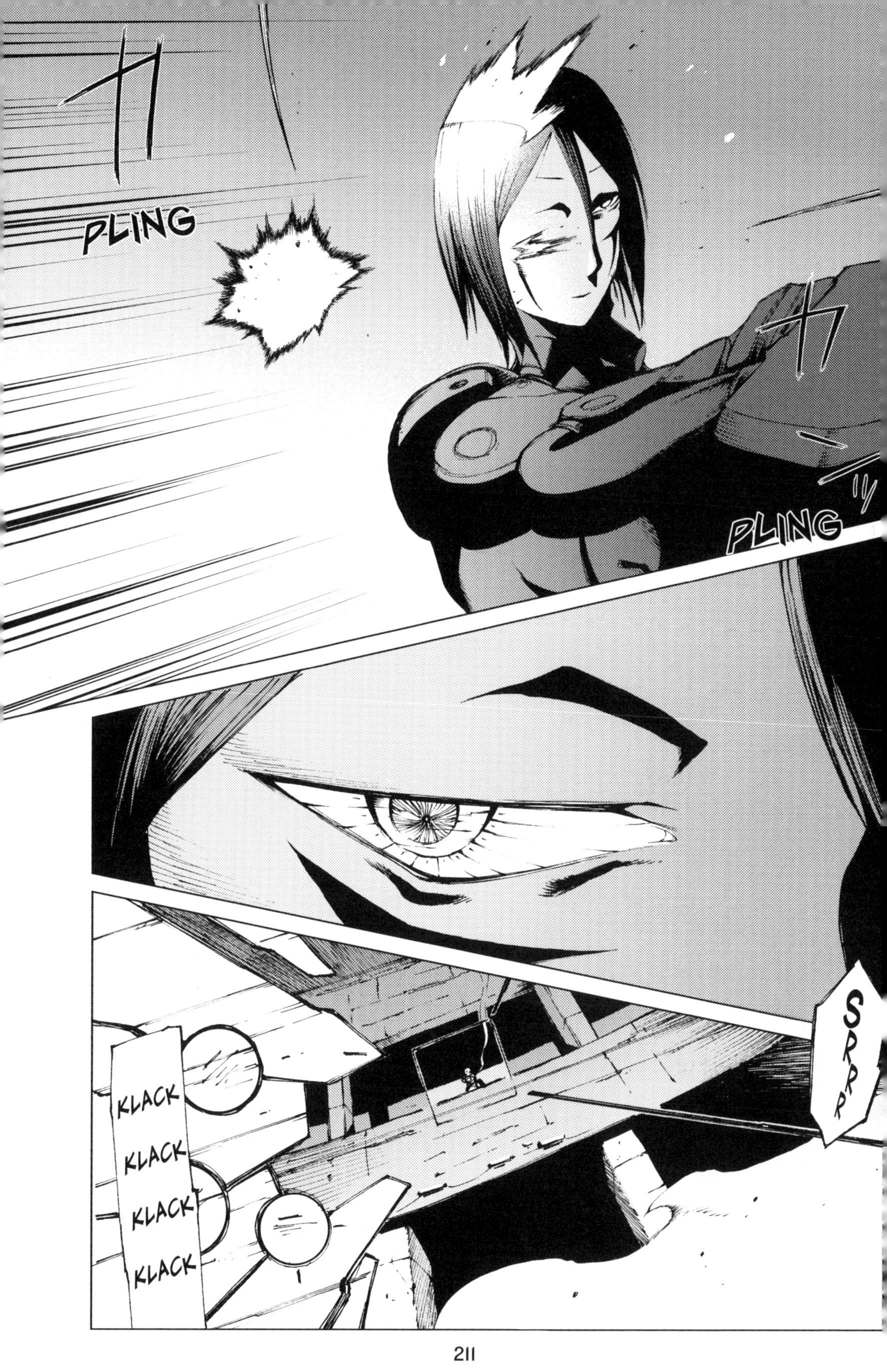
PLING
PLING
SRRR
KLACK
KLACK
KLACK
KLACK

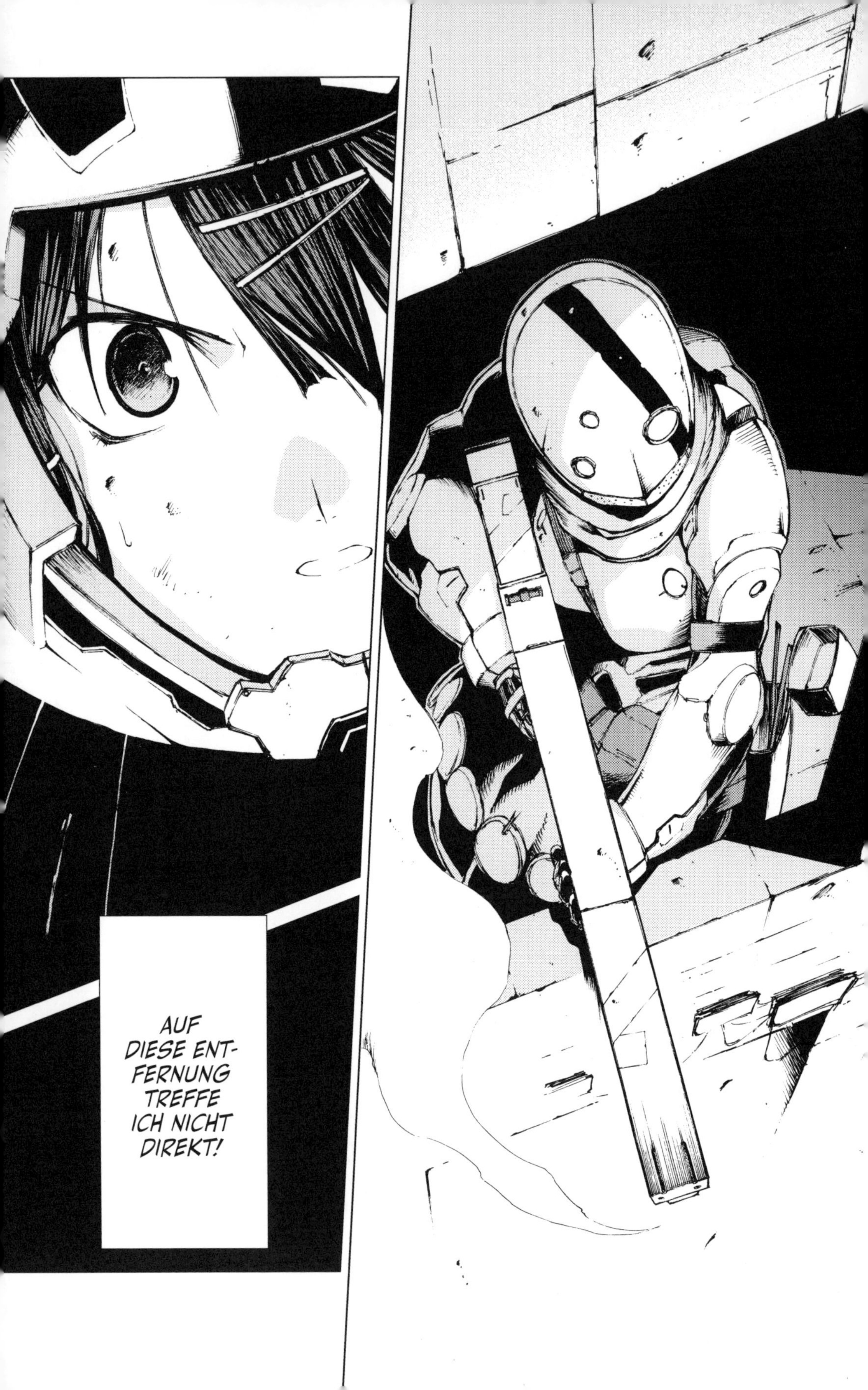
AUF DIESE ENT- FERNUNG TREFFE ICH NICHT DIREKT!

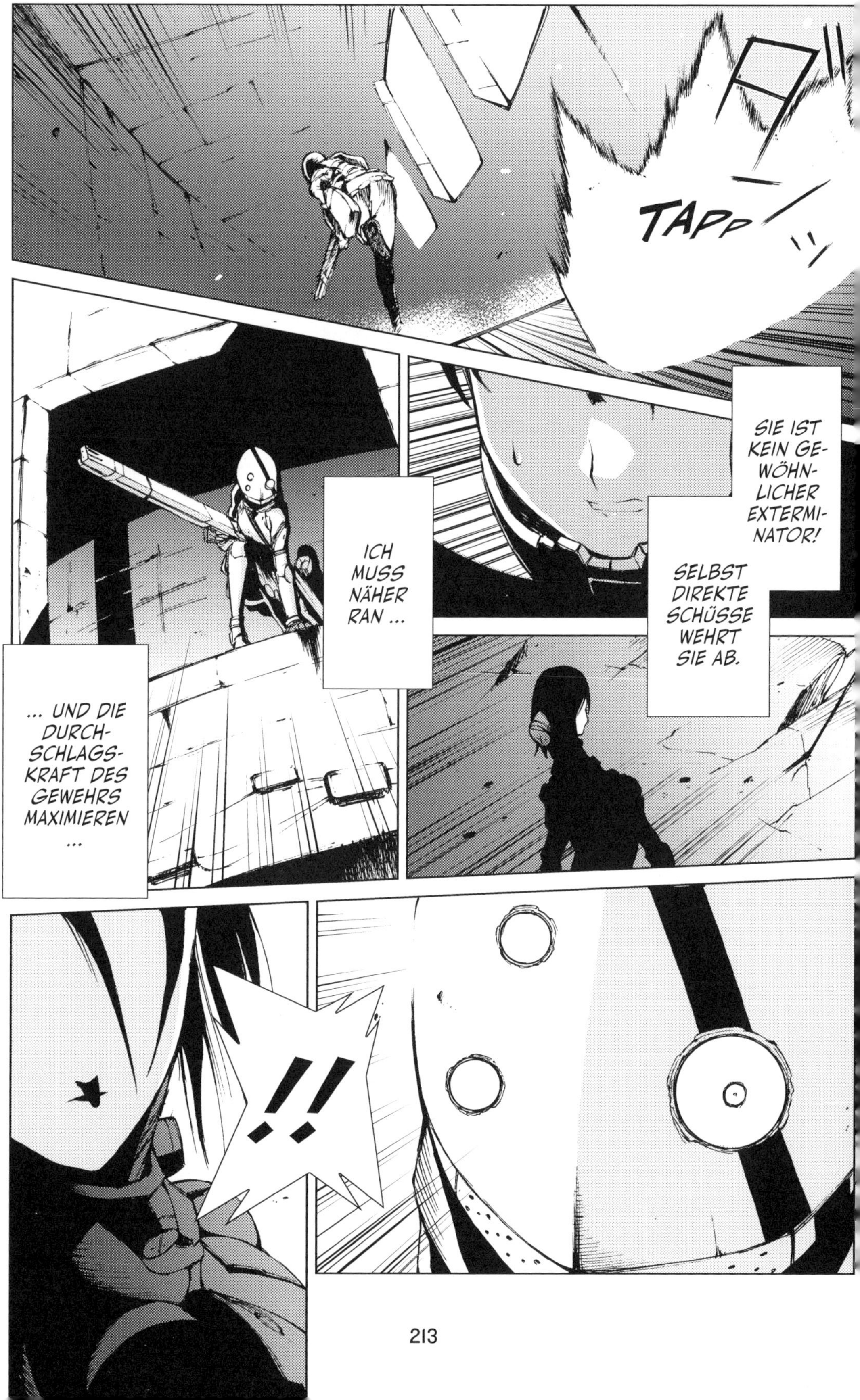
TAPP
SIE IST KEIN GE-WÖHN-LICHER EXTERMI-NATOR!
SELBST DIREKTE SCHÜSSE WEHRT SIE AB.
ICH MUSS NÄHER RAN ...
... UND DIE DURCH-SCHLAGS-KRAFT DES GEWEHRS MAXIMIEREN ...
!!

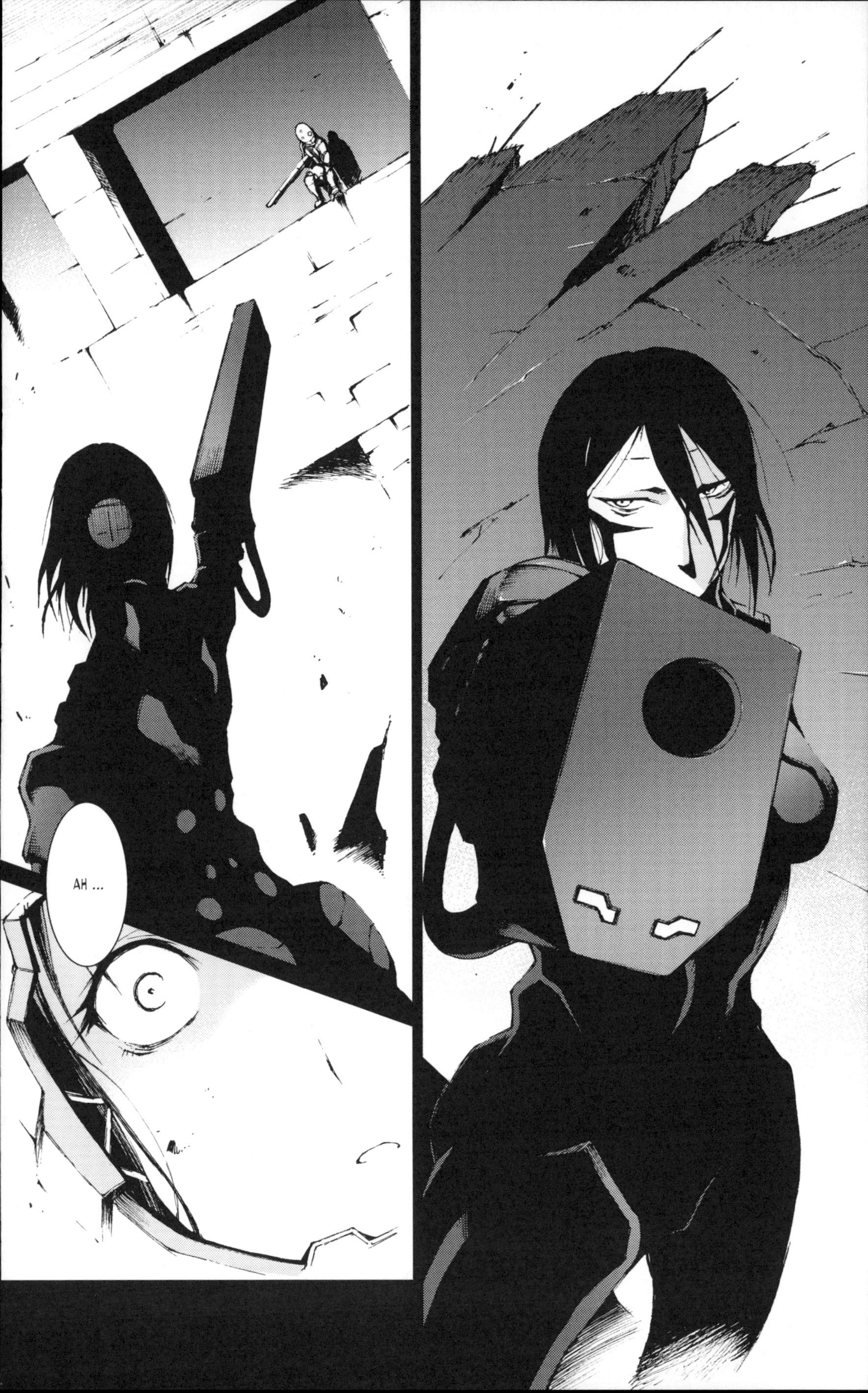
AH ...

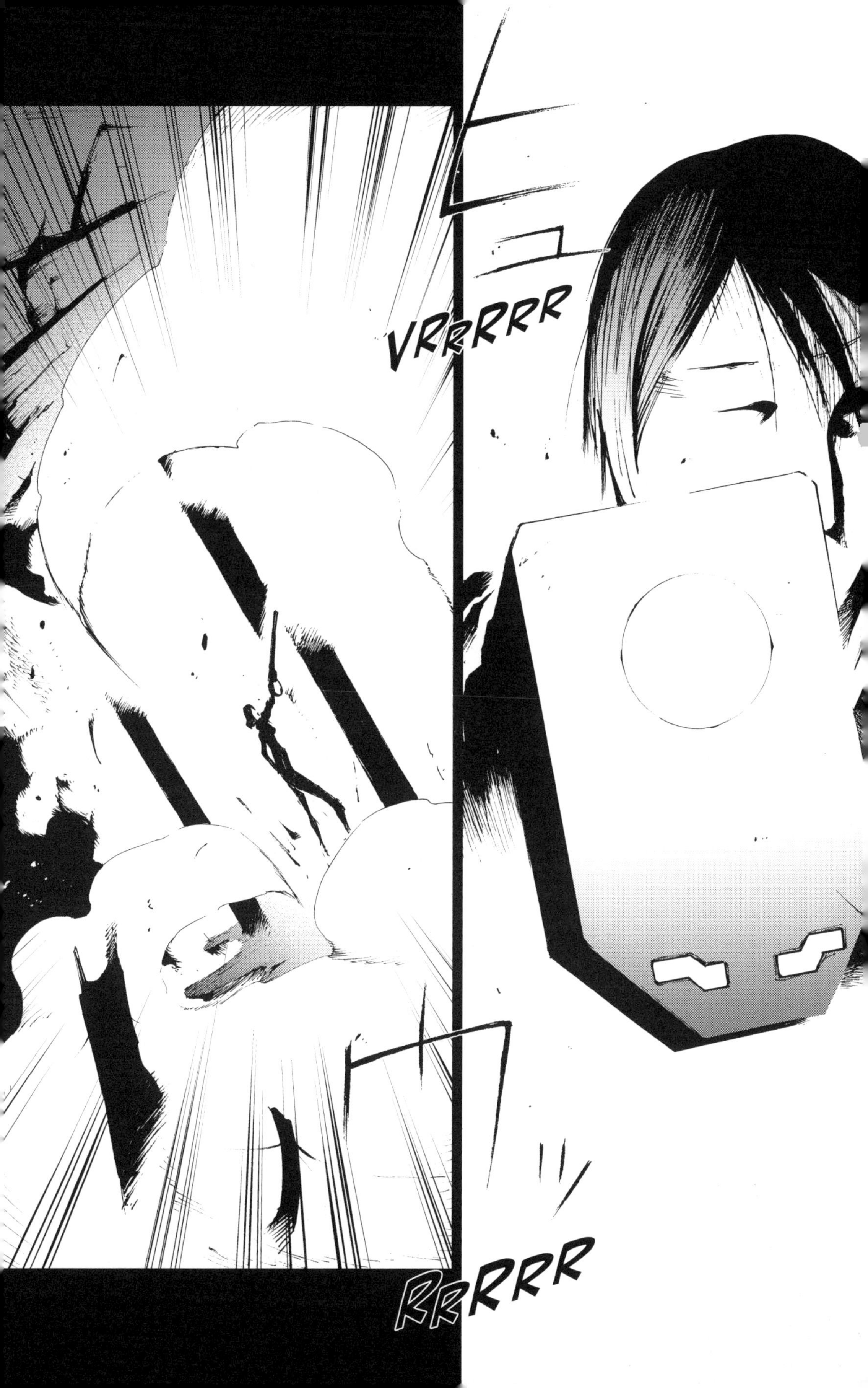
VRRRRR
RRRRR

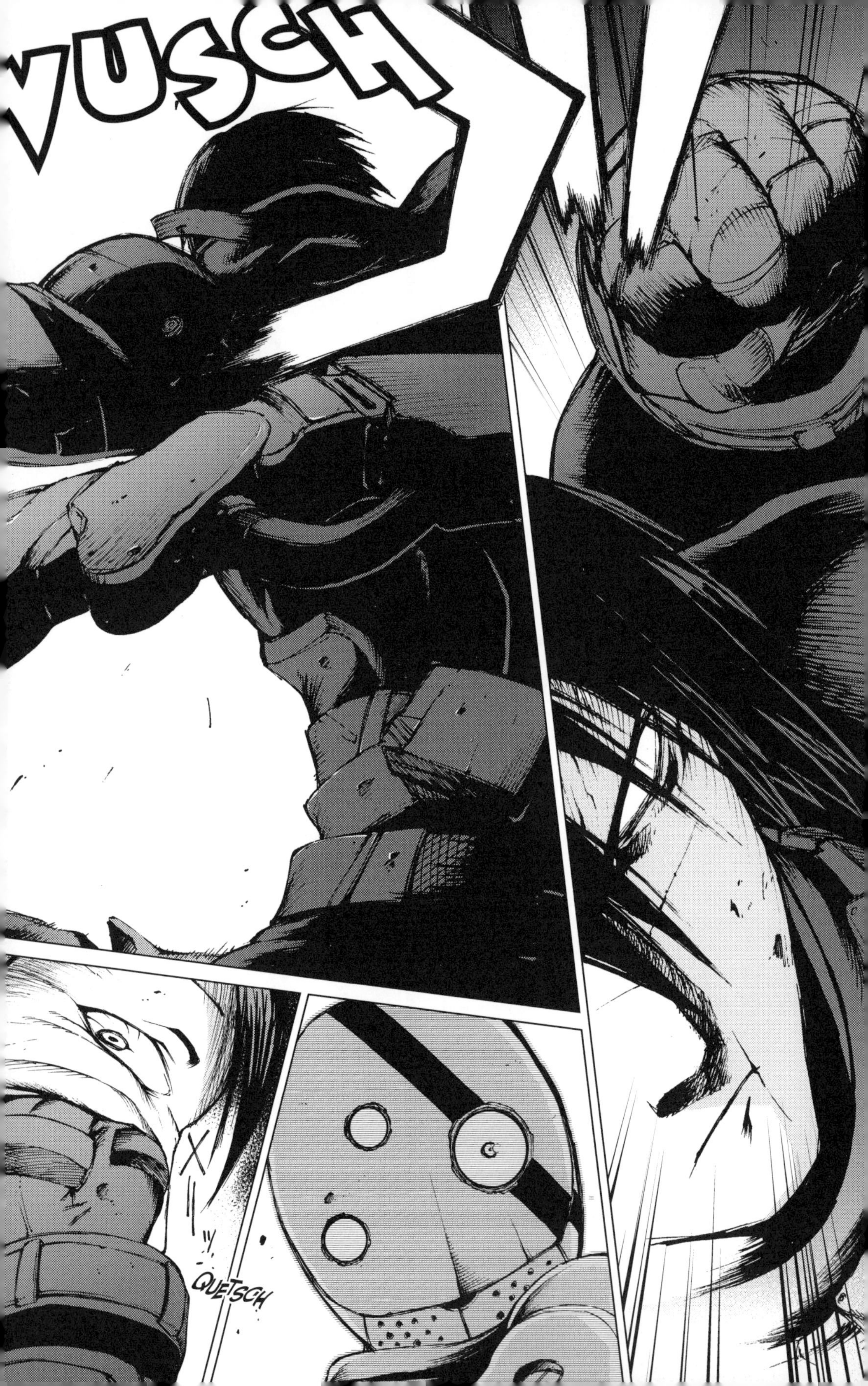
VUSCH
QUETSCH

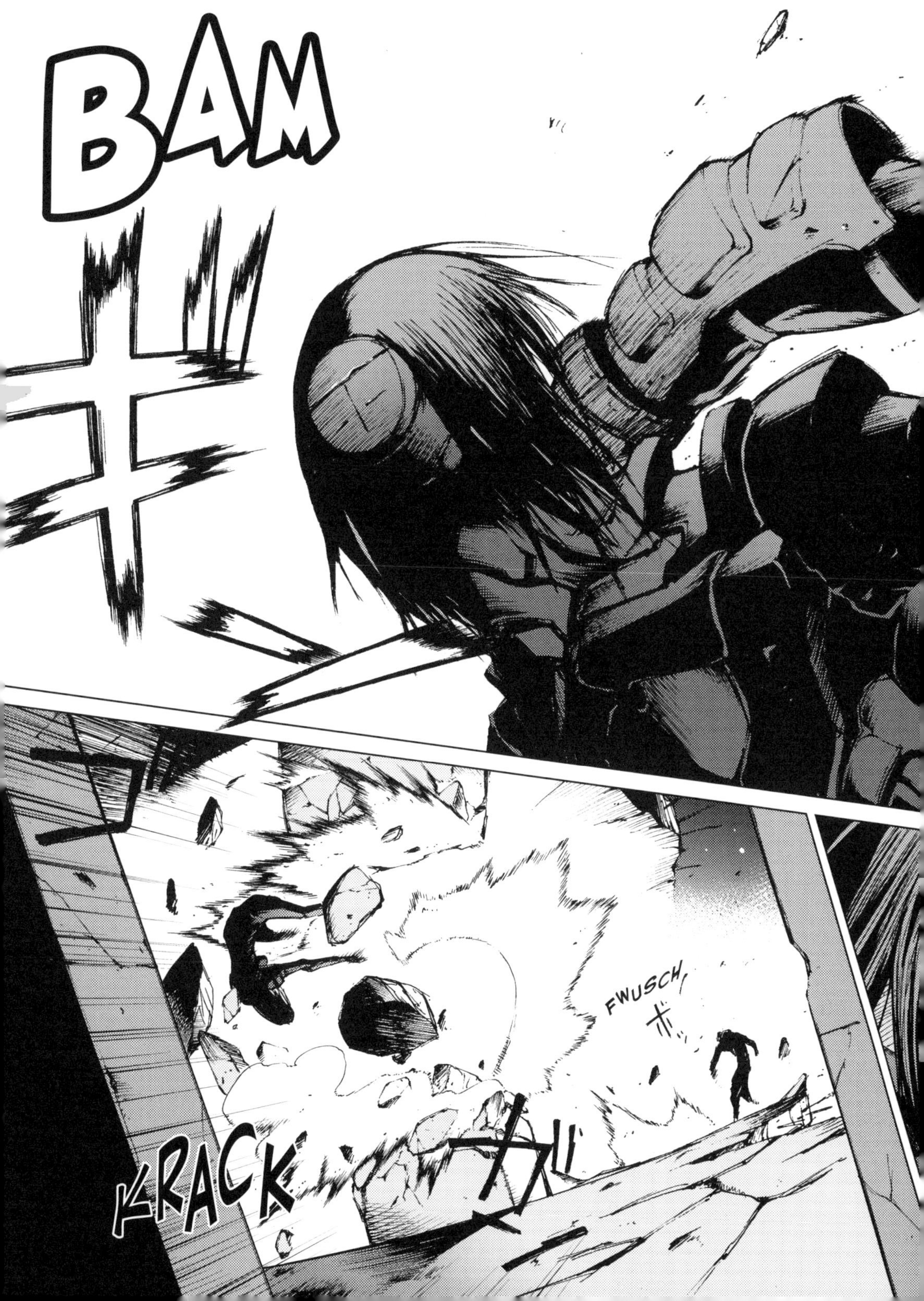
BAM
FWUSCH
KRACK

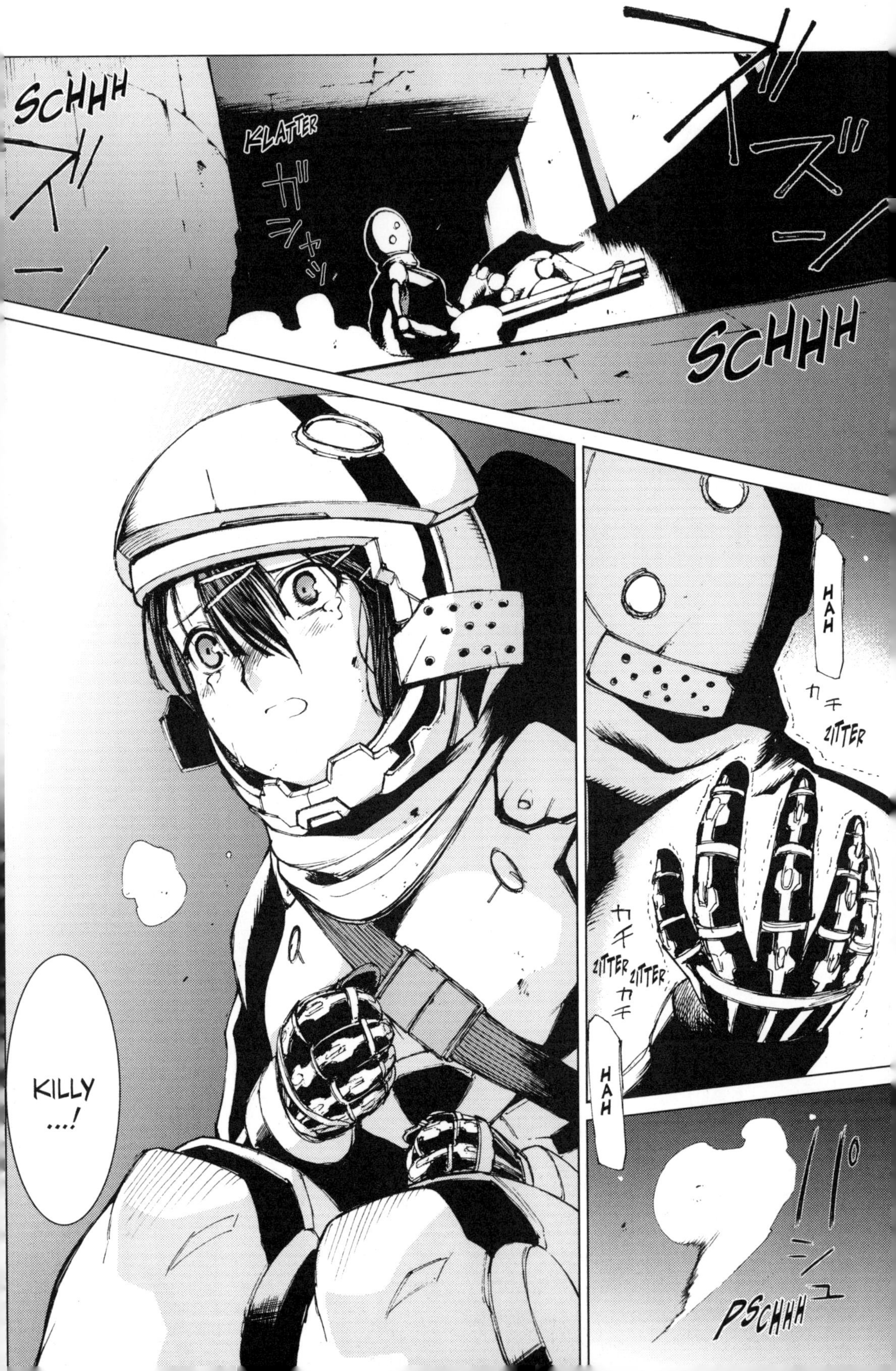

ズズーン
SCHHH
KLATTER
ガシャッ
ズーン
SCHHH
HAH
カチ
ZITTER
カチ
ZITTER ZITTER
カチ
HAH
KILLY ...!
パシュ
PSCHHH

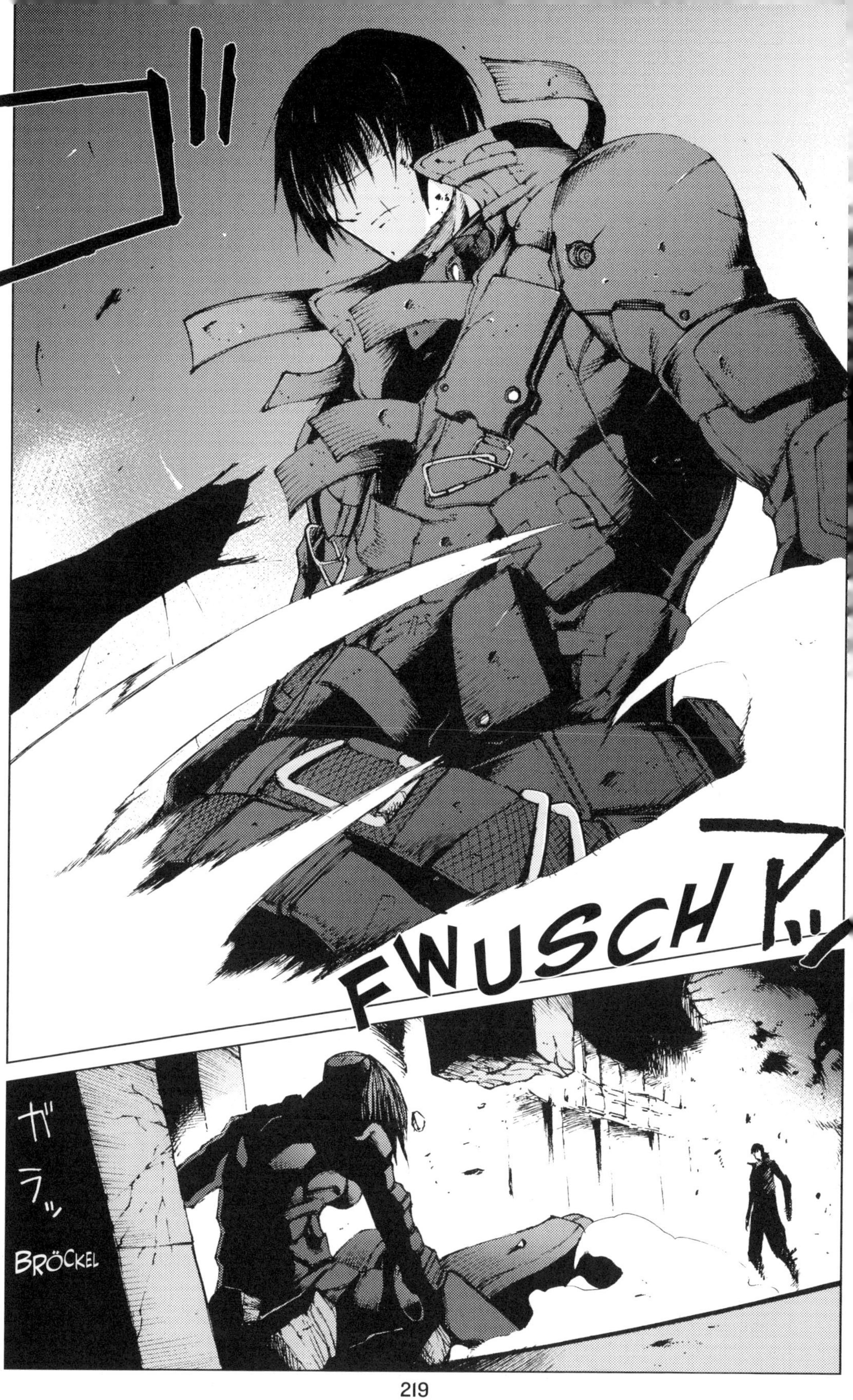
ゴ
FWUSCH
ガラッ
BRÖCKEL

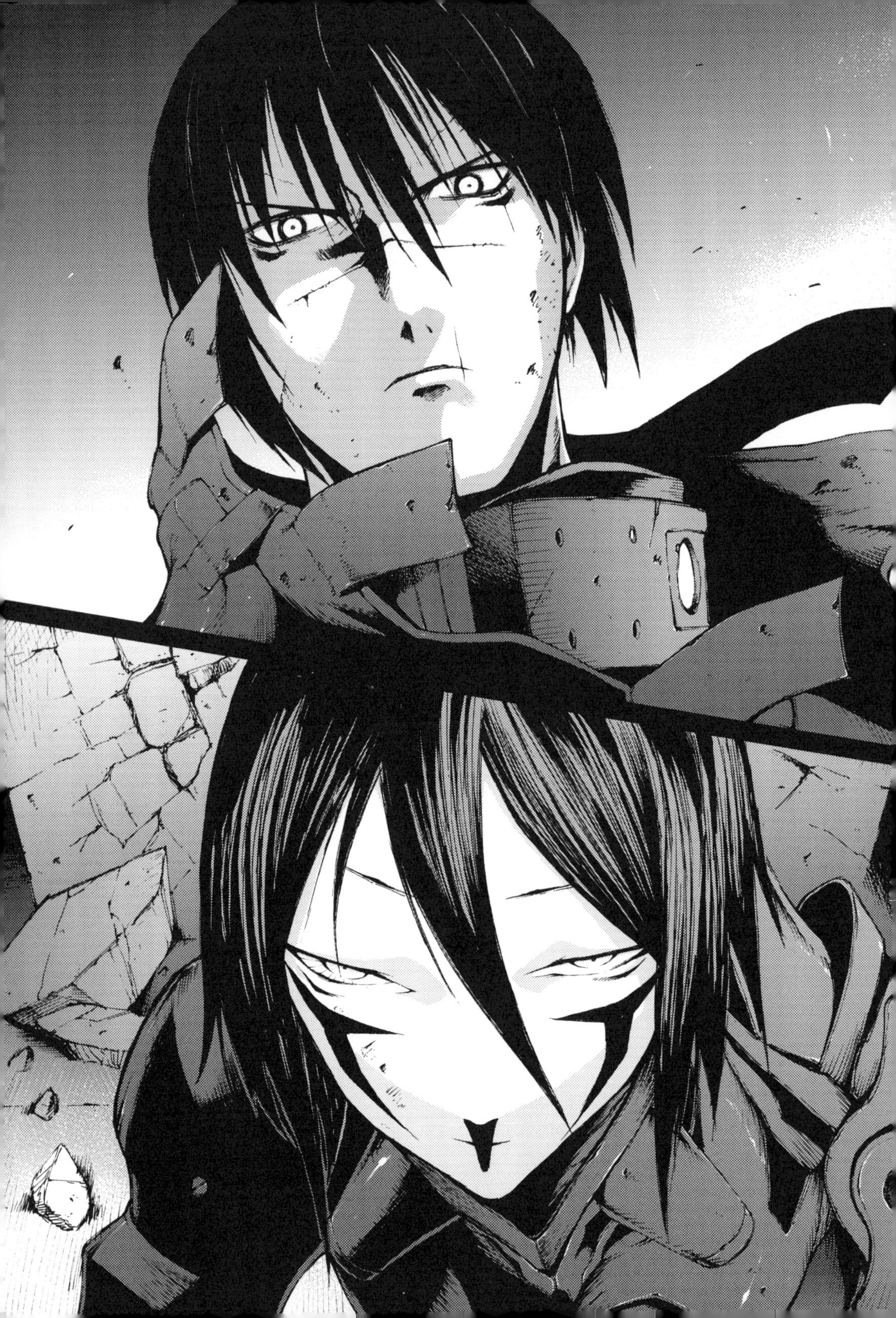

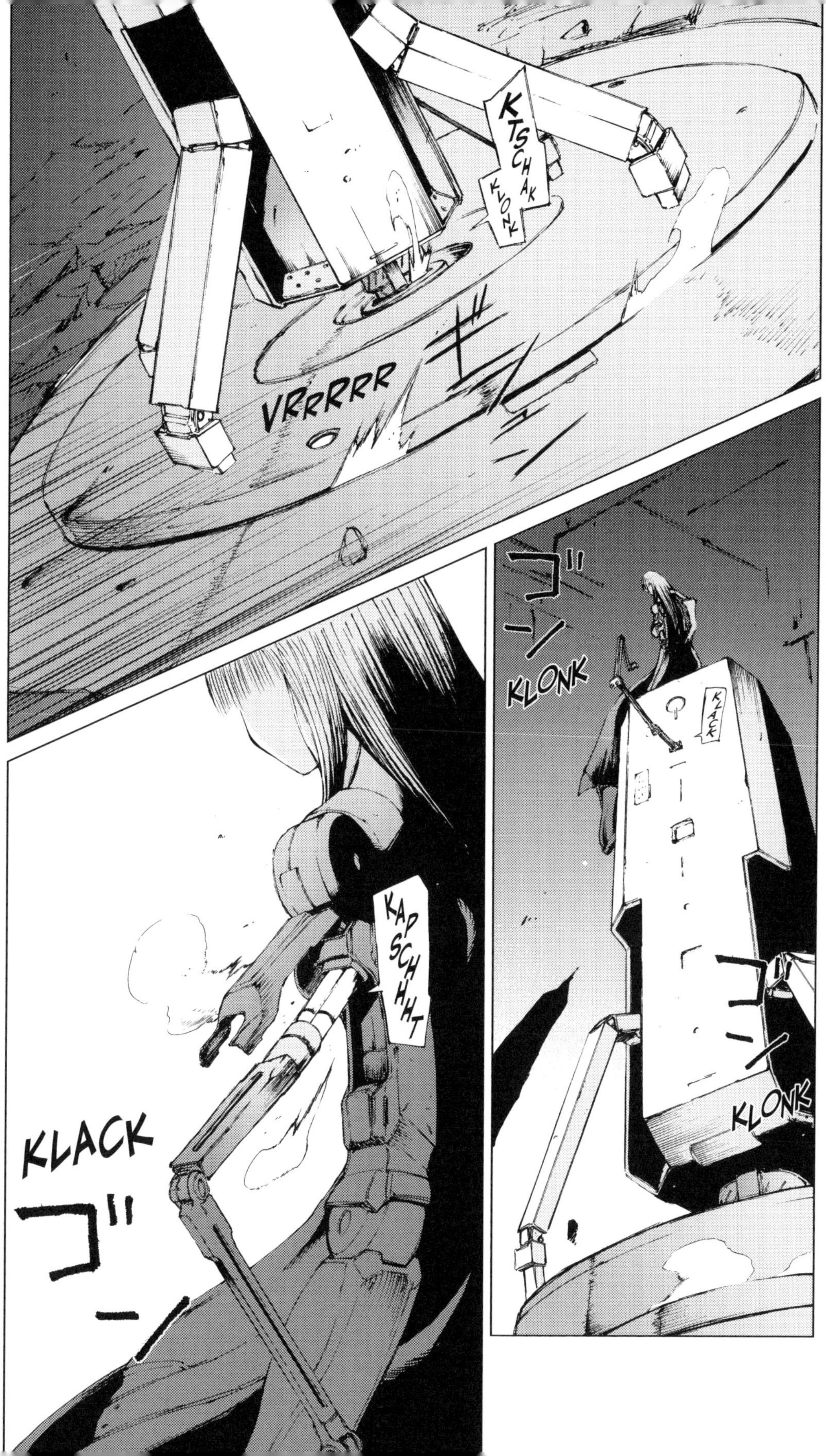
KTSCHAK
KLONK
VRRRRR
KLONK
KLACK
KLONK
KAPSCHHHT
KLACK

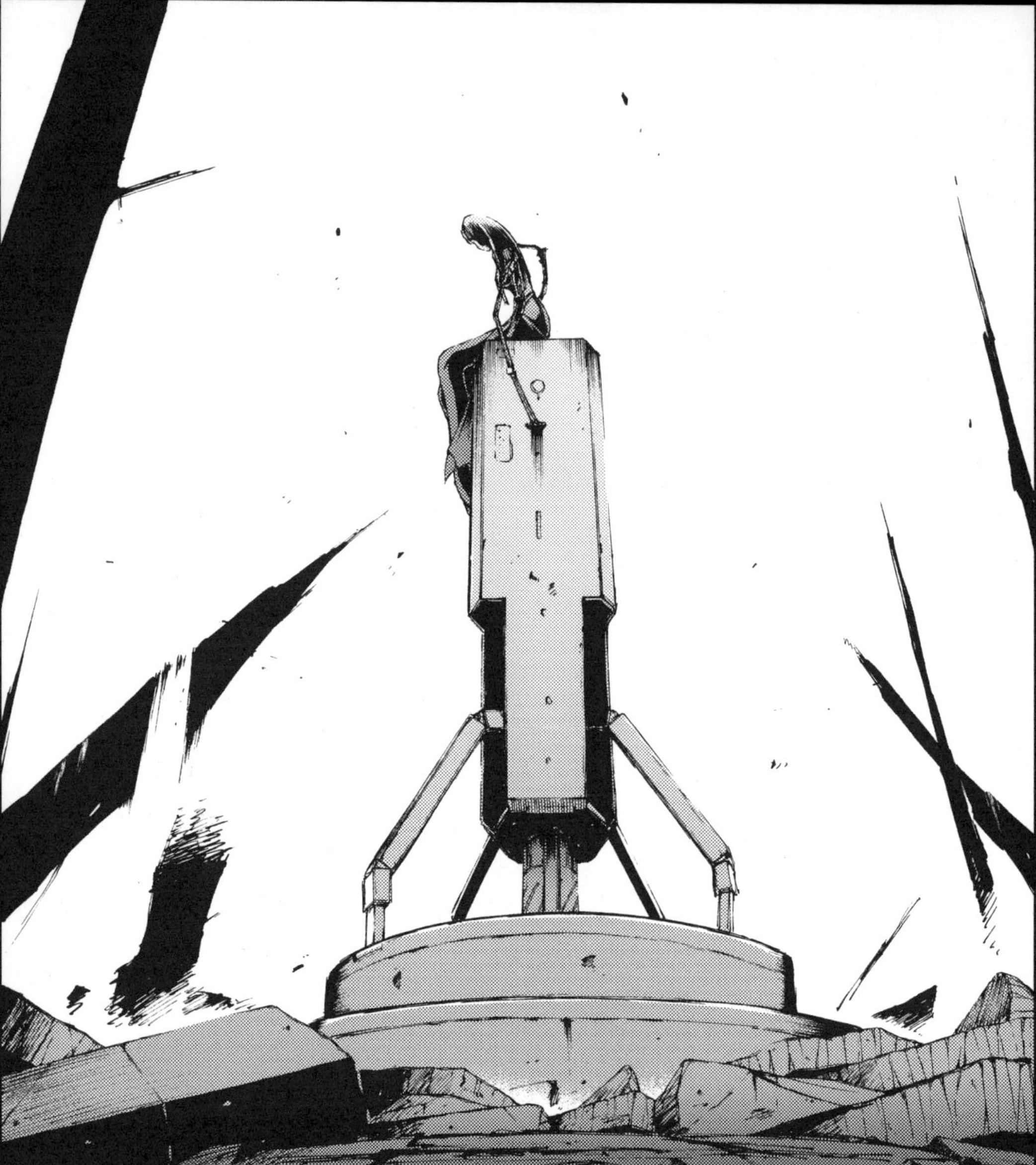

::LETZTES LOG::

FLUCHT

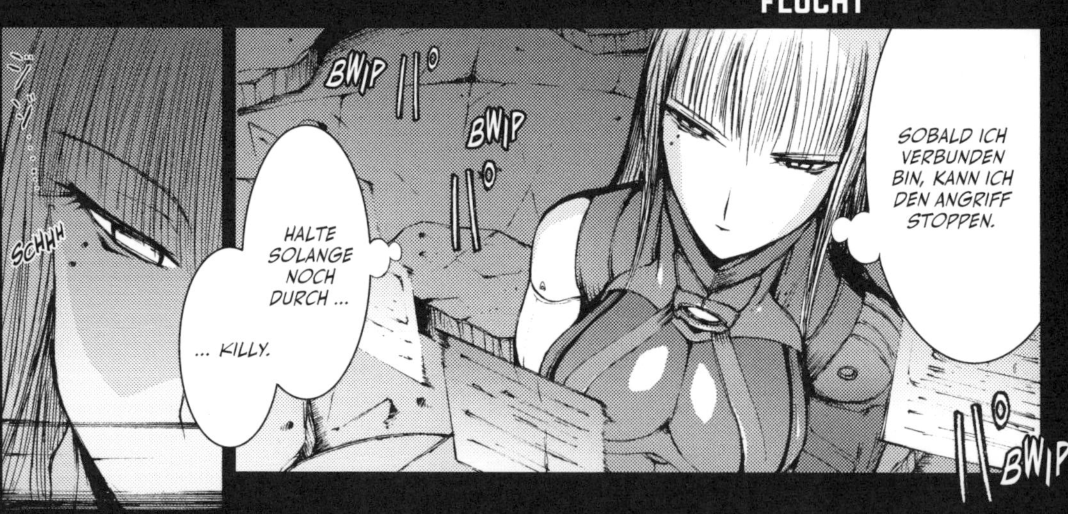

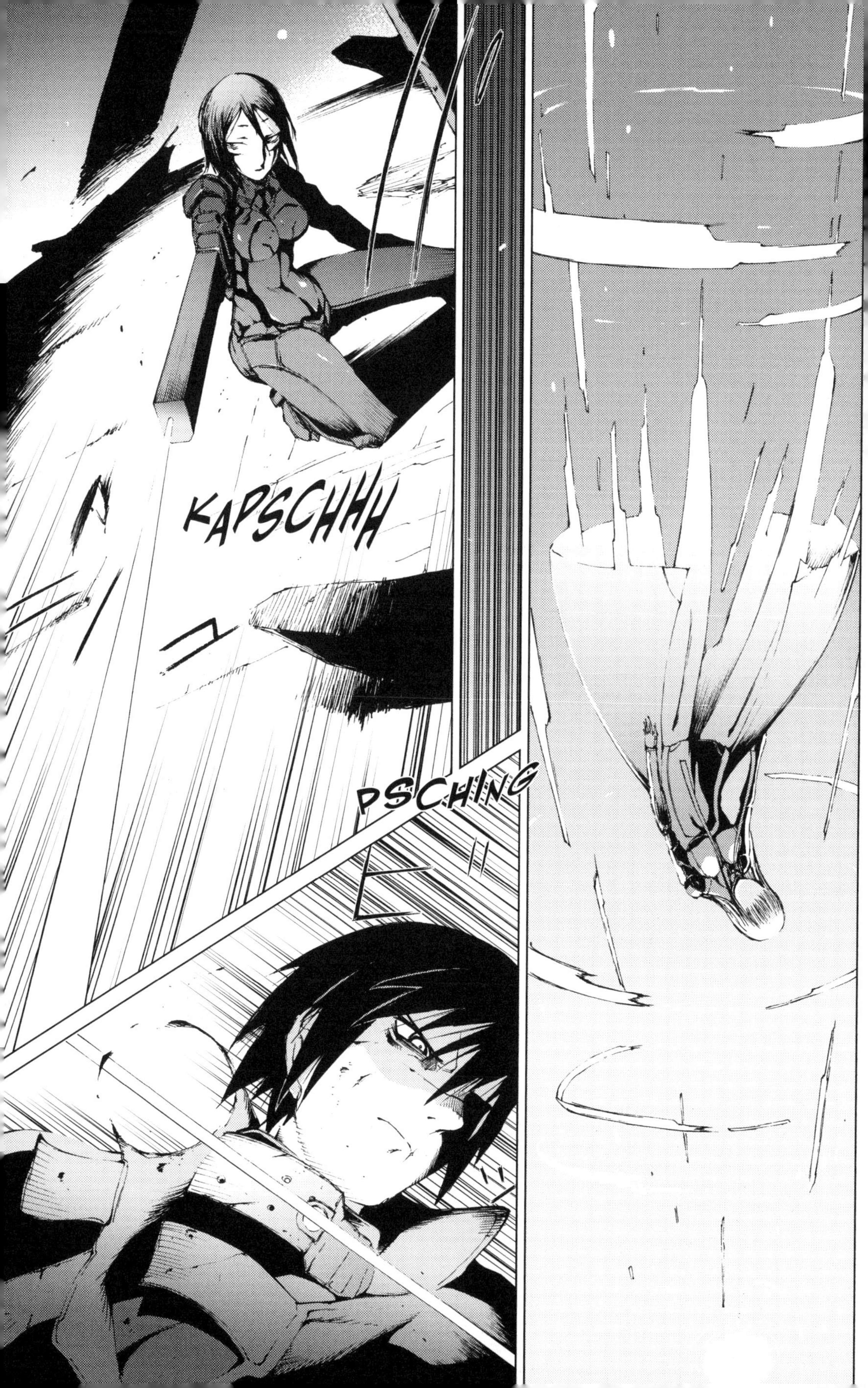
KAPSCHHH
PSCHING

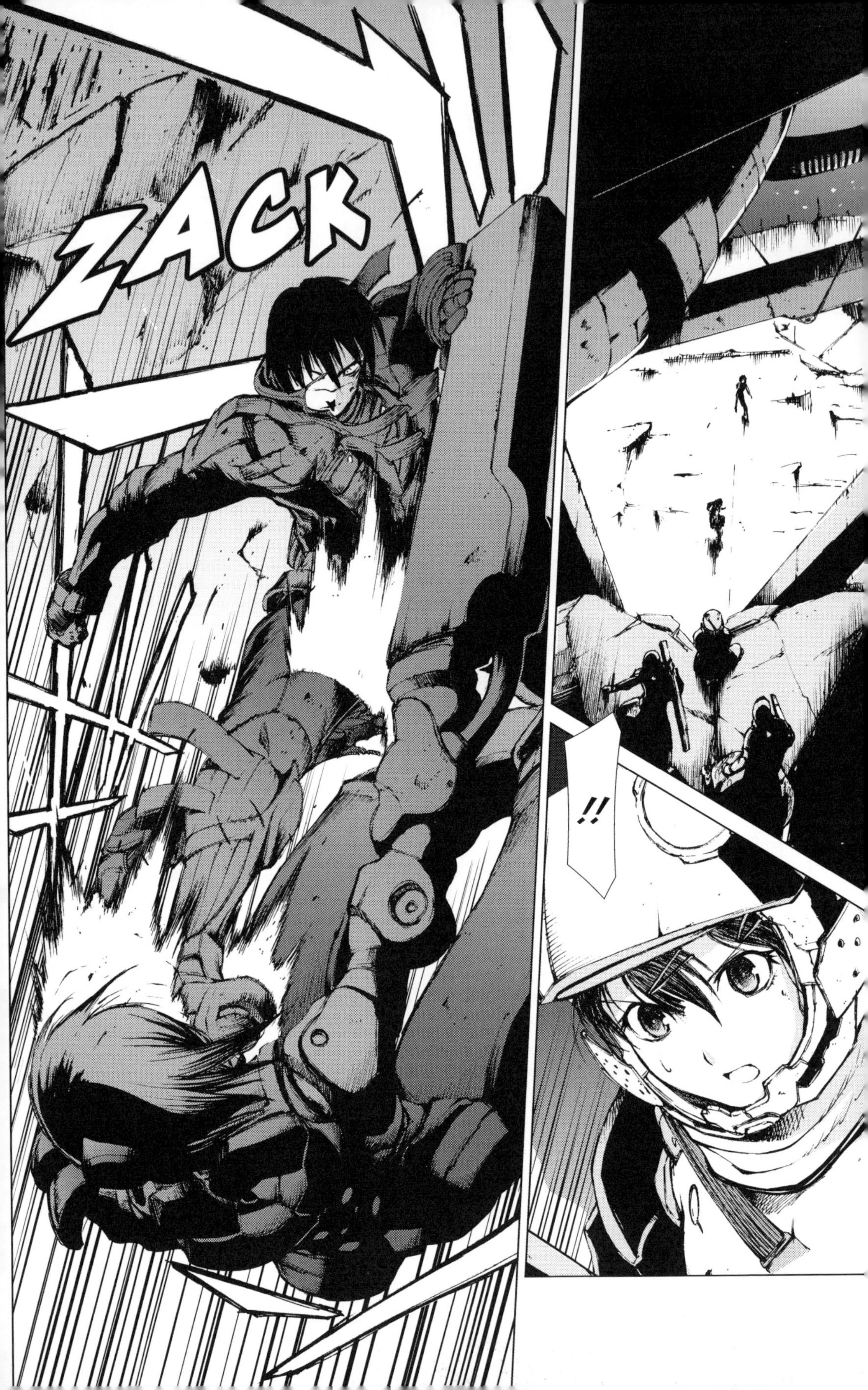
ZACK
!!

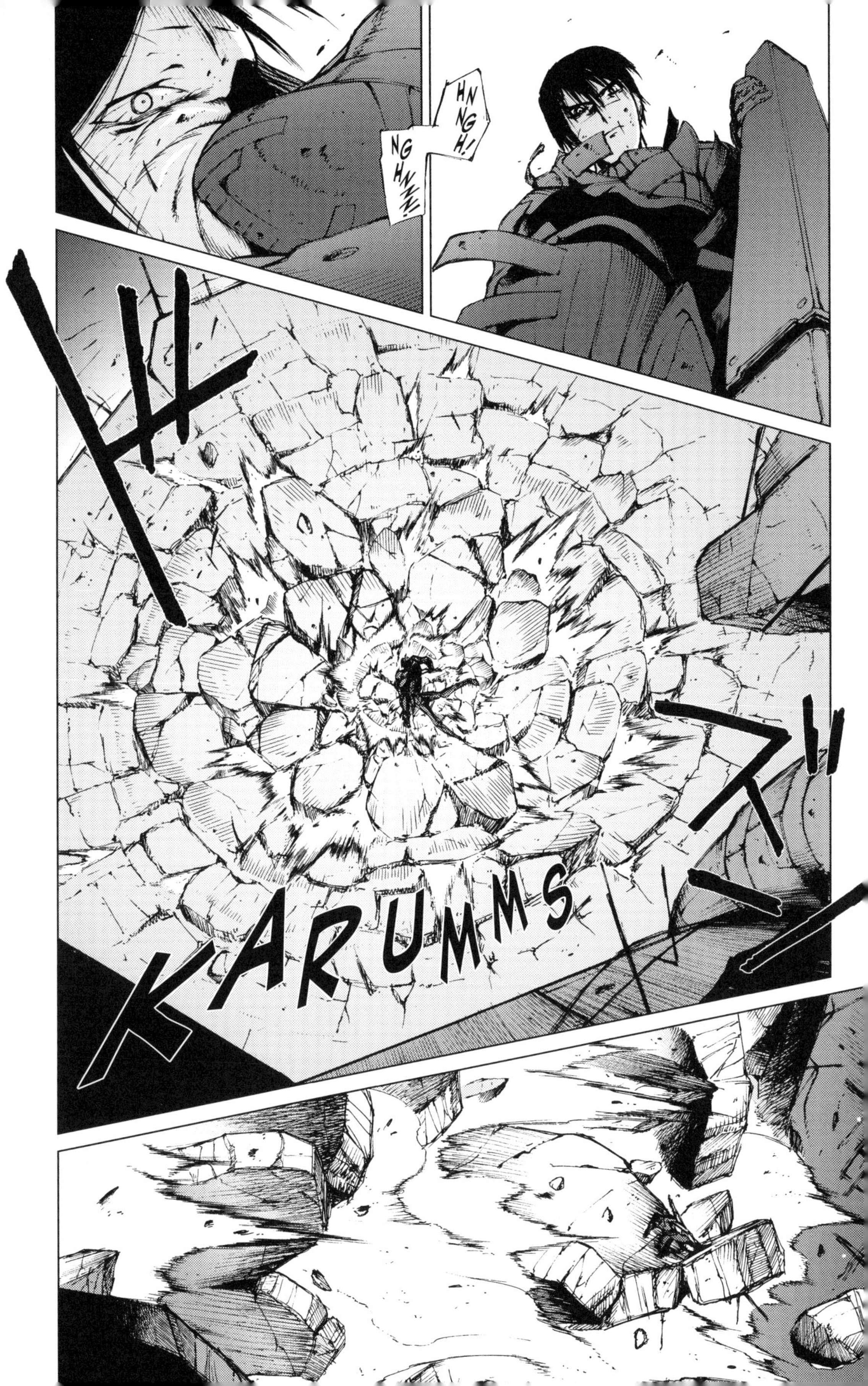
HNNGH!
NGHNNN!
KARUMMS

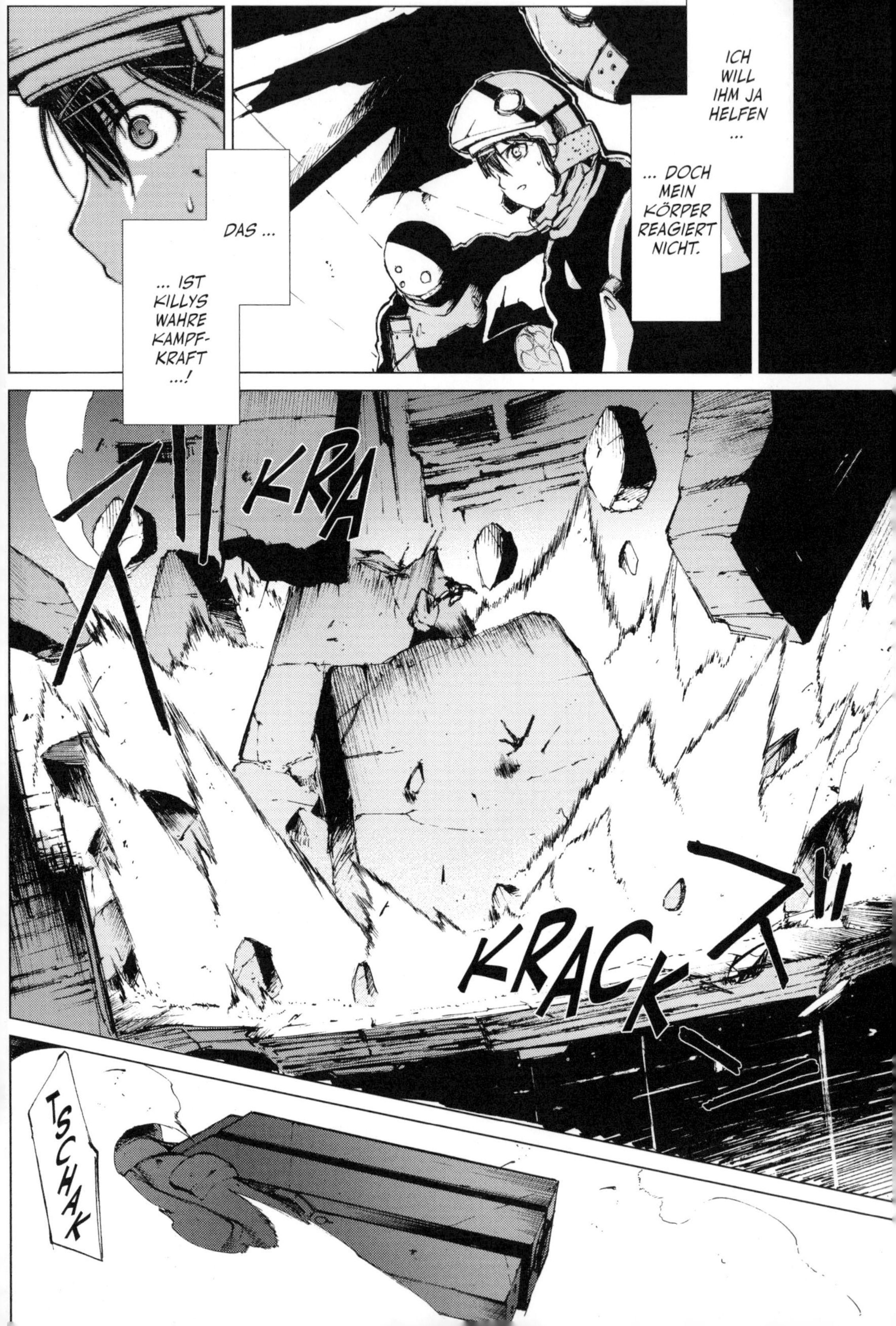

ICH WILL IHM JA HELFEN ...
... DOCH MEIN KÖRPER REAGIERT NICHT.
DAS ...
... IST KILLYS WAHRE KAMPF-KRAFT ...!
KRA
KRACK
TSCHAK

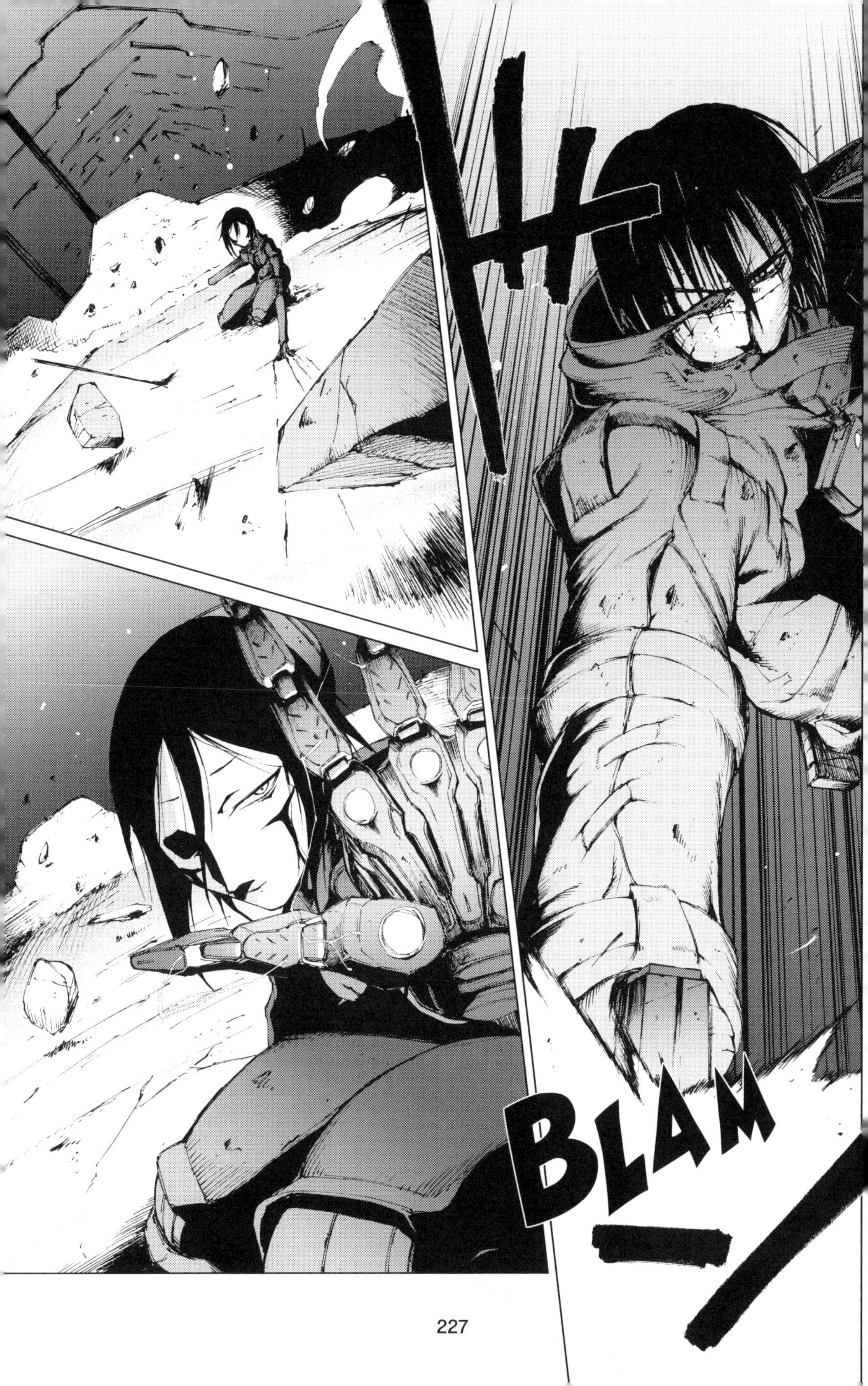
BLAM

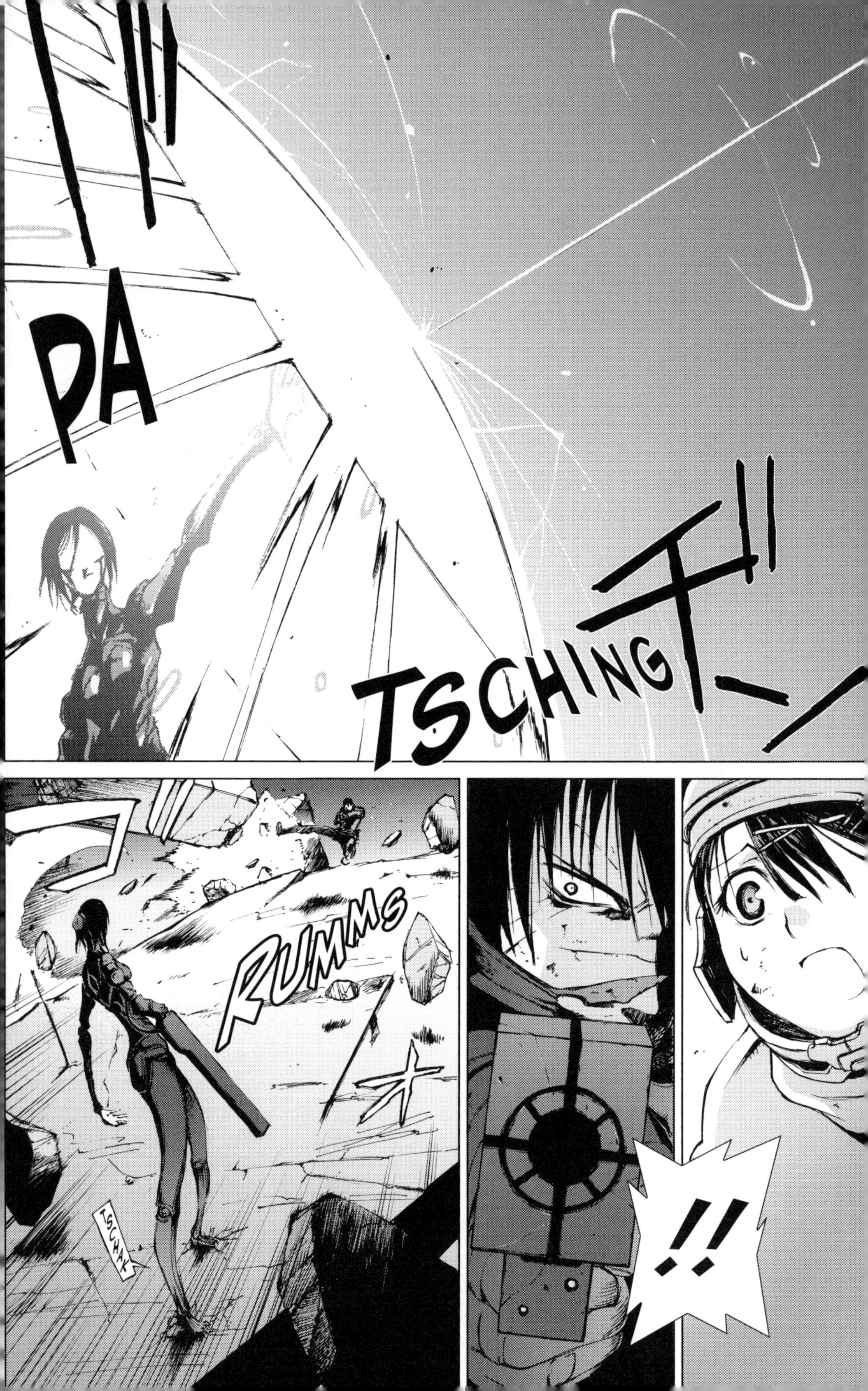
PA
TSCHING
RUMMS
TSCHAK
!!

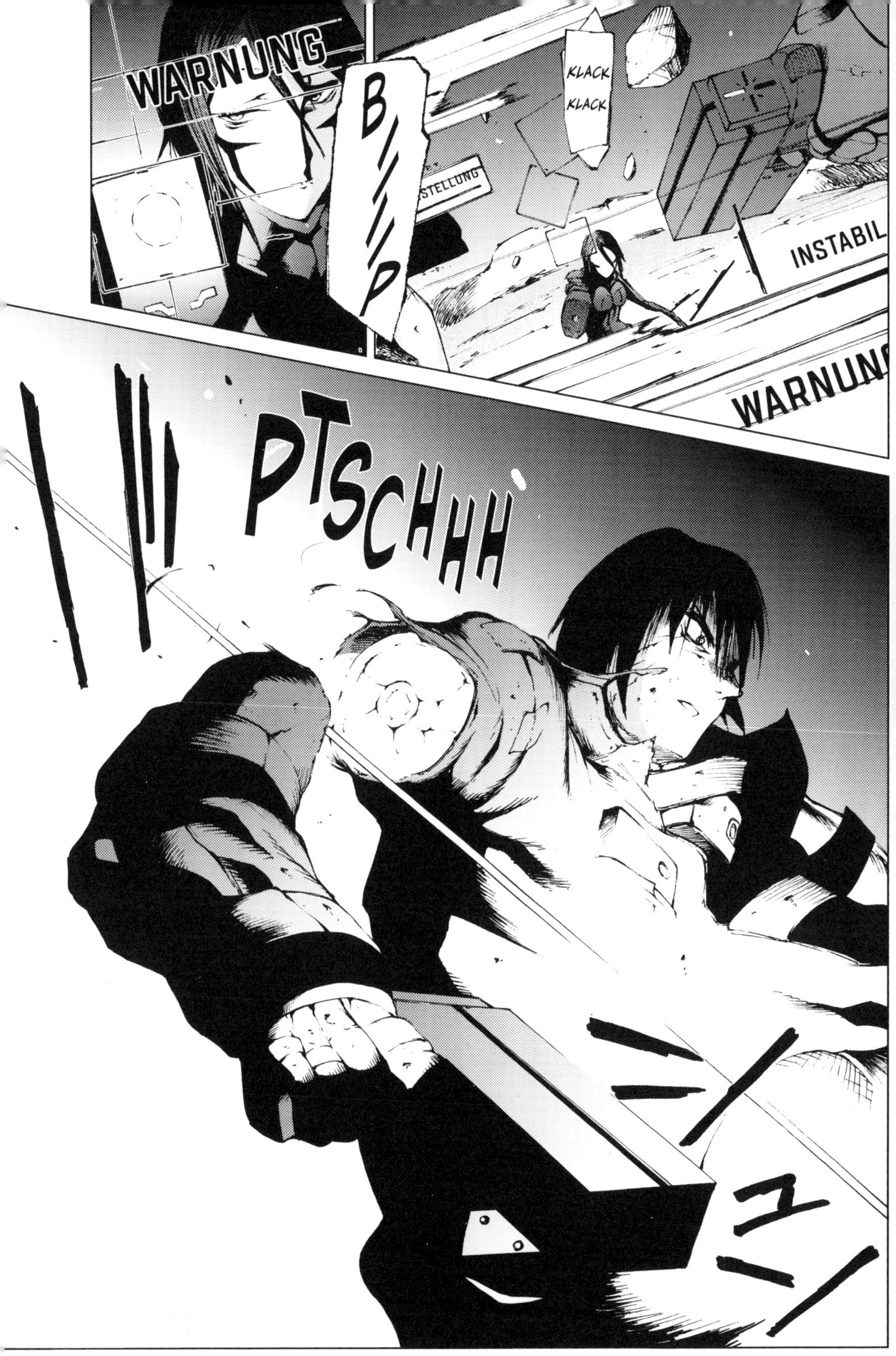
WARNUNG
BIIIIP
KLACK
KLACK
INSTABIL
WARNUNG
PTSCHHH

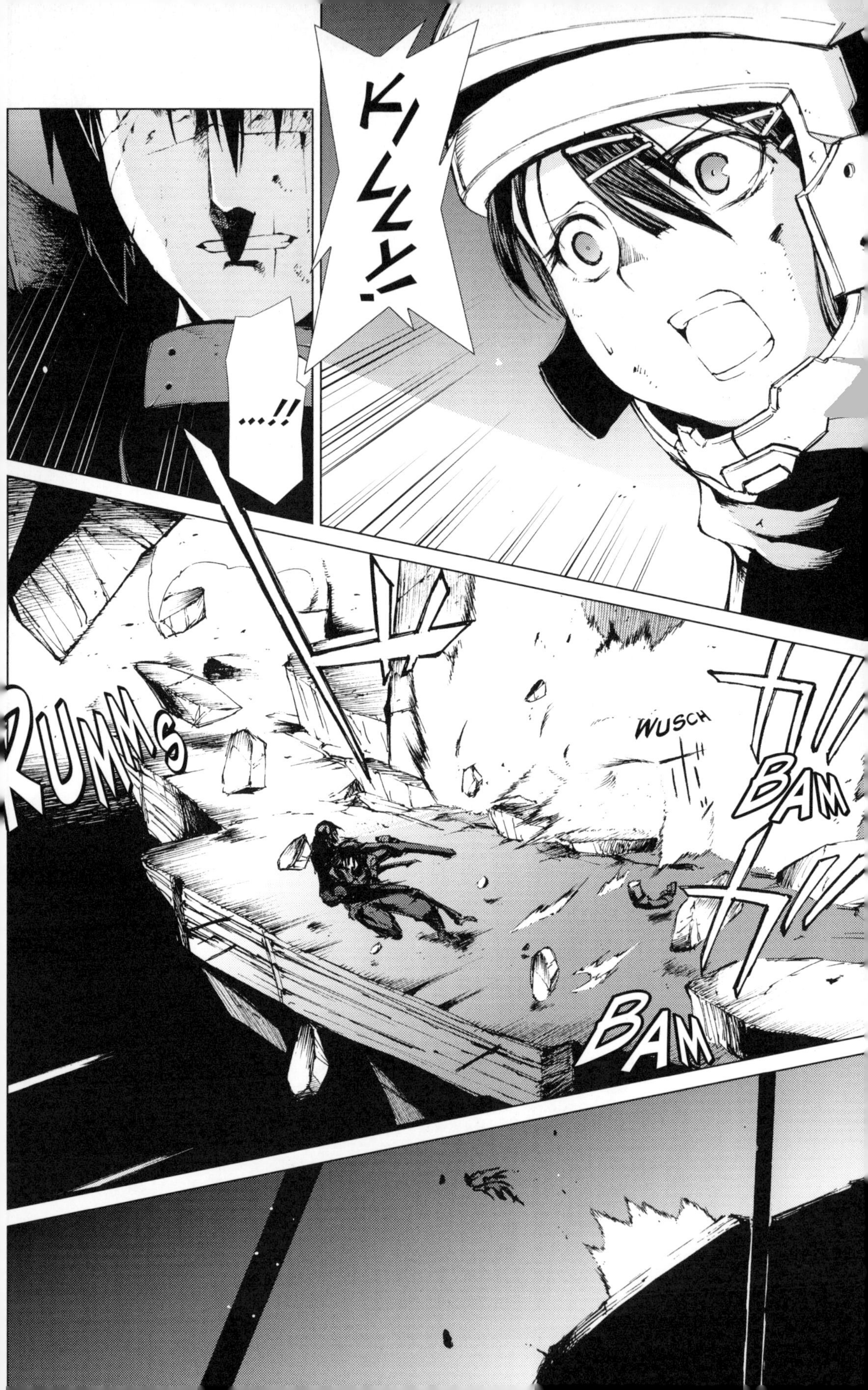
KILLLY!!
...!!
RUMMS
WUSCH
BAM
BAM

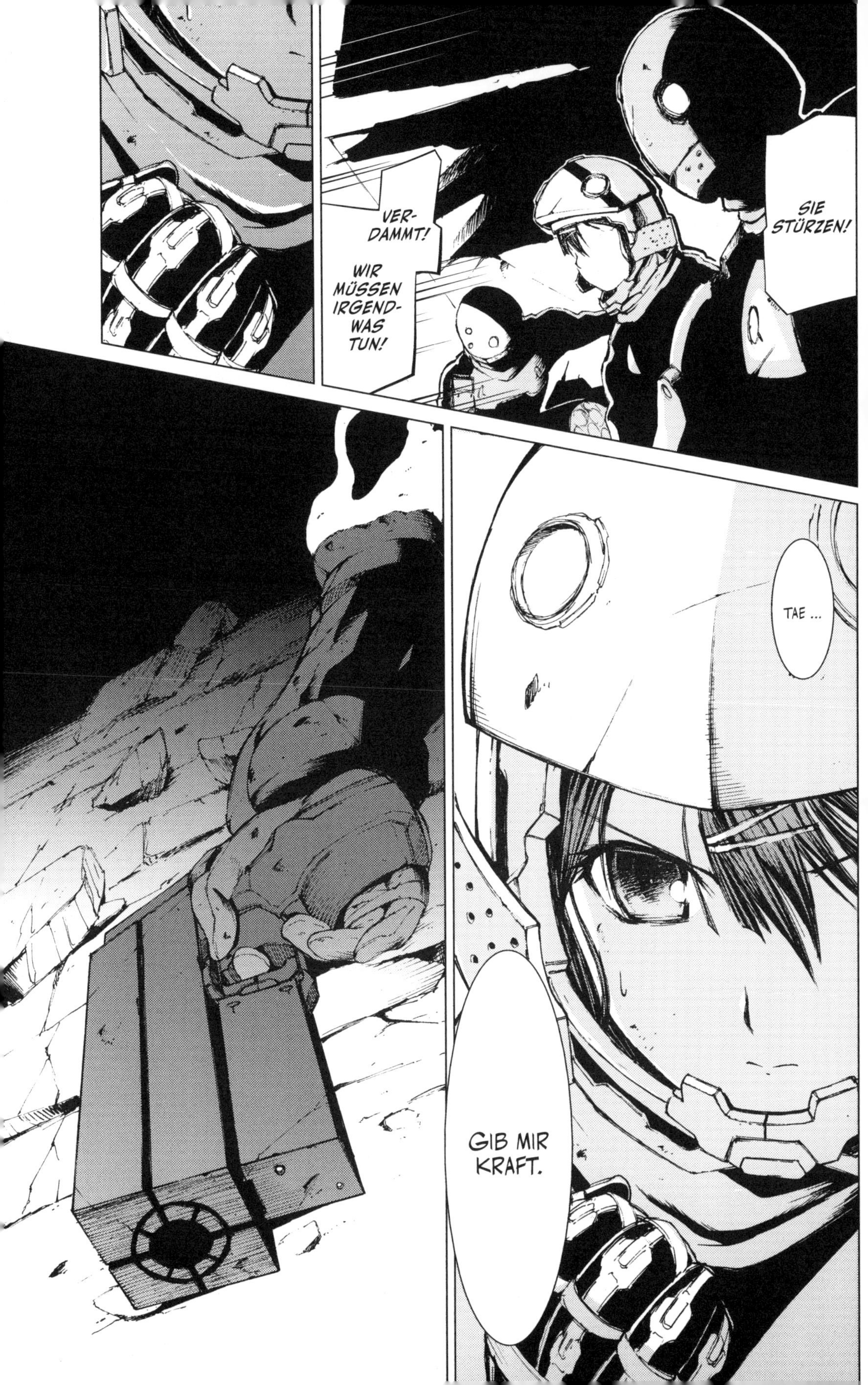
SIE STÜRZEN!
VER-DAMMT!
WIR MÜSSEN IRGEND-WAS TUN!
TAE ...
GIB MIR KRAFT.

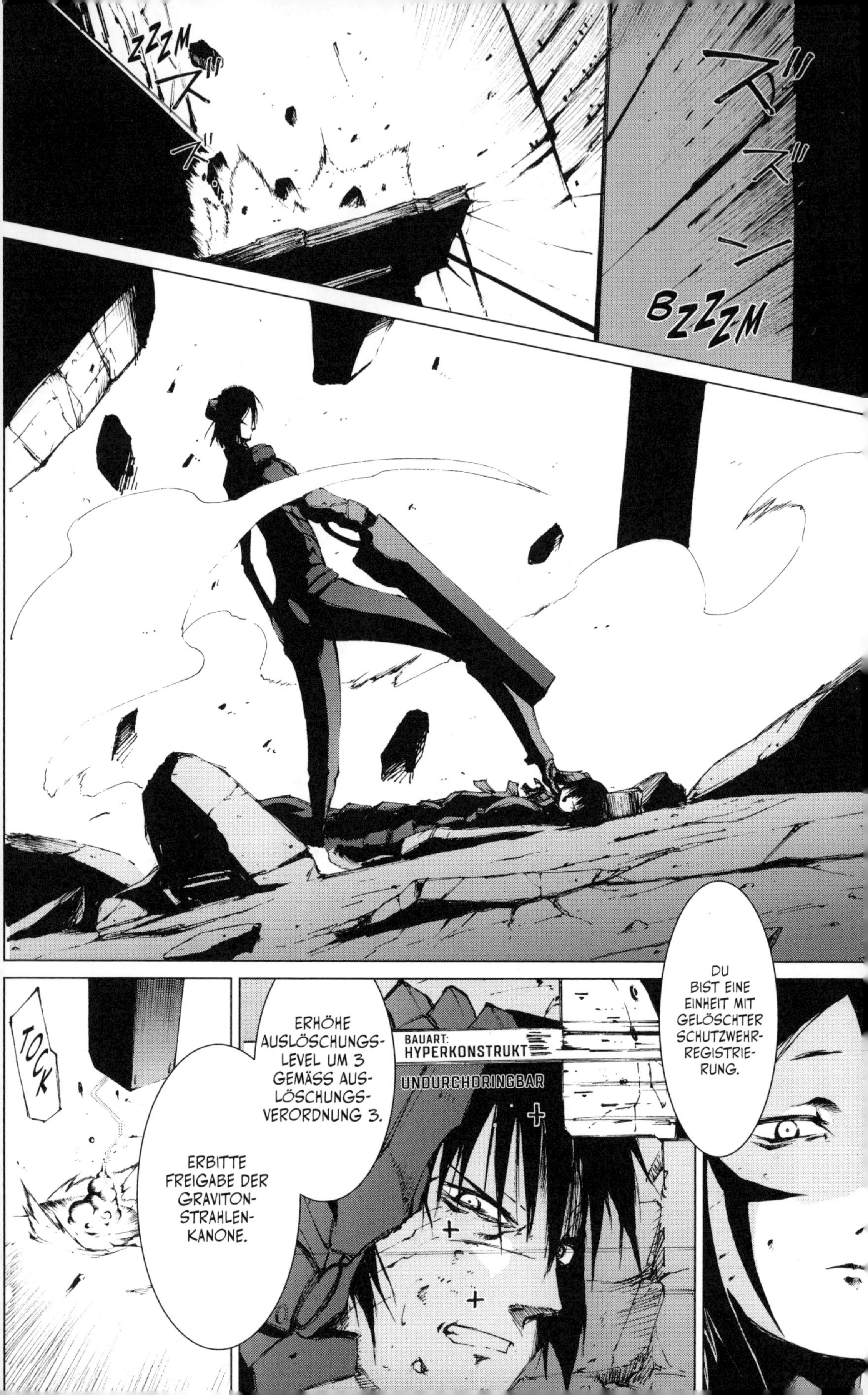
ZZZM
BZZZM
DU BIST EINE EINHEIT MIT GELÖSCHTER SCHUTZWEHR-REGISTRIE-RUNG.
BAUART: HYPERKONSTRUKT
UNDURCHDRINGBAR
ERHÖHE AUSLÖSCHUNGS-LEVEL UM 3 GEMÄSS AUS-LÖSCHUNGS-VERORDNUNG 3.
ERBITTE FREIGABE DER GRAVITON-STRAHLEN-KANONE.
TOCK

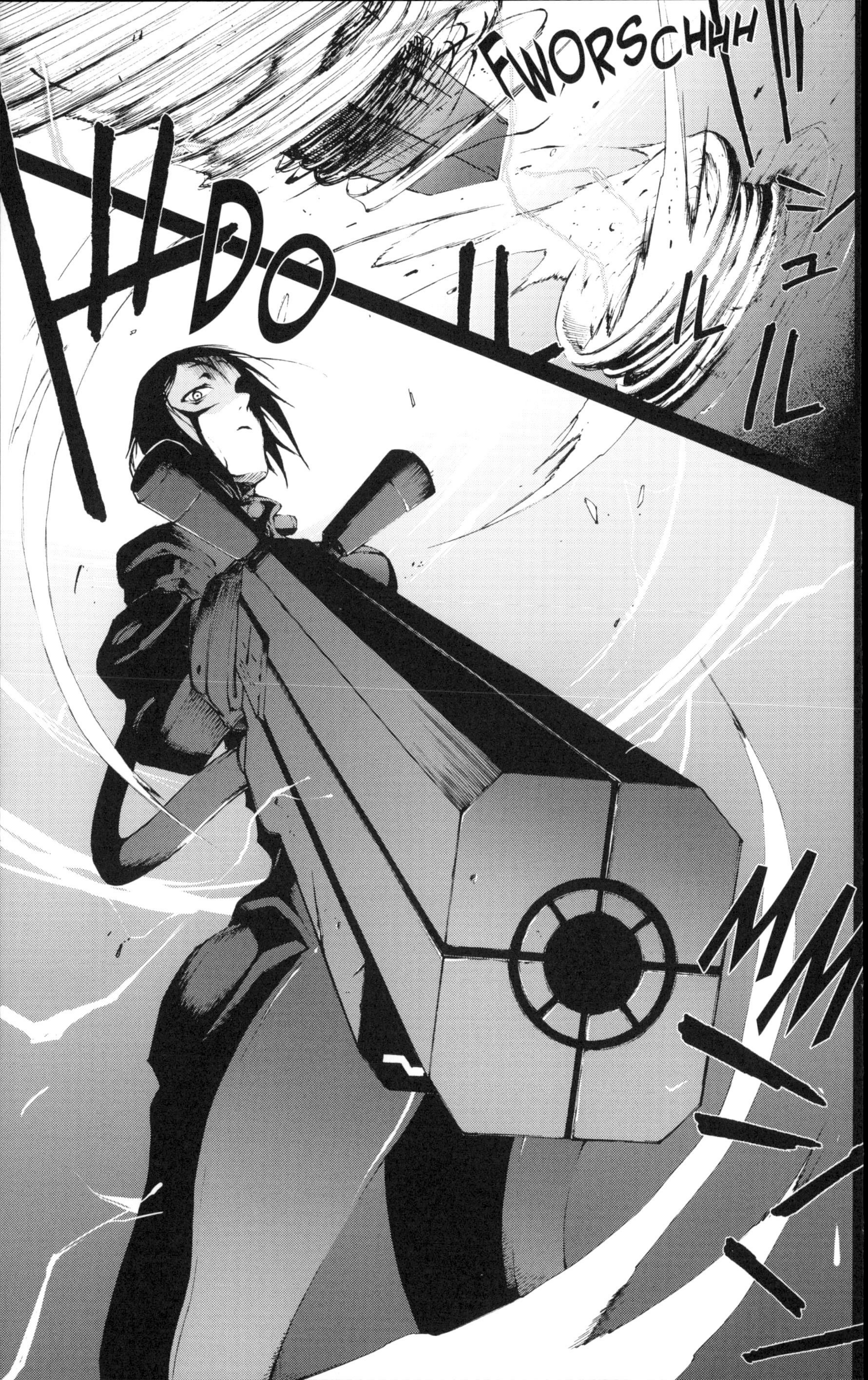
FWORSCHHH
HDO
MM

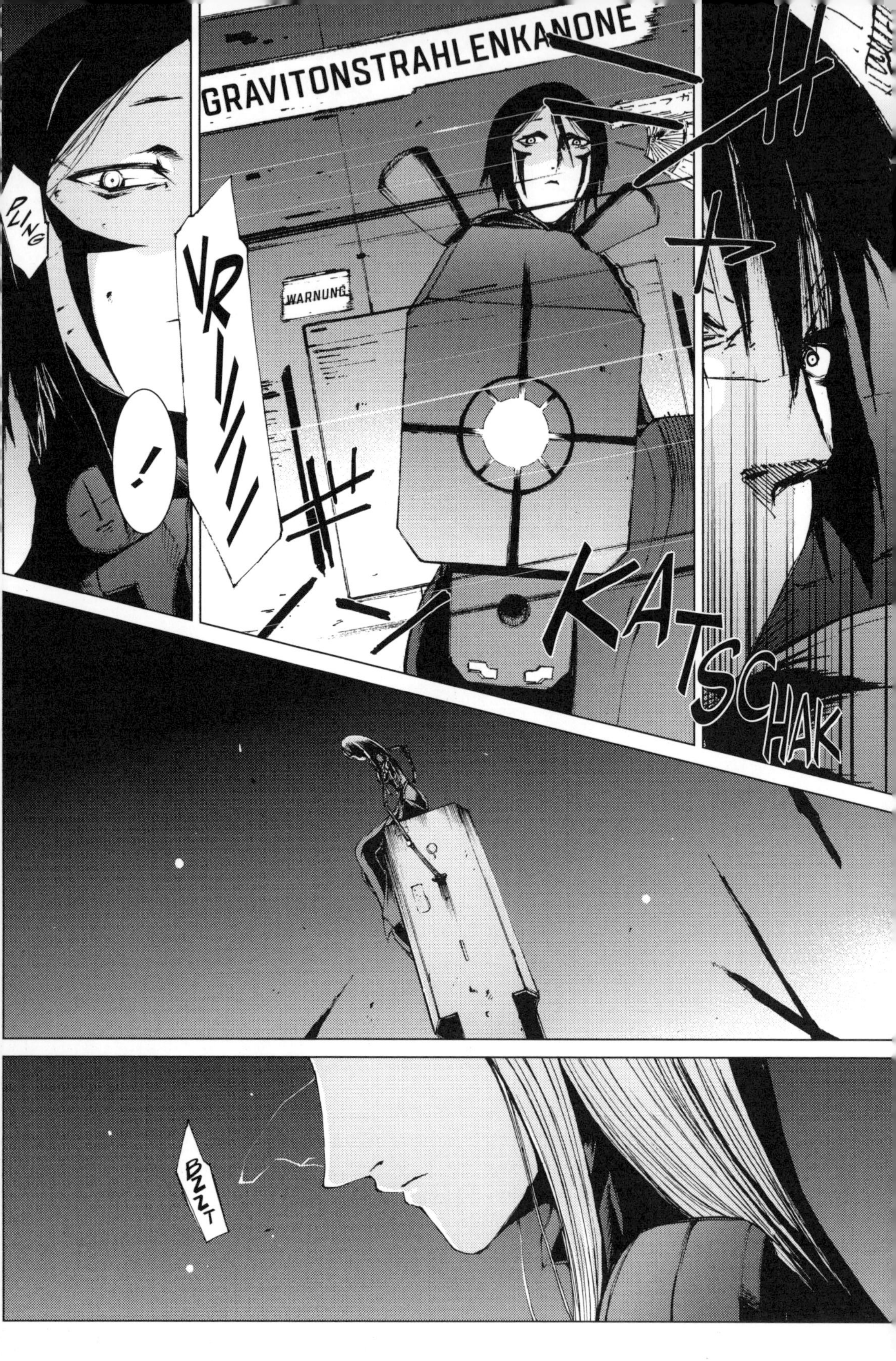
GRAVITONSTRAHLENKANONE
PLING
VR
WARNUNG
!
KATSCHAK
BZZT

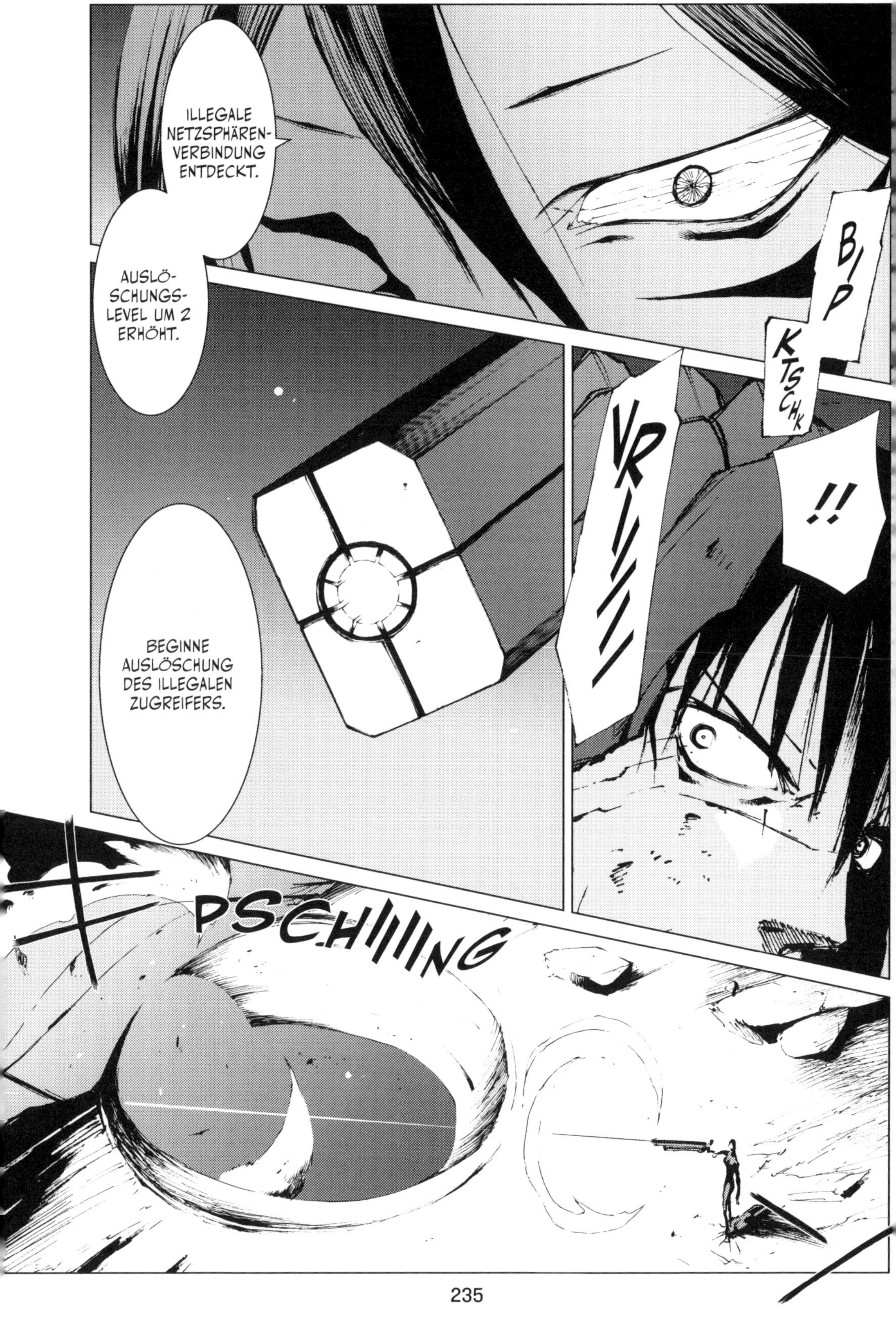
ILLEGALE NETZSPHÄREN-VERBINDUNG ENTDECKT.
BIP
AUSLÖ-SCHUNGS-LEVEL UM 2 ERHÖHT.
KTSCHK
VRIIIII
!!
BEGINNE AUSLÖSCHUNG DES ILLEGALEN ZUGREIFERS.
PSCHIIIING

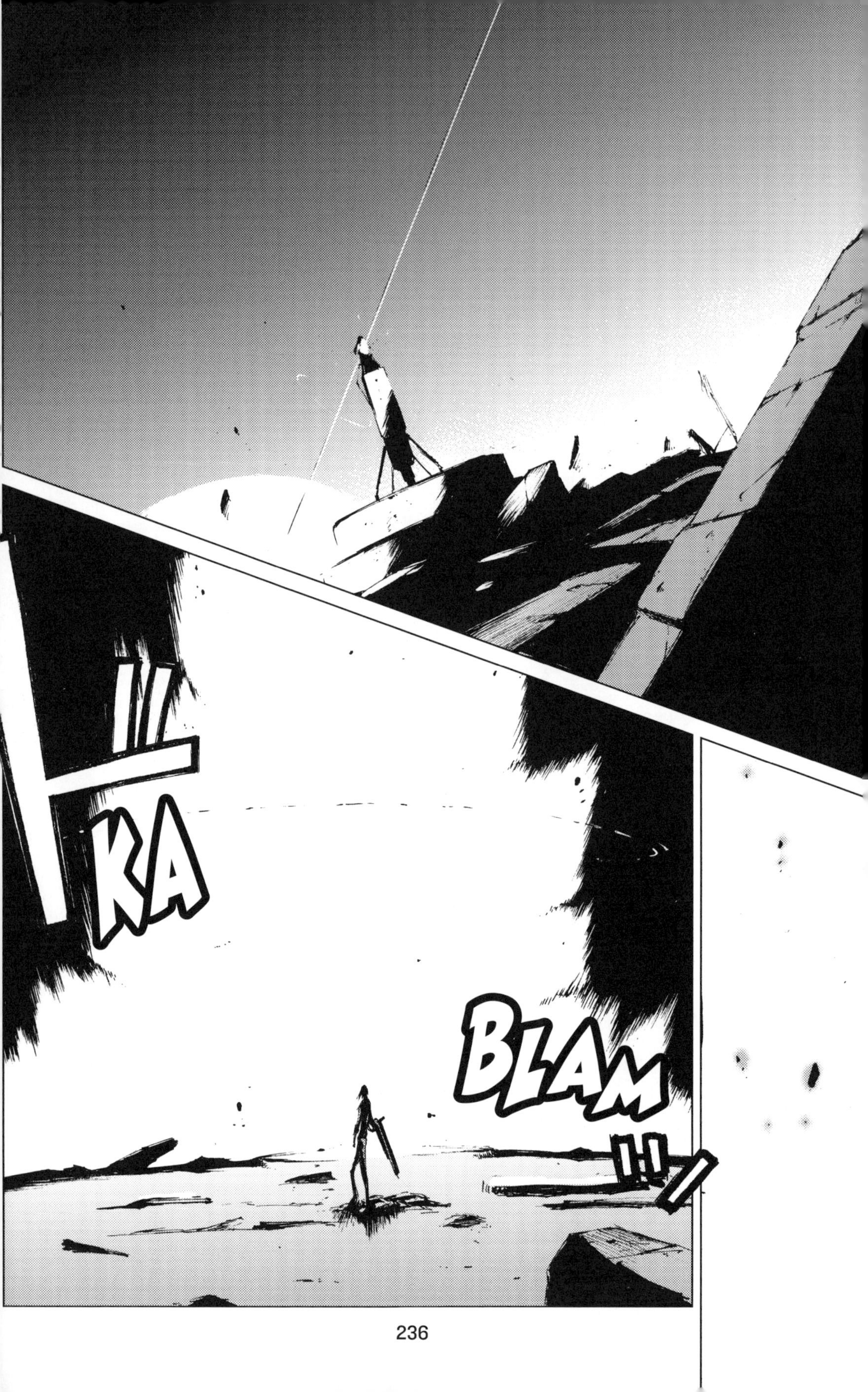
KA
BLAM

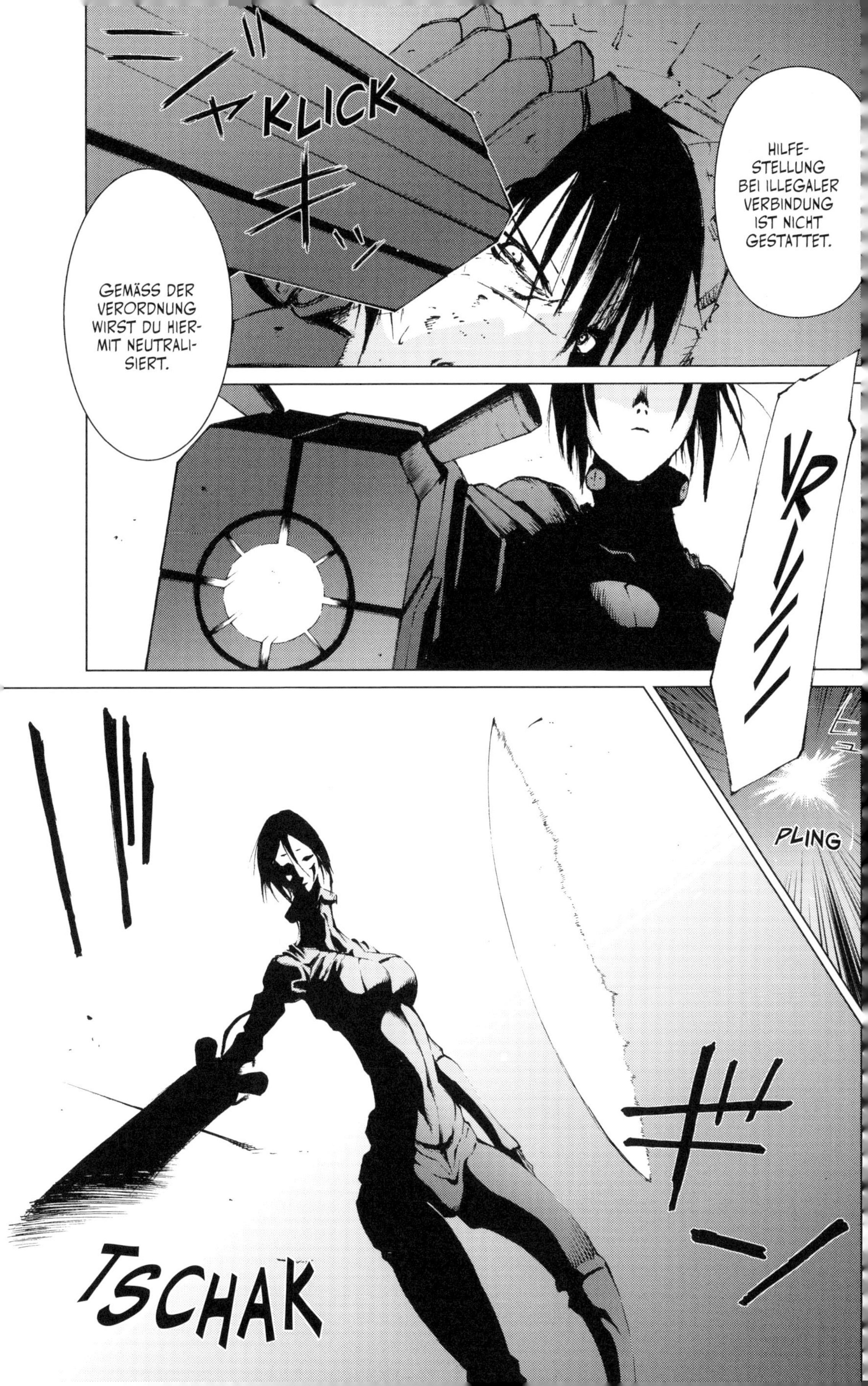
KLICK
HILFE-STELLUNG BEI ILLEGALER VERBINDUNG IST NICHT GESTATTET.
GEMÄSS DER VERORDNUNG WIRST DU HIER-MIT NEUTRALI-SIERT.
VR
PLING
TSCHAK

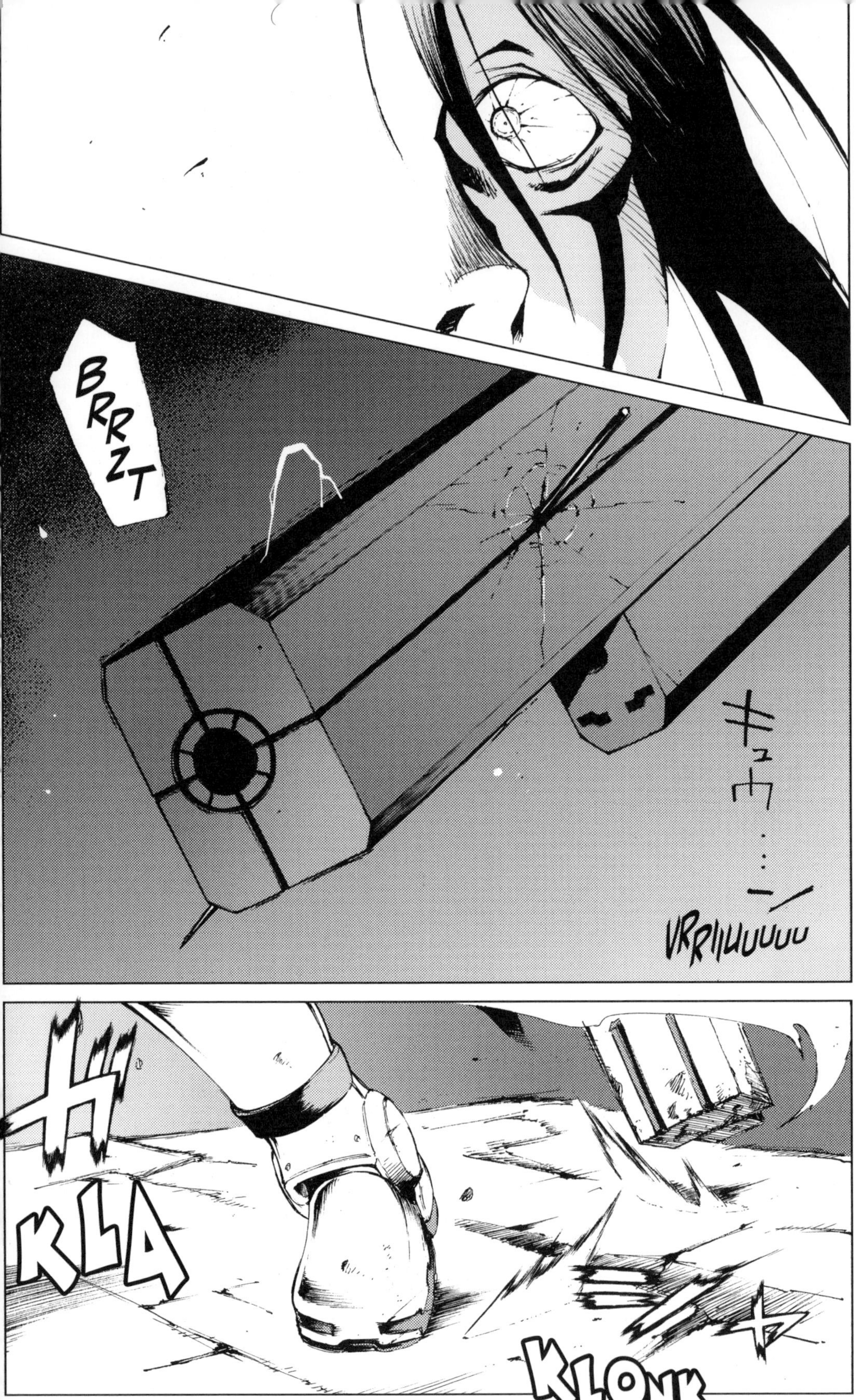
BRRZT
VRRIIUUUUU
KLA
KLONK

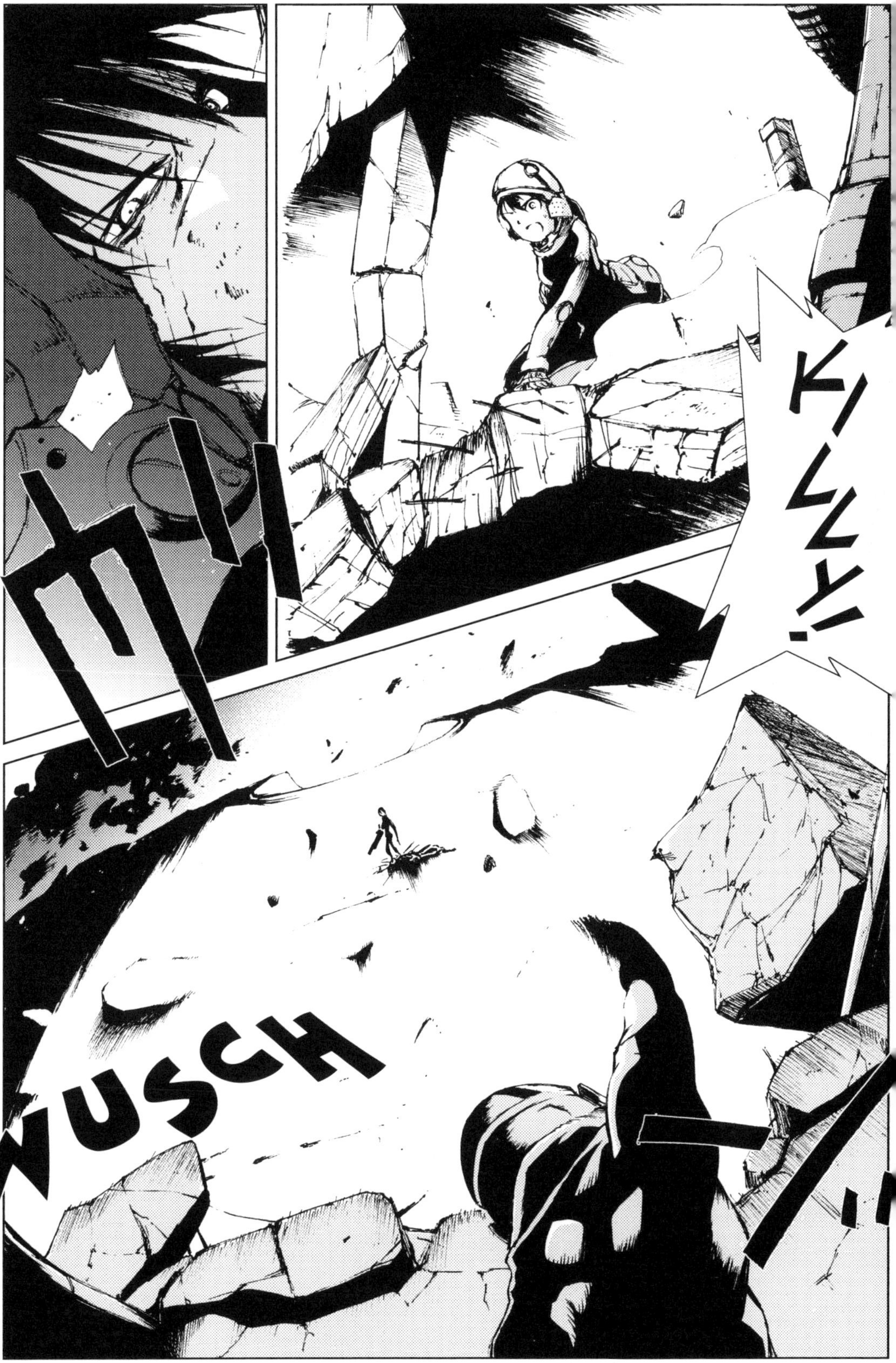
KILLY!!
WUSCH

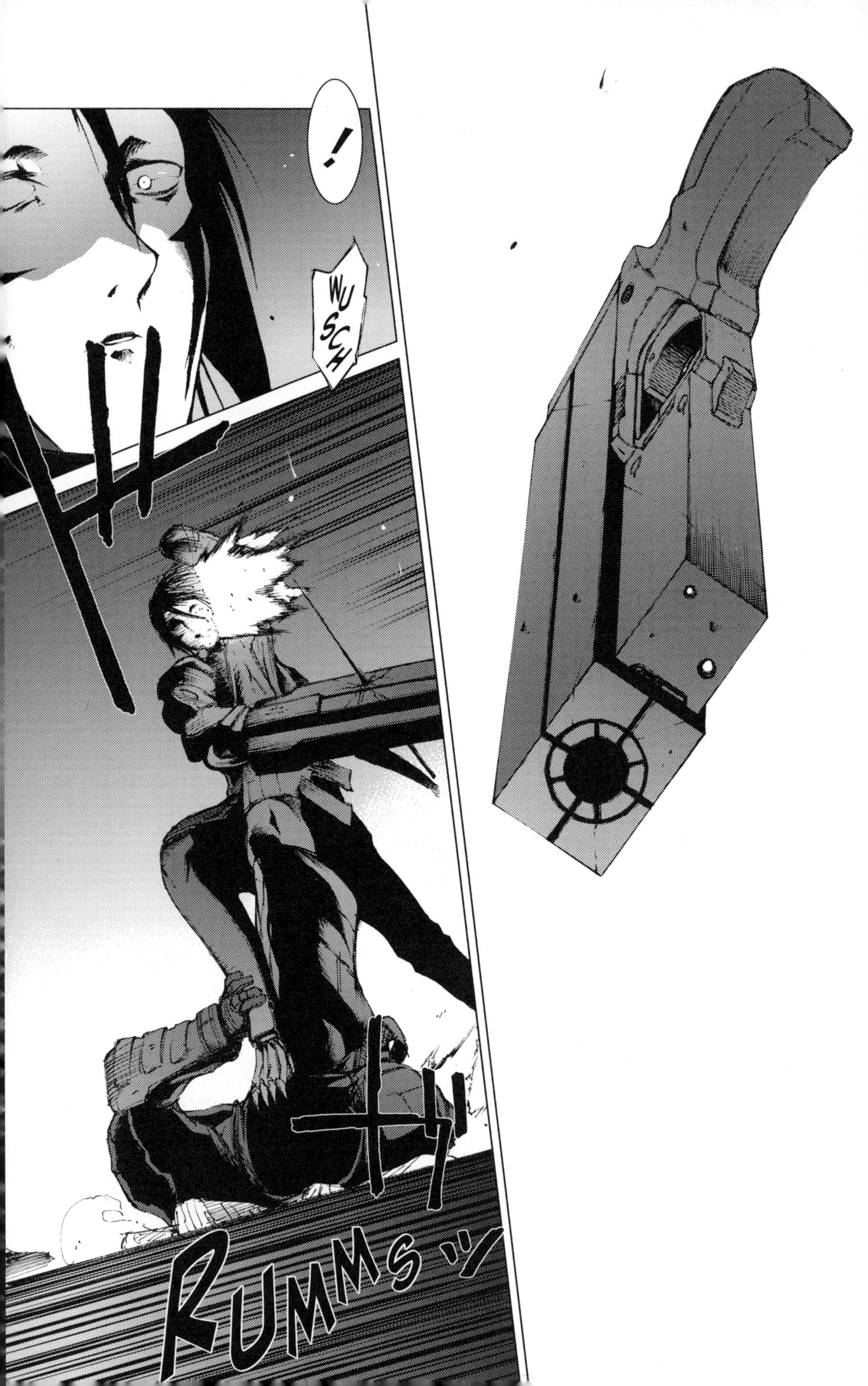
!
WUSCH
RUMMS

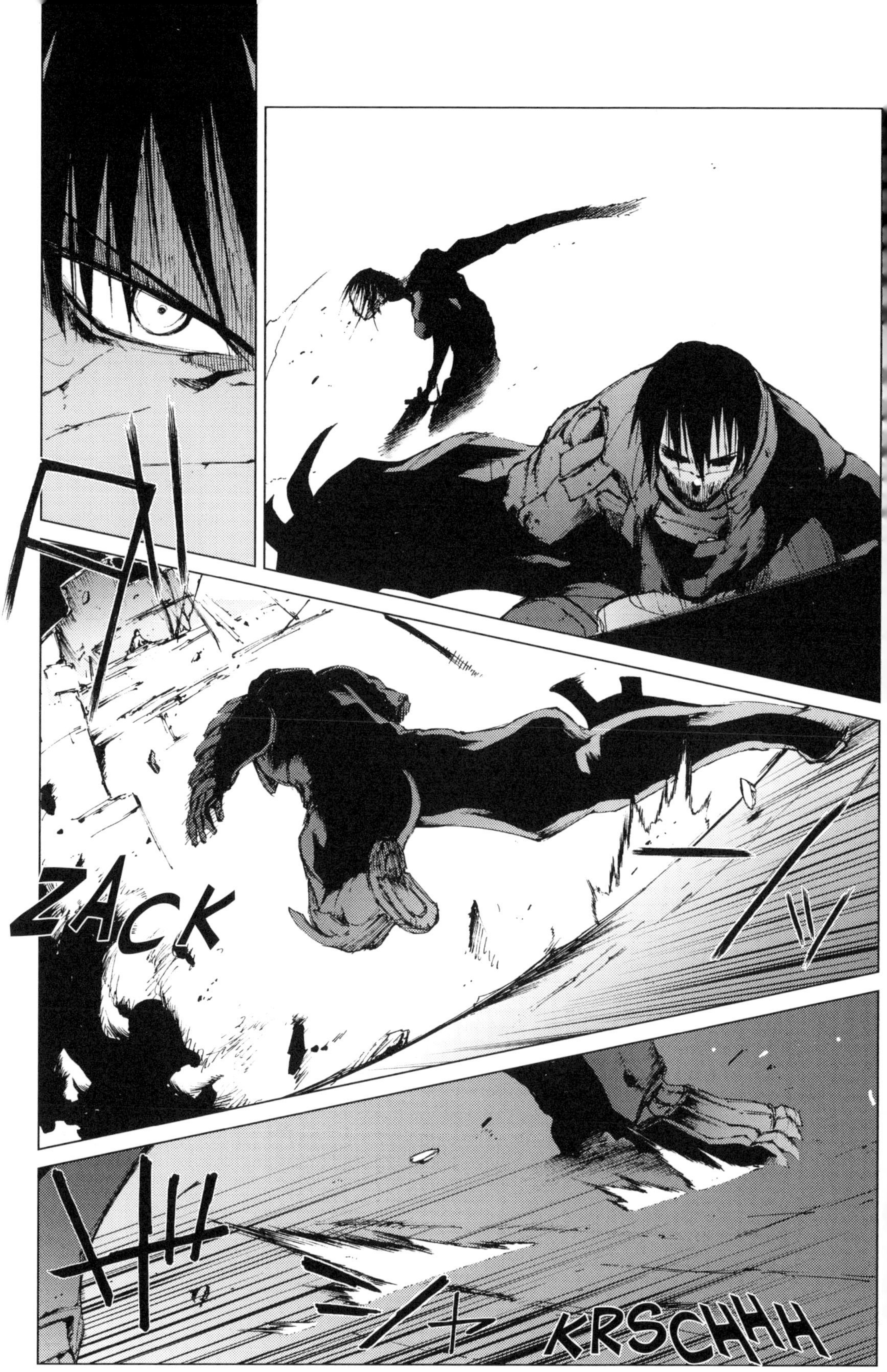
ZACK
KRSCHHH

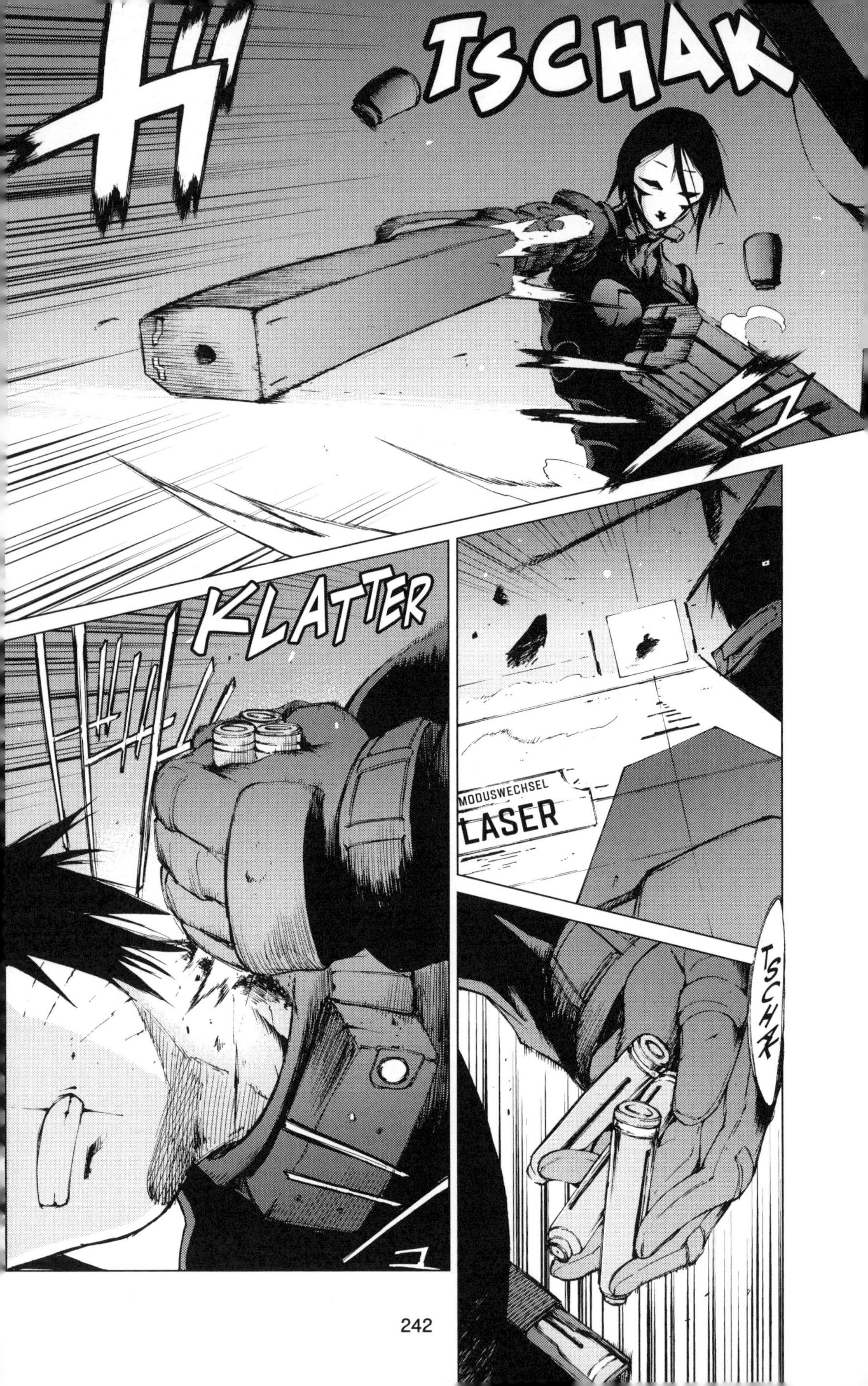
TSCHAK
KLATTER
MODUSWECHSEL
LASER
TSCHAK

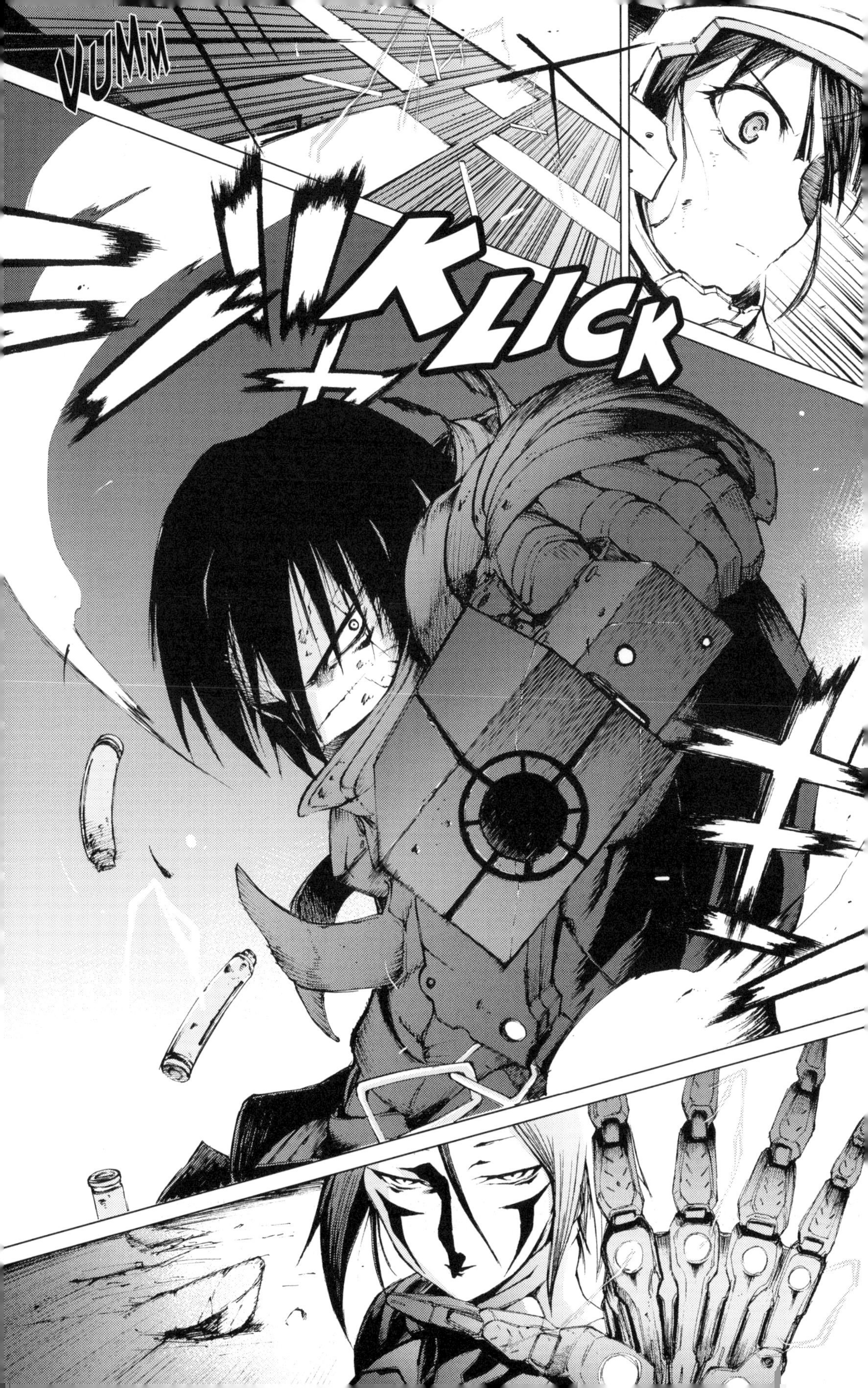
VUMM
KLICK

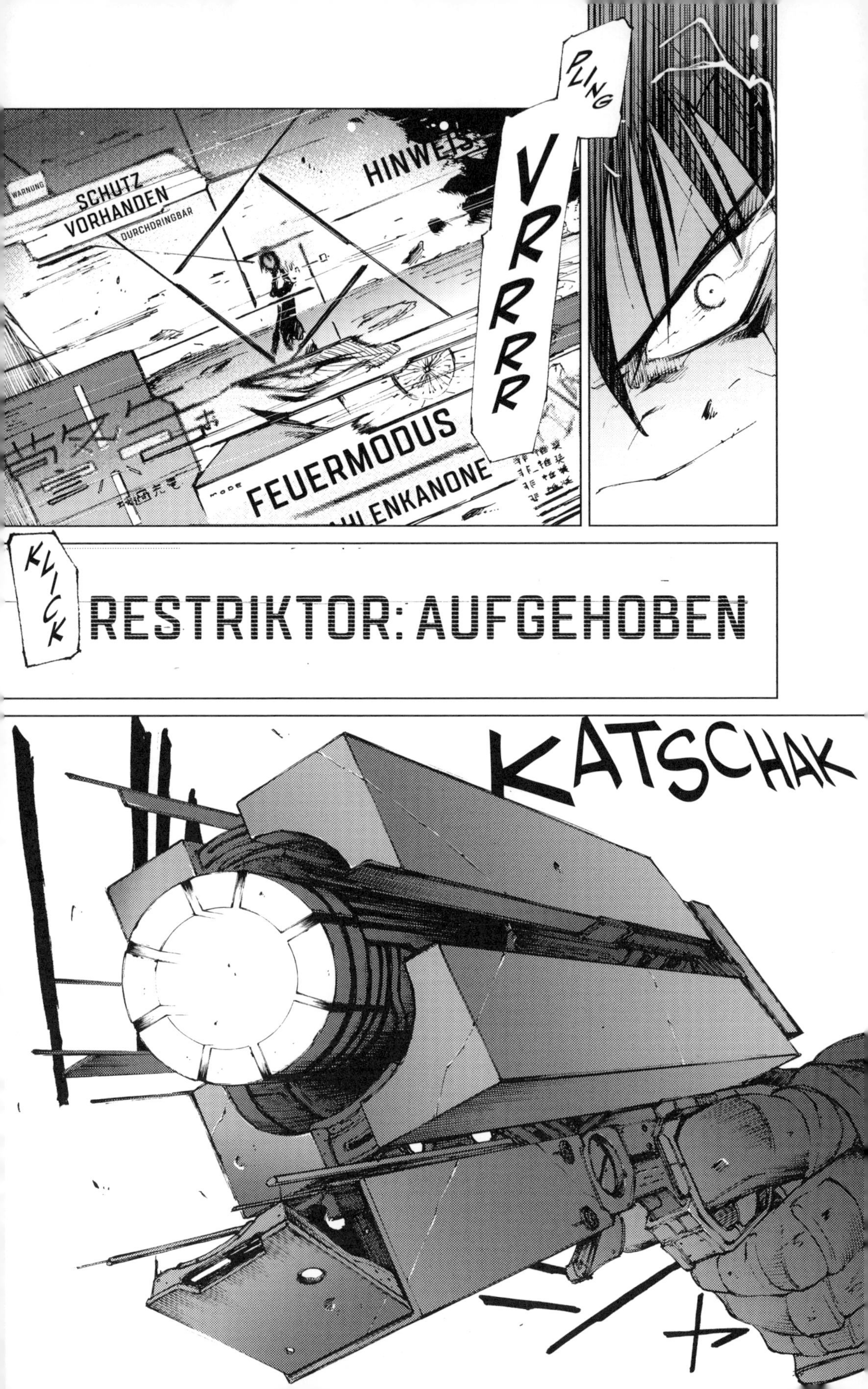
PLING
VRRRR
HINWEIS
WARNUNG
SCHUTZ VORHANDEN
DURCHDRINGBAR
MODE
FEUERMODUS
KVICK
RESTRIKTOR: AUFGEHOBEN
KATSCHAK

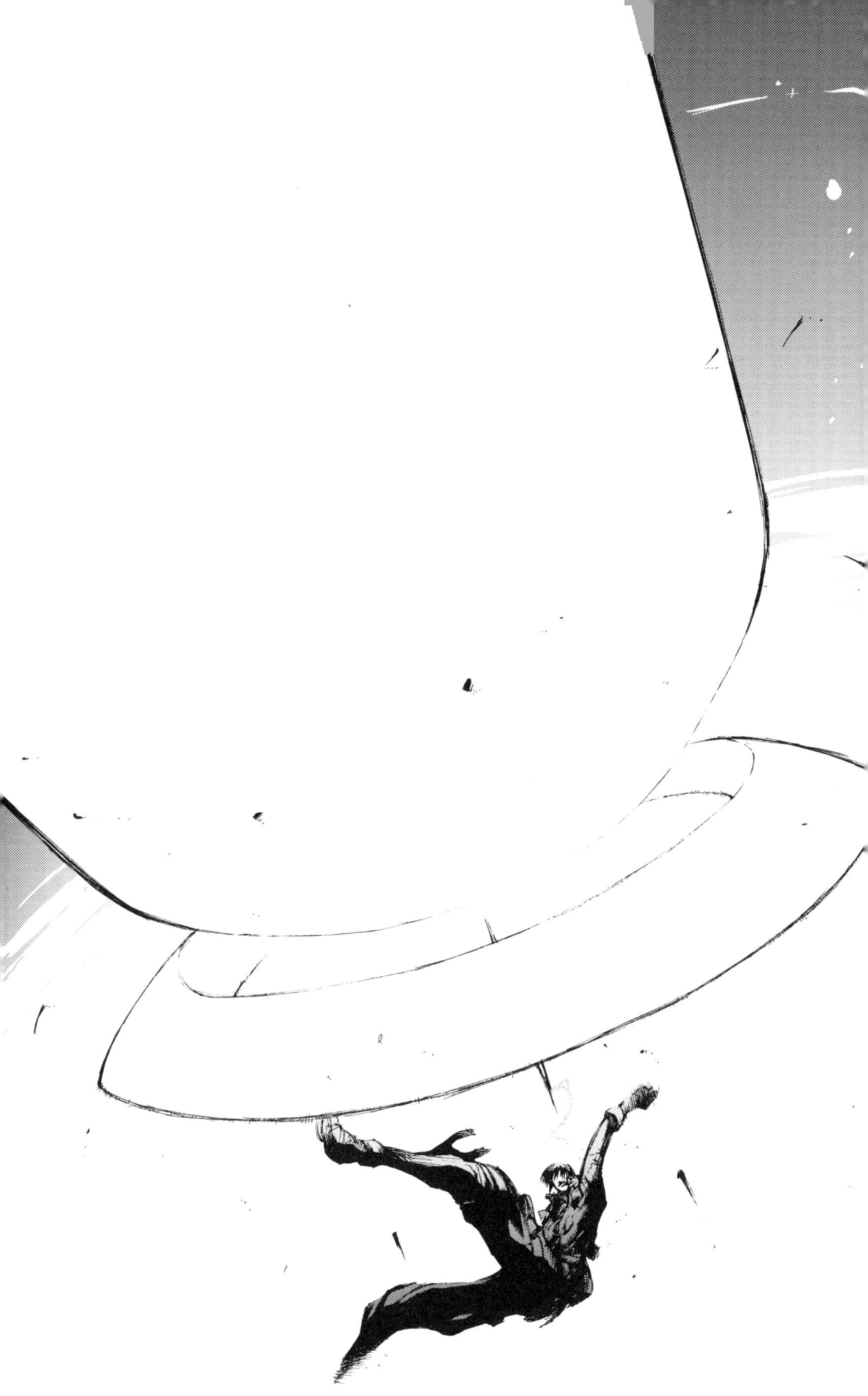

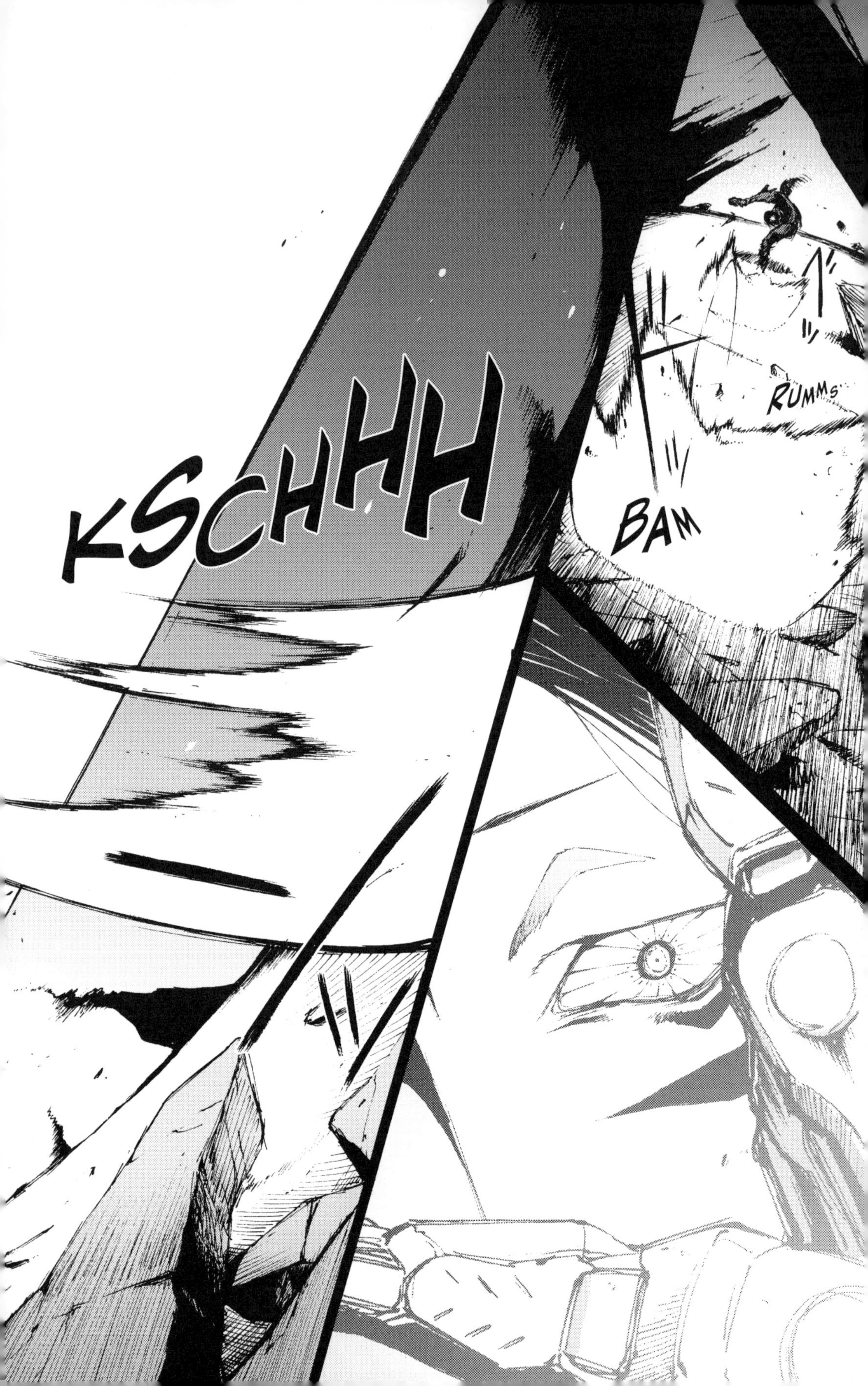
RUMMS
BAM
KSCHHH

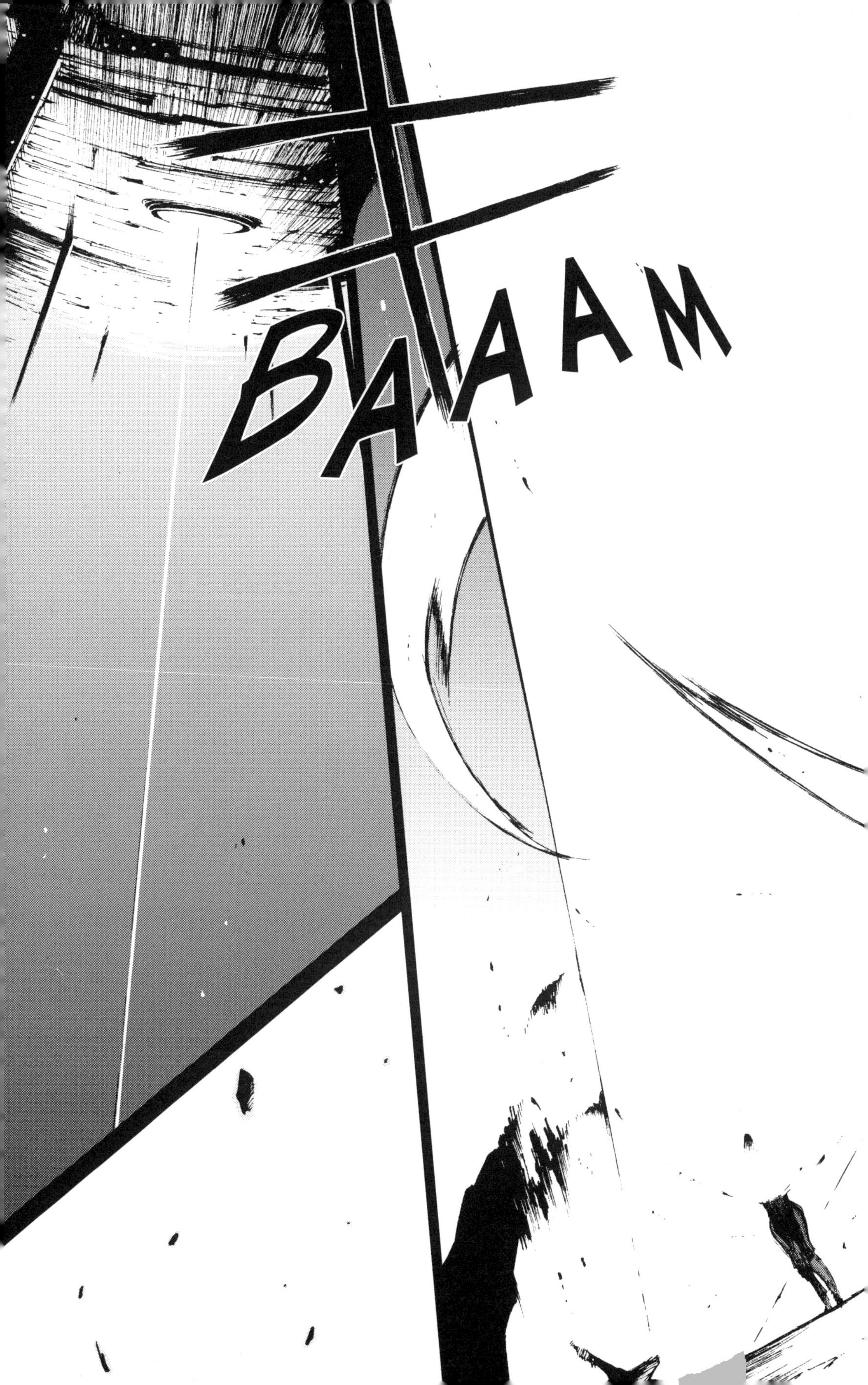
BAAAM

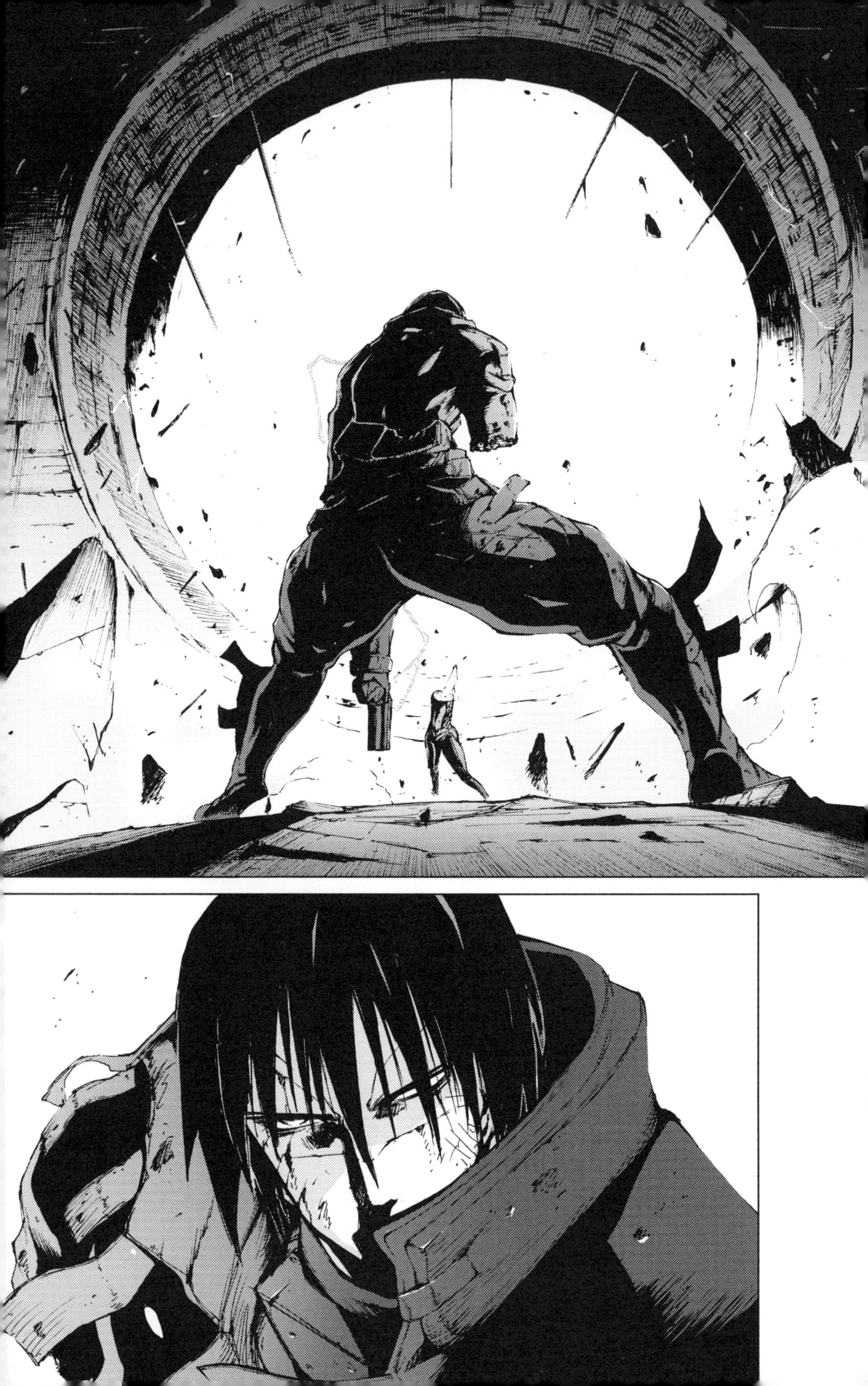

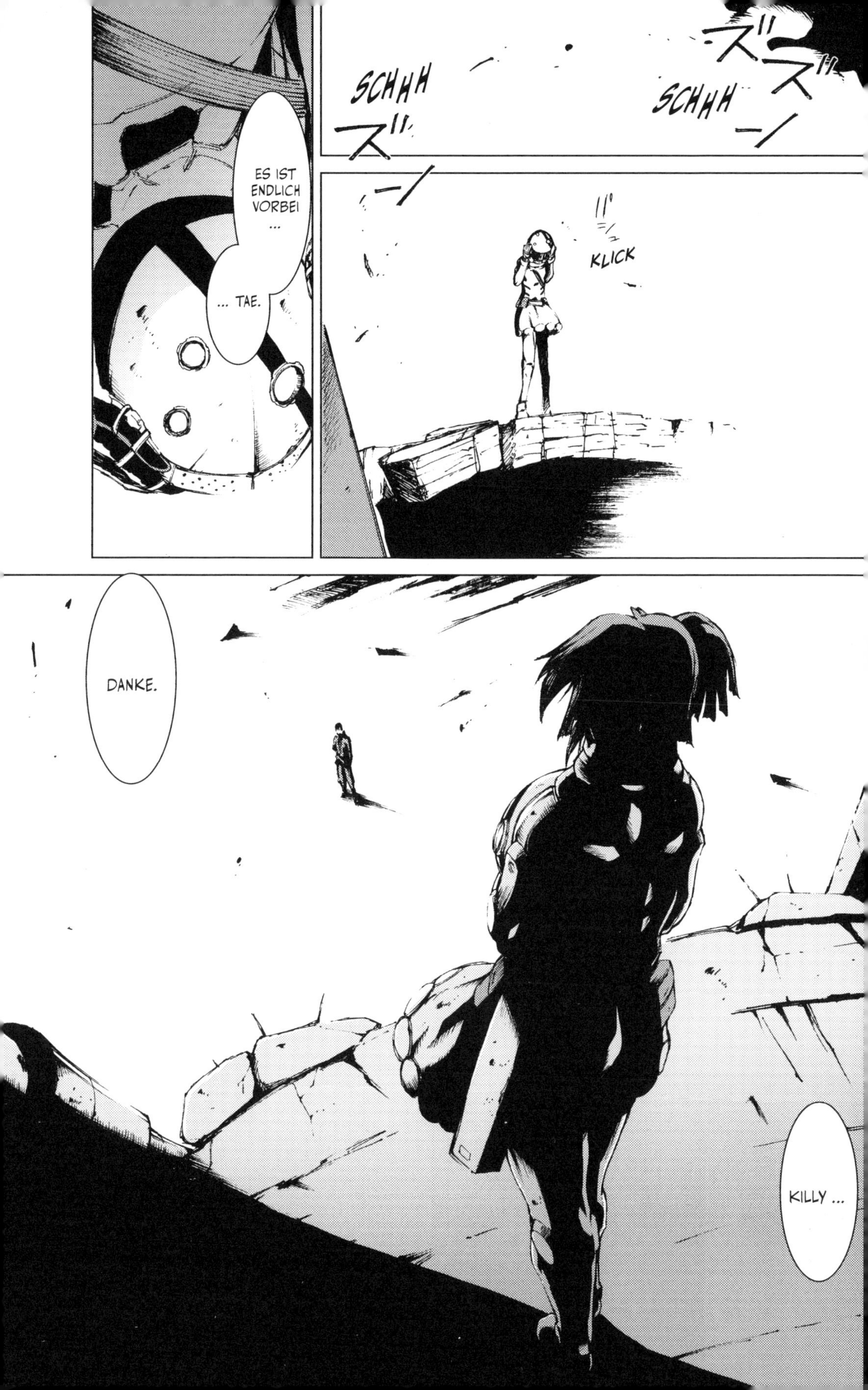
SCHHH
SCHHH
KLICK
ES IST ENDLICH VORBEI ...
... TAE.
DANKE.
KILLY ...

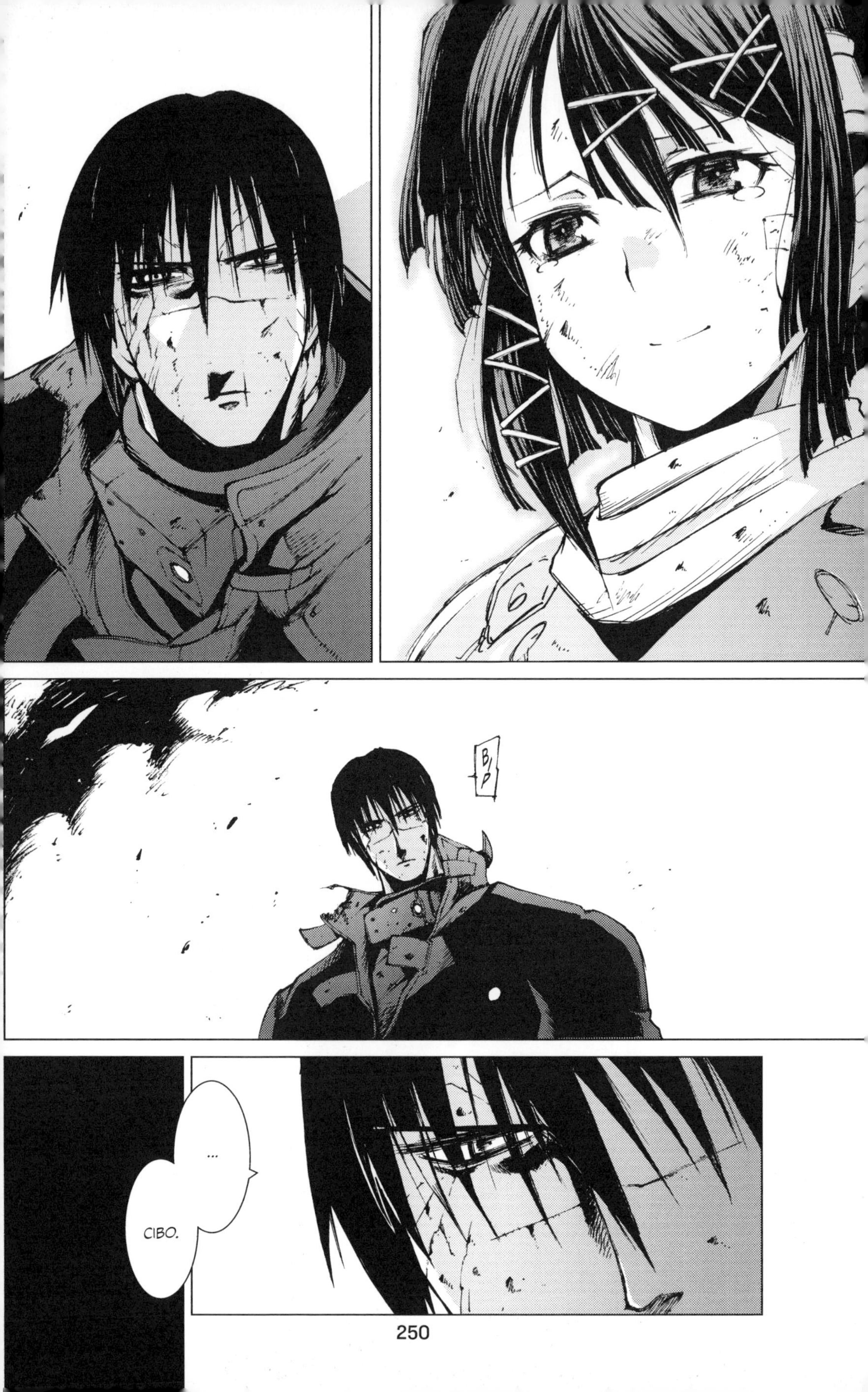
B
P
...
CIBO.

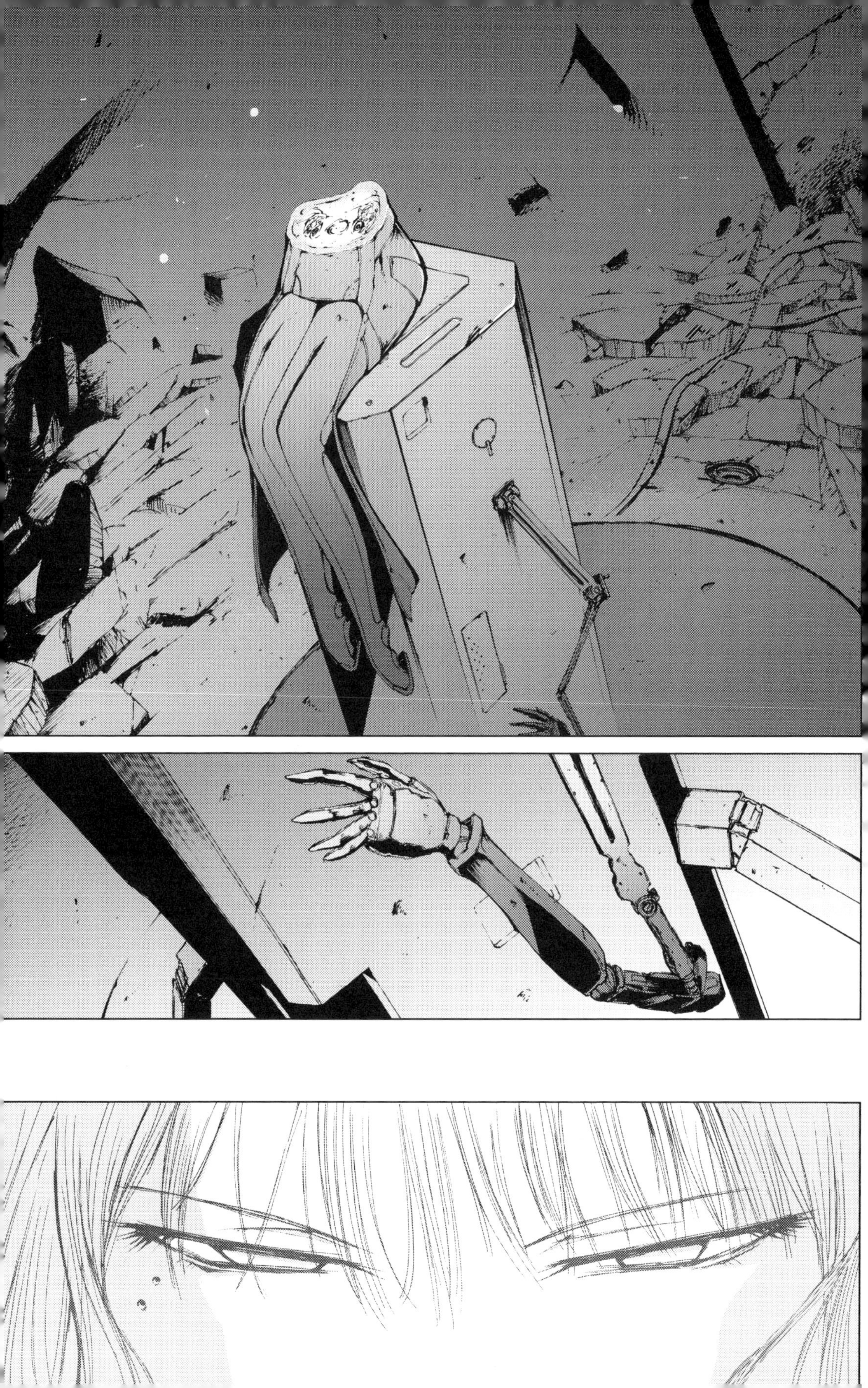

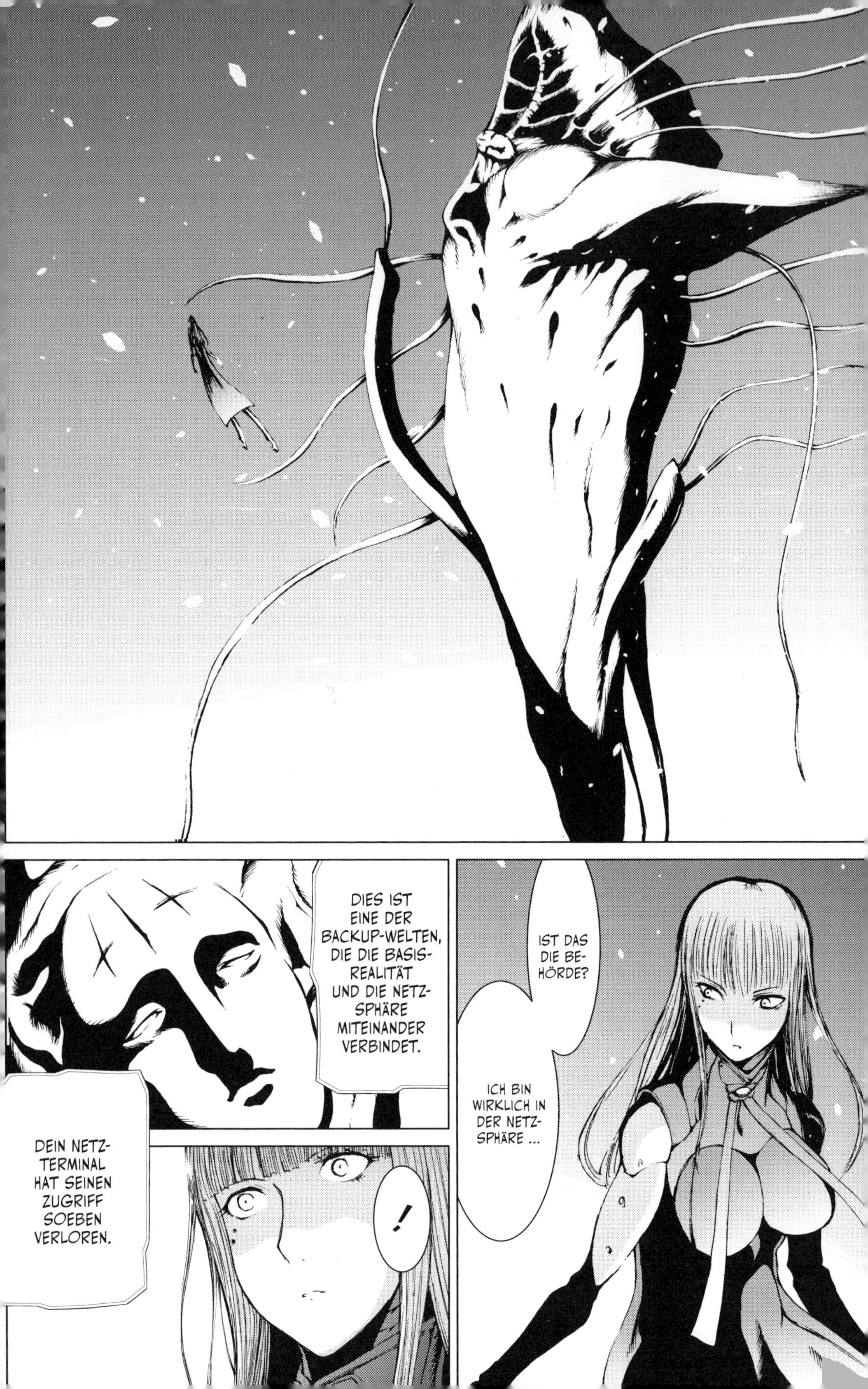
DIES IST EINE DER BACKUP-WELTEN, DIE DIE BASIS-REALITÄT UND DIE NETZ-SPHÄRE MITEINANDER VERBINDET.
IST DAS DIE BE-HÖRDE?
ICH BIN WIRKLICH IN DER NETZ-SPHÄRE ...
DEIN NETZ-TERMINAL HAT SEINEN ZUGRIFF SOEBEN VERLOREN.
!

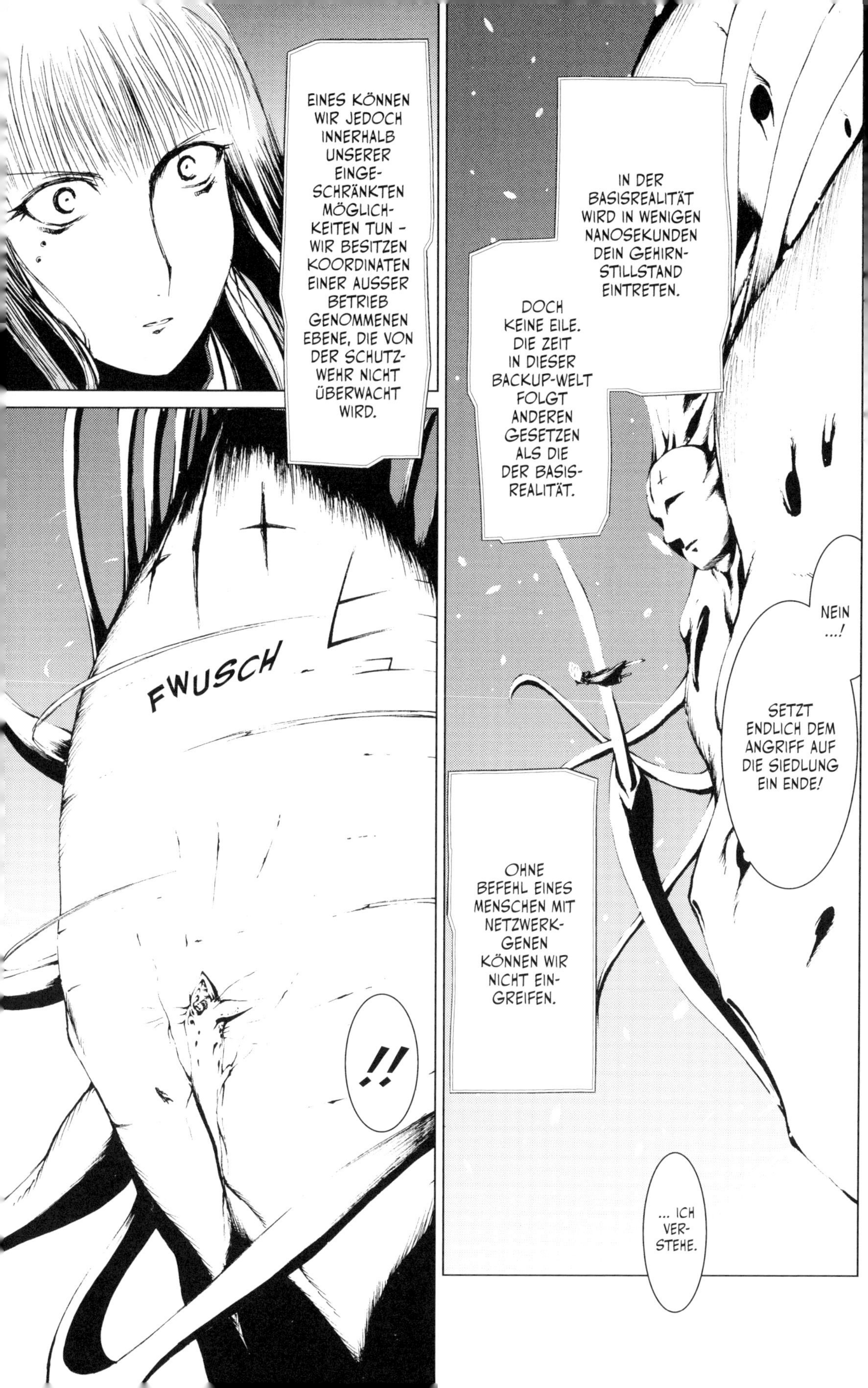
IN DER BASISREALITÄT WIRD IN WENIGEN NANOSEKUNDEN DEIN GEHIRNSTILLSTAND EINTRETEN.
DOCH KEINE EILE. DIE ZEIT IN DIESER BACKUP-WELT FOLGT ANDEREN GESETZEN ALS DIE DER BASISREALITÄT.
NEIN ...!
SETZT ENDLICH DEM ANGRIFF AUF DIE SIEDLUNG EIN ENDE!
OHNE BEFEHL EINES MENSCHEN MIT NETZWERKGENEN KÖNNEN WIR NICHT EINGREIFEN.
... ICH VERSTEHE.
EINES KÖNNEN WIR JEDOCH INNERHALB UNSERER EINGESCHRÄNKTEN MÖGLICHKEITEN TUN – WIR BESITZEN KOORDINATEN EINER AUSSER BETRIEB GENOMMENEN EBENE, DIE VON DER SCHUTZWEHR NICHT ÜBERWACHT WIRD.
FWUSCH
!!

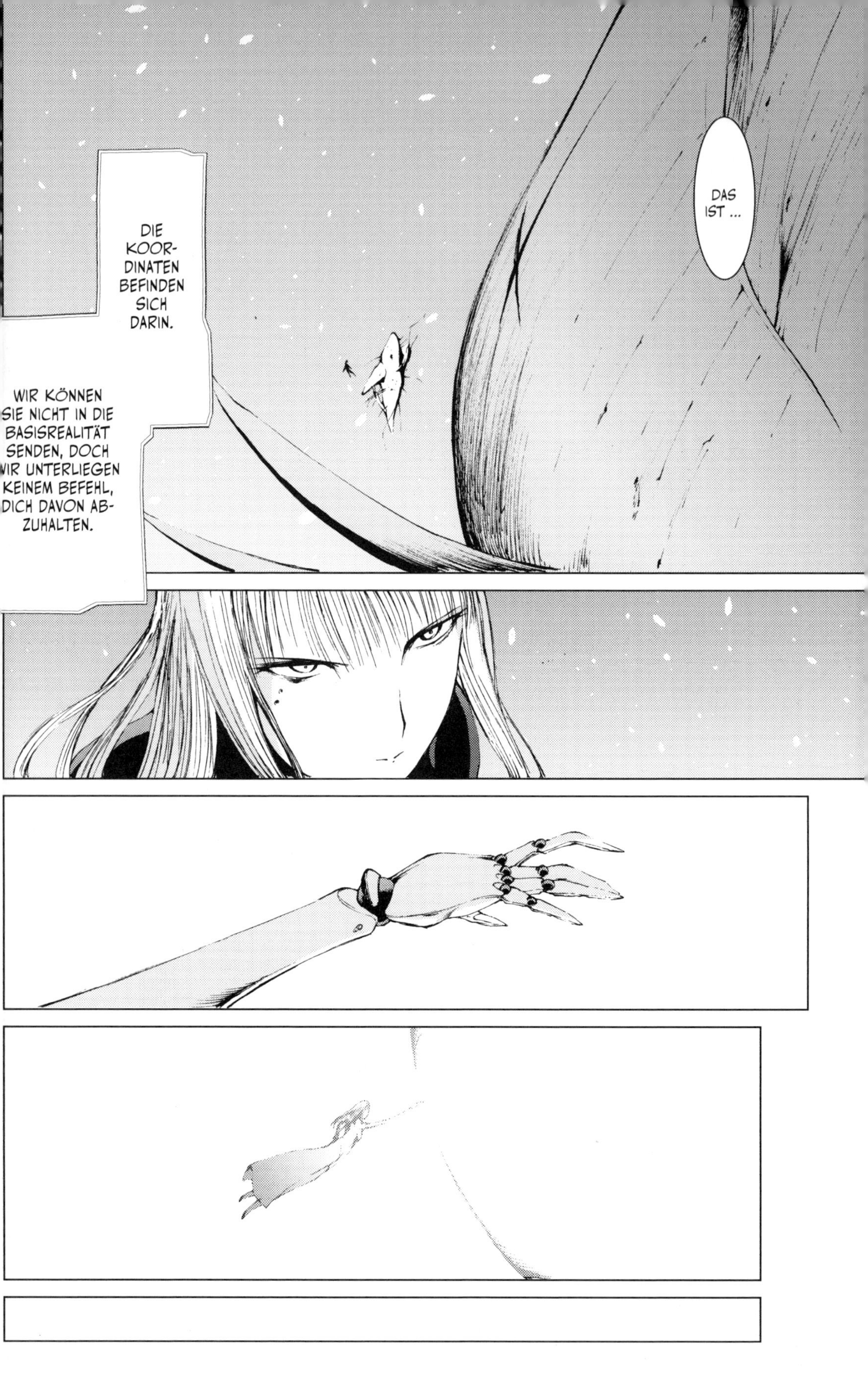
DAS IST ...
DIE KOOR-DINATEN BEFINDEN SICH DARIN.
WIR KÖNNEN SIE NICHT IN DIE BASISREALITÄT SENDEN, DOCH WIR UNTERLIEGEN KEINEM BEFEHL, DICH DAVON AB-ZUHALTEN.

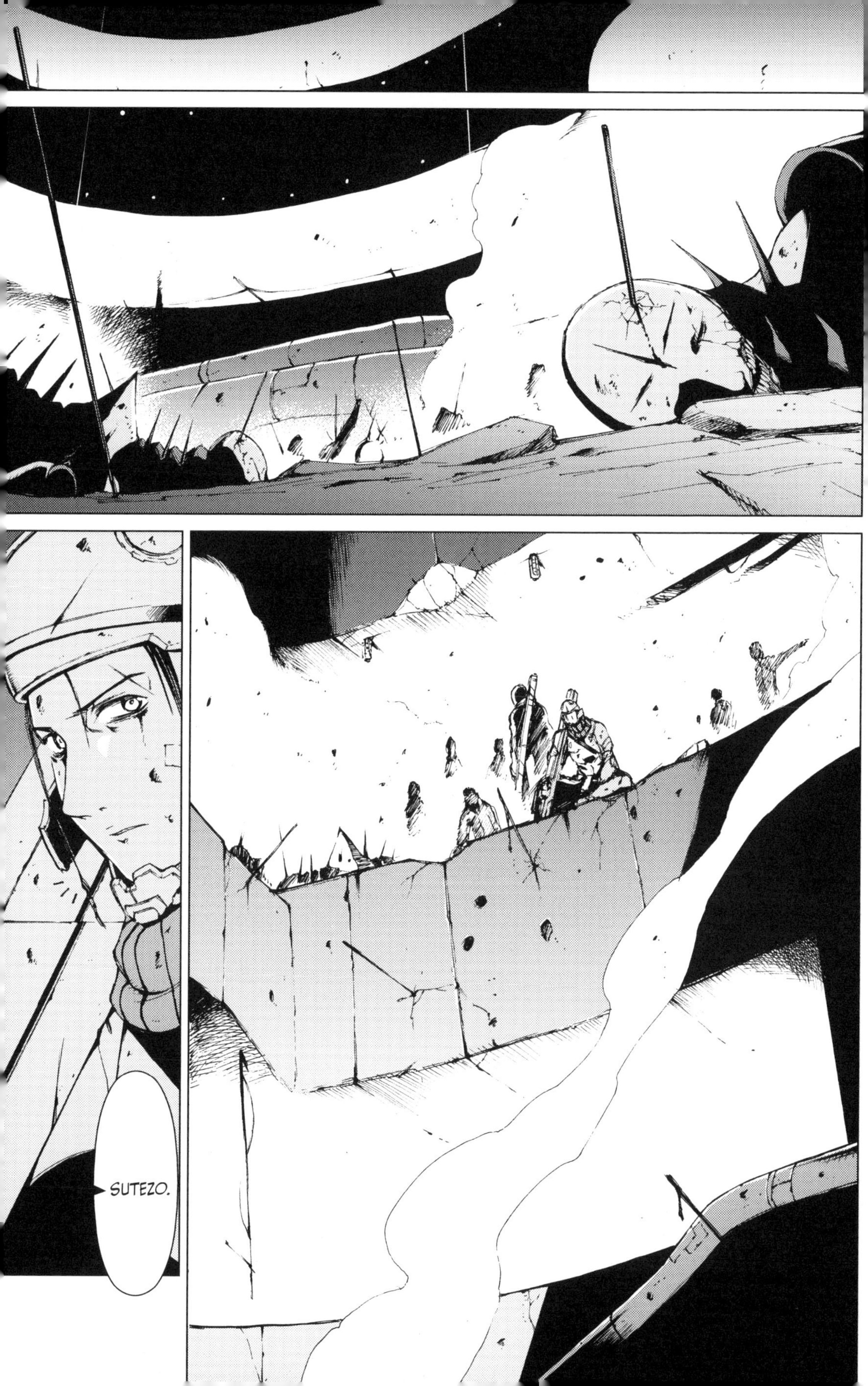
SUTEZO.

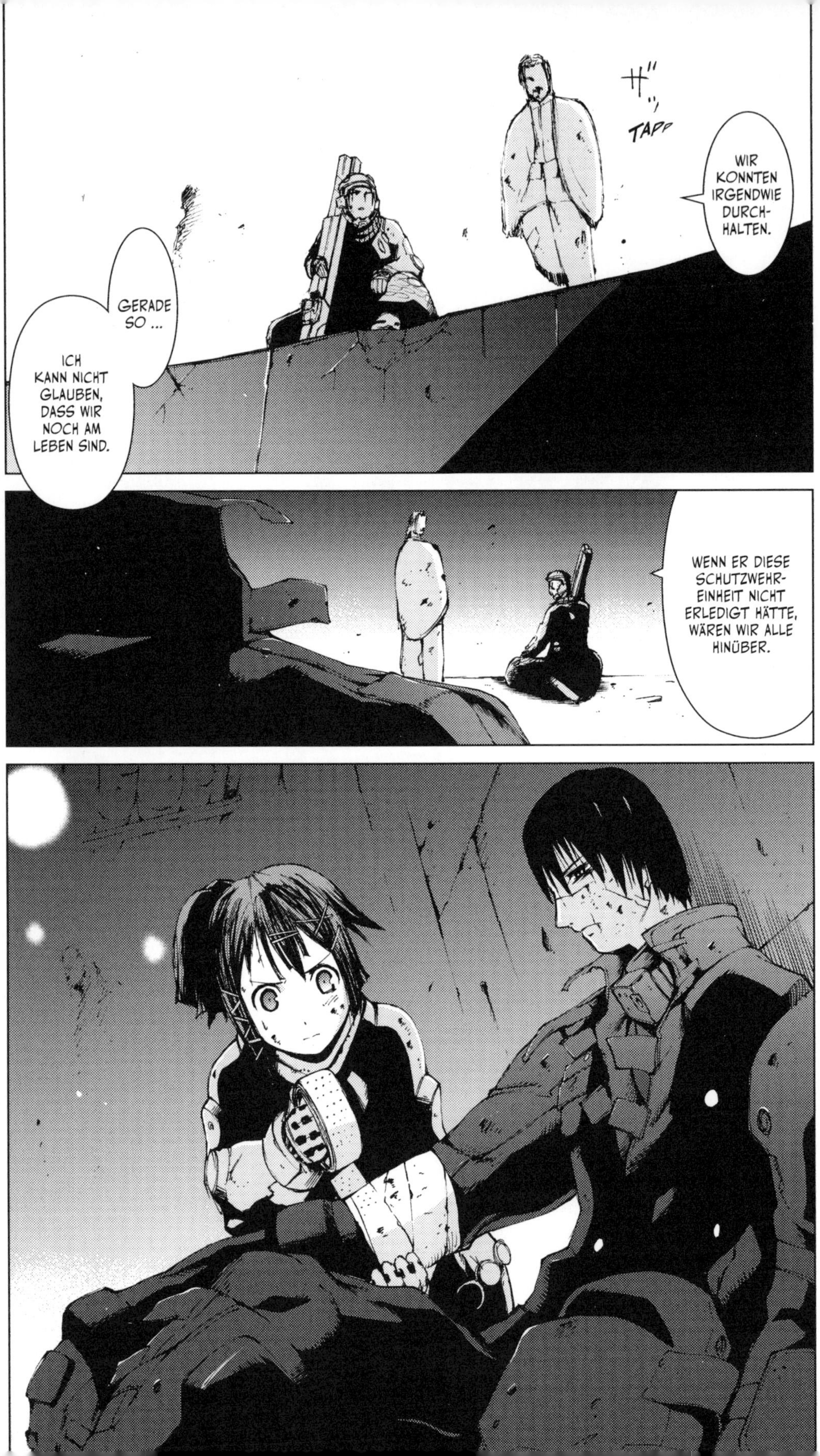
TAPP
WIR KONNTEN IRGENDWIE DURCH-HALTEN.
GERADE SO ...
ICH KANN NICHT GLAUBEN, DASS WIR NOCH AM LEBEN SIND.
WENN ER DIESE SCHUTZWEHR-EINHEIT NICHT ERLEDIGT HÄTTE, WÄREN WIR ALLE HINÜBER.

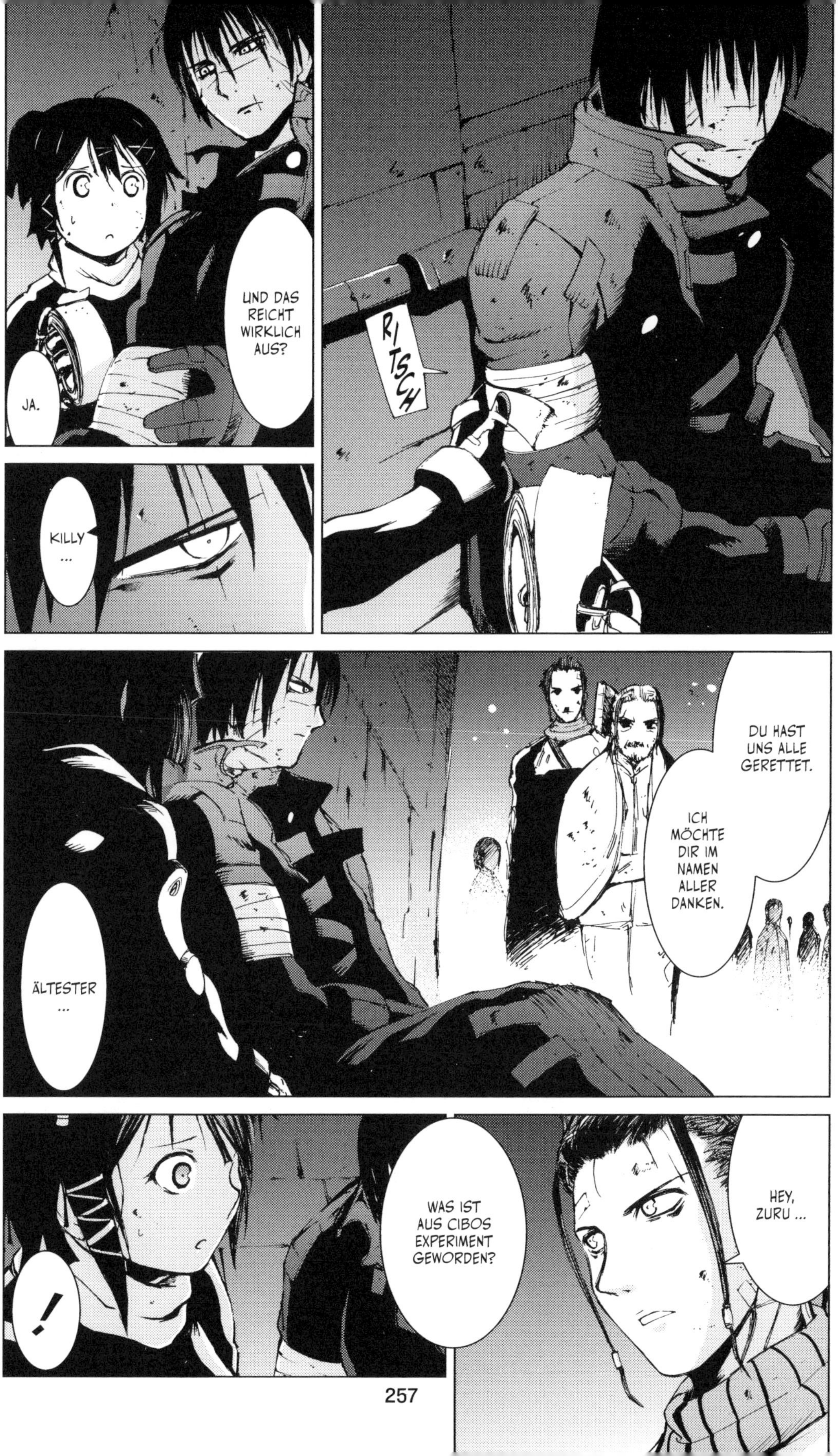
RITSCH
UND DAS REICHT WIRKLICH AUS?
JA.
KILLY ...
DU HAST UNS ALLE GERETTET.
ICH MÖCHTE DIR IM NAMEN ALLER DANKEN.
ÄLTESTER ...
HEY, ZURU ...
WAS IST AUS CIBOS EXPERIMENT GEWORDEN?
!

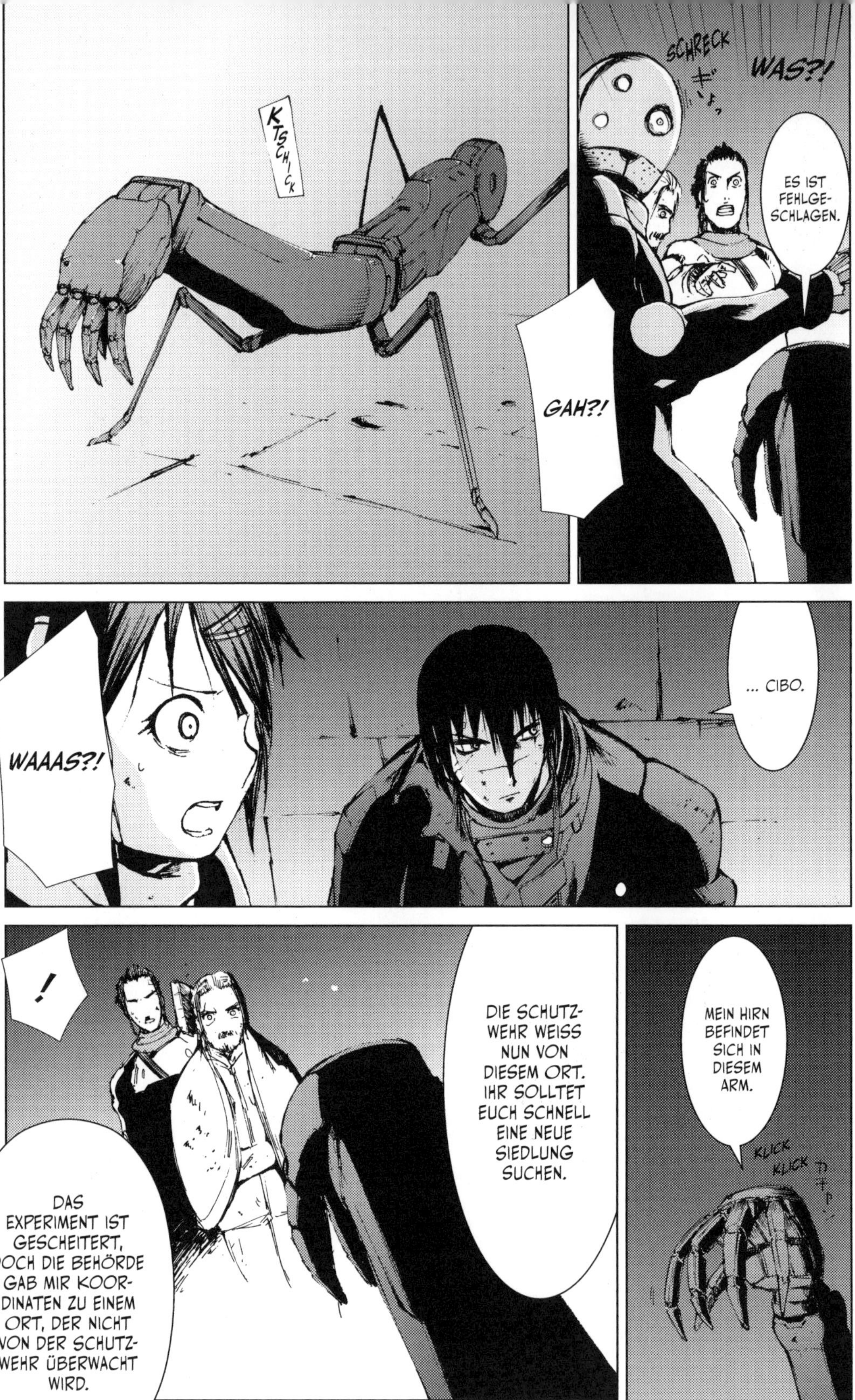
SCHRECK
WAS?!
ES IST FEHLGESCHLAGEN.
GAH?!
KTSCHICK
... CIBO.
WAAAS?!
MEIN HIRN BEFINDET SICH IN DIESEM ARM.
KLICK KLICK
DIE SCHUTZWEHR WEISS NUN VON DIESEM ORT. IHR SOLLTET EUCH SCHNELL EINE NEUE SIEDLUNG SUCHEN.
!
DAS EXPERIMENT IST GESCHEITERT, DOCH DIE BEHÖRDE GAB MIR KOORDINATEN ZU EINEM ORT, DER NICHT VON DER SCHUTZWEHR ÜBERWACHT WIRD.

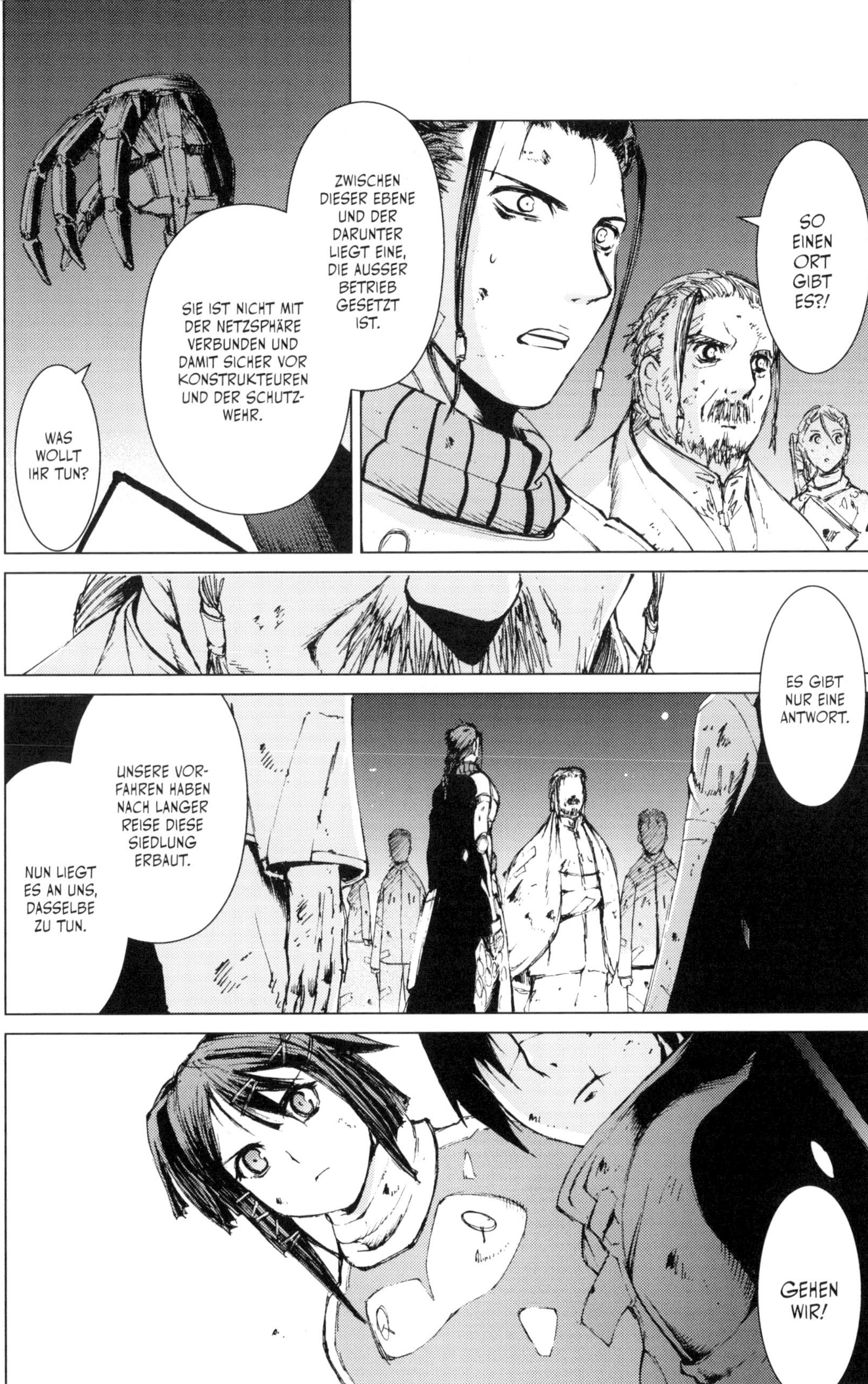
ZWISCHEN DIESER EBENE UND DER DARUNTER LIEGT EINE, DIE AUSSER BETRIEB GESETZT IST.
SO EINEN ORT GIBT ES?!
SIE IST NICHT MIT DER NETZSPHÄRE VERBUNDEN UND DAMIT SICHER VOR KONSTRUKTEUREN UND DER SCHUTZ-WEHR.
WAS WOLLT IHR TUN?
ES GIBT NUR EINE ANTWORT.
UNSERE VOR-FAHREN HABEN NACH LANGER REISE DIESE SIEDLUNG ERBAUT.
NUN LIEGT ES AN UNS, DASSELBE ZU TUN.
GEHEN WIR!

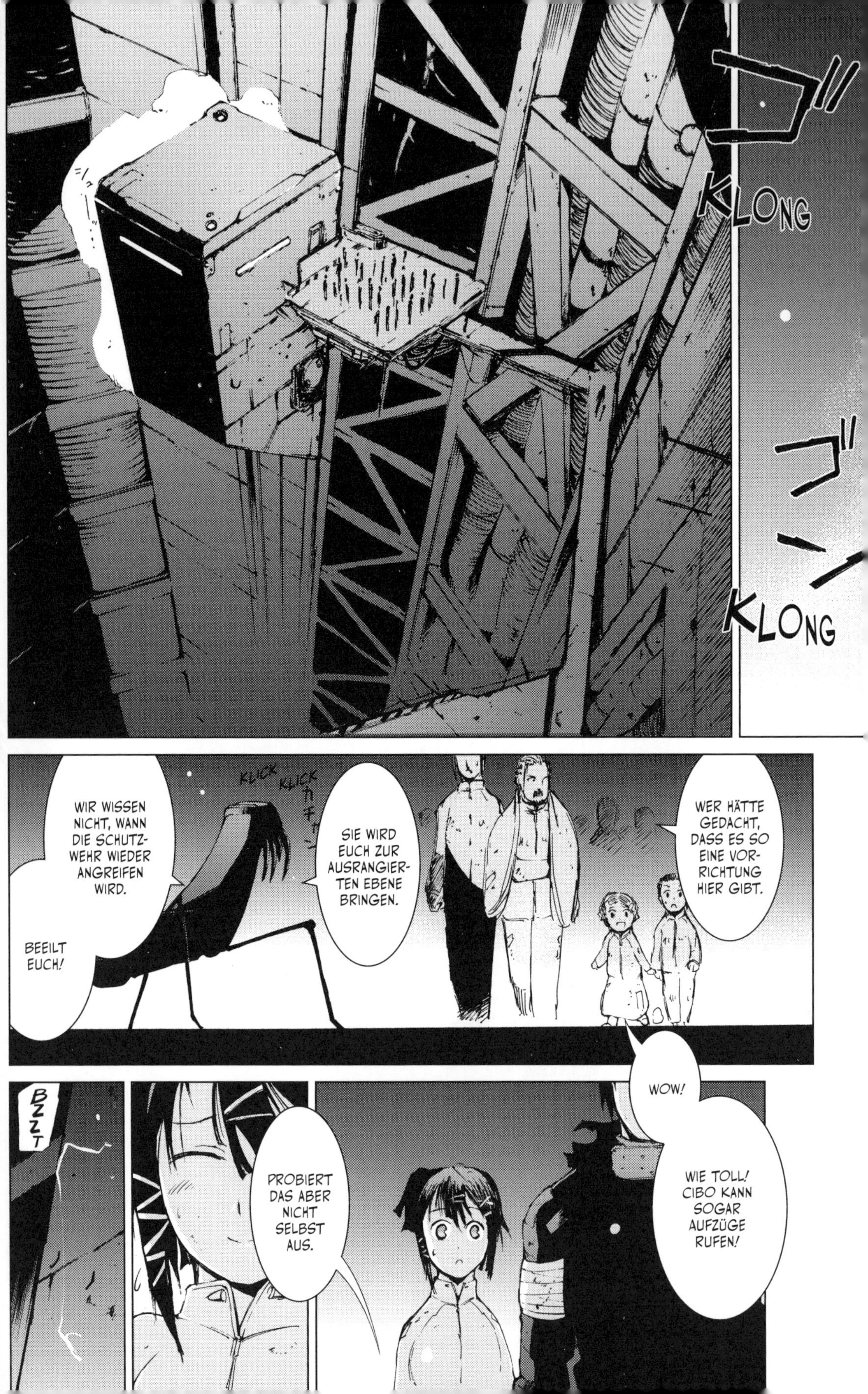
KLONG
KLONG
WER HÄTTE GEDACHT, DASS ES SO EINE VORRICHTUNG HIER GIBT.
KLICK KLICK
SIE WIRD EUCH ZUR AUSRANGIERTEN EBENE BRINGEN.
WIR WISSEN NICHT, WANN DIE SCHUTZWEHR WIEDER ANGREIFEN WIRD.
BEEILT EUCH!
WOW!
WIE TOLL! CIBO KANN SOGAR AUFZÜGE RUFEN!
PROBIERT DAS ABER NICHT SELBST AUS.
BZZT

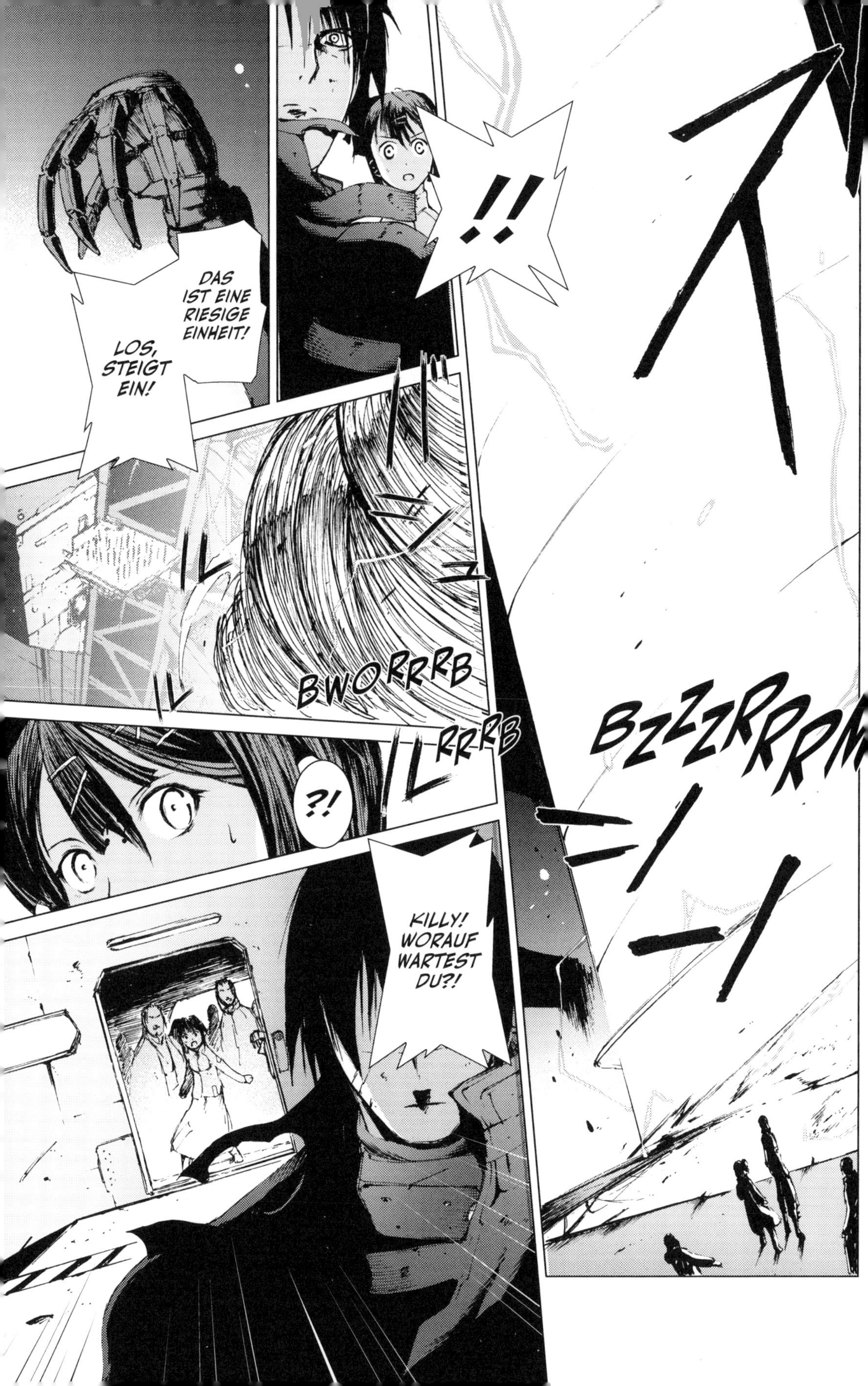
!!
DAS IST EINE RIESIGE EINHEIT!
LOS, STEIGT EIN!
BZZZRRRM
BWORRRB
RRRB
?!
KILLY! WORAUF WARTEST DU?!

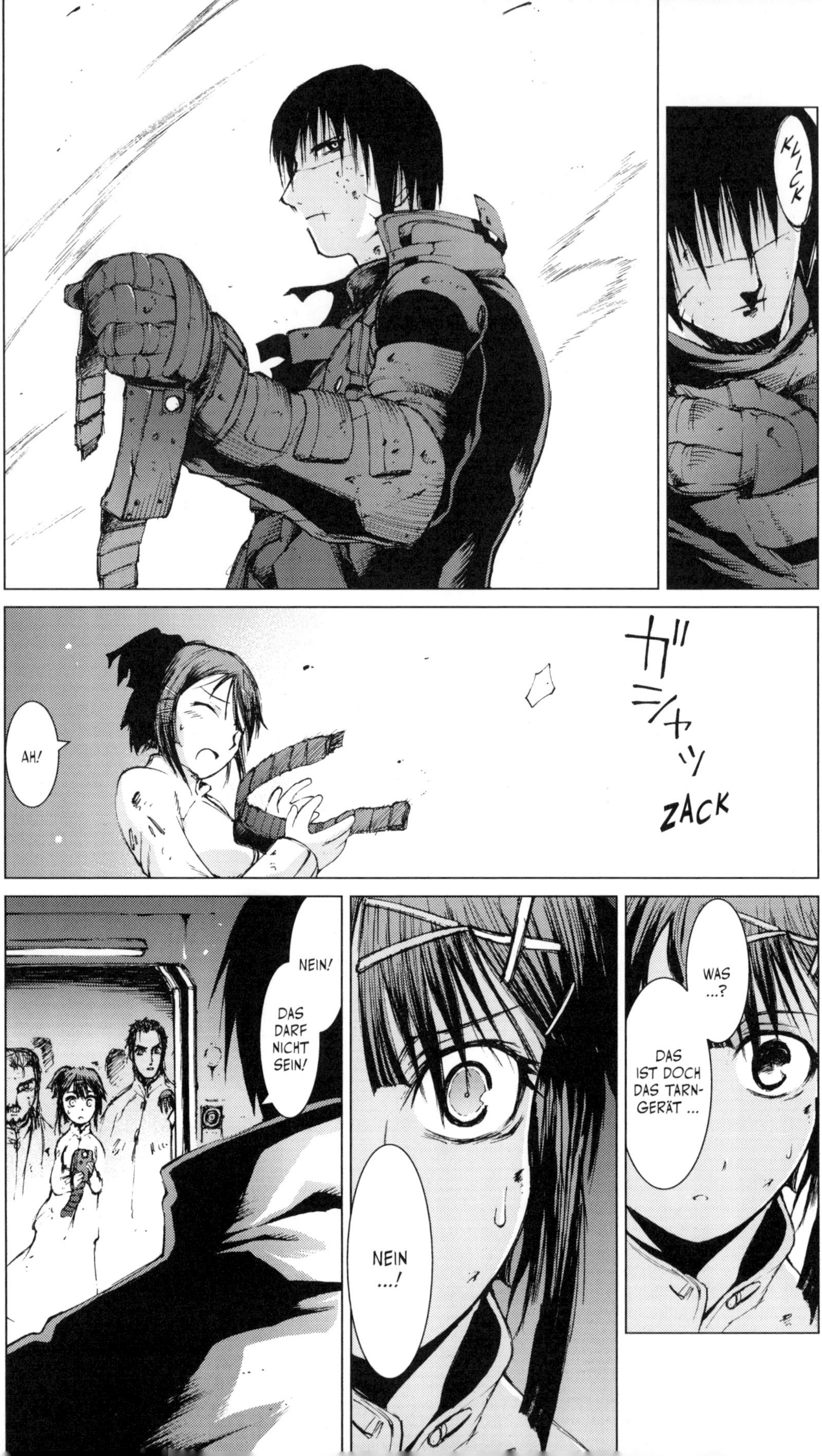
KNICK
ガシャッ
ZACK
AH!
WAS ...?
DAS IST DOCH DAS TARN-GERÄT ...
NEIN ...!
NEIN!
DAS DARF NICHT SEIN!

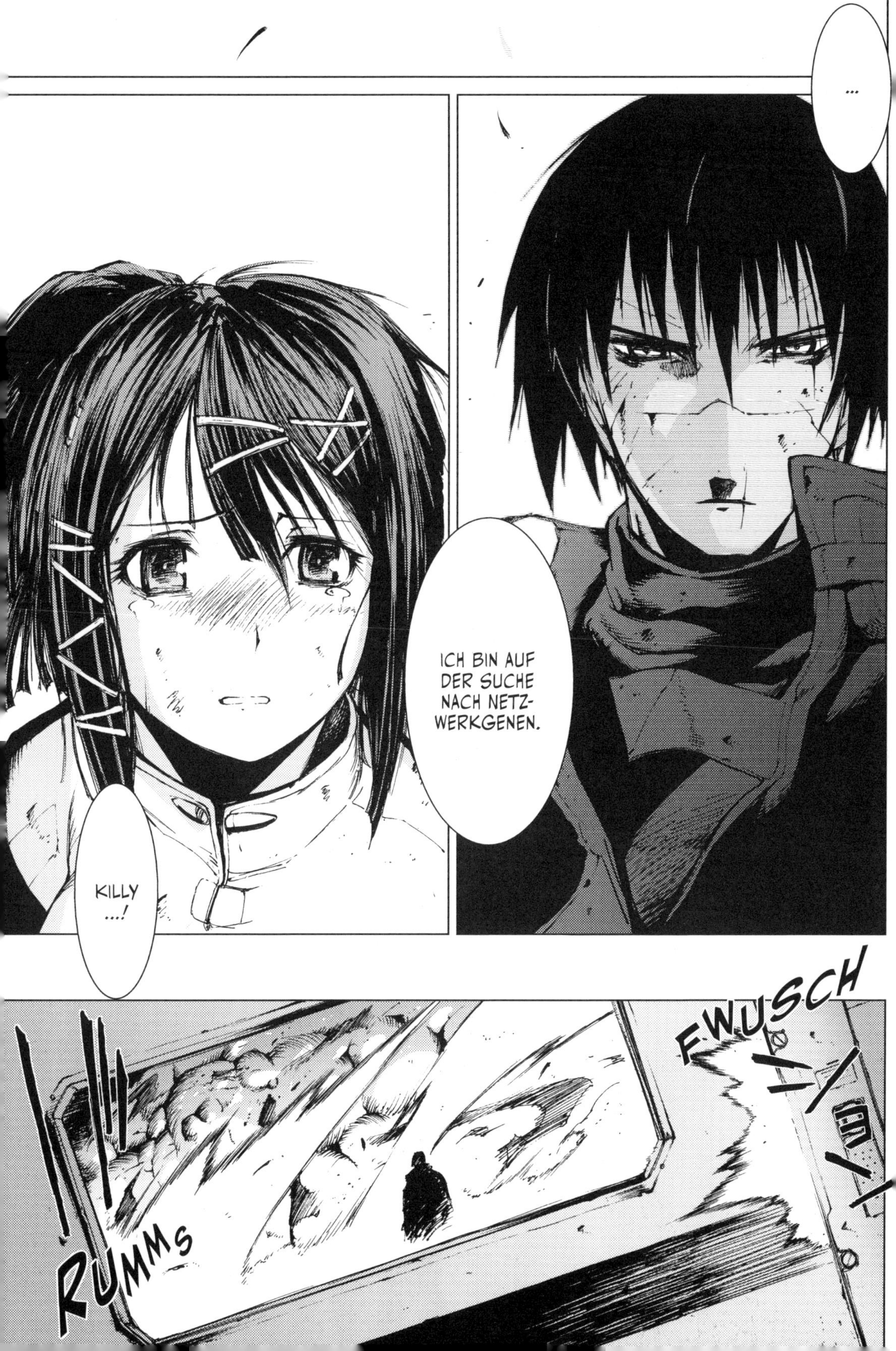
...
ICH BIN AUF DER SUCHE NACH NETZ-WERKGENEN.
KILLY ...!
FWUSCH
RUMMS

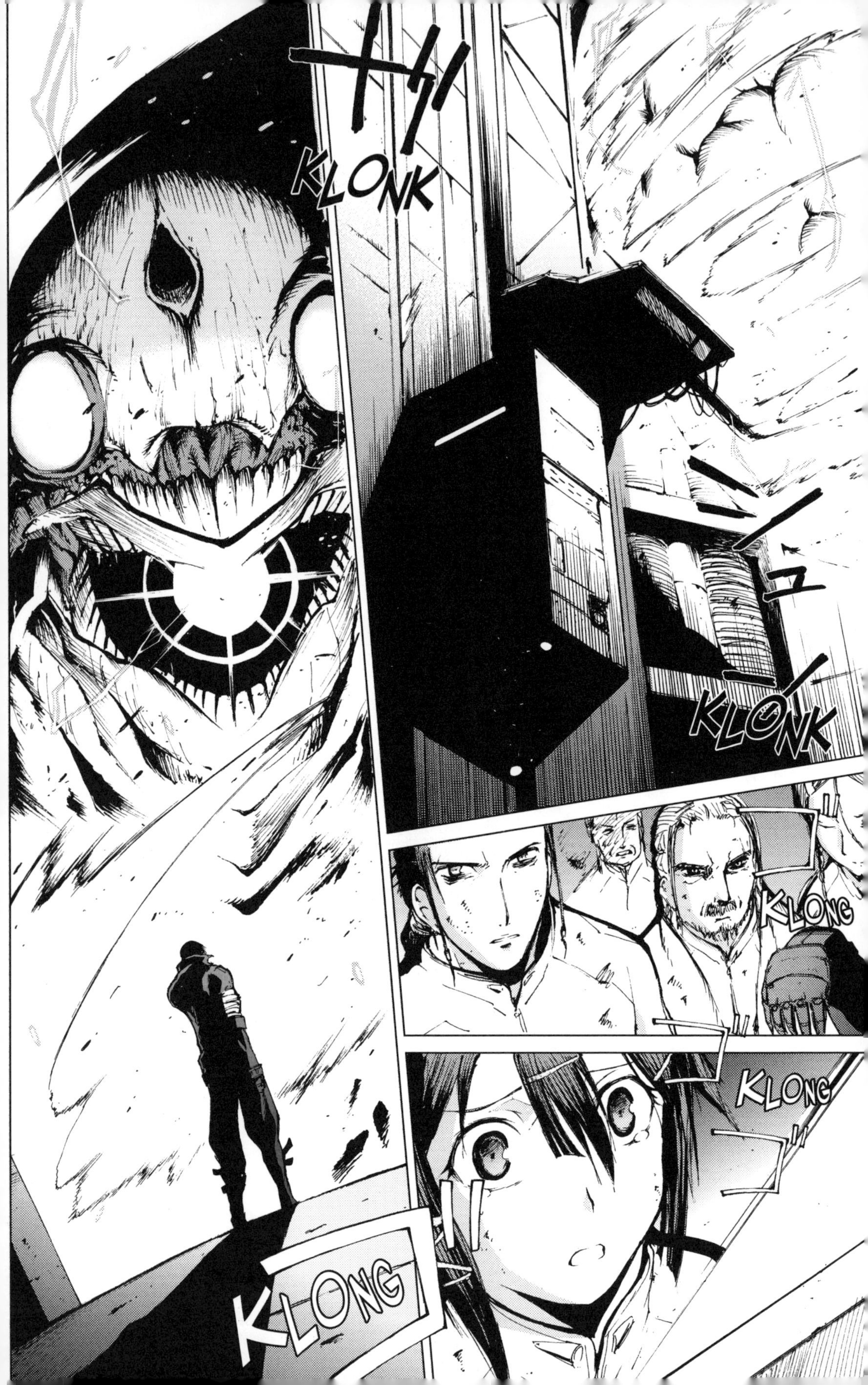
KLONK
KLONK
KLONG
KLONG
KLONG

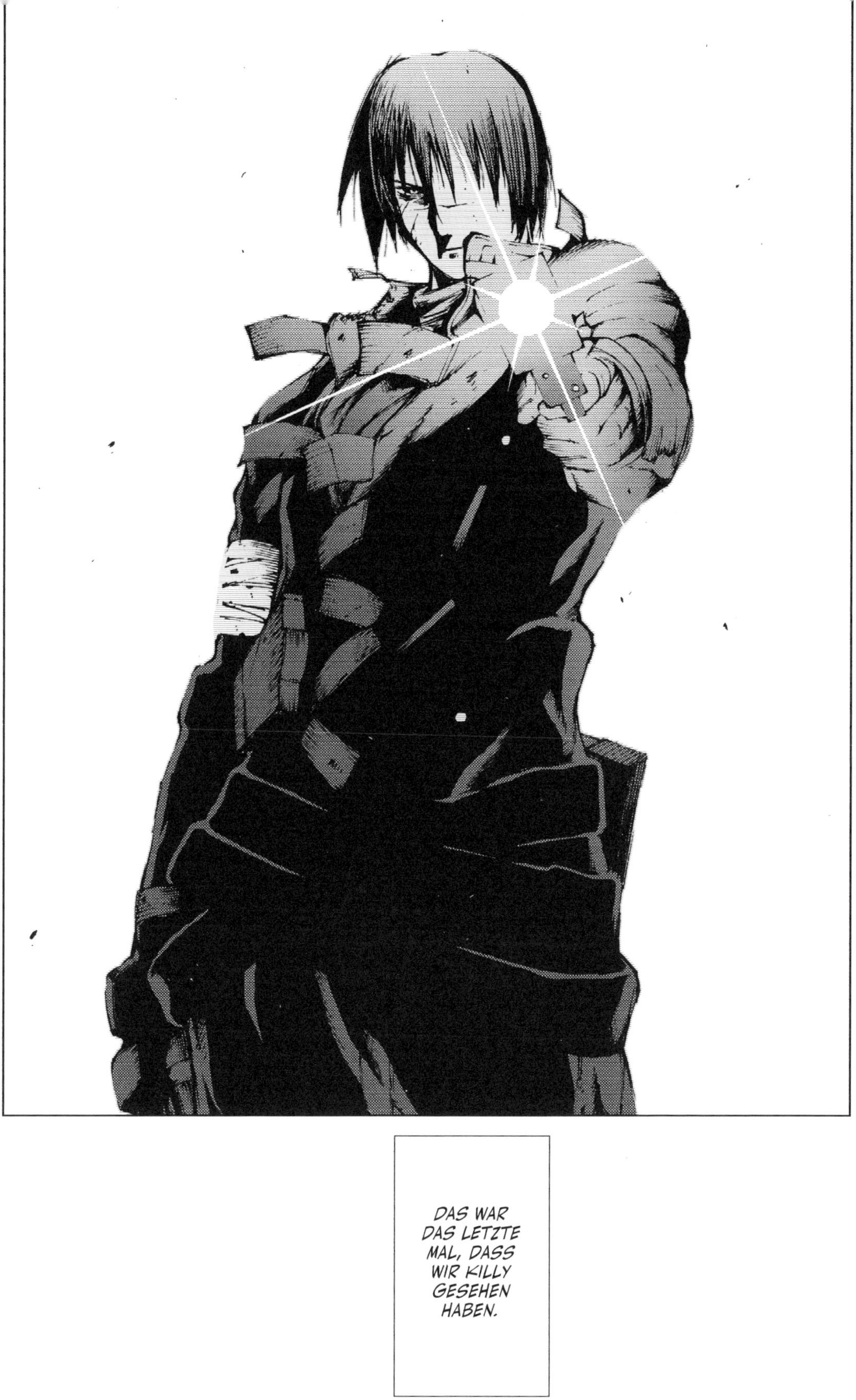
DAS WAR DAS LETZTE MAL, DASS WIR KILLY GESEHEN HABEN.

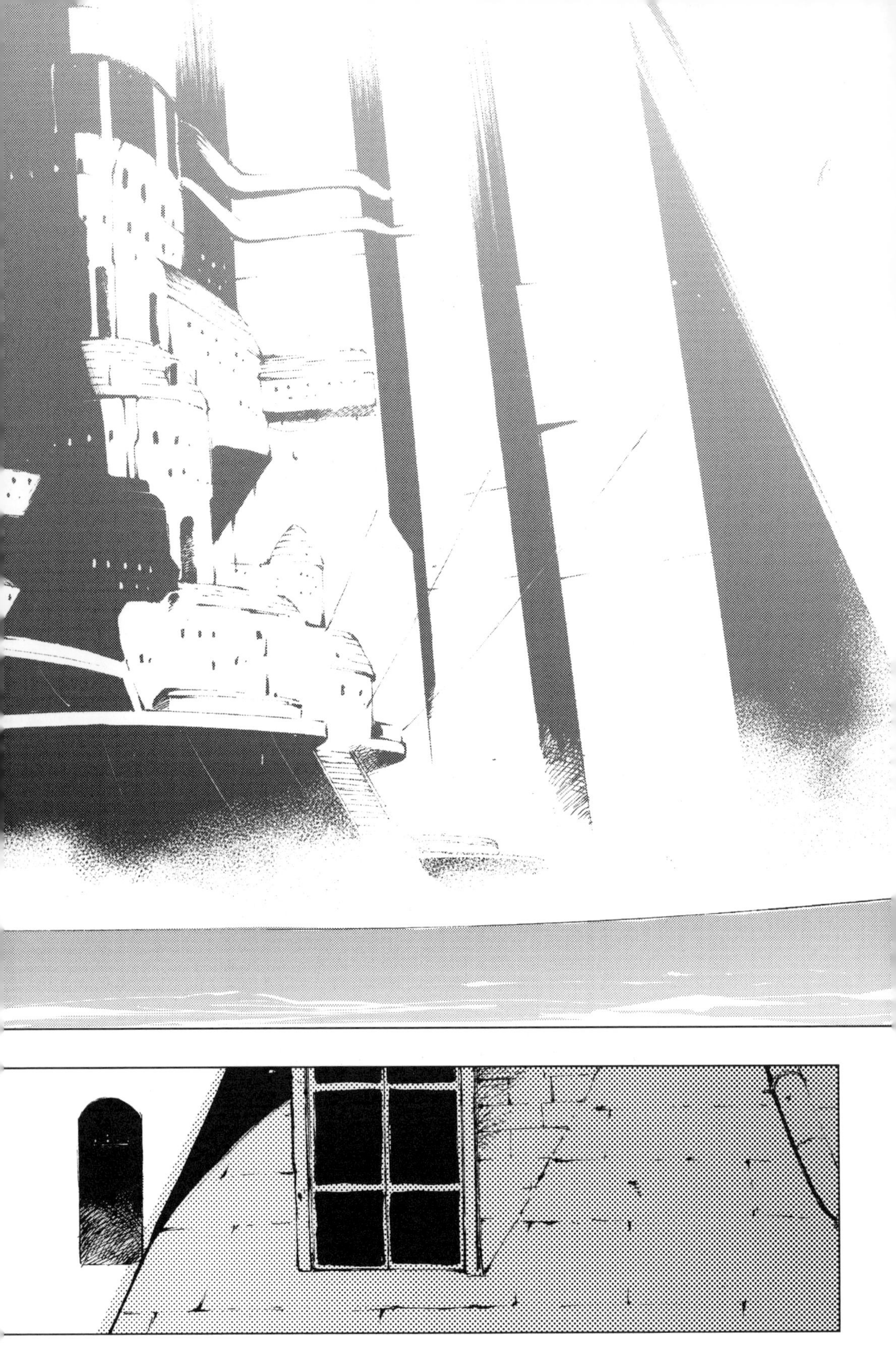

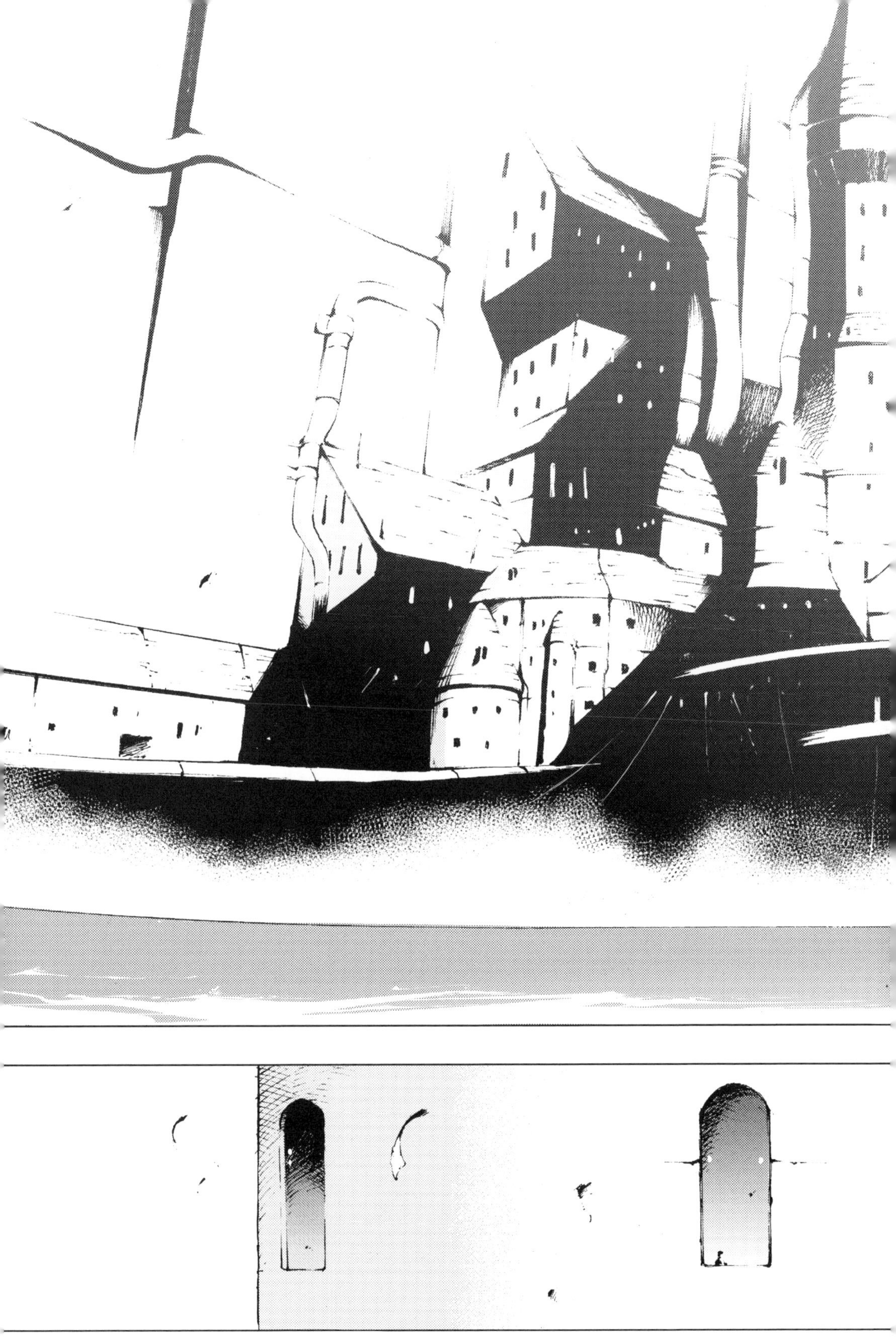

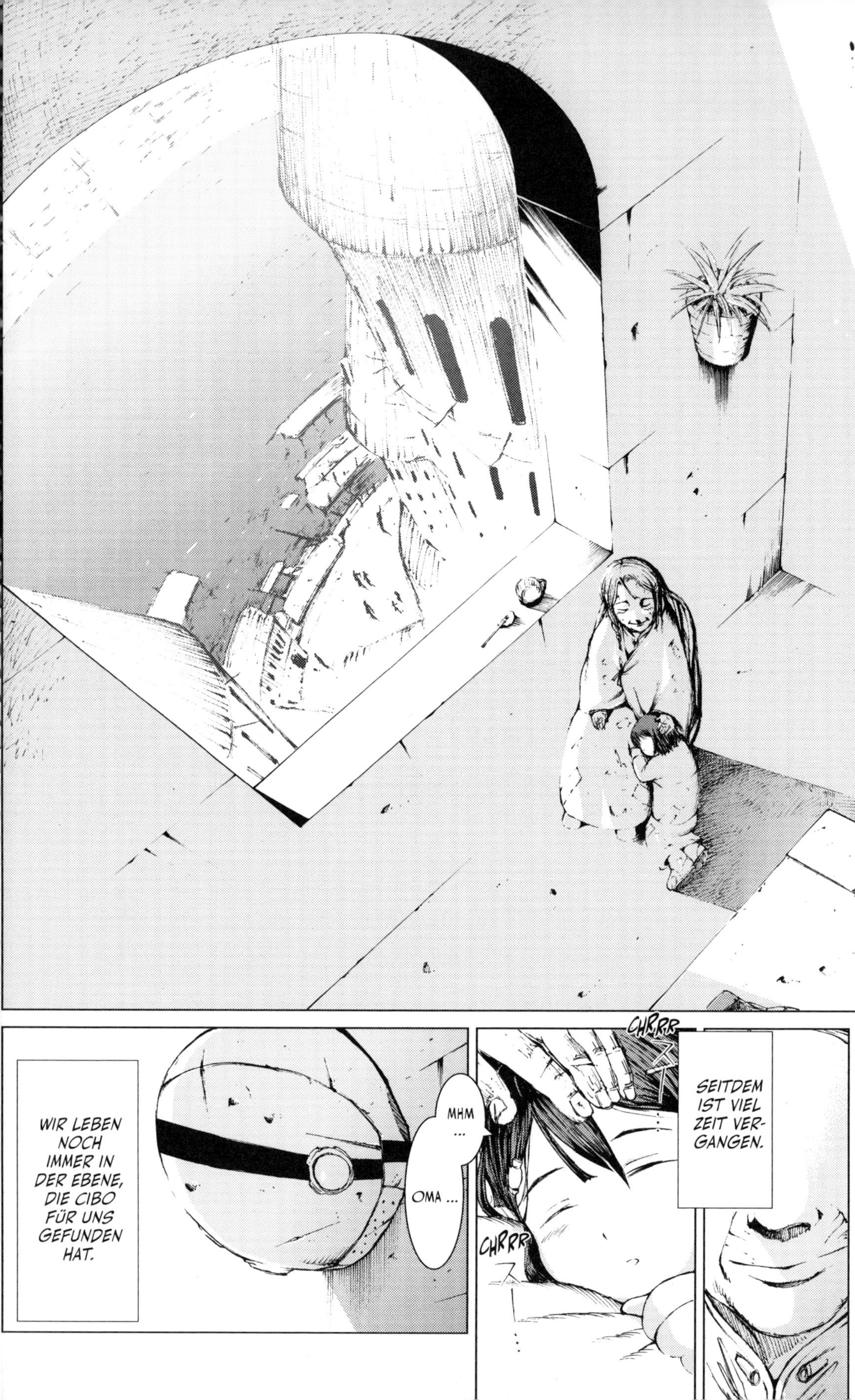
SEITDEM IST VIEL ZEIT VERGANGEN.
CHRRR
MHM ...
OMA ...
CHRRR
WIR LEBEN NOCH IMMER IN DER EBENE, DIE CIBO FÜR UNS GEFUNDEN HAT.

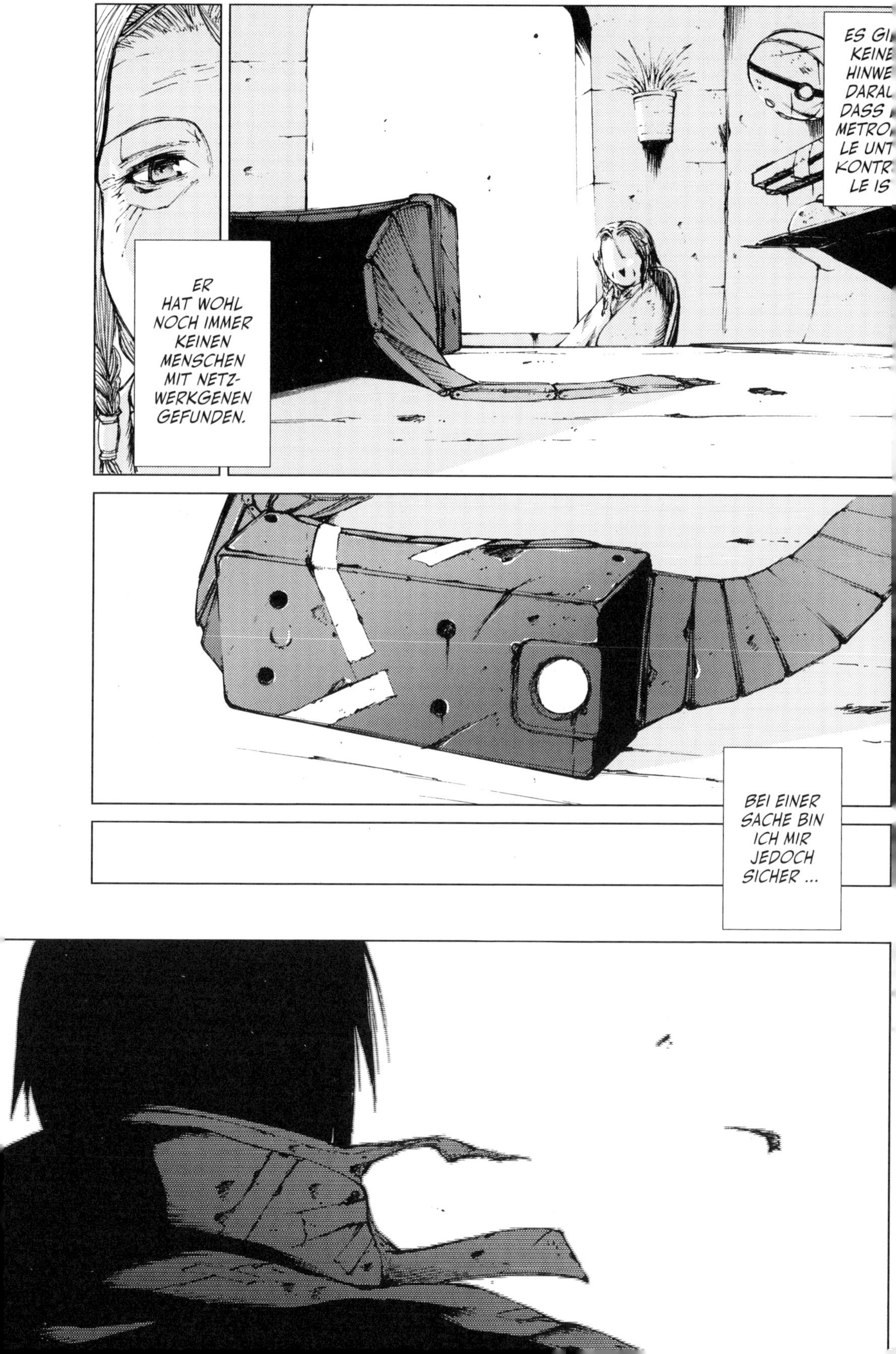
ER HAT WOHL NOCH IMMER KEINEN MENSCHEN MIT NETZ-WERKGENEN GEFUNDEN.
BEI EINER SACHE BIN ICH MIR JEDOCH SICHER ...

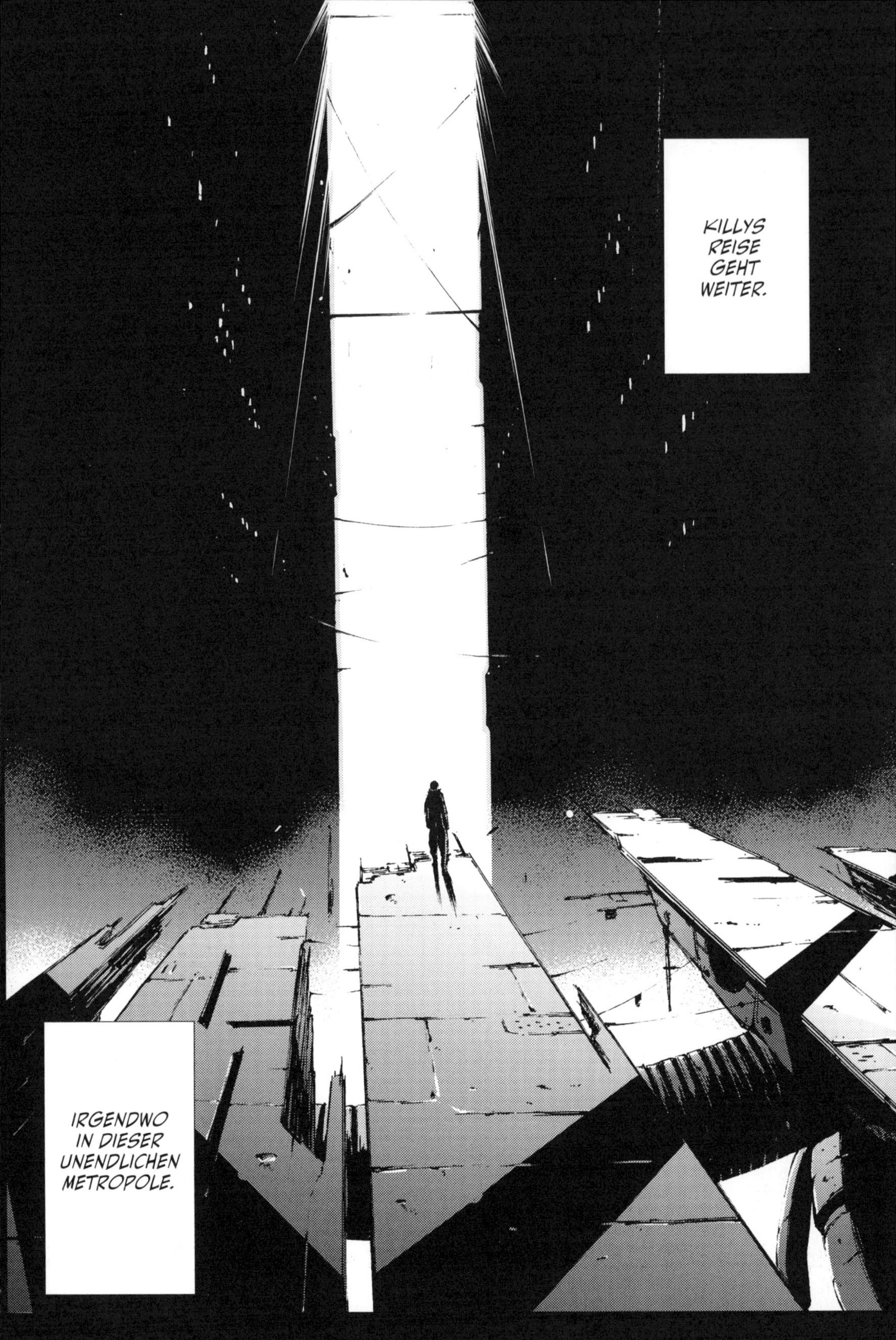
KILLYS REISE GEHT WEITER.
IRGENDWO IN DIESER UNENDLICHEN METROPOLE.

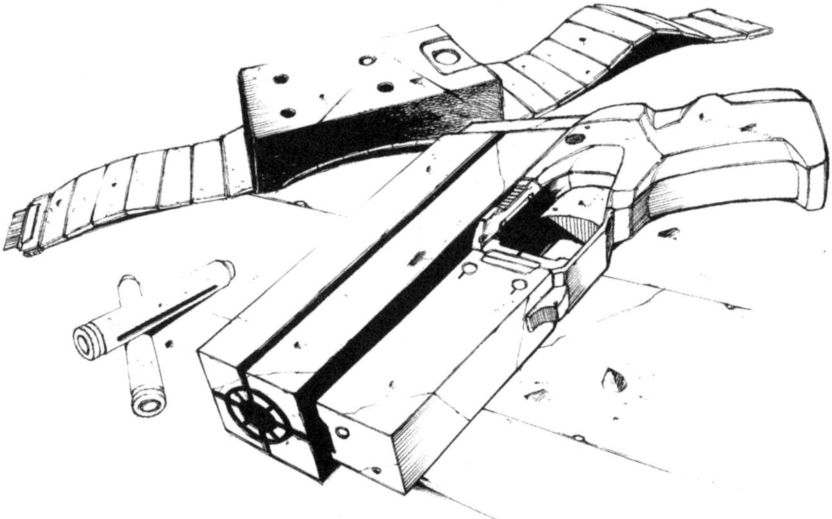

BLAME!

DIE FLUCHT DER ELEKTROFISCHER

MASTER EDITION

TŌA SCHWERINDUSTRIE MANGA PRODUKTION

東亞重工漫画制作部

:::ENDE

STOPP!
DIES IST DIE LETZTE SEITE!

BLAME! + ist ein Manga, und einen japanischen Comic liest man von hinten nach vorne. Auch die Lesereihenfolge der Bilder und Sprechblasen auf den Seiten ist anders als gewohnt: von rechts oben nach links unten.

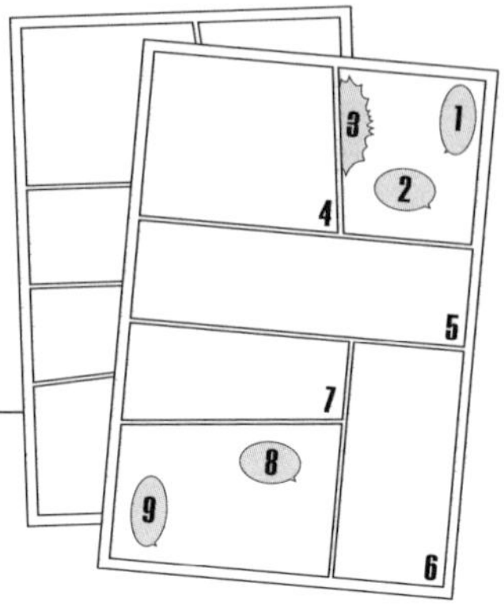

TŌA-SCHWERINDUSTRIE

BLAME! DIE FLUCHT DER ELEKTROFISCHER
MASTER EDITION +

von
Koutarou Sekine & Tsutomu Nihei & BLAME! Production Committee

1. Auflage, 2020
Deutsche Ausgabe/German Edition

Aus dem Japanischen von Janine Wetherell

Programmleitung: Michael Schuster & Lea Heidenreich
Redaktion & Lektorat: Alexandra Grimsehl
Lettering: Manga Cult
Druck: Hagemayer, Wien

Print-ISBN: 978-3-96433-320-9

www.manga-cult.de | Dezember 2020

禁圧解除

再起動

警告

駆除系

超構造体

セーフガード　ネットスフィア

ネット端末遺伝子

統治局

造換塔

建設者

●●●●●

珪素生物

電基漁師

重力子放射線射出装置